The
Complete Works
of
Yu Wujin

俞 吾 金 全 集

第 17 卷

遗作集

俞吾金 著

北京师范大学出版集团
BEIJING NORMAL UNIVERSITY PUBLISHING GROUP
北京师范大学出版社

俞吾金教授简介

俞吾金教授是我国著名哲学家，1948年6月21日出生于浙江萧山，2014年10月31日因病去世。生前任复旦大学文科资深教授、哲学学院教授，兼任复旦大学学术委员会副主任暨人文学术委员会主任、复旦大学学位委员会副主席暨人文社科学部主任、复旦大学国外马克思主义与国外思潮研究中心（985国家级基地）主任、复旦大学当代国外马克思主义研究中心（教育部重点研究基地）主任、复旦大学现代哲学研究所所长；担任教育部社会科学委员会委员、教育部哲学教学指导委员会副主任、国务院哲学学科评议组成员、全国外国哲学史学会常务理事、全国现代外国哲学学会副理事长等职；曾任德国法兰克福大学和美国哈佛大学访问教授、美国Fulbright高级讲座教授。俞吾金教授是全国哲学界首位长江学者特聘教授、全国优秀教师和国家级教学名师。俞吾金教授是我国八十年代以来在哲学领域最具影响力的学者之一，生前和身后出版了包括《意识形态论》《从康德到马克思》《重新理解马克思》《问题域的转换》《实践与自由》《被遮蔽的马克思》等在内的30部著作（包括合著），发表了400余篇学术论文，在哲学基础理论、马克思主义哲学、外国哲学、国外马克思主义、当代中国哲学文化和美学等诸多领域都有精深研究，取得了令人瞩目的成就，为深入推进当代中国哲学研究做出了杰出和重要的贡献。

《俞吾金全集》主编

汪行福　吴　猛

《俞吾金全集》编委会（按姓名拼音排序）

本卷编校组

汪行福　李　元

序　言

　　俞吾金教授是我国哲学界的著名学者，是我们这一代学人中的出类拔萃者。对我来说，他既是同学和同事，又是朋友和兄长。我们是恢复高考后首届考入复旦大学哲学系的，我们住同一个宿舍。在所有的同学中，俞吾金是一个好学深思的榜样，或者毋宁说，他在班上总是处在学与思的"先锋"位置上。他要求自己每天读 150 页的书，睡前一定要完成。一开始他还专注丁向往已久的文学，一来是"文艺青年"的夙愿，一来是因为终于有机会沉浸到先前只是在梦中才能邂逅的书海中去了。每当他从图书馆背着书包最后回到宿舍时，大抵便是熄灯的前后，于是那摸黑夜谈的时光就几乎被文学占领了。先是莎士比亚和歌德，后来大多是巴尔扎克和狄更斯，最后便是托尔斯泰和陀斯妥耶夫斯基了。好在一屋子的室友都保留着不少的文学情怀，这情怀有了一个共鸣之地，以至于我们后来每天都很期待去分享这美好的时刻了。

　　但是不久以后，俞吾金便开始从文学转到哲学。我们的班主任老师，很欣赏俞吾金的才华，便找他谈了一次话，希望他在哲学上一展才华。不出所料，这个转向很快到来了。我们似乎突然发现他的言谈口吻开始颇有些智者派的风格了——这一步转得很合适也很顺畅，正如黑格尔所说，智者们就是教人熟悉思维，以代替"诗篇的知识"。还是在本科三年级，俞吾金就在《国内哲学动态》上发表了他的哲学论文《"蜡块说"小考》，这在班里乃至于系里都引起了不小的震动。不久以后，他便在同学中得了个"苏老师"（苏格拉底）的雅号。看来并非偶然，他在后来的研究中曾对智者派（特别是普罗泰戈拉）专门下过功夫，而且他的哲学作品中也长久地保持着敏锐的辩才与文学的冲动；同样并非偶然，后来复旦大学将"狮城舌战"（在新加坡举行的首届国际华语大专辩论赛）的总教练和领队的重任托付给他，结果是整个团队所向披靡并夺得了冠军奖杯。

本科毕业后我们一起考上了研究生，1984年底又一起留校任教，成了同事。过了两年，又一起考上了在职博士生，师从胡曲园先生，于是成为同学兼同事，后来又坐同一架飞机去哈佛访学。总之，自1978年进入复旦大学哲学系以来，我们是过从甚密的，这不仅是因为相处日久，更多的是由于志趣相投。这种相投并不是说在哲学上或文学上的意见完全一致，而是意味着时常有着共同的问题域，并能使有差别的观点在其中形成积极的和有意义的探索性对话。总的说来，他在学术思想上始终是一个生气勃勃地冲在前面的追问者和探索者；他又是一个犀利而有幽默感的人，所以同他的对话常能紧张而又愉悦地进行。

作为哲学学者，俞吾金主要在三个方面展开他长达30多年的研究工作，而他的学术贡献也集中地体现在这三个方面，即当代国外马克思主义、马克思哲学、西方哲学史。对他来说，这三个方面并不是彼此分离的三个领域，毋宁说倒是本质相关地联系起来的一个整体，并且共同服务于思想理论上的持续探索和不断深化。在我们刚进复旦时，还不知"西方马克思主义"为何物；而当我们攻读博士学位时，卢卡奇的《历史与阶级意识》已经是我们必须面对并有待消化的关键文本了。如果说，这部开端性的文本及其理论后承在很大程度上构成了与"梅林—普列汉诺夫正统"的对立，那么，系统地研究和探讨国外马克思主义的立场、观点和方法，就成为哲学研究(特别是马克思主义哲学研究)的一项重大任务了。俞吾金在这方面是走在前列的，他不仅系统地研究了卢卡奇、科尔施、葛兰西等人的重要哲学文献，而且很快又进入到法兰克福学派、存在主义的马克思主义、弗洛伊德主义的马克思主义、结构主义的马克思主义，等等。不久，哲学系组建了以俞吾金为首的当代国外马克思主义教研室，他和陈学明教授又共同主编了在国内哲学界影响深远的教材和文献系列，并有大量的论文、论著和译著问世，从而使复旦大学在这方面成为国内研究的重镇并处于领先地位。2000 年，教育部在复旦建立国内唯一的"当代国外马克思主义研究中心"(人文社会科学重点研究基地)，俞吾金自此一直担任该基地的主任，直到 2014 年去世。他组织并领导了内容广泛的理论引进、不断深入的学术研究，以及愈益扩大和加深的国内外交流。如果说，40 年前人们对当代国外马克思主义还几乎一无所知，而今天中国的学术界已经能够非常切近地追踪到其前沿了，那么，这固然取决于学术界同仁的共同努力，但俞吾金却当之无愧地属于其中的居功至伟者之一。

当俞吾金负责组建当代国外马克思主义学科时，他曾很热情地邀请我加入团队，我也非常愿意进入到这个当时颇受震撼而又所知不多的新领域。但我所在的马克思主义哲学史教研室却执意不让我离开。于是他便对我说：这样也好，"副本"和"原本"都需要研究，你我各在一处，时常可以探讨，岂不相得益彰？看来他对于"原本"——马克思哲学本身——是情有独钟的。他完全不能满足于仅仅对当代国外马克思主义的各种文本、观点和内容的引进介绍，而是试图在哲学理论的根基上去深入地理解它们，并对之开展出卓有成效的批判性发挥和对话。为了使这样的发挥和对话成为可能，他需要在马克思哲学基础理论的研究方面获得持续不断的推进与深化。因此，俞吾金对当代国外马克思主义的探索总是伴随着他对马克思哲学本身的研究，前者在广度上的拓展与后者在深度上的推进是步调一致、相辅相成的。

在马克思哲学基础理论的研究领域，俞吾金的研究成果突出地体现在以下几个方面。第一，他明确主张马克思哲学的本质特征必须从其本体论的基础上去加以深入的把握。以往的理解方案往往是从近代认识论的角度提出问题，而真正的关键恰恰在于从本体论的层面去理解、阐述和重建马克思哲学的理论体系。我是很赞同他的这一基本观点的。因为马克思对近代哲学立足点的批判，乃是对"意识"之存在特性的批判，因而是一种真正的本体论批判："意识在任何时候都只能是被意识到了的存在，而人们的存在就是他们的现实生活过程。"这非常确切地意味着马克思哲学立足于"存在"——人们的现实生活过程——的基础之上，而把意识、认识等等理解为这一存在过程在观念形态上的表现。

因此，第二，就这样一种本体论立场来说，马克思哲学乃是一种"广义的历史唯物主义"。俞吾金认为，在这样的意义上，马克思哲学的本体论基础应当被把握为"实践—社会关系本体论"。它不仅批判地超越了以往的本体论(包括旧唯物主义的本体论)立场，而且恰恰构成马克思全部学说的决定性根基。因此，只有将马克思哲学理解为广义的历史唯物主义，才能真正把握马克思哲学变革的实质。

第三，马克思"实践"概念的意义不可能局限在认识论的范围内得到充分的把握，毋宁说，它在广义的历史唯物主义中首先是作为本体论原则来起作用的。在俞吾金看来，将实践理解为马克思认识论的基础与核心，相对于近代西方认识论无疑是一大进步；但如果将实践概念限制在认识论层面，就会忽视其根本而首要的本体论意义。对于马克思来说，至为关键的是，只有在实践的本体论层面上，人们的现实生活才会作为决定性的存在进入到哲学的把握中，从而，人们的劳动和交往，乃至于人们的全部社会生活和整个历史性行程，才会从根本上进入到哲学理论的视域中。

因此，第四，如果说广义的历史唯物主义构成马克思哲学的实质，那么这一哲学同时就意味着"意识形态批判"。因为在一般意识形态把思想、意识、观念等等看作是决定性原则的地方，唯物史观恰恰相反，要求将思想、意识、观念等等的本质性导回到人们的现实生活过程之中。

在此意义上，俞吾金把意识形态批判称为"元批判"，并因而将立足于实践的历史唯物主义叫做"实践诠释学"。所谓"元批判"，就是对规约人们的思考方式和范围的意识形态本身进行前提批判，而作为"实践诠释学"的历史唯物主义，则是在"元批判"的导向下去除意识形态之蔽，从而揭示真正的现实生活过程。我认为，上述这些重要观点不仅在当时是先进的和极具启发性的，而且直到今天，对于马克思哲学之实质的理解来说，依然是关乎根本的和意义深远的。

俞吾金的博士论文以《意识形态论》为题，我则提交了《历史唯物主义的主体概念》和他一起参加答辩。答辩主席是华东师范大学的冯契先生。冯先生不仅高度肯定了俞吾金对马克思意识形态批判理论的出色研究，而且用"长袖善舞"一词来评价这篇论文的特点。学术上要做到长袖善舞，是非常不易的：不仅要求涉猎广泛，而且要能握其枢机。俞吾金之所以能够臻此境地，是得益于他对哲学史的潜心研究；而在哲学史方面的长期探索，不仅极大地支持并深化了他的马克思哲学研究，而且使他成为著名的西方哲学史研究专家。

就与马哲相关的西哲研究而言，他专注于德国古典哲学，特别是康德、黑格尔哲学的研究。他很明确地主张：对马克思哲学的深入理解，一刻也离不开对德国观念论传统的积极把握；要完整地说明马克思的哲学革命及其重大意义，不仅要先行领会康德的"哥白尼式革命"，而且要深入把握由此而来并在黑格尔那里得到充分发展的历史性辩证法。他认为，作为康德哲学核心问题的因果性与自由的关系问题，在"按照自然律的因果性"和"由自由而来的因果性"的分析中，得到了积极的推进。黑格尔关于自由的理论可被视为对康德自由因果性概念的一种回应：为了使自由和自由因果性概念获得现实性，黑格尔试图引入辩证法以使自由因果性和自然因果性统一起来。在俞吾金看来，这里的关键在于"历史因果性"维度的引入——历史因果性是必然性的一个方面，也是必然性与自由相统一的关节点。因此，正是通过对黑格尔的精神现象学、法哲学和历史哲学等思想内容的批判性借鉴，马克思将目光转向人类社会发展中的历史因果性；但马克思又否定了黑格尔仅仅停留于单纯精神层面谈论自然因果性和历史因果性的哲学立场，要求将这两种因果性结合进现实的历史运动中，尤其是使之进入到对市民社会的解剖中。这个例子可以表明，对马克思哲学之不断深化的理解，需要在多大程度上深入到哲学史的领域之中。正如列宁曾经说过的那样：不读黑格尔的《逻辑学》，便无法真正理解马克思的《资本论》。

就西方哲学的整体研究而言，俞吾金的探讨可谓"细大不捐"，涉猎之广在当代中国学者中是罕见的。他不仅研究过古希腊哲学（特别是柏拉图和亚里士多德哲学），而且专题研究过智者派哲学、斯宾诺莎哲学和叔本华哲学等。除开非常集中地钻研德国古典哲学之外，他还更为宏观地考察了西方哲学在当代实现的"范式转换"。他将这一转换概括为"从传统知识论到实践生存论"的发展，并将其理解为西方哲学发展中的一条根本线索。为此他对海德格尔的哲学下了很大的功夫，不仅精详地考察了海德格尔的"存在论差异"和"世界"概念，而且深入地探讨了海德格尔的现代性批判及其意义。如果说，马克思的哲学变革乃是西方哲学范式转换中划时代的里程碑，那么，海德格尔的基础存在论便为说明这一转换提供了重要的思想材料。在这里，西方哲学史的研究再度与马克思哲学的研究贯通起来：俞吾金不仅以哲学的当代转向为基本视野考察整个西方哲学史，并在这一思想转向的框架中理解马克思的哲学变革，而且站在这一变革的立场上重新审视西方哲学，特别是德国古典哲学和当代西方哲学。就此而言，俞吾金在马哲和西哲的研究上可以说是齐头并进的，并且因此在这两个学术圈子中同时享有极高的声誉和地位。这样的一种研究方式固然可以看作是他本人的学术取向，但这种取向无疑深深地浸染着并且也成就着复旦大学哲学学术的独特氛围。在这样的氛围中，当代国外马克思主义的研究要立足于对马克思哲学本身的深入理解之上，而对马克思哲学理解的深化又有必要进入到哲学史研究的广大区域之中。

今年10月31日，是俞吾金离开我们10周年的纪念日。十年前我曾撰写的一则挽联是："哲人其萎乎，梁木倾颓；桃李方盛也，枝叶滋荣。"我们既痛惜一位学术大家的离去，更瞩望新一代学术星丛的冉冉升起。十年之后，《俞吾金全集》由北京师范大学出版社出版了——这是哲学学术界的一件大事，许多同仁和朋友付出了积极的努力和辛勤的劳动，我们对此怀着深深的感激之情。这样的感激之情不仅是因为这部全集的告竣，而且因为它还记录了我们这一代学者共同经历的学术探索道路。一代人有一代人的使命，俞吾金勤勉而又卓越地完成了他的使命：他将自己从事哲学的探索方式和研究风格贡献给了复旦哲学的学术共同体，使之成为这个共同体悠长传统的组成部分；他更将自己取得的学术成果作为思想、观点和理论播洒到广阔的研究领域，并因而成为进一步推进我国哲学学术的重要支点和不可能匆匆越过的必要环节。如果我们的读者不仅能够从中掌握理论观点和方法，而且能够在哲学与时代的关联中学到思想探索的勇气和路径，那么，这部全集的意义就更其深远了。

吴晓明

2024 年 6 月

主编的话

一

2014 年 7 月 16 日，俞吾金教授结束了一个学期的繁忙教学工作，暂时放下手头的著述，携夫人赴加拿大温哥华参加在弗雷泽大学举办的"法兰克福学派对资本主义的批判"的国际学术讨论会，并计划会议结束后自费在加拿大作短期旅游，放松心情。但在会议期间俞吾金教授突感不适，虽然他带病作完大会报告，但不幸的是，到医院检查后被告知脑部患了恶性肿瘤。于是，他不得不匆忙地结束行程，回国接受治疗。接下来三个月，虽然复旦大学华山医院组织了最强医疗团队精心救治，但病魔无情，回天无力。2014 年 10 月 31 日，在那个风雨交加的夜晚，俞吾金教授永远地离开了我们。

俞吾金教授的去世是复旦大学的巨大损失，也是中国哲学界的巨大损失。十年过去了，俞吾金教授从未被淡忘，他的著作和文章仍然被广泛阅读，他的谦谦君子之风、与人为善之举被亲朋好友广为谈论。但是，在今天这个急剧变化和危机重重的世界中，我们还是能够感到他的去世留下的思想空场。有时，面对社会的种种不合理现象和纷纭复杂的现实时，我们还是不禁会想：如果俞老师在世，他会做如何感想，又会做出什么样的批判和分析！

俞吾金教授的生命是短暂的，也是精彩的。与期颐天年的名家硕儒相比，他的学术生涯只有三十多年。但是，在这短短的三十多年中，他通过自己的勤奋和努力取得了耀眼的成就。

1983 年 6 月，俞吾金与复旦大学哲学系的六个硕士、博士生同学一起参加在广西桂林举行的"现代科学技术和认识论"全国学术讨论会，他们在会上所做的"关于认识论的几点意见"（后简称"十条提纲"）的报告，勇敢地对苏联哲学教科书体系做了反思和批判，为乍暖还寒的思想解放和新莺初啼的马克思主义哲学新的探索做出了贡献。1993 年，俞吾金教授作为教练和领队，带领复旦大学辩论队参加在新加坡举办的首届国际大专辩论赛并一举夺冠，在华人世界第一次展现了新时代中国大学生的风采。辩论赛的电视转播和他与王沪宁主编的《狮城舌战》《狮城舌战启示录》大大地推动了全国高校的辩论热，也让万千学子对复旦大学翘首以盼。1997 年，俞吾金教授又受复旦大学校长之托，带领复旦大学学生参加在瑞士圣加仑举办的第 27 届国际经济管理研讨会，在该次会议中，复旦大学的学生也有优异的表现。会后，俞吾金又主编了《跨越边界》一书，嘉惠以后参加的学子。

俞吾金教授 1995 年开始担任复旦大学哲学系主任，当时是国内最年轻的哲学系主任，其间，复旦大学哲学系大胆地进行教学和课程体系改革，取得了重要的成果，荣获第五届全国高等学校优秀教学成果一等奖，由他领衔的"西方哲学史"课程被评为全国精品课程。在复旦大学，俞吾金教授是最受欢迎的老师之一，他的课一座难求。他多次被评为最受欢迎的老师和研究生导师。由于教书育人的杰出贡献，2009 年他被评为上海市教学名师和全国优秀教师，2011 年被评为全国教学名师。

俞吾金教授一生最为突出的贡献无疑是其学术研究成果及其影响。他在研究生毕业后不久就出版的《思考与超越——哲学对话录》已显示了卓越的才华。在该书中，他旁征博引，运用文学故事或名言警句，以对话体的形式生动活泼地阐发思想。该书妙趣横生，清新脱俗，甫一面世就广受欢迎，成为沪上第一理论畅销书，并在当年的全国图书评比中获"金钥匙奖"。俞吾金教授的博士论文《意识形态论》一脱当时国内博士论文的谨小慎微的匠气，气度恢宏，新见迭出，展现了长袖善舞、擅长宏大主题的才华。论文出版后，先后获得上海市哲学社会科学优秀成果一等奖和国家教委首届人文社会科学优秀成果一等奖，成为青年学子做博士论文的楷模。

俞吾金教授天生具有领军才能，在他的领导下，复旦大学当代国外马克思主义研究中心 2000 年被评为教育部人文社会科学重点研究基地，他本人也长期担任基地主任，主编《当代国外马克思主义评论》《国外马克思主义研究报告》《国外马克思主义与国外思潮译丛》等，为马克思主义的国际交流建立了重要的平台。他长期担任复旦大学哲学学院的外国哲学学科学术带头人，参与主编《西方哲学通史》和《杜威全集》等重大项目，为复旦大学成为外国哲学研究重镇做出了突出贡献。

俞吾金教授的学术研究不囿一隅，他把西方哲学和马克思哲学结合起来，提出了许多重要的概念和命题，如"马克思是我们同时代人""马克思哲学是广义的历史唯物主义""马克思哲学的认识论是意识形态批判""从康德到马克思""西方哲学史的三次转向""实践诠释学""被遮蔽的马克思""问题域的转换"等，出版了一系列有影响的著作和文集。由于俞吾金教授在学术上的杰出贡献和影响力，他获得各种奖励和荣誉称号，他是全国哲学界首位"长江学者奖励计划"特聘教授，在钱伟长主编的"20 世纪中国知名科学家"哲学卷中，他是改革开放以来培养的哲学家中的唯一入选者。俞吾金教授在学界还留下许多传奇，其中之一是，虽然他去世已经十年了，但至今仍保持着《中国社会科学》发文最多的记录。

显然，俞吾金教授是改革开放后新一代学人中最有才华、成果最为丰硕、影响最大的学者之一。他之所以取得令人瞩目的成就，不仅得益于他的卓越才华和几十年如一日的勤奋努力，更重要的是缘于他的独立思考的批判精神和"为天地立心、为生民立命"的济世情怀。塞涅卡说："我们不应该像羊一样跟随我们前面的羊群——不是去我们应该去的地方，而是去它去的地方。"俞吾金教授就是本着这样的精神从事学术的。在他的第一本著作即《思考与超越》的开篇中，他就把帕斯卡的名言作为题记："人显然是为了思想而生的；这就是他全部的尊严和他全部的优异；并且他全部的义务就是要像他所应该的那样去思想。"俞吾金教授的学术思考无愧于此。俞吾金教授以高度的社会责任感从事学术研究。复旦大学的一位教授在哀悼他去世的博文中曾写道："曾有几次较深之谈话，感到他是一位勤奋的读书人，温和的学者，善于思考社会与人生，关注现在，更虑及未来。记得 15 年前曾听他说，在大变动的社会，理论要为长远建立秩序，有些论著要立即发表，有些则可以暂存书箧，留给未来。"这段话很好地刻画了俞吾金教授的人文和道德情怀。

正是出于这一强烈担当的济世情怀，俞吾金教授出版和发表了许多有时代穿透力的针砭时弊的文章，对改革开放以来的思想解放和文化启蒙起到了推动作用，为新时期中国哲学的发展做出了重要贡献。但是，也正因为如此，他的生命中也留下了很多遗憾。去世前两年，俞吾金教授在"耳顺之年话人生"一文中说："从我踏进哲学殿堂至今，30 多个年头已经过去了。虽然我尽自己的努力做了一些力所能及的事情，但人生匆匆，转眼已过耳顺之年，还有许多筹划中的事情没有完成。比如对康德提出的许多哲学问题的系统研究，对贝克莱、叔本华在外国哲学史上的地位的重新反思，对中国哲学的中道精神的重新阐释和对新启蒙的张扬，对马克思哲学体系的重构等。此外，我还有一系列的教案有待整理和出版。"想不到这些未完成的计划两年后尽成了永远的遗憾！

二

俞吾金教授去世后，学界同行在不同场合都表达了希望我们编辑和出版他的全集的殷切希望。其实，俞吾金教授去世后，应出版社之邀，我们再版了他的一些著作和出版了他的一些遗著。2016 年北京师范大学出版社出版了他的《哲学遐思录》《哲学随感录》《哲学随想录》三部随笔集，2017 年北京师范大学出版社出版了《从康德到马克思——千年之交的哲学沉思》新版，2018 年商务印书馆出版了他的遗作《新十批判书》未完成稿。但相对俞吾金教授发表和未发表的文献，这些只是挂一漏万，远不能满足人们的期望。我们之所以在俞吾金教授去世十年才出版他的全集，主要有两个方面的原因。一是俞吾金教授从没有完全离开我们，学界仍然像他健在时一样阅读他的文章和著作，吸收和借鉴他的观点，思考他提出的问题，因而无须赶着出版他的全集让他重新回到我们中间；二是想找个有纪念意义的时间出版他的全集。俞吾金教授去世后，我们一直在为出版他的全集做准备。我们一边收集资料，一边考虑体例框架。时间到了 2020 年，是时候正式开启这项工作了。我们于 2020 年 10 月成立了《俞吾金全集》编委会，组织了由他的学生组成的编辑和校对团队。经过数年努力，现已完成了《俞吾金全集》二十卷的编纂，即将在俞吾金教授逝世十周年之际出版。

俞吾金教授一生辛勤耕耘，留下 650 余万字的中文作品和十余万字的外文作品。《俞吾金全集》将俞吾金教授的全部作品分为三个部分：(1)生前出版的著作；(2)生前发表的中文文章；(3)外文文章和遗作。

俞吾金教授生前和身后出版的著作(包含合著)共三十部，大部分为文集。《俞吾金全集》保留了这些著作中体系较为完整的 7 本，包括《思考与超越——哲学对话录》《问题域外的问题——现代西方哲学方法论探要》《生存的困惑——西方哲学文化精神探要》《意识形态论》《毛泽东智慧》《邓小平：在历史的天平上》《问题域的转换——对马克思和黑格尔关系的当代解读》。其余著作则基于材料的属性全部还原为单篇文章，收入《俞吾金全集》的《马克思主义哲学研究文集（上、下）》《外国哲学研究文集（上、下）》以及《国外马克思主义研究文集（上、下）》等各卷中。这样的处理方式难免会留下许多遗憾，特别是俞吾金教授的一些被视为当代学术名著的文集（如《重新理解马克思》《从康德到马克思》《被遮蔽的马克思》《实践诠释学》《实践与自由》等）未能按原书形式收入到《俞吾金全集》之中。为了解决全集编纂上的逻辑自洽性以及避免不同卷次的文献交叠问题（这些交叠往往是由于原作根据的不同主题选择和组织材料而导致的），我们不得不忍痛割爱，将这些著作打散处理。

俞吾金教授生前发表了各类学术文章 400 余篇，我们根据主题将这些文章分别收入《马克思主义哲学研究文集（上、下）》《国外马克思主义哲学研究文集》《外国哲学研究文集（上、下）》《马克思主义中国化研究文集》《中国思想与文化研究》《哲学观与哲学教育论集》《散论集》（包括《读书治学》《社会时评》和《生活哲思》三卷）。在这些卷次的编纂过程中，我们除了使用知网、俞吾金教授生前结集出版的作品和在他的电脑中保存的材料外，还利用了图书馆和网络等渠道，查找那些散见于他人著作中的序言、论文集、刊物、报纸以及网页中的文章，尽量做到应收尽收。对于收集到的文献，如果内容基本重合，收入最早发表的文本；如主要内容和表达形式略有差异，则收入内容和形式上最完备者。在文集和散论集中，对发表的论文和文章，我们则按照时间顺序进行编排，以便更好地了解俞吾金教授的思想发展和心路历程。

除了已发表的中文著作和论文之外，俞吾金教授还留下了多篇已发表或未发表的外文文章，以及一系列未发表的讲课稿（有完整的目录，已完成的部分很成熟，完全是为未来出版准备的，可惜没有写完）。我们将这些外文论文收集在《外文文集》卷中，把未发表的讲稿收集在《遗作集》卷中。

三

《俞吾金全集》的编纂和出版受到了多方面的支持。俞吾金教授去世后不久，北京师范大学出版社就表达了想出版《俞吾金全集》的愿望，饶涛副总编辑专门来上海洽谈此事，承诺以最优惠的条件和最强的编辑团队完成这一工作，这一慷慨之举和拳拳之心让人感佩。为了高质量地完成全集的出版，出版社与我们多次沟通，付出了很多努力。对北京师范大学出版社饶涛副总编辑、祁传华主任和诸分卷的责编为《俞吾金全集》的辛勤付出，我们深表谢意。《俞吾金全集》的顺利出版，我们也要感谢俞吾金教授的学生赵青云，他多年前曾捐赠了一笔经费，用于支持俞吾金教授所在机构的学术活动。经同意，俞吾金教授去世后，这笔经费被转用于全集的材料收集和日常办公支出。《俞吾金全集》的出版也受到复旦大学和哲学学院的支持。俞吾金教授的同学和同事吴晓明教授一直关心全集的出版，并为全集写了充满感情和睿智的序言。复旦大学哲学学院原院长孙向晨也为全集的出版提供了支持。在此我们表示深深的感谢。

《俞吾金全集》的具体编辑工作是由俞吾金教授的许多学生承担的。编辑团队的成员都是在不同时期受教于俞吾金教授的学者，他们分散于全国各地高校，其中许多已是所在单位的教学和科研骨干，有自己的繁重任务要完成。但他们都自告奋勇地参与这项工作，把它视为自己的责任和荣誉，不计得失，任劳任怨，为这项工作的顺利完成付出自己的心血。

作为《俞吾金全集》的主编，我们深感责任重大，因而始终抱着敬畏之心和感恩之情来做这项工作。但限于水平和能力，《俞吾金全集》一定有许多不完善之处，在此敬请学界同仁批评指正。

汪行福　吴　猛

2024 年 6 月

目　录

第一部分　"哲学引论"授课讲义

第三节　纯粹理性的建筑术和历史

一、纯粹理性的建筑术

二、纯粹理性的历史

附　录

第一部分

"哲学引论" 授课讲义

绪　论　走上哲学探索之路

　　在我们这个物质财富极大丰富、精神生活相对贫乏的时代，大家自觉自愿地走进哲学的殿堂，希望了解哲学、探索哲学，显然是一种明智的选择。对于我们在座的每个人来说，生活无例外地是由一连串的选择构成的，选择需要眼光，而眼光则来自哲学。德国哲学家黑格尔在《美学讲演录》里曾经讲到古希腊神话中的著名的怪物——司芬克斯。众所周知，司芬克斯有着狮子的身体和人的面孔。也就是说，下半身是野兽，上半身则是人。在黑格尔看来，这个怪物象征着人不愿意再像其他动物一样在地上爬行，人想站立起来，从自然界里抬起自己高贵的头颅。在某种意义上，哲学就是司芬克斯的头颅，它表明：哲学不满足于日常生活中的平庸、琐碎、浅薄和无聊，它看重的是精神的高度和思想的境界，它的宗旨是使人变得崇高。就像德国哲学家康德在《实践理性批判》一书中所说的，在人世间有两样东西能够在我们心中引起深深的敬畏：一是我们头上的星空，二是崇高的道德观念。哲学是一门古老的学科，它已经有两千多年的历史。然而，在我们这个时代，哲学的命运却极为坎坷，它遭遇到的是普遍的误解、蔑视，乃至敌视。

普通人对哲学的第一种误解是：哲学乃是一种脱离实际的、玄虚的学问，而哲学家则是一些想入非非的、不食人间烟火的学究。基于这样的误解，哲学和哲学家常常成为文学家们嘲笑的对象。众所周知，古希腊喜剧作家阿里斯托芬在《云》这部喜剧中无情地讽刺了当时名重一时的哲学家苏格拉底。无独有偶，法国喜剧作家莫里哀也在喜剧《贵人迷》中塑造了一个可笑的哲学教师的形象。这位哲学教师对他的主人汝尔丹先生说："表现自己，除去散文，还就是用诗。"汝尔丹先生回应道："我说：'妮考耳，给我拿我的拖鞋，给我拿我的睡帽来'，这是散文?"哲学教师答道："是啊，先生。"汝尔丹先生感慨地说："天啊！我说了四十多年散文，一点也不晓得。"其实，细心的读者不难发现，钱锺书先生在《围城》中也塑造了一个令人喷饭的哲学家的形象——褚慎明。总之，在文学家，特别是在普通人的心目中，哲学家都是一些匪夷所思的怪人。有趣的是，假如把"怪"字拆开来，"忄"乃是"心"的意思，旁边再加上一个"圣"字，我们就会发现，所谓"怪人"，也就是"有圣人之心的人"。这似乎暗示我们，在古人的心目中，圣人就是怪人，或者怪人就是圣人。那么，"圣人"的"圣"又是什么意思呢? 我们知道，"圣"的繁写体是由三个字构成的，即"耳""口"和"王"，在甲骨文中写作"𦔻"，好像一个人竖起耳朵，倾听别人的谈话，旁边还有一个"口"字，表示可以说话，由于后人用这个字来赞美帝王，在小篆的构词中多了一个"王"字，即"聖"字。我们认为，从构词法上看，这个字把"耳"放在"口"之前是有深刻的含义的。它启示我们，对于圣人来说，倾听比说话更重要。老子说："大音希声"，他说的"大"也就是"道"，而"道"发出的声音是很细微的，需要凝神谛听并深入领悟。孔子说："六十而耳顺"，他的意思是：一个人活到 60 岁，有了丰富的经验和博大的胸怀，也就能够倾听各种不同的声音了。赞扬也好，咒骂也好，都显得无动于衷了。德国哲学家海德格尔晚年也主张少说话，少写东西，多倾听。倾听不光体现出倾听者本人的谦虚，而且也体现出倾听者对说话者的尊重。西方人常说："我不同意你的观点，但我坚决维护你说话的权利"，把耐心地倾听别人的谈话作为人格意识的一个重要表现。在日常生活中，我们常常听到"财大气粗"这样的说法，"气粗"也就是说话响亮的意思。其实，真正拥有巨大财富而又理解财富实质的人常常不愿意高声说话，也许用"财大气细"来描绘他们效果更好。

我们再回到主题上来。普通人对哲学和哲学家的误解正表明了他们自己的思想与哲学观念之间的遥远距离。这种距离也许可以用光年来计算。当然，这种误解也并不是空穴来风。研究哲学和研究数学一样，如果钻研得非常深，或者钻到牛角尖里面去了，极少数的研究者也有可能变成精神病，复旦大学数学系和哲学系都出过这样的精神病人。这或许表明，少数研究者还缺乏坚强的神经来接受深奥的、抽象的哲学提出的理性上的挑战。在有的情况下，一个哲学家极其敏感地领悟到了某些真理，而他周围的人对此却茫然无知，他的思想无法与周围的人进行有效的交流。他会感到非常孤独，感到自己被整个社会所放逐。事实上，存在着两种不同类型的孤独：

一种是表面上的孤独。当一个人没有条件与他人进行交流时，他会感到孤独。比如，英国小说家笛福的《鲁宾逊漂流记》中的鲁宾逊，被海浪带到荒无人烟的绝望之岛上，他感到孤独。再如，法国小说家大仲马在《基督山伯爵》中写到爱德蒙·邓蒂斯被关在达尔夫堡的单人牢房中的时候，连续多年见不到其他人，他甚至产生这样的期望：只要能与任何人谈上几句话，他宁愿马上死去。这样的期望显示出极度的孤独对他的神经的折磨。

另一种是实质上的孤独，即有充分的条件可以与他人进行交流，但没有任何人能够理解他。这是置身于人群中的孤独，这才是更可怕的孤独。这里既有中国诗人屈原式的"众人皆醉我独醒"的痛苦，也有西方《荷马史诗》中特洛伊公主、先知卡桑德拉对特洛伊城陷落的深刻担忧，然而，令人痛苦的是，近视的特洛伊人并不认同她的预言。德国哲学家尼采，不但具有敏锐的神经和丰富的情感，而且在思想上富有巨大的独创性。他在上课时经常讲道：他的话不是讲给当代人听的，人们必须有二百年心理和艺术上的准备，才能听懂他的讲座。尼采于 1889 年变疯，变疯后又活了 10 年，直到 1900 年才去世。也有人认为他青年时期生活不检点，感染了梅毒，后来梅毒进入了大脑中，导致了他的疯狂。尼采在处于疯狂边缘的时候，曾经与当时非常欣赏他的才华和学说的丹麦学者勃兰兑斯通信，在署名时自称是 the crossed man（被钉在十字架上的人）。这个署名表示，长期的孤独如何严重地伤害了他的自尊，就像德国诗人荷尔德林变疯后喜欢别人称他为"陛下"一样。当然，少数人因为研究哲学而变疯不应该成为我们拒斥哲学的理由。这个道理是如此之简单，就像某个人吃饭打嗝不能成为其他人拒绝吃饭的理由；同样地，某个人在交通事故中丧生也不能成为其他人拒绝乘坐任何交通工具的理由。

普通人对哲学的第二种误解是：哲学就是诡辩，它会把人们的思想搞乱，会把简单的问题复杂化。其实，哲学与诡辩有着根本性的区别。正如我们在前面已经指出过的那样，哲学是有原则的，它的原则就是探索真理、坚持真理，而诡辩则是无原则的，它注重的只是结果，即自己必须在辩论中胜出。至于自己为之辩护的观点是不是真理，并不是诡辩者关心的问题。比如，胡适在《先秦名学史》中谈到中国古代的诡辩家邓析，他精于诉讼，但不讲原则：一个渔夫从河里打捞起一个富翁的尸体。死者的家属向渔夫索取尸体，渔夫抬高价钱，家属就去问邓析该怎么办？邓析回答道：渔夫保留尸体是没有意义的，他只能把尸体卖给你，你慌什么，拖他几天再说。渔夫见死者家属没有动静，便焦急起来，也去向邓析讨教。邓析回答说：你慌什么，你就慢慢地等着。死者家属必定会来买尸体的。在这里，邓析的原则只是赚取诉讼费，完全不考虑如何以公正的方式来解决这样的诉讼案件。古希腊哲学家赫拉克利特说：人不能两次走进同一条河流；而他的学生克拉底鲁则说：人不能一次走进同一条河流。

另外，普通人总是认为，自己目前拥有的常识是十分明晰的，但一旦引入哲学上的某些见解，自己确信无疑的常识就变得模糊起来，因而归咎于哲学，以为是哲学搞乱了他们的思想。实际情形正好相反。人们通常认为十分明晰的常识恰恰是最模糊不过的，也是最靠不住的。比如，在日常用语中，人们把脚踏车称为"自行车"，把由电或油驱动的车称之为"助动车"。其实，脚踏车应该叫"助动车"，因为它必须由脚来助动，而人们称之为"助动车"的车辆则应该叫"自行车"，因为只要把马达开启，它们就会自动地行走。又如，我们在路上见到这样的标语："人车分离，各行其道。"显然，这条标语的意思是十分荒谬的。假如一个驾驶员在开车，难道他应该从车上跳下来，实行"人车分离"，让汽车自己往前走吗？正确的提法是："行人与车辆分离，各行其道。"也就是说，我们应该区分"人"和"行人"这两个不同的概念。再如，在公共场合，人们经常看到"不许抽烟"这样的警告牌。实际上，"不许抽烟"这样的提法并不是明晰的：一方面，假如某人在嘴里抽一根没有点燃的或已经熄掉的烟，没有造成对环境的任何污染，为什么就不可以呢？难道你不能容忍某人嘴里正在咬一支圆珠笔吗？另一方面，假如某人手里拿了一根点燃着的烟，尽管实际上已经污染了环境，但由于他没有"抽烟"，你又怎么去惩处他呢？再如，在纽约地铁上写着：Don't lean against the door，但如果我同时靠在两扇门上为什么不可以？

同样地，在文化生活，甚至哲学研究中也存在着大量看起来十分明晰、实际上非常模糊，甚至意思正好相反的表达方式。比如，在大学校园里，我们经常听到下面这样的对话："你刚才到哪里去了？""我去上课了。"但"上课"是一个含糊不清的说法，既可以理解为"讲课"，也可理解为"听课"。还有，中国人也不区分"拍照"和"被拍照"，"截肢"与"被截肢"。

又如，当人们发现某个人犯错误时，总会引用下面这句话去劝他："人非圣贤，孰能无过"，意思是说：普通人不是圣贤，怎么可能不犯错误呢？显然，这句话的表层意思是：人都是会犯错误的，但它的深层意思却是：有些人，这里指"圣贤"是不会犯错误的。于是，我们发现，这句话的深层含义与它的表层含义正好相反，它实际上提出了一个完全相反的观点，即圣贤，或伟大人物，是不会犯错误的。在某种意义上可以说，"人非圣贤，孰能无过"这样的观点正是现代迷信的思想基础之一。其实，任何人，不管是普通人，还是圣贤或伟大人物，都会犯错误。孔子可以说是圣贤吧，但他说过：如果他有什么过失，别人指出来，他会很高兴的；马克思可以说是圣贤吧，他也能正确地对待各种批评，但他有非婚生子（我不用"私生子"这个词，因为它的意思不明晰）。就是孔子本人，根据古人的记载，也是"野合"的结果；毛泽东可以说是伟大人物吧，但他晚年的错误也是非常严重的。总之，"金无足赤，人无完人"，任何人都会犯错误。关键不在于不犯错误，这实际上是做不到的，关键在于犯了错误以后能够认真地认识错误并迅速地改正错误。

再如，在几乎所有的哲学入门书中，人们都会发现下面这样的句子："人与动物的根本区别在于……"。有的哲学著作认为，人与动物的根本区别在于人会制造工具；也有的哲学著作认为，人与动物的根本区别在于人会进行思维等。其实，在我们看来，"人与动物的根本区别"这样的提法就是错误的，不符合逻辑的。因为不管人们如何给"人"下定义，人总是归属于"动物"这个种概念的。比如，人们可以说"人是政治动物"，也可以说"人是形而上学的动物"或"符号动物"等，但一旦使用"人与动物的根本区别"这样的提法，就把"人"驱逐到"动物"的范围以外去了。试问：假如人不是动物的话，他又是什么呢？显然，上述不正确的表述源于日常用语。比如，在日常用语中，"动物园"这个词就没有得到严格的理解和规定。假如它真是名副其实的动物园的话，就应该把"人"这种高等动物也关进去。事实上，去年我见过一则有趣的新闻报道，说一些英国人自愿充当动物园的成员，把自己关在笼子里供人们参观。显然，如果动物园不把人关进去，它就应该更名为"人以外的其他动物园"。那么，人们又如何来命名只关"人"这种高等动物的监狱呢？把它称之为"高等动物园"吗？似乎也不完全，因为高等动物也包括人以外的其他动物。所以，在我们看来，正确的、符合逻辑的表达方式应该是："人与人以外的其他动物的根本区别在于……"。

从上面的讨论中可以发现，乍看起来，人们所拥有的常识是明晰的，其实，却是最模糊不过的，因为常识是由一大堆未经认真反思和批判的观念所构成的，它缺乏真正的可靠性。奥地利出生的英籍哲学家维特根斯坦在晚年的《论确定性》一书中就说过这样的话：有牢靠基础的信念的基础是没有基础的信念。这句话的意思是，人们非常确信的并赖以指导自己行动的某些信念或观点，实际上是根本不能成立的，甚至是完全没有意义的或错误的。根据社会学的调查，在所有的自杀者中间，60％以上的人是在两小时之内做出自杀的决定的。也就是说，他们从来就没有认真地思考过自己的死亡问题。所以，令人啼笑皆非的是，有的自杀者刚跳进黄浦江就开始叫"救命"了。人们也可以从媒体的许多类似的报道中得到启发。大部分站在高楼或其他危险的地方试图实施自杀行为的人，经过劝阻，放弃了轻生的打算。总之，他们选择死亡也好，选择重生也好，都是漫不经心的。

由此可见，缺乏哲学修养的人只是生活在常识中。他们认为常识是明晰的，其实，常识是由最混沌的、最模糊的观念构成的。在常识中思维就等于从不进行真正的思维，换言之，就是思维靠在常识的枕头上呼呼大睡。人总是以他脖子上长着一颗脑袋而骄傲，法国哲学家帕斯卡尔就说过：一个人在宇宙中不过是一个微粒，但人的大脑却可以包容并思索整个宇宙。然而，对于笃信常识而从不动脑筋进行认真思考的普通人来说，大脑实在不过是一个奢侈品。其实，人们给自己量身高的时候量到脖子这里就可以了，上面已经没有任何其他的存在物了。

或许正是在这个意义上，英国哲学家休谟说过：习惯是人生的伟大指南。这句话的意思是：普通人很少通过认真的思维与周围人打交道，而只是根据自己的习惯生活在这个世界上。也就是说，休谟揭示出普通人生活的真相，即他们几乎是很少运用自己的思维器官的。在这个意义上可以说，启动哲学的思维，就像一位英俊的王子吻睡美人一样。正是这个百年之吻使睡美人从常识的酣梦中惊醒过来。或者换一种说法，就像维特根斯坦告诉我们的：一个人处于混乱的思维状态中，就像一只苍蝇被囚禁于捕蝇瓶中，真正的哲学思想的作用就是给这只苍蝇指出一条飞出捕蝇瓶的道路。

当然，说常识性的思维是模糊的，而哲学思维则是明晰的，也是有限度的。真正的哲学家所说的"明晰"（distinct、clear）乃是指：在清楚的地方应该清楚，在不应该清楚的地方应该不清楚。为什么在所有的语言中都有不定代词？比如英语中的 somebody、someone 等，因为有的事态没有必要被明晰地描述出来。同样地，当人们使用被动语态来表达思想，如"这个教室的门被打开了"时，他也并不想去了解清楚：究竟是哪个人把这个教室的门打开了。

记得德国哲学家莱布尼茨说过：世界上没有两片树叶是完全一样的。显然，一个普通人在使用"树叶"这个概念的时候，是没有必要把世界上所有不同种类的树叶的差异都搞清楚的。我们发现，不但在自然现象中存在着"测不准"的现象，而且在科学研究中也存在着海森堡所说的"测不准的原理"或耗散结构理论的创始人普利高津所说的"确定性的终结"，也存在着模糊数学、模糊逻辑、朦胧美学等。比如，蒙蒙细雨中的桂林山水所激起的美感并不逊于明媚阳光下的长城之美。其实，真正的哲学家都意识到了语言本身在明晰性上的限度。众所周知，维特根斯坦的早期著作《逻辑哲学论》是由七个命题构成的，第七个命题说的就是：对不能说的东西保持沉默。中国哲学家冯友兰先生也主张，在把所有能够说清楚的东西说清楚以后保持沉默。这里的"沉默"（silence）显示的正是语言的限度。中国古人在诗词中所说的"此时无声胜有声"或禅宗主张的"不立文字"也都有类似的意思。

总起来说，哲学不但不是诡辩，不是要搞乱人们的思想，不是把简单的问题复杂化，相反，哲学是对真理的追求，是对思想的明晰性的诉求，是对被常识简单化了的生活本身的复杂性的复原。毋庸讳言，哲学所谈论的明晰性是有限度的，那就是把应该弄明白，也可能弄明白的事情弄明白。

普通人对哲学的第三种误解是：哲学是没有什么用处的，因为哲学与之打交道的只是一些抽象的概念，这些概念与现实生活似乎没有任何联系。作为哲学系的教师，常常不得不回答家长们提出的问题——"哲学有什么用？"我对他们说：哲学之用，乃是无用之用，是谓大用。老子说："三十辐，共一毂，当其无，有车之用。埏埴以为器，当其无，有器之用。"这里说的道理就是：真正有用的，乃是被普通人理解为"无"或"虚无"（nothingness）的东西。一个器具，比如说一只杯子，为什么它能为人们所用？因为杯子中间是空的，所以可以储存水并供我们喝。同样地，我们这个教室为什么有用？因为中间是空无的，所以大家能够走进来上课。有一次，我请一位美国教授吃饭，问他是否吃饱了，他回答说："I am full（我吃饱了）。"我跟他开玩笑说："你说话声音洪亮，表示你身体上部的器官都是空的。"他知道我在开玩笑，又对我说："My stomach is full（我的胃已经满了）。"我又对他说："你的胃在吃东西前就是满的，但它充满的是空气，你吃饱后胃里充满的则是食物。在这个意义上可以说：'空腹'这个说法是不能成立的，因为你的胃不可能被抽成真空。同样地，人们在喝酒的时候所说的'空杯'实际上也是不能成立的，既然杯子也是无法抽成真空的，那么，它要么充满了空气，要么充满了酒或饮料。"

其实，我们上面所说的"无"或"虚无"只是一种 invisible being（不可见的存在物），即空气。实际上，在哲学上探讨的"无"或"虚无"还具有更为深刻的含义。当代德国哲学家海德格尔在《形而上学导论》（1935）中开宗明义地提出了如下的问题："究竟为什么存在者存在而无反倒不存在？"意思是说：人们在思考存在问题时，只看到存在者存在着，却没有意识到无的存在。那么，"无"究竟是什么呢？海氏告诉我们："譬如，在某种完全绝望之际，当万物消隐不现，诸义趋暗归无，这个问题就浮现出来了。也许只出现一次，犹如一声浑沉的钟声，悠然入耳，发出缓缓的回音……于是，问题又以独特的方式重又振聋发聩，究竟为什么存在者存在而无反倒不存在？但是，这个问题有可能被真正地提出，也可能鲜为觉察，就像一阵风，袭过我们的此在就突然了事，也可能死死地纠缠着我们，也还有可能被我们以任何一种借口重新遗弃和遮蔽。"海氏强调，这不是一个从时间上最先被提出来的问题，而是一个从重要性和始源性上首先被提出来的问题。

在海氏看来，人生就是烦，而烦的极端形式就是绝望（despair），正是在绝望中，人感受到无的降临和压迫。显然，这里说的"无"和"虚无"不是指像"空气"那样的 invisible being，而是指人的存在被焦虑、绝望、孤独、恐惧和死亡所包围。哲学正是要通过对这样的"无"或"虚无"的沉思和领悟，努力从烦和绝望中超拔出来。普通人满目见到的都是存在者，而哲学见到的则是隐藏在存在者背后的"无"或"虚无"。老子说：木直则僵。在普通人看来，一棵树长得茂盛，乃是有生命力的表现，而在老子看来，一棵树长得茂盛，表明它离死亡已经不远了，而最有生命力的乃是像婴儿那样刚诞生不久的新事物。这正是哲学的大用之所在，也正是哲学的魅力之所在。

普通人对哲学的第四种误解是：把哲学看作是一门很容易掌握的学问。有些人甚至于读了二三本哲学导论，便觉得自己已经深入哲学研究的堂奥，并幻想着来建立自己的哲学体系了。显然，这种误解蕴含着对哲学的轻慢之心。作为哲学系的教师，我经常接到这样一些自命不凡的青年人的来信，他们深信自己已经解决了所有哲学上的难题。其实，这样做的结果只能是：或者是 nonsense（foolish ideas），即胡说八道；或者是简单地重复前人的结论。毋庸讳言，在我们学会思考以前，几千年来，已经有无数个聪明人思索过哲学研究范围内的各种问题，并提出了相应的解决方案。假如不博览群书，没有尽可能地把前贤的书找出来阅读，你怎么知道你提出来的观点是新的呢？换言之，不知道什么是旧的，怎么知道你的东西是新的呢？事实上，对每个研究者来说，博览群书首先不是为了扩大自己的知识，而是为了了解，在我之前，前人和同时代人已经说过什么话。只有了解了这一点，我们写出来的东西才不可能与前人或同时代人重复。研究学问，第一条就是要尊重前贤，即前人和同时代人，决不能掠人之美。就像德国诗人海涅所说的：我们应该站在前人的肩膀上，而不是蹲在他们的胯下做学问。中国的康德研究专家郑昕先生说过："超过康德，可能有新哲学，掠过康德，只能有坏哲学。"说的也是同样的道理。

法国人说：静静的河套流得深。这样的河流很容易产生视错觉，以为它浅得很，实际上它深不可测。哲学这门古老的学问也是如此，它也容易给初学者造成一种视错觉，以为它浅得很，是很容易被掌握的。但一旦涉足进去，就会发现，它实在是一门深不可测的学问，无论人们放下多长的测深锤，都测量不到它的底部。记得古代哲学家奥古斯丁曾经说过："人真是一个深渊"，我们也完全可以说："哲学真是一个深渊。"

历史和实践一再启示我们，那些对哲学研究缺乏敬畏之心的人，那些对前人和同时代人的研究成果置若罔闻的人，必定会受到相应的惩罚。比如，有人在翻译日本哲学家广松涉的著作《事的世界观的前哨》时，竟把奥地利哲学家马赫译为"澳大利亚物理学家、心理学家、哲学家"①；又如，有人在翻译德国哲学家哈贝马斯的《交往行动理性》这部著作时，竟把 post-industrial society（后工业社会）译成了"邮政工业社会"；再如，在意大利哲学家葛兰西的著作《狱中札记》中有一个术语——organic intellectuals，国内多部译著把这个术语译为"有机知识分子"。确实，organic 这个形容词可以直译为"有机的"，organic chemistry 就通常被人们译为"有机化学"，但知识分子难道竟可分为"有机知识分子"或"无机知识分子"吗？其实，organic 也可译为"有组织的"，organic intellectuals 则可译为"有组织的知识分子"。事实上，从上下文就可以看出，这种译法才真正符合葛兰西的本意。事实上，在哲学研究中，最容易出现常识性错误或"硬伤"的正是那些对哲学缺乏敬畏之心的人。

上面，我们分析了普通人中存在着的对哲学的四种流行的误解。作为一个引子，现在我们可以进入对哲学本身的探索了。

---

① ［日］广松涉：《事的世界观的前哨》，越仲明、李斌译，南京大学出版社 2003 年版，第 49 页。

第一节　哲学研究的意义

众所周知，对哲学研究意义的探讨，也就是对"我们为什么要研究哲学?"问题的解答。我们知道，人是有目的的存在物，在一般的情况下，能够使人行动起来的一切都是经过人的大脑的思考的。同样地，我们在座的同学之所以对哲学发生兴趣，也是受一定目的的引导的。当然，这些目的或动机可能迥然各异，但在我们看来，至少下面三点是不可忽视的。

一、从自然思维到规范思维

在论述这方面的问题前，我们先得弄明白，什么是"自然思维"(natural thinking)？什么是"规范思维"(normal thinking)？显然，理解"自然思维"这一术语的关键是"自然"这个词。我们知道，"自然"有两个主要的含义：一是"自然界"，二是"本性"，人们通常所说的"自然而然"，也就是按照事物的本性展开活动。"自"，许慎说："自，鼻也，象鼻形。"甲骨文中作𦣻，金文中作𦣹，小篆中作𦣻，是鼻子的意思。"然"，许慎说："然，烧也。"甲骨文中无此字，金文中作𤍽，小篆中作𤎝。自然与"天"又是一致的。甲骨文中作𠀡，金文中作𠀡，小篆中作天。许慎说："天，颠也，至高无上，从一、大。""大"在甲骨文中作�，在金文中作𠀪，小篆中作大。与自然打交道是(natural) law，自然规律；与人打交道则是 law(法律)，或 norm(规范)或 rule(规则)。

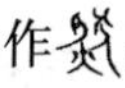

由此可见，所谓"自然思维"，并不是指人们对于自然界的思索，而是指人们的自然而然的思维方式。这种思维方式类似于意识流，没有明确的目的，只是兴之所至，随波逐流，任其自然地进行思维，从不对自己的思维方式做出批判性的反思。毋庸讳言，理解"规范思维"这个术语的关键也在于"规范"这个词。我们知道，"规范"(norm)在这里也有两方面的主要的含义：一是指思维在形式上要符合语法和逻辑。比如，"我到伦敦去"这个表达式就不能写成"伦敦到我去"，因为后一种表达式是不符合语法的，也是人们无法加以理解的。又如，有一位学者在做讲座时，在讲座的前半部分肯定历史是没有意义的，但在讲座的后半部分又鼓励人们应该积极地参与历史。这就使他的讲座陷入逻辑矛盾之中：假如历史是没有意义的，人们为什么还要积极地参与到历史中去呢？反之，假如人们自觉自愿地参与了历史活动，那么，在他们的心目中，历史会是无意义的吗？二是指思维在内容上言之有物，言之成理，目标明确，思路明晰。总之，"规范思维"也就是逻辑思维，它以理论上的严格性和论证上的严密性作为自己的特点。在古代哲学思维的训练中，逻辑是一门基础性的学科。

一般地说来，在人们自觉地学习逻辑和哲学之前，他们的思维总是处于"自然思维"的状态中。"自然思维"的根本性的特点是"想当然性"或"不言而喻性"。也就是说，被自然思维作为基础或出发点的乃是一些人们从来没有加以深究的、不言而喻的观点。美国当代分析哲学家约翰·塞尔(John R. Searle)在其《心灵、语言和社会——实在世界中的哲学》一书中曾把这些不言而喻的观点称之为"默认点"，他写道："在大多数重大哲学问题上都存在着一些观点，这些观点，我们可以用计算机语言中的一个比喻来称之为默认点(default positions)。所谓默认点就是那些不假思索就持有的观点，因而任何对这些观点的偏离都要求有意识的努力和令人信服的论证。下面就是在某些重大问题上的默认点。""有一个实在世界，它不依赖于我们，不依赖于我们的经验、我们的思想和我们的语言而独立存在。""我们通过感官，特别是通过触觉和视觉，获得了直接进入那个实在世界的感知途径。""我们的语言中的语词，如兔子、树之类的语词，一般都具有可被理解的清楚意义。由于它们具有这些意义，我们才能够使用它们来指称和谈论实在世界中的真实对象。""我们的陈述为真或为假一般地取决于它们是否与事物本来的样子相符合，也就是取决于是否与世界上的事实相符合。""因果性是世界上的对象之间、事件之间的真实关系。由于这种关系，一种现象成为原因，它引起另一种现象，即结果。"①显然，在日常生活中，这些观点被人们认为是想当然的真理。它们是人们思维的基础和出发点，而不是人们思维的对象。在某种意义上可以说，正是这些默认点构成了人们思维的盲区，即人们总是从它们出发去思考其他的问题，而从不把它们列为思考的对象。在塞尔看来，如果说，哲学思维与日常生活中的自然思维之间存在着根本性的差异的话，那么，哲学思维正是对这些默认点的怀疑、挑战和否定。正是在这个意义上，塞尔说："哲学史的很大一部分是由对这些默认点的非难所构成。一些伟大的哲学家往往由于反对别人认为是不言而喻的东西而出名。"②

其实，自然思维的这种"想当然性"或"不言而喻性"早已为一些哲学家所意识到。近代德国哲学家黑格尔在《精神现象学》中写下了一句名言："熟知非真知"（das bekannte uebdrhaupt ist darum，weil es bekannt ist，nicht erkannt），意思就是：你非常熟悉的东西并不就是你真正知道的东西。（bekennen 承认、自白；bekannt 熟悉的；erkennen 认识，知道。）比如，在日常生活中，你经常吃"豆腐"这个菜，但你能写出它的分子式来吗？当代德国哲学家雅斯贝尔斯也强调：真正的哲学思维应该从想当然的东西开始。例如，对孟子著作中的逻辑矛盾的分析。由此可见，按照规范思维的要求，不仅思维要符合语法和逻辑，而且必须以十分严密的方式来进行。

二、从盲目认同到自觉批判

一般说来，普通人在接触哲学之前是缺乏独立见解的。普通人置身于日常生活之中，很快就会认同日常生活，并与日常生活融为一体。于是，人云亦云、随大流、不经怀疑地传播小道消息，或停留在海德格尔所批评的"闲谈"之中，聊天、吹牛、吃饭（钱锺书）。

对于普通人来说，他是通过教育而成长起来的。如果说，父母创

---

① ［美］约翰·塞尔：《心灵、语言和社会——实在世界中的哲学》，李步楼译，上海译文出版社 2001 年版，第 10 页。
② 同上书，第 10 页。

造了他的肉体，那么，教育则创造了他的精神。当他到了成年的年龄的时候，他以为自己完全可以独立思考了，实际上正是他的独立思考能力完全丧失的时候。他不断地在自己书写的文本中使用"我认为""我发现""我提出"这样的句子，但他实际上只是一个形式化的主体，而真正的主体则是实施教育的主体——意识形态。普通人常常把某人的一个新的念头或一项新的发明理解为他有独立思想的理由。其实，这样的理由是不充分的，因为这个人的总体思想乃至整个精神状态仍然认同于他从教育中获得的思想体系，如同麦子对镰刀的反抗，婴儿对母腹的反抗，牛顿认为"上帝踢了一脚"让星际转动一样。比较起来，拉普拉斯所说的"陛下，我不需要这个假设"更能显示其独立的思想。

要激起真正的批判意识，先得有怀疑意识。马克思强调"怀疑一切"，弗洛伊德的书房里挂着奥古斯丁的名言："如果怀疑，立即去求证。"而要激起怀疑意识，先得学习新的东西，让新的东西渗透到大脑中，而新东西主要有两个来源：一是其他观念（"与君一席谈，胜读十年书"），或文本（包括网络）；二是现实生活。歌德在《浮士德》中说："理论是灰色的，生活之树是常青的。"当人们注意到新生活和新观念与自己通过教育获得的旧观念之间存在着重大的差异时，怀疑和思索就开始了。但冈察洛夫笔下的奥勃洛莫夫却不是这样的人。

比如，近代西方哲学的肇始人、法国哲学家笛卡尔读了许多书，结果反而对书中所说的道理发生了怀疑。他坐在房间里的火炉边，开始了普遍怀疑式的思索。所谓"普遍怀疑"，就是对书上所有的结论表示怀疑，最后他发现：他什么都可以怀疑，但有一点他无法怀疑，即他正在怀疑、正在思索这一点是无可置疑的。于是，他提出了自己发现的第一真理"我思故我在"（I think, therefore I am）。也就是说，不管一个人如何进行怀疑，但他正在怀疑、正在思索这一点无法怀疑，而正在怀疑和正在思索这一点又确证了他的存在。他从这个第一真理出发，逐步推论出世界和上帝的存在。然而，笛卡尔对默认点的批判是彻底的吗？他提出的命题"我思故我在"真的是"第一真理"吗？诚然，这个命题的重要历史意义是表明了近代人自我意识的觉醒，事实上，这个命题在推翻中世纪神学权威、解放思想方面起了重要的作用，但在我们当代人看来，它仍然受制于笛卡尔没有注意到的某些默认点：一是"思"的载体是语言，而语言不是私人的，而是公共的，是社会语言，它构成"思"的前提；二是"我""你""他""我们""你们""他们"乃是语言学中相互依存的结构性的表达方式。没有"你""他""我们""你们""他们"这些称谓，也就不可能有"我"这个称谓存在；三是相对于"思"来说，对于人来说，更原始的意识是欲望、感觉和情感。所以，在笛卡尔以后，德国哲学家费尔巴哈说："我欲故我在"，捷克小说家米兰·昆德拉说："我牙痛故我在。"至于当代人说的"我博客故我在"就显得轻飘飘的了，它的全部意义不过是对这个命题的形式上的模仿而已。

再如，不少中国学者起来批判中国传统社会的封建思想，显然，其思想的前提，即默认点就是在中国曾经存在过封建社会。其实，中国根本就没有欧洲意义上的封建主义（feudalism）和相应的封建社会。在欧洲，封建领主拥有至高无上的权力，甚至包括立法权。也就是说，他们拥有自己的监狱、法庭和雇佣军队，而在中国传统社会中，正如《诗经》所说的："普天之下，莫非王土，率土之滨，莫非王臣。"也就是说，皇帝对所有的土地都拥有所有权，而臣民则只有使用权和占有权。特别是秦始皇统一中国后，杜绝了以前的分封制度，柳宗元的《封建论》，抄检大观园①。中国也没有奴隶主义（slavishness or slavish mentality），郭沫若的著作，农村公社等。

当然，正如人们经常体会到的那样："我的最大的敌人是自我。"文章修改第二遍的困难，汤因比提出的"二次创造"的理论。毛泽东和邓小平；维特根斯坦是自我批判的典范，他一生提出了两种不同的哲学，而

---

① 俞吾金先生在遗稿中留下的这些提示性表达尽管在内容上并不完整，但有助于读者理解作者的思路，因此原样保留。下同。——编者注

且都产生了巨大的影响。早期的思想形成了"维也纳学派"，晚期的思想形成了"牛津日常语言学派"。

三、从经验世界到超验世界

我们这里说的"经验世界"就是普通人感觉到、触摸到的世界。这个世界也就是我们用语言包裹起来的日常生活世界。我们所说的"超验世界"则是看不见、摸不着的。它不是我们的感觉和知性所能够把握的，只能通过抽象的理性思维，去思索超验世界中的对象。宗教、艺术和哲学是我们领悟超验世界的主要路径。对于普通人来说，他们的生活几乎只停留在经验世界中。或许人们会反驳说：不是许多人信仰宗教，参加宗教仪式吗？实际上，在普通信徒的心目中，宗教仍然只是一个感性触摸的世界，而不是一个理性追随的世界。何况，中国人常说："无事不登三宝殿"；艺术也一样，如书法、绘画等，如果没有引起精神上的共鸣，就仍然停留在经验世界中，很难体悟庄禅空灵的思想境界。在普通人中也有许多聪明人(聪和明的意思)，但恐怕超不出王熙凤的水平，然而，她也不过是"机关算尽太聪明，反误了卿卿性命"，或"纵有千年铁门槛，终须一个土馒头"。他们不过是站着的爬行动物(直立行走的好处和问题)、伏尔泰对卢梭的批判。

日常生活中的裂口，人生也就是几万天的时间。康德的四个问题，高更以塔希提岛为背景的油画《我们从哪里来？我们是谁？我们到那里去？》。思想的飞升，沉沦(Verfallen)。人生的意义，存在的意义，世界的意义，宗教、艺术和哲学的意义。就做学问来说，王国维在《人间词话》中讲到三个境界：昨夜西风凋碧树，独上高楼，望尽天涯路；衣带渐宽终不悔，为伊消得人憔悴；众里寻他千百度，蓦然回首，那人却在灯火阑珊处。克尔凯郭尔关于"人生三阶段"的理论。冯友兰说的"人生四境界"。

第二节　哲学研究的概况

我们知道，从"哲学"这门学科的诞生到现在，已经有两千多年的历史。从词源上分析，philosophia 这个词由 philo-（爱）和-sophia（智慧）这两个部分构成，其含义是"爱智慧"。于是，不少哲学入门书都把哲学定义为"爱智慧"（love of wisdom）。其实，这样做是没有任何道理的。尽管词源学的研究对于我们分析语词的起源及其含义的流变是有意义的，但这并不等于说，philosophy 就可以被定义为"爱智慧"。因为"爱"是一种情感，而哲学并不诉诸情感，哲学乃是理性思维的一种特殊的形式。虽然哲学也研究情感，如德国哲学家马克思·舍勒的"情感现象学"，哲学家在研究和表达哲学问题时，也可以充满激情或情感，但哲学本身却不能被情感化。由此可见，古代希腊学者关于"爱智慧"的说法反映出他们在 do philosophy 时对智慧的热爱，但却不可能成为哲学的定义。

一般说来，一个文明是由四大板块，即宗教、科学、艺术和哲学组成的。这些板块是沿着文明的发展而一起向前发展的。英国哲学家罗素在《西方哲学史》上卷中说："哲学，就我对这个词的理解来说，乃是某种介乎神学与科学之间的东西。它和神学一样，包含着人类对那些迄今仍为确切的知识所不能肯定的事物的思考；但是它又象科学一样是诉之于人类的理性而不是诉之于权威的，不管是传统的权威还是启示的权威。一切确切的知识——我是这样主张的——都属于科学，一切涉及超乎确切知识之外的教条都属于神学。但是介乎神学与科学之间还有一片受到双方攻击的无人之域；这片无人之域就是哲学。"①在这里，罗素完全从知识是否具有确定性的标准出发来理解神学（关于宗教的学问）、科

---

① ［英］罗素：《西方哲学史》上卷，何兆武、李约瑟译，商务印书馆 1963 年版，第 11 页。

学和哲学之间的关系。而当代自然科学的发展表明，科学知识中也有一部分知识是不确定的。此外，罗素在这里完全没有提到艺术。就艺术诉诸情感而哲学诉诸理性来说，这两者是有区别的，但就艺术和哲学都需要想象力来说，两者又是有内在联系的。哲学不但与其他三个板块一起向前发展，它自身研究的领域也在不断地扩大化和深化。事实上，哲学研究主要是沿着以下四个维度来展开的：

第一个维度是哲学对外部世界的研究。如果说，自然科学和技术已经在对外部世界的结构、宏观世界和微观世界的研究中取得了巨大的进展，那么，哲学也把自然科学和现代技术提出的种种假设和已经取得的成就作为自己探索的对象。当然，哲学家们关注得最多的乃是他们的感觉经验所能涉及的周围世界。在各个文明的发展中，古代神话关于宇宙起源的种种传说表明，哲学始终存在着一种永恒的冲动，即探索自己置身于其中的外部世界究竟是怎么一回事。

第二个维度是哲学对作为思考者的人（"自我"）的反思。古希腊神话中的"司芬克斯之谜"，即指早晨四只脚、中午两只脚、晚上三只脚行走的动物是什么？我们知道，俄狄浦斯解答了这个谜语，它的谜底就是"人"。哲学家作为从事哲学思维的人，他也有一种内在的冲动，孜孜不倦地探索着如下的问题：人是什么？人来自何处？人能够认识什么？人应该做什么？人可以期待什么？人将走向何方？康德哲学关注的就是我们上面提到的第一、第三、第四和第五个问题。随着生物学、心理学、生理学、神经科学等分支科学的发展，人们对"自我"的认识也不断深化。

第三个维度是人对人所使用的符号系统的探索。在各个文明中，最重要的符号系统莫过于语言系统。人们不但用语词这种普遍性的符号命名外部世界的一切事物，也命名人自身（内在世界）的一切对象，也命名外部世界的事物之间、内部世界的对象之间、外部世界与内部世界之间的一切复杂的关系。总之，哲学探索的一切对象都无法撇开或逃离语言系统。事实上，围绕着语言学，已经发展出整个学科群，如语义学、语

绪论 走上哲学探索之路 · 021

用学、语法学、逻辑学、修辞学、音韵学、目录学、版本学、校勘学等等。哲学当然并不研究这些具体的学科，但它关心着这些学科的研究成果及对整个哲学研究的影响和意义。

第四个维度是哲学对自身定义的不断的询问，类似于祥林嫂的样子。

一、国外研究的历史和现状

Philosophy 这门学科不但源自西方文明，而且在西方文明中获得了经典性的表现。所以我们这里说的"国外研究的历史和现状"主要是指西方国家哲学研究的历史和现状。按照黑格尔在《哲学史讲演录》第 2 卷里的看法，"哲学之作为科学是从柏拉图开始〔而由亚里士多德完成的。他们比起所有别的哲学家来，应该可以叫做人类的导师〕"①。在黑格尔看来，真正意义上的、系统化的哲学思维是从柏拉图那里开始的。也正是在这个意义上，英国哲学家怀特海说过：全部西方哲学史不过是柏拉图著作的注脚。

西方哲学的研究大致经过了以下四个阶段：第一阶段是从古希腊到文艺复兴时期，西方哲学的主要研究对象是外部世界；第二阶段是从笛卡尔到黑格尔的近代西方哲学，西方哲学的主要研究对象转向作为主体的人本身；第三阶段是从叔本华到早期海德格尔，西方哲学的主要研究对象是把人和世界统一起来的生存状况；第四阶段是从弗雷格、罗素到当代分析哲学的语言学转向。

现代外国哲学研究的新方向：第一，孔德、马赫、维也纳学派与实证主义；第二，胡塞尔与现象学；第三，弗雷格、罗素与分析哲学；第四，索绪尔与结构主义；第五，皮尔士与实用主义哲学；第六，弗洛伊德、拉康与精神分析；第七，尼采、福柯与权力意志；第八，海德格尔、萨特与存在主义；第九，卢卡奇与西方马克思主义；第十，伽达默尔与哲学诠释学。流派纷呈，新见迭出。

---

① 〔德〕黑格尔，《哲学史讲演录》第 2 卷，贺麟、王太庆译，商务印书馆 1960 年版，第 151 页。

二、国内研究的历史和现状

国内哲学研究的历史可以划分为两个阶段：从先秦时期到 19 世纪末。在这个阶段中，"哲学"这个译名尚未出现在中国学术界。尽管中国古代已经出现了"玄学""理学""道学"这样的概念，但这些概念大多指称不同历史时期的不同的理论思潮，不具有"哲学"这一概念的普遍性。在这个阶段中，以儒道互补为主流的本土哲学已经受到两次大的冲击：第一次冲击是印度佛教。佛教进入中国后，与儒家、道家的思想融合起来，形成了宋明时期的理学思想；第二次冲击是明清以来以利玛窦为代表的欧洲天主教耶稣会的一批传教士来华传道布教。他们也带来了欧洲的科学、技术、艺术、philosophy 方面的思想。但当时的 philosophy 在中国的译名尚未得到统一，它被译为"理科""理学""性学""爱知学""智学"和"格致学"等各种不同的名字。事实上，这些名字都没有得到普遍的认同。

在 philosophy 这个术语的翻译上，日本学者西周起了关键性的作用。1870 年，西周在其生前未发表的、由学生整理讲学的讲演笔记《百学连环》中最早使用了"哲学"这个译名。1874 年，"哲学"这个译名首次出现在西周公开发表的著作《百一新论》中。当时这个译名也没有为日本哲学界所普遍接受，不少日本学者仍然以"理学"作为 philosophy 的译名。19 世纪 80 年代初，日本学者井上哲次郎在编撰日本第一部《哲学字汇》时采用了西周的"哲学"这一译法，从而使这一译名成为日本哲学界普遍接受的名称。人们也许会奇怪，"哲"和"学"都是汉字，为什么西周要用汉字来译西方的 philosophy 呢？因为从历史上看，很长一段时间以来，汉字是日本人使用的唯一的文字，而现代日语就是由汉字和假名共同构成的。日本人在使用汉字的过程中经常用已经有的汉字来造新词。在明治维新时期，由于大量新思潮从欧美涌入，需要用译名把它们表达出来。于是，西周这样的思想先驱者便从汉字中造出了"哲学"这个新词。在汉语中，虽然"哲"和"学"这两个字早已存在了，但从来没有像西周那样把它们合成为一个词。

在《诗经》中有"维此哲人，谓我劬劳""哲夫成城，哲妇倾城"这样的句子，"哲"是通晓事理、聪明睿智的意思。有趣的是，日本学者西周创制出来的译名"哲学"又返回中国，成了中国学者普遍接受的定译。许慎说："哲，知（智）也。""哲"，同"悊"或"嚞"。甲骨文中无此字，金文作 𢢫，小篆作 𣂬。"哲"字上半部分为"折"。许慎说："折，断也，从斤断草。""折"在甲骨文中作 𣂤，在金文中作 𣂨，在小篆中作 𣂮。

那么，中国学者又是什么时候开始接受并使用"哲学"这个译名的呢？中国学者黄遵宪在 1887 年写就的《日本国志》中谈到东京大学的学科设置时，使用了"哲学"这个译名。蔡元培也是最早接受并引进"哲学"这一译名的中国学者之一。他说自己"丁戊之间，乃治哲学"。这里所谓"丁戊之间"也就是 1897—1898 年。在普及这个译名时，起了较大作用的是梁启超。他在变法失败后亡命日本，在那里创办了《清议报》（1898—1902）和《新民丛报》（1902—1905），发表了多篇译介西方哲学的文章，从而使"哲学"这一译名很快成为报刊上的常用词。①

从 20 世纪初至今，构成中国哲学研究的第二个阶段。在这个阶段中，"哲学"这一译名已经为学术界普遍接受，而西方大量的哲学思潮也开始涌入中国，而谢无量、胡适、冯友兰、张岱年、牟宗三等中国学者则致力于对中国哲学史的书写，目的是保存并发扬中国的学术传统。从20 世纪 70 年代末以来，随着改革开放的深入，中西哲学文化的融合进一步加快，以致中国学术界竟然出现了"中国哲学"是否具有合法性的讨论。这一讨论实际上是以"欧洲中心主义"为思想背景的西方学者，如黑格尔等否定中国有哲学思想的错误观念在新的历史条件下的重现。在黑格尔看来，中国古代哲学家孔子的学说不过是一些道德说教而已，只有希腊才是哲学的真正故乡。我的《一个虚假而有意义的问题》一文，阐述了我对中国哲学合法性问题的理解。

---

① 参见陈启伟：《"哲学"译名考》，《哲学译丛》2001 年第 3 期。

三、哲学研究中的不确定性

哲学研究中的不确定性主要表现为以下三点：

其一，哲学定义的不确定性。哲学与其他学科的一个重要的差别是，很难在同时代或不同时代的哲学研究者那里形成一个对哲学定义的共识。正是这一差异决定了哲学研究者对"什么是哲学？"问题的不断追问（像祥林嫂一样）。对于哲学这门学科来说，保持这种从根基出发的不断的追问是必要的，这使哲学的怀疑、批判的功能不至于被弱化，也使它的思想创新的意识不断地受到鼓励。但这也会导致另一个结果，即哲学研究具有某种不确定性。也就是说，不同历史时期的哲学家对"什么是哲学？"这个问题的解答是迥然各异的。比如，有的哲学家认为，哲学的主要任务是探索宇宙的奥秘；也有的哲学家认为，哲学的基本任务是探讨人生的意义；也有其他一些哲学家认为，哲学不过是语言上的分析、批判和治疗的活动。其实，这些答案涉及的都是哲学研究领域的不同的侧面，但这些不同的侧面在不同的哲学家那里都被夸大为哲学研究的主导性的任务。而既然哲学研究是自由的，任何人都无法把这些不同的解答统一起来。

其二，哲学研究范围的不确定性。哲学这门学科的研究范围也经历了历史性的变化。哲学最早是从巫术和神话故事中脱胎出来的，它曾经是一门包罗万象的学问，被人们称为"科学的女皇"（the queen of sciences），至今人们仍然把博士称之为"Ph.D."，正说明了哲学这门学科曾经有过的至高无上的地位。但 17 世纪以来，随着一门门自然科学相继独立，哲学研究的领域也大大地缩小了。就哲学研究的最核心领域来说，也就是本体论（或译为存在论）、认识论和方法论；而哲学研究的外围领域则被一系列交叉学科所覆盖，如数学哲学、自然哲学、经济哲学、社会哲学、历史哲学、政治哲学、道德哲学、宗教哲学、法哲学等。但平心而论，在哲学的核心领域和外围领域之间仍然没有十分明确的界限。

其三，哲学研究结论的不确定性。在德国哲学家尼采和海德格尔那里，有一种非常有影响的观点，那就是关于"视角"（perspective）的观点，即每个人都无例外地是从一个特殊的角度出发去观察和思索问题的。其实，从古希腊哲学家柏拉图提出的"洞穴比喻"到近代英国哲学家培根提出的"四假象说"（种族假象、洞穴假象、市场假象和剧场假象）都表明，人们在观察和思索问题时，会受到自己先入之见的约束。

事实上，中国古人说的"坐井观天"也是同样的意思。有趣的是，虽然人们都是从特殊的视角出发去观察和思考问题的，但他们常常意识不到这一点，甚至产生一种普遍的错觉，即认为自己看问题是"客观的""公正的"。这种错觉的基础是认为人们竟然可以超越自己的视角去看待所有的问题，实际上这种超越是不可能的。或许有的人看问题的视角为其他人所普遍地接受，因而其他人认为他的看法是"客观的"或"公正的"。也就是说，在所有不同的观察和思索问题的视角中，存在着被人们普遍认同的视角，但却不存在超越任何视角的观点。这一点在被观察或被思索的问题涉及观察者和思索者本人的利益时显得特别清楚，所以，法国人的谚语是："人人都在他人身上主持公道。"也就是说，当人们在观察和思索任何问题的时候，一般说来，人们不愿意做出不利于自己利益的结论来。反过来说，在观察和思索中真正能够引起人们兴趣的总是那些与他们利益有关的问题。我们知道，在英语中，interest(s)具有两个含义：一是兴趣，二是利益。也就是说，人们总是对那些与自己利益有关的东西发生兴趣。进一步的考察表明，在我们称之为"视角"的概念中，包含着两个不同的要素：一是特殊性的要素，即个人的利益、个性、气质；二是普遍性的要素，即社会上流行的思想方式、理论观念对个人的观察和思索方式的渗透，如细胞学说、燃素说等。正如维特根斯坦在《文化与价值》一书中所指出的："一旦新的思想方式被建立起来，许多旧问题就会消失。确实，这些问题变得难以再现。因为它们与我们表述我们自己的方式一同发展。如果我们自己选择了一种新的表述方式，这些旧问题就会与旧服装一同被遗弃。"①

---

① ［英］路德维希·维特根斯坦：《文化与价值》，黄正东等译，华中科技咨询公司1984年版，第72页。

哲学研究的结论不光受到观察者和思索者的"视角"的影响，而且也受到他们置身于其中的具体的历史条件的影响。一定的历史条件会影响人们观察和思索问题的程度、范围、素材等。比如，中国有句谚语叫"盖棺论定"，意思是说：一个人死了，棺材盖盖上去了，人们关于这个人的本质也就可以做出定论了。其实，即使把棺材盖盖上去了，人们仍然无法对这个人的本质做出定论。道理很简单，这个人可能一生做过10件好事，大家都是知道的，但他同时可能也做过5件坏事，并没有人知道。也许隔了数十年，甚至几个世纪，这5件坏事被披露出来了，于是人们不得不对他的本质重新做出评价。这就启示我们，不要说棺材盖盖上去了，即使是棺材都烂掉了，骨灰也没有了，这个人的本质也不容易被认定。只要哲学研究的结论是历史性的，它们就永远具有相对性和不确定性。

综上所述，哲学是一门历久弥新的学问。它既是人类智慧的结晶，又是对人类智慧的挑战。我们对哲学这门学问一定要有敬畏之心。事实上，哲学所需要的不是三心二意的同路人，而是普洛米修斯式的献身者。正如普洛米修斯对众神的侍者海尔梅斯所说的：

"你好好听着，我绝不会用自己的痛苦

去换取奴隶的服役：

我宁肯被缚在崖石上，

也不愿做宙斯的忠顺奴仆。"

第三节　哲学研究的方法

对于哲学的爱好者或探索者来说，一个普遍关注的问题是如何顺利地走上哲学研究的道路？我们知道，哲学是一门高度思辨的、抽象的学问，要掌握它的基本理论，顺利地踏上研究它的道路，并不是一件容易的事情。我们认为，从哲学研究的方法论上来看，下面五点是特别重要的：

一、植根于现实生活

乍看起来，哲学概念是高度抽象的，远离现实生活的，有时甚至具有强烈的神秘主义色彩，但它始终以直接或间接的方式保持着与现实生活的密切联系。凡是能够以创造性的方式研究哲学的人，大多密切地关注着现实生活。一方面，努力把现实生活中存在的重大问题提升到哲学研究的层面上来，从而使哲学研究始终向新鲜的经验开放；另一方面，努力找出现实生活与哲学的理论文本之间存在着的差异，或者从正确的理论文本的高度上来分析批判现实生活，或者从现实生活出发，来揭示某些哲学理论文本的教条性和落后性，从而实质性地推进对哲学理论本身的探讨。当然，我们并不是以直接的方式面对现实生活的，现实生活是被日常语言包裹起来的，重要的是穿破这层语言的襁褓，正确地把握现实生活的本质。

二、要善于限制自己

任何人的一生都是有限的。假如他 16 岁之前和 60 岁之后被养起来，那么，他中间只有 44 年的时间。鲁迅先生说："浪费别人的时间等于谋财害命，浪费自己的时间等于慢性自杀。"中国古代人所说的"学富五车"，那时的书是用竹简做成的，恐怕"五车"竹简的容量还不及现在一本词典的容量。据说，秦始皇每天要读 100 多斤重的奏章，也是用竹简做的，从今天的人看来，这些竹简不可能包含大量信息。在《基督山恩仇记》中，法利亚长老对爱德蒙·邓蒂斯说：世界上最重要的书大约有 150 本左右，如果把这些书的内容都掌握了，也就把人类最重要的知识都掌握了。当然，法利亚长老的这一看法并不适合于现代社会。现代社会是一个知识和信息爆炸的社会，知识的分类变得越来越细，以至任何一个狭小的专业领域的文献阅读，都可以轻易地耗尽一个人的生命的全部时间。在这样的情况下，"善于限制自己"就成为治学中的重要方法。

其实，许多学者已经意识到这一点的重要性。歌德的《爱克曼谈话录》、黑格尔的《小逻辑》都说明了善于限制自己的重要性。现代人喜欢滥用自己的聪明，但多中心就是无中心，最后会一无造就。古希腊的哲人已经告诫我们："试图无所不知，只能一无所知。"太阳光线的平行散射和放大镜的聚焦、10 篇论文 10 个主题和 10 篇论文 1 个主题所产生的结果是完全不同的。从心理学上看，有一个 pay attention 的问题，这正是创造性劳动的根本性特征之一。很多人获得了博士学位，他的 attention 转移了，他的博士论文再也无法出版了。我总是借用中国人的话"趁热打铁"，鼓励他们一鼓作气把博士论文修改出版。有的人在进入一个研究领域和放弃一个研究领域时都抱着漫不经心的态度，都没有把自己的 attention 聚焦起来，这是不可能在自己的研究工作中获得积极成果的。

三、解构性阅读经典

"解构"(deconstruction)这个词是当代西方后结构主义者或解构主义者常用的术语。"解构"既包含着在阅读文本时对文本原有的结构的拆除，也包含着对原有的文本的内容的怀疑、批判和超越。我们这里更多地从后面一层意思上来使用这个词。我们这里说的"经典"是指哲学史研究中专家们公认的那些经典性的著作。在哲学思想的发展中，这些经典著作起着里程碑的作用。这些经典著作的基本特征是：第一，它们都是原创性的，涉及对哲学研究中的重大问题的提出或新的反思，而这些问题是哲学在向前发展的过程中不可能绕过去的；第二，它们都具有深刻的批判性，对在前人和同时代人中流行的经典著作或观念做出了透彻的批判。在叔本华看来，真正的哲学研究是通过与哲学大师著作的对话而实现的。然而，在这样的对话中，我们作为阅读者的思想常常会与经典著作认同，甚至被它们所俘虏。为了从中脱身，我们只好利用这些经典著作自身所蕴含的批判精神。在不断展开的解构性阅读中，我们逐步形成了自己的独立的观点。

四、珍惜思想的闪电

正如法国哲学家帕斯卡尔在《思想录》中所说的：人不过是宇宙中的一颗微粒，但人的大脑却可以包容并思考整个宇宙。有趣的是，人的思想像闪电一样，会突如其来地降临，也会悄无声息地逝去。读庄子的书时，我们常常会折服于他的思想的跳跃性和极为丰富的想象力。在哲学研究中，我们一定要珍惜这些思想的闪电。苏格拉底站在别人的屋檐下思考问题，站了一天一夜；康德随时记下自己的思想，有时甚至记在发票、提货单上；黑格尔从青年时期起就开始写日记，把自己读书的感受和想法写下来，由于他博览群书，后来创立了百科全书般的哲学体系。

这些思想家启示我们，在哲学研究中产生古怪的念头时，不要置之不理或轻易加以否定，要立即把它们记下来。过一段时间后，在翻阅你的札记本的时候，大多数记下来的想法会被淘汰，但其中会有一些被保留下来，经过进一步的思索后会发现它们是非常有价值的，甚至可把它们的内容写成论文发表。总之，要珍惜思想中出现的任何一个新的念头。

五、自觉的当代意识

在科学研究，尤其是哲学研究中，当代意识起着十分重要的作用。历史主义的口号是：只有懂得过去，才能解释现在；历史意识的口号是：只有理解现在，才能解释过去。雅斯贝尔斯的"轴心时代"理论批判，克罗奇的"一切历史都是当代史"，马克思的"人体解剖是猴体解剖的一把钥匙"，等等。即使是研究古代问题，我们也必须有先行的当代意识。

第一章　什么是哲学

　　当一个人站在哲学门外的时候，他常常会提出"什么是哲学？"这样的问题。但我们可以断定，他对这个问题的思考是奠基于好奇心之上的。当他在哲学研究中登堂入室，成了某个领域里的研究专家的时候，他再也不会向自己提出"什么是哲学？"这样的问题来了。他以为，他自己对这个问题已经获得了确定不移的答案，因而只需要研究某个领域里的具体问题，再也不用去探索这个大而无当的，甚至是空洞的问题了。其实，一旦他拥有这样的想法，也就失去了哲学思维的优势，与一个实证科学的研究者没有什么区别了。完全有可能，他认为自己关于"什么是哲学？"这一问题所获得的、所谓"确定不移的"信念是虚幻的，是禁不起深入的反思的。事实上，只要他对这个问题失去了兴趣，也就失去了哲学上的制高点。正如拿破仑在率领军队越过阿尔卑斯山的时候，曾经说过的一句名言："我比阿尔卑斯山高"，而哲学研究要保持自己的原创性，就必须站在这样的制高点上。

第一节 对哲学概念的解释

要解答"什么是哲学?"的问题,当然先要对"哲学"这一概念做一个分析。正如我们在前面已经指出过的那样,从词源上看,哲学就是"爱智慧"的意思。但我们对"哲学"这一概念的理解却不能像大多数哲学入门书所做的那样,仅限于词源学的考察。我们必须深入一步,对下面这些问题做出深入的探索。

一、哲学是单数还是复数

在西方语言,如英语中,尽管有少数名词的单、复数是同形的,但绝大多数名词的单、复数是有差异的,如"男人"的单数是 man,复数是men,区分得清清楚楚。然而,在汉语中,单复数的观念通常是十分淡薄的。比如,在翻译中,我们就常常忽略了单复数之间的差别。如当代法国哲学家德里达的两部著作:一部是《马克思的幽灵》(*Specters of Marx*);另一部是《立场》(*Positions*)。在这两部著作的翻译中,如果没有把原作中的复数形式表达出来,那就表明,作者根本没有理解原作的基本思想。

在日常用语中,人们常常把"哲学"理解为一个具有形式的概念。比如,人们会说:"张三有张三的哲学,李四有李四的哲学",甚至会说:"不同的人有不同的哲学"或"每个人都有自己的哲学"。数年前,我在台湾参加一个会议,当代法国的现象学家福洛力娃在其论文中使用了"philosophies"的形式,我曾经向她提出疑问。其实,哲学作为一门学科,它应该是唯一的,也就是说,它应该是单数,而不是复数。在我看来,能够成为复数的应该是"哲学家""哲学流派""哲学理论""哲学观点""哲学见解""哲学观"这样的概念。所以,上面我们提到过的那些不准确的表达方式,只要更改一下,就会变得合理了。比如,人们应该说:"张三有张三的哲学观点,李四有李四的哲学观点";也可以说:"不同的人有不同的哲学见解"或"每个人都有自己的哲学观"。一旦我们把"哲学"理解为单数，也就避免了不必要的理论误解。

二、哲学应如何进行分类

在确定哲学概念的存在形式是单数后，我们还要进一步对哲学的分类方式进行深入的探索。按照目前流行的分类形式，在哲学这个一级学科下面，有8个二级学科：马克思主义哲学、中国哲学、外国哲学（过去称为"西方哲学"）、科学技术哲学、伦理学、逻辑学、美学和宗教学。明眼人一看就知道，在这个分类系统中，人们引入了一些不同的分类原则。比如，"中国哲学"或"外国哲学"是以国家作为分类原则的；"马克思主义哲学"是以哲学流派作为分类原则的；"西方哲学"是以地域上的一个方向作为分类原则的；而"科技哲学""伦理学""逻辑学""美学"和"宗教学"又是以哲学和其他学科的交叉融合作为分类原则的。有趣的是，在这8个二级学科中，任何一个分类的原则都没有被贯彻到底。比如，与"西方哲学"相对的应该是"东方哲学""南方哲学"和"北方哲学"，为什么后面三种哲学都没有被强调呢？又如，与"马克思主义哲学"相对的应该是"柏拉图哲学""康德哲学""孔子哲学""老子哲学"等，为什么后面这些学派都没有被引入呢？再如，与"科学技术哲学"相对的应该是"政治哲学""经济哲学""法哲学"等交叉学科，为什么后面这些学科没有成为哲学的二级学科呢？

更深入的考察还表明，像"中国哲学"这样的提法都是不能成立的。"中国"是一个政治单位，而世界上有200多个政治单位，难道有一个国家就一定有一种哲学吗？假如是这样的话，那么苏联已经瓦解为16个国家，这是否意味着现在有了16种不同的哲学了呢？反过来说，当东德和西德合并成一个国家时，是否表明，原来的两种不同的哲学现在成了一种哲学了呢？打个比方，数学能以国境线来划分吗？难道世界上存在着"中国数学""美国数学"或"索马里数学"吗？当代中国的哲学家和逻辑学家金岳霖先生也不赞成"中国哲学"的提法，因为这样的提法也会把"哲学"转变为复数，所以他主张说"哲学在中国"或"哲学在美国"。这一说法上的转换其实是非常重要的，因为它肯定哲学只能以单数的方式存在。

　　总之，哲学学科的分类乃是一个十分重大的问题，目前国内所有的大学和研究机构都沿用8个二级学科的分类方法。显然，这种不合理的分类方法阻碍了哲学探讨的深入。事实上，我国理论界对学科概念一直缺乏明晰的分析。比如，什么是"科学""自然科学""人文科学"和"社会科学"？都显得十分含混。有的单位把"人文科学"划归到"社会科学"的范围内，也有的单位把"社会科学"划归到"人文科学"的范围内。不少高校把哲学归入到政治行政学院中，而政治行政方面的研究都是从属于社会科学的；也有不少高校成立了"哲学社会学学院"，其中哲学从属于人文科学，而社会学则从属于社会科学。触目可见的是学科分类上的无序状态。尽管恩格斯调侃说：即使人们把鞋刷子分类到哺乳动物中，鞋刷子也决不会因为分类的缘故而长出乳腺来。但它启发我们应该对哲学学科的分类问题进行彻底的研究，以便合理地重建哲学学科群。

三、"元哲学"与"后哲学"

　　人们通常认为，对"什么是哲学？"问题的探讨属于"元哲学"（meta-philosophy）研究的范围。在国际上还有名为《元哲学》这样的刊物，这样的思维方式也形成了一些类似的概念，如"元语言学"（meta-language）、"元伦理学"（meta-ethics）和"元心理学"（meta-psychology）等。显然，这里的前缀"meta-"有"元"或"后"的意思。但不管如何，一旦使用这个前缀，都有超越本科学的意思在内。在这个意义上，我认为，古代人安德罗尼柯创制的 metaphysics（形而上学）这个概念倒是能够成立的，因为 physics 是"物理学"，而 meta-则是"在……之后"。也就是说，他认为，形而上学是超越物理学的，在物理学后面再谈论的。然而，按照我的看法，像"元哲学""元语言学""元伦理学"和"元心理学"这样的概念反倒是不能成立的，因为这等于在哲学、语言学、伦理学和心理学之后或之上另建一个更高的学科。而这样的再建必定会陷入无穷后溯。试以所谓"元哲学"为例。显而易见，由于不同的人拥有不同的哲学观，一定会对

"什么是哲学?"的问题做出不同的解答。这样，面对着这些迥然各异的答案，我们不得不进一步建立"元元哲学"对"元哲学"进行研究，而在"元元哲学"中又存在着不同的见解，于是，人们又不得不建立"元元元哲学"去研究"元元哲学"。这样一来，无穷后溯就拉开了序幕。我认为，解决这个问题的方法是不在哲学这门学科之上再叠床架屋，建立什么"元哲学"，而是把"什么是哲学?"的问题置于哲学内部加以解答。至于如何进行转换，我们到本章的第三节再加以讨论。

再来看"后哲学"(post-philosophy)的概念。众所周知，这一概念是在滥觞于20世纪六七十年代的后现代的思潮的背景下形成并发展起来的。当代美国哲学家理查德·罗蒂提出了"后哲学"这一新概念，并做了如下的阐释：

"在这里，'后哲学'指的是克服人们以为人生最重要的东西就是建立与某种非人类的东西(某种像上帝，或柏拉图的善的形式，或黑格尔的绝对精神，或实证主义的物理实在本身，或康德的道德律这样的东西)联系的信念。我认为，传统的、前实用主义的哲学充满了德里达所谓的'出现的形而上学'，即希望发现某种固定不变的、使我们有可能用认识来代替意见的东西。在我看来，一种文化可以看作是后哲学的文化，仅当其放弃了这样的希望，连同在现象与实在、意见与知识之间的对立。

这些对立，以及许多其他类似柏拉图、笛卡尔和康德之间的对立，都表示着一种在人类条件(受制于时间和机遇)与某种超越这种条件之间的东西之间的对立。放弃对这样一种超越的希望，也就是放弃促使柏拉图去构造其形而上学并使西方哲学成为怀特海所说的'对柏拉图的一系列注释'的动机。在一个后哲学文化中，在人生和人类研究应当为什么目的服务的问题上，各个团体还会意见不一。因此，有关什么是真的问题的意见分歧是无穷无尽的。但'真理'将被看作不过是一个表示满意的形容词的名词化，而不是看作一个表示与超越的东西、不只是人类的东西的接触。我认为，这样一种文化将把尼采和詹姆斯看作是重要的开路先锋。之所以重要，是因为他们为我们提供了重新描述我们的生活——以最终将使我们更自由和更幸福的方式重新描述我们的生活——的工具。"①

众所周知，当代法国学者利奥塔作为著名的后现代思潮的开拓者之一曾经提出过两个新概念，即"宏大叙事"（grand narrative）和"细小叙事"（petty narrative）。罗蒂也把传统哲学称之为"大写的哲学"（capital philosophy），而把实用主义者开启的新哲学称之为"小写的哲学"（small philosophy）。罗蒂写道："如果（大写的）哲学消失了，就会失去某种对于西方理智生活来说曾经是核心的东西，正如当宗教直觉不再成为理智上值得尊重的（大写的）哲学思考的候选者时，就失去了某种核心的东西一样。但是启蒙运动正确地认为，接替宗教的东西将好些。实用主义则断言，接替启蒙运动产生的'科学的'实证主义文化的东西将好些。"②在罗蒂看来，在这样一种后哲学文化中：第一，无论是牧师、物理学家、政治家或诗人，都无法证明自己比别人更理性、更科学或更深刻。第二，仍然有英雄崇拜，但不是对不朽者和神的意义上的英雄崇拜，而只是对那些非常善于做各种不同事情的、特别出众的男女的羡慕，他们不是掌握了大写的真理或奥秘的人，而是日常生活中能够成为他人楷模的人。第三，不再有大写的哲学家，也不再有特别的哲学问题需要解决，也没有特别的哲学方法可以被运用，也没有什么特别的学科标准可以被遵循，哲学教授还会存在，他们只是一些兴趣广泛的知识分子，乐于对事物、关系或行为提供自己的看法。我们发现，罗蒂通过自己创制的"后哲学"或"小写的哲学"的概念与"传统的哲学"或"大写的哲学"对立起来，体现出他对哲学今后发展方向的新的理解。当然，这种理解是奠基于他所确信的实用主义学说的基础之上的。

实际上，"后哲学"概念的提出在某种意义上也是对当代哲学界流行

---

① ［美］理查德·罗蒂：《后哲学文化》，黄勇编译，上海译文出版社1992年版，作者序第11—12页。

② 同上书，第14页。

的"哲学的终结"(the end of philosophy)思潮的一个解答。

第二节　对哲学定义的反思

显然，要对哲学的定义进行反思，我们必须先了解，什么是"定义"？从逻辑学上看，定义就是"种概念"加上"属差"。举个例子来说，古希腊一位学者曾给"人"下了这样一个定义："人是没有羽毛的两足的动物。"在这个定义中，"动物"就是"种概念"，它可以把人和其他动物都包含在内；而"没有羽毛的两足的"则是属差，它用来表达在动物范围内人与其他动物之间存在的本质性的差异。显然，这里的"属差"并没有把人与其他动物有效地区分开来，以至另一位学者把一只拔去了羽毛的鸡扔到他的面前，问他：这个没有羽毛的两足动物究竟是不是人？前面的那位学者也就无言以对了。其实，在生活中，我们给任何一个事物下定义都是有一定的难度的。比如，我们试着给"桌子"下一个定义：桌子是用木头制成的、方形的、表面平坦的器具。这里的"种概念"是"器具"，而"属差"则是"是用木头制成的、方形的、表面平坦的"。我们很快就会发现，这样的定义是不完善的。同样地，当前人已经给哲学下了定义之后，我们也不能无批判地接受这些定义，而必须运用我们的理性，对它们进行批判性的考察。下面，我们对当代哲学界最为流行的哲学的四种不同的定义逐一进行分析。

一、关于世界观的学问

这是最常见的哲学定义，即哲学是关于世界观的学问。这里的种概念是"学问"，而属差则是"关于世界观的"。那么，什么是世界观呢？世界观就是人们关于整个世界的看法。显然，这个定义存在着下面这些问题：

第一，"世界观"究竟是一个应该加以肯定，还是否定的概念？在当代哲学家海德格尔看来，世界观乃是一个否定性的概念。海德格尔在

《世界图像的时代》中指出："世界解释越来越彻底地植根于人类学之中，这一过程始于18世纪末，它在下述事实中获得了表达：人对存在者整体的基本态度被规定为世界观（Weltanschauung）。自那个时代起，'世界观'这个词就进入了语言用法中。一旦世界成为图象，人的地位就被把捉为一种世界观……说明一旦人已经把他的生命当作主体带到了关系中心的优先地位上，世界如何决定性地成了图象。"①

第二，"世界观"，即人们对整体世界的认识究竟是否可能？康德认为，当理性运用知性范畴去认识超经验的物自体之一——"世界"时，必定会陷入"二律背反"。维特根斯坦也认为，整体世界及其意义人们是无法认识的。实际上，人们总是借了"世界"（Welt）的名义在谈论"周围世界"或"环境"（Umwelt）。德语中的介词um相当于英语的介词around，即"在……周围"的意思。

第三，哲学教科书通常对"世界"概念的具体含义的解释是"自然、社会、思维"。这里的问题是：其一，没有揭示出这三个部分之间的内在联系；其二，人能够被归结为"思维"吗？人还有其本能、意志、欲望、感情方面的因素不能被排除出去；其三，在自然、社会和思维这三者的关系中，何者居先？如果说，在古代社会中是自然居先的话，那么，在当代社会中则是社会居先。

第四，"学问"这一"种概念"在这里会造成这样的印象，即哲学只是书斋中的奢侈品，与人们的现实生活、实践活动似乎没有什么关系。

二、对科学成果的概括

这个关于哲学定义的更为完整的表达是："哲学是关于自然科学和社会科学成果的概括和总结。"这也是我们经常会遭遇到的哲学的定义。它的问题是：

第一，仍然沿用了传统的哲学观念，即"哲学乃是科学之女皇"（the

---

① 孙周兴选编：《海德格尔选集》（下），生活·读书·新知上海三联书店1996年版，第903页。

queen of sciences）。

第二，什么是"自然科学"？什么是"社会科学"？

第三，"概括"和"总结"都是事后的，如黑格尔所说哲学是黄昏到来时才起飞的密纳发的猫头鹰，马克思关于哲学是高卢雄鸡（即早晨啼叫）的观点。

第四，"概括"和"总结"只涉及逻辑上的归纳方法，这里否认了逻辑上的演绎方法。

三、对存在意义的探究

这个哲学的定义流行于具有存在主义思想倾向的哲学家中间。它深化了人们对哲学问题的思考，阐明了哲学与实证科学之间的重大差别，但是，它的问题是：

第一，容易把哲学窄化为对个人生存意义的追问，而忽视了对全部错综复杂的社会生活的研究。

第二，因为只注重对人生价值的探讨而失去了对事实、对宇宙万物和自然科学的兴趣。

四、关于语言分析活动

这个哲学的定义流行于 20 世纪哲学研究中的"分析哲学"的潮流。它的优点是高度重视语言在哲学研究中的地位和作用。但它的问题是：

第一，它使人只在语言的基础上从事哲学思考，忽视了现实生活和语言之间的错位的关系。

第二，语言并不是沟通人和外部世界、人和人之间的唯一的纽带。

第三节　对提问方式的转换

在哲学研究中，问题意识的重要性是不言而喻的。中国人说："学问，学问，一学二问。"如果一个学生没有问题，也就等于他没有思考过，因为思考总是和问题连在一起的。在某种意义上可以说，一篇论文、一部著作或一个讲座，实际上都是对一个或若干个问题的解答。也就是说，没有问题，也就不可能有任何学术研究的成果。正是基于这样的考虑，问题意识在哲学和哲学史研究中获得了极端的重要性。胡适在其日记中提到的他对王云五治学方法的指导就是一个明显的例子。然而，从哲学上看，我们对这种流行的见解还要做两个修正。

一个修正是：尽管问题意识是重要的，但更为重要的是问题所从出的、提问者先行地拥有的信念和视角。其实，问题并不是从天而降的，一个人只可能在自己的信念和视角所划定的范围内提出问题。人们通常所说的"视而不见"还有更深刻的一层含义，这里的"视"指一个人思想上的视觉。也就是说，对于不属于自己思想领域或信念领域的问题，一个人是看不见的，也是提不出这样的问题来的。换言之，当一个人的思想置于确定的信念系统和视角中时，他能够意识到的只是这样的信念系统和视角允许他见到的问题。问题不是始源性的，而是第二性的。人们通常认为：人是先提出问题，再去寻找解决问题的结论的。然而，实际情形正好相反：人是先有结论，才去设定问题的。

另一个修正是：任何问题都是通过一定的提问方式而被提出来的。在很多情况下，提问方式甚至比问题还重要。比如，当我们在咖啡馆或茶馆里坐定下来后，服务员经常会以如下的方式提问："您要茶，还是要咖啡？"显然，这个提问方式只有两个解：一是咖啡，二是茶。但这个提问方式却排除了其他的可能性：一是茶和咖啡都要，二是茶和咖啡都不要，三是要其他的饮料或食品。我们不妨把问题区分为两类：一是"好问题"（good question），二是"愚蠢的问题"（stupid question）。前一类问题把我们的思考引向最重要的方向，后一类问题则把我们的思考引向死胡同。毋庸讳言，在哲学研究中提出问题时，提问方式也起着十分重要的作用。下面，我们就结合哲学的定义来讨论提问方式的转换问题。

一、从元问题到第一问题

我们前面提到，人们通常把"什么是哲学？"的问题理解为"元哲学"的问题。但"元哲学"把自己理解为哲学之外的研究领域，这就使我们对

"什么是哲学？"的问题的解答陷入无穷后溯的过程中。假如我们要在哲学内部来探索"什么是哲学？"的问题，那么就应该把"元哲学"的提法转变为"哲学的元问题"（meta-question of philosophy），并把"元"的含义解读为"最高"或"至上"，说得直白一点，也就是说："什么是哲学？"乃是"哲学的最高问题"。但仔细地推敲下去，又会发现，"哲学的元问题"的提法也是欠妥的。果然，对"什么是哲学？"问题的解答也就等于提出了一种相应的哲学观，而哲学观相对于哲学研究中的具体问题来说，似乎居于最高的地位上。但按照我们的看法，更为正确的理解方式应该是：哲学观应该处在最低的位置上，也就是说，哲学观是为一切其他的具体的哲学问题的解答奠定基础的，而基础当然居于最低处。事实上，哲学观不仅为一切具体的哲学问题的解答奠定基础，也为一切实证科学奠定思考方向和价值基础。

基于这样的考虑，我们不妨进一步把"哲学的元问题"转变为"哲学的第一问题"（the first question of philosophy）。显然，"第一问题"的含义就是它的始源性，即在哲学研究中，必须先于其他一切问题，从根基上询问"什么是哲学？"的问题。

二、对日常提问方式的反思

如果我们对"What is philosophy?"的提问方式加以考察的话，就会发现，这一提问方式源自日常生活中的提问方式"What is this?"当我们进而对"What is this?"这种提问方式进行考察的时候，立即就会发现，"What is this?"的提问方式蕴含着两个理论上的预设：其一，在运用这种方式提问之前，提问的对象已经存在。比如，当甲指着桌子上的一个杯子问乙"What is this?"时，乙解答道"This is a cup"（这是一个杯子）。这一问答的过程表明，在甲提出问题之前，作为被提问的对象的杯子已经摆在那里。如果用哲学的语言进行表达的话，就是已经"在场"（presence），也就是已经把事实放在那里的东西。这就启示我们，当我们把"What is this?"这样的提问方式转换为"What is philosophy?"时，已经预设：哲学就像那个杯子一样已经把事实放在那里了。也就是说，无论是

"What is this?"的提问方式，还是"What is philosophy?"的提问方式，都把被提问的对象理解为已然在场的，即现成地摆放在那里的东西，没有把哲学理解为一个生成过程。打个比方，就像一个人有童年、少年和青年，而不是刚生出来就是一个可以领取工资的成年人一样。其二，"What is this?"的提问方式，乃是认识论或知识论的发问方式。比如，西方人在教小孩学知识的时候，总是指着某个对象，然后问："What is this?"显然，这种提问方式关注的只是如何认识这个对象或如何获得关于这个对象的知识，却并不去思索：为什么这个对象会呈现在我的近旁？为什么它会进入我的眼帘、引起我的重视？总之，"What is this?"只是就我近旁的某个现成的对象提问，而未深入地探究这个对象与提问者、解答者之间的意义关系。同样地，当人们提出"What is philosophy?"的问题时，也已把哲学理解为一个现成在场的、单纯知识的对象，而忽略了它与人们之间的意义关系，忽略了哲学本身在人们的生存实践活动过程中的形成过程。

既然"What is philosophy?"这个"哲学的第一问题"的提问方式存在着不妥之处，我们究竟以何种更合适的方式进行提问呢？

三、"问题际性"的引入

在这样的情况下，我们认为，引入"问题际性"（inter-questions）的概念，以更合理的方式来提问是必要的。那么，什么是"问题际性"呢？"问题际性"就是不单独地提出某个问题，而是把不同的问题通过连字符号连接起来，从而改变整个提问的方向。我们在这里引入的新问题是：Why does human being need philosophy?（为什么人类需要哲学？）显然，引入这个新问题有以下两层意思：一是 Why 这个疑问词与 What 不同，后者关注的是对象本身，追问的是对象的实质，而前者关注的则是人类与这个对象之间的意义关系，即哲学究竟对人类的生存活动有什么意义？二是 need 这个动词暗示人们，哲学并不是现成地摆放在那里的东西，而是在人的生存需要的推动下产生并发展起来的。我们发现，正是"Why does human being need philosophy?"这一提问方式可以对"What is philosophy?"的提问方式进行合理的引导。正是基于这样的考虑，我们提出了如下的问题际性，即"Why does human being need philosophy? — what is philosophy?"事实上，一旦我们把这两个问题用连字符号贯通成一个"问题际性"，"What is philosophy?"的提问方式就被纳入到人类与哲学的意义关系的轨道上去了。也就是说，必须沿着这种意义关系，即"Why does human being need philosophy?"的视角来解答"What is philosophy?"也就是说，哲学并不探索与人的社会活动相分离的、孤零零的、抽象的世界的实质。事实上，世界正是通过人的社会活动而组构起来的。

这样一来，在对"What is philosophy?"问题的解答中，我们就完全摆脱了传统的知识论哲学的思想倾向，而在社会存在论的视角上对哲学获得了全新的理解。我们的研究结论是：哲学乃是对人类的社会存在方式及其意义的探究。

第二章　哲学研究的独异性

我们在这一章的标题中之所以使用了"独异性"这个新的用语，目的是论述哲学这门学科的独特性及它与其他学科之间的差异性。至于人们平时所用的"特异性"概念容易使人联想起"特异功能"，与我们这里的论旨有别，所以我们创制了"独异性"这个新词。

正如我们在前面探索文明的结构时所指出的：在通常的情况下，文明是由宗教、艺术、科学和哲学四大板块构成的。要对哲学进行深入的探索，就必须阐明它与其他三大板块之间的根本差异。

第一节　哲学与宗教

哲学（philosophy）宗教（religion）重叠的地方在于，哲学包含着对人生观的探讨，而宗教关注的核心也是人生问题。费尔巴哈说：神学的本质是人类学，表明宗教关注的核心问题也是人生问题。尼采：上帝已死（Gott ist tot）；蒂利希：上帝已经蜕变为西方人常常忘带的雨伞或小刀。20世纪80年代，西方出现 ID（Intelligent Design）理论和 DAP(Divine Action Project)理论。伊斯兰教和"圣战"的关系(亨廷顿担心伊斯兰文明与儒学文明的结合);佛教的"三世说"。真善美是世界上第四宗教。当然,宗教特别关注的是人生的边缘状态,即人的生老病死,甚至涉及人的前世与来生。这使宗教在对人生的分析中获得了更大的解释权。哲学和宗教的主要差别如下。

一、理智与信仰

众所周知,哲学诉诸理智(intellect),它的工作是运用理性,合乎逻辑地进行推论和论证。笛卡尔的《第一哲学沉思录》、斯宾诺莎的《伦理学》、康德的《纯粹理性批判》、维特根斯坦的《逻辑哲学论》,都是这方面的典范之作。用理智进行思维,崇尚的口号就是奥古斯丁所说的:"如果怀疑,立即去求证",或者像马克思所说的:"怀疑一切",那么,怀疑的出发点是什么呢? 是理性,然而,在理性的内部,不同种类的理性仍然可以相对地成为批判的对象,如马克思·韦伯的"工具理性"和"价值理性"。哲学通常把自己通过怀疑和沉思获得的观念称之为"信念"(belief),哲学家们总是按照自己的信念来行动的。

与哲学不同,宗教则是以"信仰"(faith)作为自己的前提的。而在信仰所到之处,是不可能有理智、推论或理性的证明的。基督教刚兴起时,教父哲学家德尔图良曾经说过一句名言:"唯其荒谬,才需要信仰。"这个意思就是说,如果宗教不是荒谬的东西,只要用理性加以证明或推论就可以了,何必去信仰它呢? 这就表明,在信仰的范围内,理智只能以有限的方式进行活动,这一活动的界限就是不能触犯信仰。正是在这个意义上,海德格尔认为,"基督教哲学"这门学科就像"方的圆"一样,是无法成立的。海涅提到:穆罕默德向大山走去,而这是更伟大的奇迹。

二、概念与表象

如前所述,哲学是诉诸理智的,它的特点是用概念(concept)思维。在概念中,最具有普遍性的概念被称作"范畴"(category),如"一""多""动""静""存在""思维""物质""精神"等。越往古代追溯,就越会发现,在哲学中夹杂着许多神话、感性现象等，而在现代哲学中，则要求完全用严格的概念来表述哲学思想。在这方面，黑格尔的《逻辑学》、胡塞尔的《逻辑研究》《纯粹现象学通论》等都是经典性的例子。

与哲学不同，宗教则诉诸表象（representation）。以基督教为例，教会组织、人格化的上帝、教堂、弥撒和其他的宗教仪式，都以感性的方式呈现在人们的面前。同样地，基督教的教义，尤其是上帝的作为和奇迹，也都是通过感性的个案而表现出来的。甚至可以说，不依赖于表象的话，任何宗教都是无法在信徒的心目中建立起信仰来的。对于基督教来说，教会起着十分重要的作用。宗教改革试图去除掉教会这个上帝与个人之间的中介环节；康德的《单纯理性限度内的宗教》提出了"不可见的教会"（invisible church），试图把宗教道德化，受到当时的德国皇帝的禁止。然而，即使教会被废除了，宗教的表现方式仍然是表象性的，而不像哲学那样，是纯粹的概念思维。

三、内在超越与外在超越

所谓"超越"就是让精神上升到一个非经验的领域中去。一般认为，哲学所主张的超越乃是精神的"内在超越"（inner transcendence），因为这种超越是通过精神自己的反思而达到的，而宗教所主张的超越则是"外在超越"（outside transcendence），因为这种超越要借助于宗教对外在的、感性的表象的依赖。比如，余英时教授认为，西方的基督教乃是一种"外在的超越"，而中国的儒学体现的则是"内在的超越"。其实，这种说法是不能成立的，至多只能说它们的侧重有所不同。德国小说家黑塞的小说《内与外》就说明了这个道理。

第二节　哲学与艺术

哲学（philosophy）与艺术（art）重叠的部分是美学（aesthetics，这个词最好译成"审美学"）。一方面，美学是哲学的一个重要的环节。众所周知，康德的三部著作《纯粹理性批判》(真)、《实践理性批判》(善)和《判断力批判》(美)，而第三部著作是为第一、二部著作搭建桥梁的，其重要性是可想而知的。当然，叔本华对真善美三者的统一有非常深刻的批判。而从另一方面看，审美学又是为艺术提供思想基础的，艺术中的不同的思想风格正是在不同的美学思想的基础上形成起来的。当然，审美学所涉及的审美现象有两大类：一是自然美，二是艺术美。也就是说，与艺术比较起来，审美学涉及更宽广的视域。

一、感觉与情感

正如我们在前面已经指出过的那样，aesthetics 在古希腊文中的含义是"感觉"(sensation)和"情感"(feeling)。哲学诉诸理性思维，而理性思维又是以感觉为基础的。从感觉，即感性认识到理性认识，再到客观的真理，是哲学认识论追求的目标。与此不同的是，艺术和审美却是以情感为基础的。从情感出发，追求的是主观上的审美感受。

二、逻辑论证与形象思维

尽管哲学认识论也蕴含着对感性直观问题的探索，但就其主导性特征来说，哲学作为概念思维，是以严密的论证，即符合逻辑的论证(logical argument)作为根本性的表达形式的。与哲学不同的是，艺术主要诉诸直观、想象和跳跃性的形象思维(image thinking)。黑格尔认为，美是理念的感性显现。艺术作品作为审美的对象是不可能不以感性直观的方式进入审美者的眼帘的。比如，在我们的大脑中，总是存在着一个关于美人的理想性的观念，一旦在现实生活中见到的一个人，与我们大脑中关于美人的理念相切合，我们就会认为她是美的。反之，我们就会认为她是丑。与哲学家的严密思维不同的是，艺术家主要是以借自感性直观的形象、想象和跳跃式的思维来构想艺术作品的。

三、客观有效性与主观有效性

哲学追求的真理所要达到的是"客观有效性"(objective validity)。比如，马克思的历史唯物主义学说揭示了人类社会发展的客观规律，而这一客观规律是不以任何人的主观意志为转移的。即使有人起来反对这一客观规律，他也不可能获得成功，甚至会被历史的车轮碾得粉碎。相反，艺术和审美所要达到的则是"主观有效性"（subjective validity），即一个伟大的艺术家在审美的时候，他的审美感受常常会被其他许多审美者所认同，从而获得普遍的"主观的有效性"。之所以说对艺术作品的审美所达到的只是一种"主观的有效性"，因为这种有效性属于审美者的主观的情感世界，它并不像社会发展规律一样，具有普遍的客观的有效性。

第三节　哲学与科学

需要说明的是，我们这里主要是在"自然科学"的意义上来界定"科学"（science）概念的。也就是说，我们这里实际上讨论的是哲学与自然科学之间的关系。显然，哲学与自然科学的共同点是诉诸严密的思维。但是，按照康德的观点，这两种思维处在不同的层次上：自然科学乃是一种知性的思维（understanding thinking），而哲学则是一种理性的思维（reason thinking），就感性（相对于数学）、知性（相对于自然科学）和理性（相对于哲学和形而上学）的排列来说，理性居于最高的位置上。毋庸讳言，在哲学与自然科学之间还存在着一些重大的差别：

一、价值与事实

我们知道，自然科学关注的是自然现象，即向我们的感官显现出来的各种事实（fact）。对事实的判断则是以"真"或"假"作为判断的标准的。如果某人陈述出来的事实与现实生活中已经发生过的事实是一致的，那么，他所陈述的事实就是真的。反之，则是假的。与此不同，哲学关注的则是价值（value），即事实和人类的生存发展之间的意义关系。人们谈论价值，通常是以"善"或"恶"作为判断标准的。比如，克隆羊多利的产生是一个事实，但这个事实对人类今后的生存状态将会造成什么样的影响，则属于价值范围，是哲学研究的对象。"这朵花是红的"和"红花是美的"。在这个意义上可以说，哲学是为一切实证科学，包括全部自然科学提供价值基础和发展导向的。

二、反思与经验

尽管哲学认识论也是以人的感觉经验（experience）作为基础的，但哲学运思的主要方式是反思（reflection），即反身向内的思维，它总是不断地对人类在以往哲学研究中获得的成果进行反省和检讨，尤其是对人类主观方面的认识能力和界限进行深入的反省。与哲学不同的是，自然科学主要是以感觉经验和实验为基础的，它主要是一种外向型的思维，即不断地对感觉经验到的自然现象进行概括和总结，当然，它也可以诉诸对未来的预见，就像科学家和科幻小说通常所做的那样，但这样的预见也是以新鲜的经验作为前提的。

三、安身立命和日常生活

在某种意义上可以说，人类生活在两个不同的世界上。一个是日常生活（daily life）的世界，只要有了自然科学方面的知识，有了社会科学方面的知识，人类在日常生活中就可以如鱼得水了。然而，人类必定还会遭遇到另一个世界，那就是超越的世界。在这个世界中，人类必定自觉地或不自觉地以哲学的方式接触到另一些问题，其中最基本的问题是：一个人如何在世界上安身立命（to live nobly）？换言之，对于一个人来说，究竟什么样的生活才是有意义的生活？对于烦恼在世的人类来说，这个问题是不容易浮现出来的。只有当一个人或整个人类在其生存活动中遭遇到巨大的挫折或进入边缘状态时，这个问题才会浮现出来，进入个人或整个人类的意识中。

第四节　哲学之个性

从上面的简要的论述中，我们发现，在人类文明的四大板块中，哲学与其他三大板块——宗教、艺术和科学都存在着根本性的差别。哲学具有自己的鲜明的个性，主要表现在以下几个方面。

一、基础性

正如我们在前面已经指出过的那样，就哲学所运用的概念的抽象性和普遍性来说，它似乎居于最高的位置上，但就哲学为一切实证科学提供思想基础和价值基础的角度来看，它似乎又居于最低的位置上。也就是说，哲学在思想理论和价值导向上为一切具体科学奠基。比如，有些国家的生命科学家把人体克隆作为自己研究的课题，而生命科学作为自然科学的一个分支，它自身并不涉及价值和意义问题。这样的课题是不是应该被立起来？应该由哲学来加以回答。如果说，作为哲学分支学科的伦理学主要是从伦理价值的角度对这一课题做出评论的话，那么，哲学基础理论的研究则要求哲学理论家们对这一课题对整个人类的生存和发展的意义关系做出一个先行的解答。显然，在哲学上的评论被做出来之前，不应该盲目地启动这样的研究课题。

哲学在考察其他一切观点和理论时，注重的也不是那些具体的、局部的问题，而是其整个理论的基础性、前提性或理论预设。按照哥德尔的不完全定理，任何一个公理系统都不可能是自足的，它得以存在的前提总是在这个系统之外。因此，考察这些前提就成了哲学运思的基本方法之一。如禅宗六世祖慧能的故事：心动（感觉器官）、幡动和风动；新加坡辩论中的"放下屠刀"；弗洛伊德的《文明及其不满》对马克思学说的前提的挑战：人对物的需要一旦进入"按需分配"的阶段，人对人之间的关系是否会进入和谐状态？还有生态学的发展对历史唯物主义理论预设提出了挑战，参见拙文《从科学技术的双重功能看历史唯物主义叙述方式的改变》①。

基础的两种不同的类型：一是 B 是 A 的基础，B 是 A 的一部分；二是 B 是 A 的基础，B 在 A 之外。分析"实践是理论的基础"。

二、总体性

假如说，实证科学或具体科学的思维总是局限在一个有限的范围内，

---

① 俞吾金：《从科学技术的双重功能看历史唯物主义叙述方式的改变》，《中国社会科学》2004 年第 1 期。

那么哲学的思维则具有一种总体性。哲学并不纠缠在琐碎的事实的片段上，它总是以一种整体的眼光去看待周围世界。比如，一个作家出版了一部长篇小说，他可能会谈到自己的创作意图，但主要是立足于这部小说来谈自己的创作意图的。与此不同的是，哲学家并不把这部小说看作是游离于整个社会生活之外的某种存在物，而是把它理解为整个社会生活中的一个环节。正是这种总体性的眼光不但能使哲学看到一切偶然事件的内在联系，也看到一切局部现象得以发生的深刻的总体的背景和语境，从而使哲学始终保持在高瞻远瞩的观察方式和思维方式上。卢卡奇、哥德曼、詹明信?

三、批判性

哲学倡导的是独立的、原创性的思维方式，而这样的思维方式始终蕴含着一种强烈的怀疑意识，尤其是批判意识。在这方面，康德的"三大批判"为我们树立了伟大的榜样。同样地，马克思主要著作的正标题或副标题，几乎都是以"批判"为特征的。如马克思的《黑格尔法哲学批判》，马克思和恩格斯合著的《神圣家族》的副标题是"或对批判的批判所做的批判"，马克思和恩格斯合著的《德意志意识形态》的副标题是"对费尔巴哈、布·鲍威尔和施蒂纳所代表的现代德国哲学以及各种各样先知所代表的德国社会主义的批判"，马克思晚年撰写的《资本论》的副标题则是"政治经济学批判"，等等。法兰克福学派的"社会批判理论"，当今西方大学本科生的《批判的思维》(*critical thinking*)。正如我在前面已经指出过的，这种批判性的深刻的根源乃是对现实生活的洞察，乃是与伟大思想家之间的不停息的对话，如皮尔士不断地重温康德。

四、灵活性

我们在前面已经指出过，哲学思维是一种不确定的思维，即使对"什么是哲学?"这样的问题人们也可以不断地追问下去。与这种不确定性相应的正是哲学思维的高度的灵活性。这种灵活性正是基于对生活中的偶然性和意外性的充分认可。比如，孔子的学生问孔子什么是仁? 孔子对每个学生的回答都是不同的，这种"因材施教"的方式体现出他的哲学思想的高度的灵活性；庄子的故事：大雁和树。马克思创立的历史唯物主义主张从实际情况出发，而不是从抽象的原则和本本出发，也是灵活性的典型表现。也正是在这个意义上，具体问题具体分析成了马克思主义的活的灵魂。维特根斯坦后期提出的"反本质主义"、萨特提出的"前进-逆溯方法"和"存在先于本质"的观点都充分体现出哲学思维的开放性、灵活性。日常生活中的律令"人不能杀人"之变通；经和权之间的关系。

五、适度性

哲学非常重视引入质（quality）、量（quantity）、度（degree）的观点来观察人和事物之间的种种复杂的关系，从而把适度性理解为自己基本的思维要求之一。从哲学上看，量总是在一定质的背景下发生变化的，当量的变化超出了度的时候，事物或事件的质，即性质就会发生根本性的变化。中国古人讲"中庸"，讲"适可而止"，讲"过犹不及"，现代人讲"矫枉过正"，讲"见好就收"，讲"凡事要留有余地"都是对适度性的肯定。这种适度性特别体现在哲学概念"扬弃"（aufheben）或"辩证的否定"（dialectical negation）上。

六、超前性

如前所述，哲学既有概括和总结已经发生过的事情的功能，也有超前地对未来事物进行预告的特征。既是黄昏到来时才起飞的猫头鹰，又是早晨开始鸣叫的高卢雄鸡。哲学这方面的特征主要体现在哲学家的卓越的洞察力上。当一个敏锐的哲学家观察到生活中的一些重要的现象时，这些现象在当时的历史条件下还处于边缘化的状态，还没有引起人们的充分的重视。但随着人类历史的发展，这些现象越来越从边缘状态进入人们视野的中心。从而不但使这些哲学家的著作变得洛阳纸贵，而且使他们的声望也骤然上升，成为理论界研究的焦点。如叔本华的《世界作为意志和表象》，强调不是为这个时代的人，而是为将来的人撰写的，在将近30年后（1848年革命失败）突然变得洛阳纸贵；克尔凯郭尔的著作也是在半个世纪的沉寂后，由于第二次世界大战的背景而得到了复兴和重视。

第三章　哲学的起源和终结

　　只要我们用历史的眼光来看待哲学这门学科，就会发现，它有自己的起源。显然，作为系统化的思维方式，它是在人类进入有文字以来的历史阶段后才产生并发展起来的。但哲学是否也有自己的终结呢？不用说，这些问题在历史上已经引起了以往的哲学家们的重视和探讨，但从今天的研究立场上来看，他们并没有在对这些问题的思索上引出令人信服的结论来。

第一节　哲学源于惊奇吗

　　我们知道，古代哲学家亚里士多德在《形而上学》一书中提出了一个著名的见解，即哲学起源于人们对世界万物的惊奇。这个见解的影响是如此之大，几乎可以说，任何哲学的入门书都引证过亚氏的这一见解。而在我们看来，这一见解连思想的闪光也没有，从根本上就是一个很平常的看法。

一、一切科学都起源于惊奇

　　为什么说哲学起源于惊奇是一个很平常的道理呢？因为我们也可以说：物理学起源于人们对

自然万物的惊奇。也可以说：数学起源于人们对自然万物的数量关系的惊奇。我们甚至可以说：一切科学都起源于惊奇。这里所谓的"惊奇"（wonder）实际上也就是疑问或问题。比如，人们观察到自然界发生的风雨雷电，在惊奇之余，就会询问：为什么在自然界会发生这样的现象？（如牛顿对苹果落地的思索、瓦特对蒸汽顶开水壶盖的思索）这里涉及的是疑问词 why。正是这样的惊奇和询问为后来所有的实证科学的产生打下了思想基础。但哲学的起源是否也应该像其他实证科学一样得到理解呢？我们的回答是否定的。

二、哲学起源于惊奇的惊奇

我们认为，哲学与所有的实证科学不同，它不但包含着对自然万物的惊奇，更重要的是，它起源于对自然万物的"惊奇的惊奇"（"wonder of wonder"），它询问的则是"why of why"，即对实证科学家提出的"为什么"再问"为什么"。比如，据说古希腊学者泰利斯聚精会神地观察天象，一不小心，掉进了身后的一个坑里。在哲学史上被传为美谈。显然，当泰利斯在观察天象时，他对天象中产生的种种现象提出了"为什么"，哲学家不但也在思考泰利斯正在思考的"为什么"，而且还会向自己提出一个更为深刻的问题，即为什么泰利斯不去关心其他的自然现象，而要关心天象呢？毋庸讳言，哲学家在这里思索的就是"why of why"，也就是对实证科学家提出的"为什么"再询问"为什么"。事实上，正是这种思索方式划出了哲学思维与一切实证科学思维之间的差别，也显示出哲学起源的独特的路径，即哲学不是起源于对自然万物的惊奇，而是起源于"惊奇的惊奇"，哲学一开始关注的就是人类的一切活动与其生存活动之间的内在关系。

三、实践是哲学思考的起点

在人与外部世界的关系上，存在着两种根本不同的态度。一种态度认为，人以静观或旁观的态度观察并思索着自然界，传统哲学基本上都持这样的见解；另一种态度认为，人是在实践活动中，尤其是在基本的实践活动，即生产劳动中，在与环境打交道的过程中观察并思索自然界的。黑格尔对康德的批判：不应该以旁观者的方式站在一边看别人游泳，而应当自己下水，在游泳中学游泳。

四、对西哲史开端的新阐释

17世纪的科学主义立场和方法的引入。西方哲学史把伊奥尼亚的泰利斯看作是第一个哲学家。生存论的引入，哲学的起源应该在古希腊神话中。泰坦罗斯、普洛米修斯和潘朵拉、西绪福斯。然而，作为一门系统的学科，西方哲学则起源于柏拉图时代。同样地，当我们从生存论的视角来看待中国哲学史的时候，也可以从中国古代的神话传说中找到其最初的起源，然而，作为一门系统的学科，中国哲学则起源于孔孟老庄的先秦时代。

第二节　哲学观念的源流

我们在第一节中讨论的是哲学的起源问题，而在这里讨论的则是哲学观念的起源和传承的问题。

一、哲学与哲学观念

我们首先得把哲学（philosophy）与哲学观念（ideas of philosophy）这两个概念区分开来。哲学是一门具有系统性的学科，而哲学观念则是人们对哲学研究范围内各种问题的见解或观点。比如，当某人说"世界统一于物质"时，他说出来的就是一个哲学观念。显然，哲学是由哲学观念组成的，但人们往往可以在同一个哲学问题上拥有不同的哲学观念。上面提到的"世界统一于物质"涉及人们对世界统一性这一哲学问题的理解。持有不同哲学观念的人也可以说："世界统一于精神""世界统一于经验"或"世界统一于人的实践活动"等。

假如说，讨论哲学，只要谈"起源"就可以了，那么，谈论哲学观念，则要谈"源流"，因为历史和实践一再表明，任何一个哲学观念的诞生，既有一个"源"，即"渊源"的问题，也有一个"流"，即传承和流变的问题。

二、哲学观念的渊源

究竟什么是哲学观念的渊源呢？我们认为，现实生活是一切哲学观念得以诞生的渊源。正如我们在前面批判某些流行的哲学定义的时候，曾经指出：从社会存在论的视角看，哲学并不是闲来无事的诗词，而是在人的社会生存活动，即人不断地与环境（包括他人）打交道的过程中形成并发展起来的。在这个意义上，无论是哲学，还是哲学观念，其最深刻的基础和根源都深藏于现实生活中。比如，当马克思在分析政治哲学中关于"分权"的观念之所以会在某个时期、在某个国家中流行时，曾经这样写道："例如，在某一国家里，某个时期王权、贵族和资产阶级争夺统治，因而，在那里统治是分享的，那里占统治地位的思想就会是关于分权的学说，人们把分权当作'永恒的规律'来谈论。"①在英语中，interest(s)之两义；fromm/frommen 虔诚的/有益于；《基督山恩仇记》中法利亚长老对邓蒂斯的分析；现代侦探小说中对犯罪动机和利益的分析；我们甚至发现，教条主义本质上也是实用主义，因为坚持这样的教条有利于保住他自己的饭碗。

三、哲学观念的流变

哲学观念的形成，既与现实生活有着根本性的、内在的关系，又与以前的文化观念，特别是哲学观念有着密切的关系。如果说，现实生活构成哲学观念之"源"，那么，以前的文本和观念则构成了哲学观念之"流"。比如，近代法国哲学家笛卡尔提出的著名的哲学观念"我思故我在"。其实，类似的哲学观念"我怀疑故我存在"已经在罗马帝国时期的奥古斯丁，甚至在古希腊的亚里士多德那里已见端倪。而笛卡尔的"我思故我在"又影响了以后的诸多哲学家的哲学观念，如费尔巴哈的"我欲故我在"、米兰·昆德拉的"我牙痛故我在"，当代人甚至提出了"我博客故我在"的观念。这一哲学观念的流变，即流传和变异，反映出在哲学史上，甚至在范围更宽的文化史上，不同历史时期的文本与文本、观念

---

① 《马克思恩格斯全集》第3卷，人民出版社1960年版，第52—53页。

与观念之间的密切关系。

某种意义上可以说，我们对哲学史的研究越深入，我们对历史上的哲学家的敬意就越减少。因为哲学家们的原创性的观念并不是从天而降的，而通常是在前人和同时代人的启发下提出来的。有的哲学家十分坦诚，公开说明自己思想的源流。如叔本华说，我的思想有三个来源：柏拉图、康德和《奥义书》。但也有的哲学家千方百计地掩饰自己思想的来源。当然，这种掩饰与抄袭意义上的掩饰又存在着本质上的差别。这就需要研究者认真研读原始资料，阐明这些哲学观念的流变。马克思的博士论文《德谟克利特的自然哲学和伊壁鸠鲁的自然哲学的差别》就消除了历史上，尤其是罗马哲学家西塞罗说后者抄袭了前者观念的错误论点，肯定了两者在原子论理论上的重大差异，即伊壁鸠鲁也肯定了原子在重量上的差别。

第三节　哲学终结的神话

为什么我们把"哲学的终结"称之为"神话"呢？因为我们确信，这是一个虚假的观念，或者说是"伪观念"，而这种伪观念所指称的对象在现实生活中并不存在。

一、"神话"的传播

从 20 世纪五六十年代至今，西方学术界刮起了一股"终结风"。在 20 世纪 50 年代，欧美的一些社会学家、政治家提出了"意识形态终结"（the end of ideology）的著名的口号（参见丹尼尔·贝尔的著作《意识形态的终结——五十年代政治观念衰微之考察》）。这是对第二次世界大战内幕的一个深入的反思（布热津斯基）。海德格尔写于 1964 年的《哲学的终结和思的任务》也对学术界产生了重大的影响。此外，伴随着后现代主义思潮的兴起，《科学的终结》《艺术的终结》等著作也纷纷出笼。然而，哲学是不是像海德格尔所说的那样，真的"终结"了呢？我们的回答是否定的。

二、概念的误置

在阐述我们对哲学的终结的观点之前，我们先来看看，海德格尔是如何谈论哲学的终结的。在《哲学的终结和思的任务》一文中，海氏提出了以下两个问题：第一，哲学如何在现时代进入其终结？第二，哲学终结之际为思想留下了什么样的任务？

在这部分，我们重点讨论海氏提出的第一个问题。海氏写道："关于哲学之终结的谈论意味着什么？我们太容易在消极意义上把某物的终结了解为单纯的中止，理解为没有继续发展，甚至理解为颓败和无能。相反地，关于哲学之终结的谈论却意味着形而上学的完成（Vollend-ung）。但所谓'完成'并不指尽善尽美，并不是说哲学在终结处已经臻至完满之最高境界了。"①在这段话中，海氏只是强调，对"终结"这一概念，不要从消极的意义上，而要从积极的意义上去加以理解。也就是说，他所说的"哲学的终结"不是指哲学的"颓败和无能"，而是指作为哲学的形而上学的完成。总之，在这段话中，海氏只是表示，应该以什么样的态度来看待"哲学的终结"，但却未对"哲学的终结"本身的含义做出明确的说明。

在下面这段话中，海氏才实质性地触及自己对"哲学的终结"（the end of philosophy）的含义的理解。他写道："哲学转变为关于人的经验科学，转变为关于一切能够成为人的技术的经验对象的东西的经验科学；而人则通过技术以多种多样的制作和塑造方式来加工世界，人因此把自身确立在世界中。所有这一切的实现在任何地方都是以科学对具体存在者领域的开拓为基础和尺度的。现在，自我确立的诸科学将很快被控制论这样一门新的基础科学所操纵……哲学之发展为独立的诸科学——而诸科学之间却又愈来愈显著地相互沟通起来——乃是哲学的合

_____

① 孙周兴选编：《海德格尔选集》（下），生活·读书·新知上海三联书店1996年版，第1243页。

法的完成。哲学在现时代正在走向终结。它已经在社会地行动着的人类的科学方式中找到了它的位置。而这种科学方式的基本特征是它的控制论的亦即技术的特性。"①这段话的含义说得非常明确，即原来作为"科学之科学"的方式出现的哲学已经溶解在各种经验科学中，而这些经验科学又将被控制论这样一门基础科学所操纵。这样一来，哲学也就终结了。

但我们认为，海氏混淆并误置了两个不同的概念，即他实际上谈论的是"传统哲学的终结"，而他表述出来的却是"哲学的终结"。我们知道，哲学这个概念在内涵上包含着传统哲学这个概念，换言之，传统哲学只是哲学中的一部分，因而作为"科学之科学"的传统哲学的终结并不意味着整个哲学的终结。

这就启示我们，近半个世纪以来流行的所谓"哲学的终结"的观念是奠基于概念误置的基础之上的，因而是站不住脚的。这种错误的观念或许可以说是源于人类表达思想时的格式塔（gestalt）心理，即人类明明是在谈论某个局部的、特殊的现象，却一定要把它表述为一个普遍性的现象。一旦从语言学和心理学上解开了这个结，"哲学的终结"也就作为"伪问题"自行消失了。也就是说，已经"终结"的，或者是传统的哲学，或者是某一个哲学学派的理论，或者是某个哲学家的思想；或者是某种一度流行的哲学观念，但却不可能是整个哲学。即使谈到形而上学，也不能说"形而上学的终结"，而只能说"传统形而上学的终结"，或者"某种形而上学观念的终结"等。"一叶知秋"、the fall、毛泽东晚年的思想错误；一部电影有问题，整个文学界就有问题。

三、"思"之开端

尽管海氏关于"哲学的终结"的观念源于概念的误置，因而是错误的，但他的、经过我们修正的概念，即"传统哲学的终结"所传达出来的

---

① 孙周兴选编：《海德格尔选集》（下），生活·读书·新知上海三联书店 1996 年版，第 1244—1245 页。

信息仍然是有意义的。在海氏的语境中，与"哲学的终结"相对应的是"思"的开始。海氏这里的"思"被解释为不同于哲学的"思"，显然也是错误的。在我们的语境中，与"传统哲学的终结"相对应的是"当代哲学"的"思"的开始，而这种"思"不应该像海氏那样把它理解为哲学之外的"思"，而应该理解为哲学之内而又不同于传统哲学的"思"。

　　海氏写道："我们所思的是这样一种可能性：眼下刚刚发端的世界文明终有一天会克服那种作为人类之世界栖留的唯一尺度的技术-科学工业之特性。这不会自行通过自己而发生，而是要借助于人对一种决断的期备——不论人们倾听与否，这种决断总是在人的尚未裁定的天命中说话了。同样不确定的乃是，世界文明是否将遭到突然的毁灭，或者它是否将长期地稳定下来，却又不是滞留于某种持久不变，一种持存，而毋宁是把自身建立在常新的绵延不断的变化中。"[1]实际上，海氏告诉我们的是，当代哲学将把其他的问题都让渡给经验科学来研究，只留下对人类将来文明的思考给哲学。这就是海氏所说的"思"的任务。

---

　　① 孙周兴选编：《海德格尔选集》(下)，生活·读书·新知上海三联书店 1996 年版，第 1247 页。

第四章　哲学思维的演化

谈到人类的思维，我们可以区分为两个大的阶段：一是原始思维（人类有文字之前的思维）；二是文明思维（人类有文字以来的思维）。在文明思维中，哲学思维起着核心的作用。假如再深入加以分析，就会发现，哲学思维有其自身发展的规律。毋庸讳言，在不同文明的哲学思维的比较中，西方哲学思维的发展具有典型性，值得我们认真加以分析。我们认为，在迄今为止的西方哲学的发展中，哲学思维大致经历了以下四种不同的类型。

第一节　独断论思维

所谓独断论（dogmatism）思维，也就是想当然的、自然而然的、朴素的、自以为绝对正确的思维。一般说来，普通人的思维也就是独断论思维。在某种意义上，我们可以把德国哲学家康德（1724—1804）以前的哲学思维都理解为独断论思维。这种思维主要具有如下的特征。

一、事物是可知的

对于独断论思维来说，人们的感觉器官和理

性思维所面对的一切事物都是可以被认识的。世界上不存在不可知的事物，只存在尚未被认识的事物。也就是说，有些事物即使人们今天还认识不清楚，但将来肯定会认识清楚的。显然，这种思维类型是十分粗糙的、原始的，它没有对"事物"这一概念进行深入的探究。其实，事物可以区分为"实际生活中遭遇到的事物"（如一棵树、一张桌子、一块黑板）和"人们用想象力虚构出来的事物"（如"飞马""人鱼""金山""魔鬼"等）。对前一种事物，人们能够达到详尽无遗的认识吗？对后一种事物，人们能够获得确定无疑的、一致的认识吗？持有独断论思维的人从来不深究这些问题。他们也不可能考虑到一个事物向我们显现出来的现象与它的本质之间是否存在差异。在他们看来，一个被感觉器官感觉到的事物，也就是他们的认识可以达到的事物。

二、感觉是可靠的

对于用独断论思维进行思考的人们来说，他们总是确信自己的感觉是可靠的。他们把自己的眼睛看到的、耳朵听到的、身体触碰到的事物都理解为真实的事物。他们还没有深入地思索感觉的相对性和可错性。就感觉的相对性来说，同一个事物放在我们的面前对我们显示出来的大小和放在 100 米远处所显现出来的大小是不一样的。就感觉的可错性来说，人们的感觉器官经常会发生错觉。比如，当某些花纹和图案成为我们的观察对象时，常常会引起视错觉。同样地，一个患大病的人的味觉与正常的人的味觉相比会产生很大的差异，或不同的人对同一个声音的感觉也会产生差异。所有这些都表明，感觉的可靠性是值得怀疑的。比如，当人们见到一个陌生人的时候，常常十分重视自己的"第一印象"，即感觉印象。但现实生活常常表明，这样的感觉不一定是可靠的。当然，对错觉也有一个认定的问题。奥地利哲学家马赫认为，玻璃棒在水中是弯曲的，并不是错觉，而是真实的感觉。

三、思维是至上的

所谓"思维是至上的"，意思是，人们的理性思维一定能够把握事物的本质，这里"至上"指的是，人们的思维是没有界限的，人们对外部世界的认识也是没有界限的，而人的思维器官本来就具有这种不可遏制的至上性。这种思维的至上性通过以下两个方面而显现出来：一方面，一个人的思维可能是不至上的，有种种局限性的，但人类的集体思维却是至上的，没有界限；另一方面，一个时代或一个历史时期的思维可能是有限的、不至上的，但人类思维在人类发展史上的无限的延续却是至上的和无限的。显然，这种类型的思维没有考虑到，无论是人类思维在空间上的扩张，还是在时间上的延续，都无法扬弃人这个存在物的有限性和人的思维的有限性。

四、语言是完美的

众所周知，语言是思维的载体。不但思维要借助语言来进行，而且也要借助语言来表达。对于独断论者来说，语言无论是作为思维过程的载体，还是作为思维表达的载体，都是完美无缺的。其实，语言不但在思维的过程中，在思想的表达和交流中，在人们的理解活动中都起着非常重要的作用。可惜的是，独断论思维作为人类早期的哲学思维，还缺乏反思的功能，还不能对语言的问题进行深入的关注和研究。

独断论思维作为人类文明初期的思维是十分朴素的，它在自己的发展进程中不断在受到挑战。古代智者派哲学家高尔吉亚曾经提出三点挑战："第一个是：无物存在；第二个是：如果有某物存在，这个东西也是人无法认识的；第三个是：即令这个东西可以被认识，也无法把它说出来告诉别人。"到了希腊化时期，怀疑派哲学家皮浪提出了如下的观点："万物一致而不可分别。因此，我既不能从我们的感觉也不能从我们的意见来说事物是真的或假的。所以我们不应当相信它们，而应当毫不动摇地不发表任何意见，不作任何判断，对任何一件事物都说，它既不不存在，也不存在，或者说，它既不存在而也存在，或者说，它既不存在，也不不存在。"①又说："没有一件事情可以固定下来当作教训，

①　北京大学哲学系外国哲学史教研室编译：《西方哲学原著选读》上卷，商务印书馆1981年版，第177页。

因为我们对任何一个命题都可以说出相反的命题来。"另一位怀疑论派哲学家梅特罗多洛说:"我们谁都不知道任何事物,甚至于不知道'我们究竟是知道某物还是什么都不知道'。我们也不知道是不是有东西存在。"还有一位怀疑派哲学家说:"世界很像我们梦中或精神恍惚所呈现的境界或现象。"到近代英国哲学家休谟(1711—1776)那里,他对因果观提出了质疑。

第二节　现象论思维

现象论(phenomenalism)思维是德国哲学家康德倡导的一种新的思维的类型。康德自己承认,正是休谟的怀疑主义把他从独断论思维的迷梦中惊醒过来。康德经过 12 年的沉默和深入思考,在 1781 年出版了《纯粹理性批判》这部划时代的哲学著作,从而开创了现象论思维这一新的道路。按照现象论思维,人们的思维无法把握事物本身,而只能把握事物向人们显现出来的现象。这一类型的思维具有如下的特征:

一、现象与物自体两分

康德把人们感觉、思维的对象区分为两类:一类是"现象"(phenomenon),即人们通过自己的感官感受到的一切;另一类是"物自体"或"物自身"或"自在之物"(thing in itself)。康德所说的物自体有三个:一是"灵魂"(soul),是人类主观精神的总和;二是"世界"(world),是外部事物的总和;三是"上帝"(God),是主观精神和客观事物的总和。物自体是人们的感官所接受的感性刺激的来源,但它本身是超经验的,是不可知的。人们可能认识的,只是作为现象的对象。这就启示我们,自然科学并不是关于自然界本身的知识,而是自然界向我们的感官显现出来的知识。举例:黑色的衣服不容易脏,我身体很好,时间过得真快(或真慢)。

二、感性、知性和理性

康德把人的认识能力区分为三个层次:第一个层次是感性(sensibility），即人的感官对外部事物呈现出来的现象的感受性。感性是直观的，而时间和空间则是感性直观的纯粹形式。康德把反映空间关系的数学放在感性论里面来讨论。第二个层次是知性（understanding），知性由 12 个范畴组成：量（单一性、复多性、全体性）；质（实在性、否定性、限定性）；关系（实体与偶性、因果性、相互作用）；模态（可能性、存在性、必然性）。知性运用因果性（causality）等 12 个范畴来整理人们的感官感受到的各种自然现象。比如：（因为）太阳晒了石头，（所以）石头热了。第三个层次是理性（reason），人的思维有一种自然的倾向，试图获得总体性的知识，理性思索的对象是"理念"（idea），理念也就是物自体，它们是超经验的。总起来说，感性和知性的认识把现象作为自己的对象，我们通常说的数学知识和自然科学知识就是这两个层次上的思想。理性的认识乃是哲学的、形而上学的认识，它把超经验的物自体作为自己的认识对象，但人们只能"思"（thinking）物自体，却不能"知"（knowing）物自体。人们思考灵魂，会陷入"误谬推理"（paralogism）中，思考世界，会陷入"二律背反"（antinomy）中，思考上帝，会陷入"理想"（ideal）中。

三、经验的、先验的和超验的

"经验的"（empirical）东西也就是物自体向人们的感官显现出来的东西；"先验的"（transcendental）东西是指在逻辑上先于经验而起作用的东西，如时间、空间作为先天直观的纯粹形式；12 个知性范畴对感觉经验材料的梳理；"超验的"（transcendent）指感觉经验无法把握的东西，如物自体就是超验的，它们只可能被思，但不可能被知。

四、在两个"X"之间

文德尔班对康德哲学的评价："认识能力摇摆于主体的难以理解的 X 与客体的同样难以理解的 X 之间。感性在自身之后什么也没有，知性在自身之前什么也没有。"①一个"X"是"心"（mind），"心"是智、情、意

---

① ［德］文德尔班：《哲学史教程》下卷，罗达仁译，商务印书馆 1987 年版，第792 页。

的基础，但在康德看来，"心"却是不可认识的；另一个"X"是物自体，也是不可知的。这样一来，从康德哲学中引申出来的完全是一种怀疑主义的结论。现象论超越了传统的独断论的朴素的、无所不知的思维状态，但又滑向另一个极端，即思维的真正有效性达不到事物本身，而只能体现在事物向我们展示的现象中。

第三节　生存论思维

康德的现象论思维产生了巨大的影响，以至于在康德之后，哲学基本上是沿着现象论的思维向前发展的。这种倾向既表现在法国哲学家孔德创立的实证主义思潮中，也体现在胡塞尔创立的现象学理论中，尽管胡塞尔的现象学思想与康德的现象论思维之间存在着重大的差异。但无疑地，人们再也不会去谈论与主观意识相分离的事物，也不会再去谈论与事物相分离的主观意识了。人们谈论的是由主观意识和客观事物共同构成的现象。同时，康德的现象论思维所蕴含的批判精神也产生了巨大的影响。正如海涅所说，这种批判精神幸好没有混入到烹调术中去。

然而，康德以后的许多哲学家认为，康德的现象论思维既因为"物自体"不可知而贬低了理性的作用，又因为"心"不可知而忽略了思维的基础。所以，后康德哲学家多从破解康德所未破解的两个"X"入手。正是在这种破解康德哲学遗留问题的过程中，生存论（theory of existence）哲学应运而生。

一、物自体之谜的解答

正如德国哲学家雅可比所说：要了解康德哲学，你就得知道物自体这个概念，但你一旦了解了物自体的概念，你又会产生走出康德哲学的愿望。德国哲学家费希特干脆把主观方面的 X"心"和客观方面的 X"物自体"融合起来，称之为"自我"。自我是能动的，它既能设定自我，也能设定非我，并通过理智直观建立两者之间的关系。费希特的关注转向主观自我，并努力用自我去吞并消化物自体的概念，并把后者纳入到自我的范围内。然而，尽管他肯定了自我在思维中的始源性的作用，但他还没有把自我纳入到生存论的思维框架中。在费希特以后，黑格尔以更彻底的方式批判了康德的物自体理论："物自体（这里所谓'物'也包括精神和上帝在内）表示一种抽象的对象。——从一个对象抽出它对意识的一切联系、一切感觉印象，以及一切特定的思想，就得到物自体的概念。很容易看出，这里所剩余的只是一个极端抽象，完全空虚的东西，只可以认作否定了表象、感觉、特定思维等等的彼岸世界。而且同样简单地可以看出，这剩余的渣滓或僵尸（caput martum），仍不过只是思维的产物，只是空虚的自我或不断趋向纯粹抽象思维的产物。"①细心的读者一定会发现，这段话既是对康德的批判，也是对费希特解读康德的物自体的方式的批判。尤其是这段话中的最后一句，即物自体"只是空虚的自我或不断趋向纯粹抽象思维的产物"表明，黑格尔并不主张把康德的物自体简单地解读为抽象的"自我"。

在这方面，德国哲学家叔本华起了决定性的作用。叔本华对费希特、黑格尔这样的官方哲学家都采取不信任的态度。他甚至认为，在他和康德之间，德国哲学中没有发生过任何重要的事件，也就是说，他是直接接着康德进行哲学思考的。其实，我们在后面还会提到，他也自觉地或不自觉地借用了费希特和黑格尔的思想资源。叔本华认为，他是接着康德的《实践理性批判》开始自己的哲学思考的。康德所谓的"实践理性"也就是意志。意志是世界的本质，更是人的全部生存活动的基础。借助这样的分析，叔本华破解了康德的物自体的含义，即物自体就是生存意志。他写道："原来意志作为真正的物自体，实际上是一种原始的独立的东西，所以在自我意识中必然也有一种原始性的，独断独行之感随伴着这里固已被决定的那些意志活动。"②在化装舞会上，一位男士与

① ［德］黑格尔：《小逻辑》，贺麟译，商务印书馆1980年版，第125页。
② ［德］叔本华：《作为意志和表象的世界》，石冲白译，杨一之校，商务印书馆1982年版，第398页。

一位女士跳舞，跳得十分默契，最后把面罩拉下来一看，发现那位女士就是自己的妻子，即在康德那里显得如此神秘的物自体，不是遥远的、不可知的对象，而是自身，即自我的生存意志。在这个意义上可以说，叔本华借鉴了费希特，但后者只是把物自体理解为"自我"，而前者则更明确地把它理解为"自我的生存意志"。

在生存意志和理性思维的关系上，人们通常认为理性是第一性的，意志则是第二性的。叔本华从其唯意志主义的立场出发，从根本上推翻了这一传统哲学的不言而喻的真理。叔本华在批判传统的灵魂理论时说："这种灵魂似乎原本是一个认识着的东西，真正说起来还要是一个抽象地思维着的东西，并且是因此然后才也是一个欲求着的东西。这样，人们就把意志看成第二性的了；而其实呢，认识倒真是第二性的。"①而在叔本华看来，"意志是第一性的，最原始的；认识只是后来附加的，是作为意志现象的工具而隶属于意志现象的。因此，每一个人都是由于他的意志而是他，而他的性格也是最原始的，因为欲求是他的本质的基地"②。在某种意义上，这个公案的颠覆，奠定了生存论的基础。

在叔本华之后，马克思又创立了实践唯物主义的理论，恩格斯在《马克思墓前演说》中指出：人们只有在先满足了吃喝住穿的活动以后才会去从事政治活动和精神活动。正如恩格斯在晚年通信中关于"意志的平行四边形说"所启示我们的，他也像叔本华一样，把生存意志理解为人的理性认识的基础。然而，马克思比叔本华高明的地方在于，他进一步探索了生存意志在人们借以谋生的异化劳动中的必然的表现。也就是说，人们的意志并不像叔本华所设想的那样，是完全自由的，而是不得不把它们投入到谋生的劳动之中。当然，马克思和恩格斯关于意志的论述并没有悲观主义的味道，他们认为，未来社会的发展会使真正的自由

---

① ［德］叔本华：《作为意志和表象的世界》，石冲白译，杨一之校，商务印书馆1982年版，第401页。
② 同上书，第401页。

自觉的劳动上升为主要的形式。马克思也通过生存实践概念的引入而进一步破解了康德的"心"的概念。

二、痛苦、无聊和满足

在叔本华的思想中，包含着一种具有悲观主义倾向的、极其深刻的人生哲学。这种人生哲学既吸取了印度《奥义书》的哲学智慧，又深受希腊悲剧思想传统的影响。正是基于人生的一个基本的矛盾，即人的欲望是无限的，但能够满足人的欲望的资源永远是匮乏的，叔本华认为，人生总体上是悲剧，只有在细节上具有喜剧的含义。他还进一步表明，悲剧不是古代王公大臣的命运，而是每个普通人的命运。

"痛苦"也就是欲望对人体和精神的折磨。在叔本华看来，人生是由一连串的欲望构成的，寻求自己的欲望得到满足构成人的全部活动，而这些活动中的极大部分是注定会失败的；"无聊"是第一个欲望得到满足后第二个欲望还没有想出来时的精神状态；"满足"则是在一个人的欲望达成后的感受。这种感受是十分短暂的，因为一旦新的欲望降临，人生就重新被抛入到痛苦之中。

三、生命、权力和超人

在叔本华和马克思之后是尼采。在把物自体解读为意志，而意志又构成世界的本质这一点上，他与叔本华是一致的，但在如何理解"意志"这一概念上，他与叔本华又存在着重大的差异。叔本华主要把意志理解为"生存意志"，并由此而推导出他的整个悲观主义的世界观。与他不同的是，尼采则把"意志"理解为"权力意志"。他认为，生命的本质不仅仅是生存在这个世界上，而是努力寻求支配他人的权力。正是基于这样的考虑，尼采提出了"快乐的科学"的见解。在他看来，虽然每个人的生命都是有限的，但是，整个人类生命的延续却是无限的。因此，没有什么东西是可以悲观的，人生应该充满快乐而不是痛苦。尼采还提出了"超人"的概念作为其权力意志理论的化身。他欣赏的是古代罗马的统帅凯撒，他的名言是"我来，我看见，我征服"，也欣赏拿破仑的名言"一个不想当将军的士兵不是一个好的士兵""我比阿尔卑斯山高"。尼采去世后，他的妹妹伊丽莎白篡改了他的《权力意志》的手稿，希特勒也力图利用尼采作为自己的思想先驱。尽管这并不符合尼采思想的初衷，但也表明，在尼采的思想资源中，包含着一些容易引起误解的因素。

四、烦忙、畏惧和死亡

在生存论思维的发展史上，当代德国哲学家海德格尔的思想无疑地起着十分重要的作用。在海氏看来，人生存于世也就是"烦"。显然，这种烦是由欲望引起的，而人生就是由一连串的欲望构成的，由此可见，烦构成人生的本质，或者说，生活或生命就是烦。在生活中，为一件具体的事情而烦恼，这种烦恼还是局部的，可以超越的。比如，如果某人的一个欲望得到了满足，他暂时也就不烦了，但真正可怕的烦是内在于生命之中的，它无处不在，但你又不知道它来自何方。

当人们沿着"烦"往前追问的时候，就会发现，在烦中又蕴含着一种"畏"或"畏惧"。那么，"畏"的对象又是什么呢？海氏告诉我们，"畏"的本质不是出于对他人的畏惧，或出于对某些十分棘手的事情的"畏惧"，而是出于对生命的留恋和对于死亡的畏惧。"死"都是个别性的，所以一个人无法感受、体验到他人的死亡，但死亡又是一个必然会降临到每个人身上的结果，而且它又是充满偶然性的。

五、良知、命运和决定

孔子说："未知生，焉知死"，这是中国人的传统，主张从生命出发去理解死亡。海氏认为，人的存在乃是一种"向死的存在"。人应该先行地考虑到自己的死亡，当他回过头来规划人生的时候，才能真正在把握生命的意义。在海氏看来，包括死亡的人生之思才是完整的人生之思。而通过这样的人生之思，目的是唤醒内心的"良知"，即把自己转向个人置身于其中的民族的历史性命运中，并做出相应的决定来投身于这样的现实生活中。海氏的哲学实际上是政治哲学，因为在第一次世界大战中德国战败后，他希望德意志民族从悲观主义的情绪中重新振兴起来，因此他的生存论哲学实际上也是德意志民族的生存论哲学。1933年希特勒上台后，海氏寄希望于他。1933年他在弗莱堡大学发表出任校长的就职演说，表明自己对希特勒政治抱负的一种认同。10 个月后，辞去校长职务。纳粹失败后，他受到有关部门质询，甚至不让他在大学上课。他本人一直保持沉默，甚至对奥斯维辛集中营也采取这样的态度，从而引起他的学生的抗议。海氏的情人和学生阿伦特的呼吁和奔走。我不同意把海氏的哲学思想与他的政治倾向分离开来看待海氏。

第四节　语言学转向

在 20 世纪西方哲学的发展中，出现了一个著名的"语言学转向"（linguistic turn）。我们前面讲到的三种哲学思维——独断论、现象论和生存论，在表达自己的思想时，也会无例外地诉诸语言，偶尔地，语言问题也会引起一些哲学家的关注，但一般说来，他们对哲学与语言的关系缺乏系统的研究。在这里，例外的是生存论哲学家海德格尔在其后期思想的发展中，对语言问题有自己深入的探索。语言哲学的研究主要有两大进路：一是"语义学"（semantics），主要探讨语词、句子、文本的意义；二是"语用学"（pragmatics），主要探讨准确运用语言的基本规则。

总的说来，20 世纪的"语言学转向"是由以下四大因素促成的：一是语言学本身的发展，其中尤以瑞士语言学家索绪尔、美国语言学家乔姆斯基为代表；二是分析哲学的发展，其中尤以德国哲学家弗雷格、英国哲学家罗素、奥地利出生的英籍哲学家维特根斯坦、英国哲学家奥斯汀为代表；三是德国生存论哲学家海德格尔在晚期思想发展中对语言问题的探索；四是德国哲学家哈贝马斯对普遍语用学的研究。

一、能指、所指和意义

"能指"（signifier）和"所指"（signified）这对概念是索绪尔最早在他的著作《普通语言学教程》（索绪尔死后由他的学生整理，并于 1916 年出版）中提出来的。所谓"能指"是指某个语词的发音。比如，当我发出"水"这个声音的时候，这个语词的发音本身就是能指。在不同的语言中，"能指"作为语词的发音是有差别的，如在英语中的 water、德语中的 Wasser、法语中的 eau。在这个意义上，"能指"具有约定俗成的特点，换言之，具有某种偶然性或任意性。所谓"所指"是指"能指"所指向的具体对象。如"水"这个发音究竟是泛指作为一般观察对象的"水"，还是指某个杯子中的"水"或某个池塘里的"水"。

"意义"（meaning）是语义学中的基本概念。当我们问："这个语词是什么意思?"或"这句话是什么意思?"时，我们询问的正是语言的意义问题。人们通常认为，语词的意义就是语词所指的对象，即我们上面说的"所指"。但这种流行的看法会受到挑战。众所周知，作为名字的语词通常可以区分为两种不同的类型：一种是"专名"（proper name），如"苏格拉底"，它的意义确实就是它所指的那个古希腊著名的哲学家。但即使是"专名"，也会出现重复。尤其是在汉语中，同名同姓的人非常多。如两个剑桥、两个普林斯顿、两个法兰克福、两个悉尼等；如两个自由女神像、四个李莉、四个 WTO、一万个王淑珍等。当然，人们可以用时间、空间或其他性质来限定他所指的对象，以便精确地表明自己正在谈论的对象是什么。另一种是"一般名字"（general name），如"人""狐狸""杯子""广场"等。在通常的情况下，"一般名字"具有两层意义：第一层是基本意义，如"狐狸"是森林中一种小动物；第二层是引申意义，如"狐狸"可以引申为"一个狡猾的人"。所以，当我发出"狐狸"这个语词的声音来时，它的意义并不一定是指森林中的小动物，也可能是指某个狡猾的人。

从语义学的角度看问题，人们在日常生活中之所以会产生语义上的混淆，是由于日常语言的意义不明确而引起的。只要翻开字典，人们就会发现，几乎每个字都有多种解释；在翻译中，人们也常常为此而感到苦恼。维特根斯坦早期试图创立一种"理想语言"（ideal language），让一个名词只指称一个对象，让一个句子只表达一个事态，以便使语言表达像图像一样精确。他的《逻辑哲学论》（1921）就是探讨理想语言的，但他很快就发现，这样的语言是行不通的。晚期维氏发现，"日常语言"（daily language)看起来含糊，实际上是最为明晰的。维氏认为，当日常语言处于非使用状态时，它的意义确实是含糊的，但只要一进入具体的语境之中，它的意义就会精确地被确定。这在后面讨论语境问题时我们还会继续加以说明。此外，语义的混淆也常常是由于"能指"大于"所指"而引起的。我以前曾举过"反全球化"的例子，也举过"拉面馆"的例子。这意味着，不要让"能指"漂浮起来，应该在它的翅膀上绑上重物。语义上还会产生的问题是所谓"语义悖论"（semantic paradox）。比如，"一切都是变化的"这个命题变不变？波兰学者塔斯基区分了两种语言：一是"元语言"（meta-language），即它只考察其对象，但它本身不能成为被考察的对象；二是"对象语言"（objective language），即它只能成为被考察的对象。

二、语境、文本、句子和语词

当我们研究日常语言资料时，我们发现，"语词"（word）是最小的单位；"句子"（sentence）是由语词构成的；而"文本"（text）则是由"句子"构成的；最后，"语境"（context）——context 是由前缀"con-"和字根"text"一起组成的，而"con-"这个前缀有"共同"的意思，可解释为由诸多文本构成的一个共同的语言背景。当然，人们也常常把这个意义上的"语境"作为一个语义考察的深度背景，而把人们谈话或争论得以发生的具体的情景称为"语境"。

当人们探讨语言的意义问题时，东西方文化存在着重大的差异：东方人，如中国人重视的是"小学"，即文字学，中国人的思路是：语词的意义决定句子的意义，句子的意义决定文本的意义，而文本的意义则决定语境的意义。西方人的思路则正好相反，即语境的意义决定文本的意义，文本的意义决定句子的意义，最后，句子的意义决定语词的意义。平心而论，这两种思路都有其合理之处。这里实际上涉及哲学诠释学（philosophical hermeneutics）探索的"诠释学悖论"的一种表现形式，即人们为了了解整体，必须先了解部分；而为了了解部分，又必须先了解整体。比较起来，中国人的思路注重"部分"，而西方人的思路则注重"整体"，因而可以说，西方人的思路是更为合理的。比如，"离家""出家"和"离家出走"；又如金文明批评余秋雨把"致仕"误解为做官，其实在中国文化的语境中，"致仕"是"退休"的意思。

三、语言游戏与家族类似

晚年的维特根斯坦认为，不能当语言处于静止的或休息的状态下来考察语言，要正确而明晰地把握语言的意义，就要在语言被使用的过程中来确定它的意义。正如人们必须在游泳中学会游泳一样，他们也必须在使用语言的过程中了解并把握语言的意义。事实上，人们总是在不同的情景中使用日常语言的。比如，在医院里看病、在飞机场接人、在学校里上课、与老朋友谈天等。维氏把语言在不同的情景中的使用称为"语言游戏"(language game)。在晚期著作《哲学研究》(1953，死后出版)第23节中指出："下达命令，以及服从命令——按照一个对象的外观来描述它，或按照它的量度来描述它——根据描述(绘图)构造一个对象——报道一个事件——对这个事件的经过做出推测——提出及检验一种假设——用图表表示一个实验的结果——编故事；读故事——演戏——唱歌——猜谜——编笑话；讲笑话——解一道应用算术题——把一种语言翻译成另一种语言——请求、感谢、谩骂、问候、祈祷。"[1]

在每个不同的情景中，人们会使用相应的语词、句子或表达。有的时候，人们在不同的情景中使用了同一个语词，但它在不同的情景中的意义却是不同的。这表明，语言的意义是在各种不同的语言游戏中被使用时决定的。维氏在《哲学研究》第43节中写道："在使用'意义'一词的一大类情况下——尽管不是在所有情况下——可以这样解释'意义'：一个词的意义是它在语言中的用法。"[2]也就是说，永远不要在静止的、不被使用的状态下去询问语言的意义，语言的意义必须在使用的过程中被确定下来。

---

① ［英］维特根斯坦:《哲学研究》，陈嘉映译，上海人民出版社2001年版，第19页。
② 同上书，第33页。

维氏在晚期著作中提出的另一个重要的观念是"家族类似"（family similarity）。维氏说："我无意提出所有我们称为语言的东西的共同之处何在，我说的倒是：我们根本不是因为这些现象有一个共同点而用一个词来称谓所有这些现象，——不过它们通过很多不同的方式具有亲缘关系。由于这一亲缘关系，或由于这些亲缘关系，我们才能把它们都称为'语言'。"如就"桌子"这个概念来说，它可以包括各种不同的桌子个体，它们只具有"家族类似"。维氏说："一个家族的有些成员有一样的鼻子，另一些有一样的眉毛，还有一些有一样的步态；这些相似之处重叠交叉。"如"拿破仑、克劳塞维茨或毛泽东是军事家"。

四、语言是存在的寓所

海氏在《在通向语言的途中》（1959）中说："无论如何，语言是最切近于人之本质的。触处可见语言。所以用不着奇怪，一旦人有所运思地寻视于存在之物，他便立即遇到语言，从而着眼于由语言所显示出来的东西的决定性方面来规定语言。"[1]也就是说，语言是存在的寓所，它不但最切近我们的本质，而且也荷载着对存在的意义的表达。为此，海氏区分出两种不同的说：一种是人们在日常生活中的"说"："人说话。我们在清醒时说话，在睡梦中说话。我们总是在说话。哪怕我们根本不吐一字，而只是倾听或者阅读，这时候，我们也总是在说话。"[2]问题是，我们所说的东西是否合乎存在的真理。另一种是语言本身的"说"。海氏指出："对语言的深思便要求我们深入到语言之说话中去，以便在语言那里，也即在语言之说话而不是在我们人之说话中，取得居留之所。"[3]"语言说话。如若我们一任自己沉入这个命题所指示的深渊中，那我们就没有沦于空洞。我们落到一个高度，其威严开启一种深度。这两者测度出某个处所，在其中，我们就会变得游刃有余，去为人之本质寻觅居

---

① ［德］海德格尔：《在通向语言的途中》（修订译本），孙周兴译，商务印书馆 2004 年版，第 1 页。

② 同上书，第 1 页。

③ 同上书，第 3 页。

留之所。"①中国人主张"大音希声"。

五、朝着先验语用学

哈贝马斯在《交往与社会进化》(1976)中提出了"先验语用学"(transcendental pragmatics)的设想:"普遍语用学的任务是确定并重建关于可能理解(verständigung)的普遍条件(在其它场合,也被称之为'交往的一般假设前提'),而我更喜欢用'交往行为的一般假设前提'这个说法,因为我把达到理解为目的的行为看作是最根本的东西。"②又说:"达到理解(verständigung)的目标是导向某种认同(einverständnis)。认同归于相互理解、共享知识、彼此信任、两相符合的主观际相互依存。认同以对可领会性、真实性、真诚性、正确性这些相应的有效性要求的认可为基础。不难发现,理解这个词是含混不清的,它最狭窄的意义是表示两个主体以同样方式理解一个语言学表达;而最宽泛的意义则是表示在与彼此认可的规范性背景相关的话语的正确性上,两个主体之间存在着某种协调;此外还表示两个交往过程的参与者能对世界上的某种东西达成理解,并且彼此能使自己的意向为对方所理解。"③目的是解决交往资质,重建语言在使用中的普遍的有效性。

---

① [德]海德格尔:《在通向语言的途中》(修订译本),孙周兴译,商务印书馆2004年版,第4页。

② [联邦德国]哈贝马斯:《交往与社会进化》,张博树译,重庆出版社1989年版,第1页。

③ 同上书,第3页。

第五章　哲学研究的核心领域（Ⅰ）

我们将在这一章和下一章里面讨论哲学研究的核心内容。在第五章里，着重讨论"形而上学""心灵哲学"和"逻辑哲学"，在第六章里，着重讨论"本体论""认识论"和"方法论"。在展开本章的叙述之前，我们先就一些绕不过去的重要问题做一些说明。

第一个问题是：如何理解"哲学"与"形而上学"这两个概念之间的关系？我们知道，在日常语言中，没有必要对这两个词在含义上的差别做认真的考量。这两个词可以当作同义词，甚至同一个词来使用。尤其是中国人，甚至不区分"道德"与"伦理"这两个概念。事实上，在严格的理论探索中，这两个词也常常被人们作为可以替换的词来使用。比如，海德格尔在《哲学的终结和思的任务》(1964)一文中认为："哲学即形而上学。形而上学着眼于存在，着眼于存在中的存在者之共属一体，来思考存在者整体——世界、人类和上帝。形而上学以论证性的表象思维方式来思考存在者之为存在者。因为从哲学开端以来，并且凭借于这一开端，存在者之存在就把自身显现为根据[ἀρχή(本原)、αἴτιον(原因)、Pnnzip(原理)]。"①

---

① 孙周兴选编：《海德格尔选集》(下)，生活·读书·新知上海三联书店1996年版，第1242—1243页。

其实，海氏这里说的"哲学即形而上学"，这里的"即"是"本质上"或"就主要之点上"的意思。正像中国哲学家公孙龙子说的"白马非马"中的"非"乃是"有别于"的意思。显然，按照我们上面的方式来解释海氏见解的话，他的"哲学即形而上学"的名言证明了这两个概念之间的差异性。这种差异性究竟是什么呢？

众所周知，哲学有自己的发展历史，我们称之为"哲学史"，形而上学也有自己的发展历史，我们称之为"形而上学史"。在哲学史发展的不同阶段，哲学家们对哲学含义的理解是不同的。同样地，在形而上学史发展的不同阶段，形而上学家们对形而上学含义的理解也是有差别的。但大致上说来，哲学的核心研究对象是本体论、认识论和方法论，而形而上学研究的核心对象则是本体论。在形而上学发展至中世纪和近代初期时，它的含义最为丰富，除本体论研究外，还包括对理性心理学(研究灵魂)、理性神学(研究上帝)和理性宇宙学(研究宇宙的起源和结构)。在形而上学的整个发展史上，尽管有的时候本体论遭遇到严厉的批判，但在整个形而上学的结构中，它始终处于基础性的、核心的位置。

于是，我们发现，本体论乃是哲学和形而上学之间共同的、相互重叠的研究领域。一超出这个研究领域，哲学关注的重点就转向认识论和方法论，而形而上学关注的重点就转向其他部分，假如我们谈论的是中世纪和近代初期的话，那么就转向理性心理学、理性神学和理性宇宙学。经过近代以来自然科学的洗礼，在当代，由于以灵魂为研究对象的理性心理学已被经验心理学和实验心理学所取代，以宇宙的起源和结构为研究对象的理性宇宙学已被自然科学研究中的宇宙起源研究所取代，所以，当代形而上学的研究只剩下两个领域，即本体论和理性神学。

有人也许会问：既然本体论是形而上学的核心研究领域，为什么要把这两个概念分置在两章中来讨论呢？因为我们在这里谈到的形而上学和本体论是从不同的角度出发去加以论述的。在形而上学部分，我们重点讨论的是它的基本结构和发展史，而在本体论部分则主要讨论其含义和内容。由于本体论的含义和内容的讨论是非常丰富的，所以把它置于形而上学的部分中来讨论会产生结构上的不协调。正是基于这样的考虑，我们把这两个概念分置在两章之中，以便它们各自的内容都能得到充分的论述。我们前面提到的这个短语"形而上学和本体论"之所以是合法的，因为我们是在阐发这两者之间的关系时才这样说的。在通常的情况下，如果人们在理论文本中把这两个概念并置在一起乃是理论上的"硬伤"，因为本体论并不在形而上学之外，而是形而上学的一部分，即形而上学的基础部分。但请大家注意，当我们平时使用"基础"这个术语，如我们说"A 是 B 的基础"时，我们应该区分两种情况：第一种是 A 在 B 之内，是 B 的组成部分；第二种是 A 在 B 之外。当人们把一座大理石雕像放在一个基座上时，那个基座作为"基础"就在雕像之外。"前提"概念也是一样的，即究竟是理论系统内部的前提部分，还是外部的前提？

还须说明的是，这两章中提到的不同的分支学科之间并不是截然可分的，它们在内容上其实都是相互渗透、相互交融的。也许可以说，在形而上学、心灵哲学、逻辑哲学、本体论、认识论、方法论这些研究领域之间，只存在着考察角度上的差异，不存在着截然分明的界限。

第二个问题是：为什么要把心灵哲学和逻辑哲学置于哲学研究的核心领域的范围内？就心灵哲学而言，一方面，哲学研究本身就是心灵活动的一种方式，而哲学研究者作为一个有生命的存在物，他又是以何种方式来启动并支撑自己心灵的运动的，这是我们必须加以了解的。另一方面，在当代哲学的研究中，尤其是在英美哲学的研究中，心灵哲学起着越来越重要的作用，甚至成了哲学研究的焦点。至于逻辑哲学，在传统的哲学研究者的视野中，从来都被理解为哲学研究中的基础性学科，因为哲学思想的表达总是要诉诸语言，而语言的运用则以对语法和逻辑的了解作为前提。逻辑的不可或缺性在于，即使一个人反对逻辑，他也必须以合乎逻辑的方式来表述自己的反对理由，否则，没有人会理解他所陈述的反对理由。

第一节　形而上学

从构词法上看，形而上学这个词（metaphysics）是由前缀 meta-（"在……之后""在……之上"）和 physics（物理学）合在一起构成的。按照字面上的意思是"在物理学之后"，是后人在整理亚里士多德的手稿时，把放在物理学后面加以论述的内容称为 metaphysics。中国人之所以把 metaphysics 译为"形而上学"，是因为中国古代有个说法，即"形而上者谓之道，形而下者谓之器"。这里的"器"是指具体的事物，"道"是指隐藏在"器"中的超越性的真理。基于这样的考虑，古代中国人把学问分为两大类：一类是以超越性的真理作为研究对象，称为"形而上学"，对应于西方的 metaphysics；另一类以具体的事物作为研究对象，也就是"形而下学"了。西方的形而上学，就其发展史来说，大致可以划分为以下四个阶段：

其一，古希腊罗马阶段。在古希腊，metaphysics 研究的主要对象是什么呢？我们发现，主要有三个：第一个是"世界的本原是什么？"，这实际上是理性宇宙学研究的对象；第二个是"灵魂究竟是什么？"，这实际上是理性心理学研究的对象；第三个是"作为存在者的存在者（being as being）究竟是什么？"，这实际上是本体论研究的内容。在古希腊，特别是在亚里士多德那里，第三个问题最为重要，也构成他的《形而上学》的主要内容。也就是说，在古希腊，形而上学的核心内容是本体论，但当时还没有本体论（ontology）这个术语。亚里士多德通常把以"作为存在者的存在者"的学问称为"第一哲学"（the first philosophy），并把"第一哲学"与作为"第二哲学"（the second philosophy）的物理学严格地区分开来。在这个意义上，形而上学也就是第一哲学。海德格尔评论道："第一哲学一方面是'作为存在者（ὂν ᾗ ὄν）的存在者'的知识，另一方面也是关于存在者的最高领域[τιμιώτατον γένος（最高的种）]的知识，存在者由此而得到总体上（καθσλου）的规定。"①

其二，中世纪阶段。在希腊城邦、西罗马帝国相继衰亡以后，欧洲进入了漫长的中世纪。在这个长达一千多年的发展阶段中，基督教成了压倒一切的统治力量，理性神学成了一门至高无上的学问，哲学不得不以经院哲学的方式现身，并无奈地充当着神学女仆的卑贱角色。就像一个家具店的仆人问他的主人："老板，今天的家具挂什么牌子?"老板回答："西班牙的!"

在这样的历史条件下，形而上学的结构和内容都发生了重大的变化。形而上学主要由以下四个部分组成：本体论、理性神学、理性宇宙学和理性心理学。在这四个部分中，尽管本体论（作为经院哲学，主要研究一般与个别的关系问题）仍然作为基础理论得到学者们的普遍关切，但研究的重心则转向理性神学。那时候神学讨论的主题是：究竟如何证明上帝的存在？11世纪的安瑟伦（坎特伯雷大主教）提出了著名的"本体论证明"（ontological argument），高尼罗的反驳：设想一个完美的岛屿，它也一定是存在着的。一根针尖上可以站多少个天使？而中世纪的宗教裁判所和火刑柱则使基督教的异端分子和异教分子受到了极为残酷的迫害。

其三，近代阶段。即从笛卡尔一直到19世纪末。实证科学，尤其是数学和自然科学的发展形成了一股巨大的推动力，通过文艺复兴、宗教改革和启蒙运动而显现出来。科学和哲学探索中涌现出来的新思想、新方法以巨大的力量冲击了传统的形而上学，迫使它改变自己的结构和内容。笛卡尔在1641年出版了《第一哲学沉思录》，他所谓的"第一哲学"，也就是形而上学，所以这部著作也常常被称为《形而上学沉思录》。正是在这部著作中，他提出了"我思故我在"的第一真理，试图从"我思"来更新传统形而上学，尤其是中世纪的神学化的形而上学的思想基础。

---

① 孙周兴选编：《海德格尔选集》（上），生活·读书·新知上海三联书店1996年版，第86页。

1783 年，德国哲学家康德出版了《任何一种能够作为科学出现的未来形而上学导论》。他在这部著作的导言中说："我的目的是要说服所有那些认为形而上学有研究价值的人，让他们相信把他们的工作暂停下来非常必要，把至今所做的一切都看作是没曾做过，并且首先提出'象形而上学这种东西究竟是不是可能的'这一问题。"①那么，康德提出这样的问题是否要否定形而上学？康德并没有这样的意思。他告诉我们："人类精神一劳永逸地放弃形而上学研究，这是一种因噎废食的办法，这种办法是不能采取的。世界上无论什么时候都要有形而上学；不仅如此，每人，尤其是每个善于思考的人，都要有形而上学，而且由于缺少一个公认的标准，每人都要随心所欲地塑造他自己类型的形而上学。至今被叫做形而上学的东西并不能满足任何一个善于思考的人的要求；然而完全放弃它又办不到。"②在《纯粹理性批判》中，康德全面地反思并批判了传统的形而上学的四个部分：一是对本体论的存疑，即"存在"这个词不能成为谓词（predicate）；二是对理性心理学的批判，它会陷入误谬推论；三是对理性宇宙学的批判，它会陷入二律背反；四是对理性神学的批判，它会陷入理想。康德给形而上学安排了三条出路：第一条出路是：纯粹理性批判，也就是他自己所做的工作；第二条出路是：自然科学的形而上学；第三条出路是：道德形而上学。正如海德格尔所说："强调康德一开始就要为形而上学奠基，这和回答这个问题——为什么对康德来说形而上学之奠基成为了对纯粹理性的批判？——是同等重要的。"③

正是在笛卡尔、康德等人的批判中，近代形而上学在结构和内容上又发生了重大的变化：第一，理性神学的地位大大地下降了。在康德看来，在理论理性的范围内去证明上帝的存在是毫无意义的，而上帝只是

---

① ［德］康德：《任何一种能够作为科学出现的未来形而上学导论》，庞景仁译，商务印书馆 1978 年版，第 3 页。

② 同上书，第 163 页。

③ 孙周兴选编：《海德格尔选集》（上），生活·读书·新知上海三联书店 1996 年版，第 83 页。

在实践领域里有用，它的存在可以指导人的行为向善。1793 年，康德又出版了《单纯理性限度内的宗教》一书。尼采在《快乐的科学》（1882）中提出了"上帝已死"（Gott ist tot）的著名命题。第二，理性心理学和理性宇宙学渐渐地溶解在自然科学中。第三，本体论领域完全被理性化、逻辑化了。在耶拿时期，黑格尔把逻辑学与形而上学等同起来了，于是，形而上学变成了《逻辑学》（1816）。

其四，当代阶段。从 20 世纪初到目前为止，形而上学普遍地受到拒斥，最后只剩下两个领域——本体论和理性神学，而这两个领域也处于风雨飘摇之中，到处充斥着"拒斥形而上学"的口号。美国哲学家奎恩在《从逻辑的观点看》（1953）中提出了"本体论承诺"（ontological commitments）的观点，体现出一个重大的转机，即任何一个理论系统都要承诺某些东西的存在。但本体论问题实际上已经转化为语言学问题。与此同时，人们对形而上学的内涵的看法也发生了根本性的变化。英国牛津大学哲学家斯特劳森于 1959 年出版了《个体：论描述的形而上学》一书，认为传统的形而上学不顾人们日常生活中自然思维的习惯，生造出概念体系，因而引发了人们"拒斥形而上学"（refusal of metaphysics）的口号。斯氏认为，如果使形而上学转变为"描述的形而上学"（descriptive metaphysics），即把人们在日常思维中自然使用的概念图式描述出来，这种形而上学的目的也就达到了。

一、柏拉图主义

海德格尔在《尼采》这部著作中说："西方哲学的总体历史被解释为柏拉图主义。柏拉图的哲学既是我们理解全部后柏拉图哲学的主导尺度，也是我们理解前柏拉图哲学的主导尺度。只要这种哲学为存在者整体的可能性以及在这个整体中存在的人设定了某种特定的条件，而存在者就是按照这些特定条件而被烙印的，那么，这个主导尺度就还是决定性的。"①在《哲学的终结和思的任务》（1969）中，海氏甚至说："形而上

---

① ［德］海德格尔：《尼采》上卷，孙周兴译，商务印书馆 2002 年版，第 423 页。

学就是柏拉图主义。"怀特海也说过：全部西方哲学都是柏拉图的注脚。需要追问的是，柏拉图主义的本质含义是什么呢？在探讨这种本质含义之前，我们先要了解柏拉图主义的理论预设，即理性是第一性的，而意志是第二性的，是受理性的支配的。

正是在这个理论预设的基础上，柏拉图提出了"两个世界"的学说：一个是"可见的世界"（a visible world），即我们的感官感觉到的变动不居的世界，他的著名的"洞穴之喻"，这是一个意见充斥的世界；另一个是"可知的世界"（a knowable world），即静止的理念世界，是以理性为基础的。柏拉图把与理性相关的、静止的理念（idea）理解为唯一真实的存在，而把个别的事物理解为理念的摹本，并认为这个摹本是变动不居的，不可靠的。就像"猫"的理念是静止的、不动的、永远存在着的，但世界上的一只猫出生了，不久后又死去了，而猫的理念却永远留存着，从而被柏拉图认为是真实的东西，而由理念构成的理念世界则是一个真实的世界。比如，理念上的"床"是真实的，生活中的"床"只是"床"这个理念的一个摹本，它是会被毁坏的，而图画中出现的"床"则是"摹本的摹本"，它更容易被毁坏。因此，在《理想国》中，柏拉图主张把诗人赶出去。后来奥古斯丁区分出"上帝之城"（the city of God）和"世俗之城"（the city of the world），并肯定"上帝之城"才是真实的。后来黑格尔的《逻辑学》，讲的即是逻辑理念的世界，仍体现出柏拉图主义的统治。

二、尼采与马克思

从笛卡尔以来，西方形而上学的发展出现了巨大的转折。尽管笛卡尔仍然处于柏拉图的理性主义传统中，但他已经不再像柏拉图一样，把一个外在的东西（如理念世界）作为形而上学的起点，而是返回到自我，转移到"我思"（I think）上。而康德进一步把"我思"扩大为一个先验唯心论的体系，并把自己的探讨方式称之为"哥白尼革命"（Copernican revolution）。这里已经有一种探讨方式的逆转，即把传统形而上学从外部存在物（如理念世界）出发的探讨方式转换为从自我内部之我思出发的探讨方式。

然而，在康德以后，叔本华却沿着与费希特、谢林、黑格尔的理性主义不同的路向推进了康德哲学。叔本华接着康德的实践理性，即意志来展开自己的哲学思想。他推翻了柏拉图主义的一个基本的理论预设，即理性是第一性的，意志是第二性的，是受理性支配的。叔本华肯定，生存意志是第一性的，理性是第二性的，是听命于生存意志的。尽管叔本华的悲观主义使他最后退回到传统的形而上学的见解之中，即仍然主张用理性来控制意志，但他毕竟已经暗示出颠倒柏拉图主义的运思方向。而按照海德格尔的看法，这个颠倒柏拉图主义的任务，正是通过尼采和马克思来完成的。在《哲学的终结和思的任务》一文中他告诉我们："尼采把他自己的哲学标示为颠倒了的柏拉图主义。随着这一已经由卡尔·马克思完成了的对形而上学的颠倒，哲学达到了最极端的可能性。"①其实，尼采在为自己的第一部著作《悲剧的诞生》(1872)做准备时，曾经在一则短评中写道："我的哲学乃是一种倒转了的柏拉图主义；距真实存在者越远，它就越纯、越美，越好。以显象中的生命为目标。"②显然，尼采这里所说的"真实存在者"也就是柏拉图的理念。而在尼采看来，真正真实的东西乃是周围世界中我们可以感知到的变动不居的东西，尤其是生命。

那么，对柏拉图主义的颠倒意味着什么呢？海氏告诉我们："所谓把柏拉图主义倒转过来，这也意味着把尺度关系颠倒过来；在柏拉图主义那里仿佛处于低级位置，并且要以超感性之物作为衡量尺度的东西，现在必须移动到高级位置上面，而且必须反过来，使超感性之物为感性之物效力。在这种倒转的实行过程中，感性之物变成了真正的存在者，亦即变成了真实之物，变成了真理……在这种倒转中，尼采完成了最独特的哲学思想。对尼采来说，彻底地思考柏拉图哲学，这从早期开始就已经是一项从两个不同方面困扰着他的任务。"③

---

① 孙周兴选编：《海德格尔选集》(下)，生活·读书·新知上海三联书店1996年版，第1244页。
② ［德］马丁·海德格尔：《尼采》上卷，孙周兴译，商务印书馆2002年版，第169页。
③ 同上书，第170页。

三、后形而上学

从 20 世纪六七十年代起，西方兴起了后现代主义思潮。正是在这种背景下，出现了"后哲学""后形而上学"这样的概念。对"后哲学"我们前面已经分析了美国新实用主义哲学家罗蒂的《后哲学文化》一书。

1988 年，德国哲学家哈贝马斯出版了《后形而上学思想》一书，他认为，在 20 世纪中，"撇开学院派的壁垒不论，后形而上学思想、语言学转向、理性的定位以及逻各斯中心主义的克服等思想主题，都属于二十世纪哲学研究最重要的原动力。"①后形而上学思想的主题主要体现在以下四大思潮上，即分析哲学、现象学、西方马克思主义和结构主义。2003 年，美国新实用主义哲学家罗蒂出版了《后形而上学希望》(*Post-metaphysical Hope*)，肯定在后形而上学中，不再有与实在相符合的真理(真理只是人们应对环境的有效的手段)，不再有本体或本质的世界(反本质主义)，不再有原则性的伦理学(情景伦理学)，有的是"作为谈话终止者的宗教"(宗教是私人事务，谈到宗教，也就是谈话结束的理由了)，有的是"最低纲领的自由主义"(即只在法律上谈论自由，不要把政治和哲学掺和进去)，有的是"作为较大忠诚的正义"(即忠于自己周围的小的团体)，等等。

第二节　心灵哲学

心灵哲学(philosophy of mind)在哲学上常常称为"心的哲学"或"精神哲学"，也是哲学研究的核心领域之一。mind 不仅与灵魂有关，也与精神、心理有关。自从理性心理学(以灵魂为研究对象)衰亡以后，尽管一部分内容转入到经验心理学和实验心理学的研究中，但"心"的问题仍

---

① 　[德]于尔根·哈贝马斯：《后形而上学思想》，曹卫东等译，译林出版社 2001 年版，第 8 页。

然以各种方式出现在哲学或形而上学的探索之中。我们前面提到的康德的"心",是自我的知、情、意的发出者,但在康德那里,却是一个不可知的"X",后来黑格尔写《精神现象学》(1807),英译为 *phenomenology of Mind*。我们知道,黑格尔还出版过《精神哲学》(*Philosophy of Mind*,1817)。20世纪,英国牛津哲学家赖尔也出版了《心的概念》(*The Concept of Mind*)。第二次世界大战后,心灵哲学更是成为当代哲学研究的重中之重。但由于对它的研究涉及哲学、心理学、生物学、神经科学、脑科学、语言学和计算机科学等,实际上构成了一个学科群。

在传统的心灵哲学的研究中,存在着两种错误的倾向:一种倾向是从苏格拉底、柏拉图以来就有的传统,即在灵魂所具有的各种能力中,理性是唯一可靠的,而一切非理性的因素,如情感、欲望等都是不可靠的。另一种倾向也是从苏格拉底时代传下来的,在笛卡尔的"身心二元论"中达到了经典性的表现形式,即在考察人的灵魂或心灵的活动时,把人的"身体"与他的精神分离开来。我们认为,上述两种倾向都不可能使研究者对心灵哲学做出合理的阐释。当代哲学和科学研究已经获得的成果都启示我们,应该以综合性的眼光来考察和阐释心灵哲学。

一、生命、身体和心灵

我们先来考察生命(life)。在我们周围所有的存在物中,我们可以区分出两大类型:一是没有生命的存在物,我们通常也称它们为无机物,如一堆石头、一架机器等;二是有生命的存在物。什么是生命呢?美国心理学家 C. S. 霍尔认为:"生命的本质就是因外界刺激而产生的'扰动状态(disturbed state)'。扰动一旦平息,生命的火花也随之消失。"① 也就是说,有生命的存在物并不能获得永恒的生命,它们无例外地存在着一个倾向,即退回到无机存在物的状态中去,这种退回一旦完成了,有生命的存在物也就死亡了。

---

① [美]C. S. 霍尔:《弗洛伊德心理学入门》,陈维正译,商务印书馆1985年版,第48页。

我们知道，有生命的存在物进一步可以划分为以下两大部分：一是植物。素食主义者(在印度航班上，服务员在分发食品之前，通常会问：Are you vegetarian?)以为不食动物，就是不伤害生命，其实植物也是有生命的。"黛玉葬花"，就把花理解为有生命的存在物。何况，佛教甚至把植物中的一部分——洋葱、大蒜、韭菜都看作是荤菜。此外，"素鸡""素鸭""素虾仁"这样的提法也表明，这些人无意识层面上仍然渴望食用荤菜。二是动物，又可以区分为人和人以外的动物。一般说来，人们是在动物的范围内谈论生命的。就当今伦理学发展的情况来看，珍惜和保护生命，乃是人们普遍接受的价值观念之一。它包含以下两个层次：

第一个层次是珍惜并保护人以外的其他动物的生命。当然，人要食用自己饲养的动物，如牛、猪、羊、鸡、鸭、鹅等。西方人爱食的鹅肝是采用特殊的喂养方法获得的。金山地区的数百只鸭子被高速行驶的汽车撞死。像牛这样有灵性的动物死前甚至会掉眼泪，应该采用更文明的屠宰方式。还有野生动物，如对熊胆的取用、对白熊的猎杀(喜欢喝其血)、对猫的虐待、把硫酸泼到黑熊的身上等。由于环境污染引发了动物的集体自杀(如鲸鱼)。当然，动物保护意识也在增强，如复旦大学生命科学院为做实验而死亡的小白鼠举行葬礼；德国人为产卵的青蛙封闭公路；西方人的宣传画——给鸭子让道等。但这也不能走向极端，如在德国，一个古董店的老板打死了一只蚊子，动物保护主义者居然包围了他的商店表示抗议。

第二个层次是珍惜并保护人的生命。西方国家讨论的"堕胎"问题、安乐死问题；免除死刑的问题；孙志刚事件；几个青年人踩死一个要饭的中年妇女；《新华每日电讯》：一个农民压在汽车下，他的亲戚乞求救助，但周围乡镇的干部竟漠然视之，从而导致被压之人死亡(对生命的冷漠)；煤矿的矿难；日本731部队；器官移植和国外失踪的流浪汉。当然，在西方国家，人的生命的价值得到了比较充分的认可，如法国的协和飞机失事后，每个死者的家属得到的赔偿费达320万美元。孔子：未知生，焉知死？海德格尔：向死的存在。如何判断一个人是否有生命？从医学上判断——脑死亡。

我们再来考察身体（body）。不用说，人的生命是以身体作为载体的。古代斯巴达人的裸体；古代希腊的人体雕塑；社会习俗——对身体和行动的规范（如坐的姿势、穿的服装、发型等）；监狱——对身体的禁锢、刑罚，戴枷锁、带手铐和足镣，遭剐刑；中国殷代弃灰砍手；死亡——对身体的消灭；宗教裁判所对身体的消灭（如公元 5 世纪一位信犹太教的女士被天主教徒杀害）、西班牙的火刑柱。在考察身体时，我们一定要意识到身心之间的辩证关系：一方面，活的身体是心灵的载体；另一方面，活的身体又必须受心灵的指导。植物人分析。

最后，我们来考察心灵（mind）。这里说的"心灵"既不同于人们通常所说的"心脏"（heart），也不同于人们通常所说的"理性"（reason）。我们认为，心灵乃是知（理性）、情（情感）和意（意志）的统一体。正如我们把身体理解为"心灵的身体"一样，我们也把心灵理解为"身体的心灵"，而身体的存在和运动正是通过情感和意志表现出来的。在黑格尔关于人"两次死亡"的理论中，就"心灵"与"身体"的比较而言，他更重视心灵的作用。其实，生命正体现在心灵和身体的统一之中。在日常生活中，"残疾人"表明身体之不健全，而患有精神性病症的人则表明其心灵之不健全。

二、自我、本我和超我

从笛卡尔把哲学的注意力从外部世界转向人这个主体以来，人们主要是从"我思"的角度来理解人的主观能动作用的；到了康德那里，人这个主体已经作为一个知、情、意的统一体出现了；到了弗洛伊德，他从动力心理学的角度，综合了意识和无意识的层面，提出了"人格"（personality）理论，而人格正是由自我（ego）、本我（id）和超我（superego）构成的。但他并没有把这三者的关系理解为一个静止的结构，而是引入了物理学家赫尔姆霍茨提出的能量守恒定律，把它理解为一个动态的结构。在所有的"能量"（energy）中，弗氏认为最重要的是"性能"（libido），即人的性欲所蕴含的能量。

本我是人格的基础部分，它代表人格中的非理性的因素，即人的本能、欲望和意志。它唯一服从的是"快乐原则"（principle of pleasure），而这一原则的目的是消除机体的紧张状态，使能量释放出来。它像野马。

自我是人格中的主导部分，它统率着本我和超我，它遵循的原则是"现实的原则"（principle of reality），这个原则的目的是使自己的行动变得有效，因而推迟能量的释放，以便保护人格整体。它像骑手。

超我是人格中专管道德的司法部门，它代表的既不是快乐原则，也不是现实原则，而是道德上的一种理想状态。它主要由"良知"（conscience）和"理想"（ideal）构成。它像自我手中的缰绳。

蕴含在人格"本我"中的能量是守恒的，尤其是人的性能，一受到压抑（repression），就会发生转移，如梦、性变态、精神病，还有升华（sublimation），即科学、艺术和宗教上的发现、发明与创造。

三、意志、情感和认知

我们先来看"认知"（cognition）概念。正如我们在前面已经指出过的，认知是以"感觉"（sensation）为前提的。认知追求的是真理，即主观感觉与认识、观念与客观对象的符合。康德哲学阐明了人的认知的界限，即我们只能认识物自体向我们显现出来的现象，从而使人在认知活动中保持一种谦卑的态度。

情感（feeling）不同于感觉，它的真理不是追求客观性，而是体现主观性。如果说，感觉导向认知和认识论，而认知追求的是"普遍的客观性"，那么，情感则导向艺术和审美。它追求的则是"普遍的主观性"。

意志（will）关系到人的行动，因而它更多地涉及人的行动与道德规范之间的关系。

所以，知、情、意的关系，也就是认识论、审美学和伦理学之间的关系，也就是真、美、善三者之间的关系。一般的学者都把真善美的统一理解为人生追求的最高境界，唯独叔本华取批判的态度。其实，这三者的统一构成人生最大的理想或幻觉，我把它称为"世界上的第四个宗教"。在生活中，这三者是很难统一起来的。黑格尔的名言是："好的最大的敌人是最好。"就像样板戏塑造的人物都是虚假的一样。我们将永远应该追求更好，但不要去追求最好。

第三节　逻辑哲学

我们这里说的"逻辑哲学"（philosophy of logic），既不同于"逻辑学"（logic），也不同于"哲学逻辑"（philosophy logic）。就逻辑学而言，它主要是研究思维规律的，具体而言，是研究概念、判断和推理的；就哲学逻辑而言，主要是研究与传统逻辑学不同的现代逻辑学的各个分支学科的。而逻辑哲学，则主要探索传统逻辑，尤其是现代逻辑发展中出现的哲学问题。而且在我们的研究中，也会部分地谈到蕴含在语言学和修辞学中的某些重要的哲学问题。

一、概念、判断和推理

我们先来看概念（concept）。概念是语言表达中的细胞，也是形成任何句子和文本的基本单位。概念有其内涵和外延。概念的内涵是指概念所表达的对象的本质特性。比如，当人们说"人是理性动物"的时候，理性所表达的就是人的本质特征，即只有人具有而其他动物并不具有。如果我们参照某个人而给人下定义，"人就是手中拿着一朵玫瑰花的动物"，那显然不行，因为"手中拿着一朵玫瑰花"只是人的偶性，不是人的本质特性。必须从本质特性的意义上去理解和把握概念。概念的外延是指概念所表达的、具有同一本质属性的对象的类。比如，"人"这个概念的外延就可以包括地球上所有的人，不管是白皮肤或黄皮肤的，还是黑皮肤或红皮肤的。

概念外延之间的关系有以下四种：一是重叠关系，如珠穆朗玛峰和世界最高峰；二是包含关系，如"人"和"动物"的关系，人这个概念包含于动物这个更大的概念中；三是交叉关系，如"青年"与"男学生"这两个概念就是交叉的；四是全异关系，如"性别"与"石头"。

再来看判断(judgment)。判断就是对对象的一种断定，通常通过系词(to be)来表达。比如，"他是一个学生"，就是一个判断。首先，判断有肯定和否定的表达形式。比如，"他是一个学生""他不是一个学生"。其次，判断与量词有关。如"所有天鹅都是白的""一部分天鹅是白的"和"这只天鹅是白的"。再次，在性质上，判断可以被区分为：一是"定言判断"，即确定性的判断，如"这朵花是红的"；二是假言判断，"如果，那么"。比如，"如果我有一根阿基米德式的杠杆，我就能够把地球撬起来"。表示一个判断是有条件的。三是选言判断，如"这个人或者是张三，或者是李四，或者是王五"。

最后来看推理(inference)。推理就是从一些已知的观念推导出一些未知的观念。比如，"人都是会死的，张三是人，张三是会死的"。推理主要有两种：一种是归纳推理，由培根所倡导，又可细分为"完全归纳法"和"不完全归纳法"。休谟主张，归纳推理得不出普遍有效的观念来。如"所有天鹅都是白的"是不完全归纳。而完全归纳会把自己限定在一个有限的条件内，比如说"这个房间里坐着的都是男同学"。另一种是演绎推理。

推理很容易犯错误，如"友谊值千金，金钱如粪土，所以友谊如粪土"。推理小说的问题出在把犯罪嫌疑人理解为单纯的理性存在物。

二、同一律、矛盾律和排中律

实践和经验表明，在我们的思维中，存在着一些必须遵守的基本规律。

我们先来看同一律(law of identity)。在同一思维过程中，我们对同一对象的某一方面特性的判定必须是同样的，不能变化的。比如，当一个作者在同一个文本中写道"法律是道德的基础"，在同一个文本的另一处又写道"道德是法律的基础"时，他在对道德与法律关系的理解上显然是违反同一律的。当然，应该把遵守同一律和一个人思想的变化区分开来。

我们再来看矛盾律(law of contradiction)。矛盾律要求，在同一思维过程中，对对象的判断不能发生逻辑上的矛盾。就像"卖矛和盾的故事"一样；或者一个人看着同一朵花说"这朵花是红的"和"这朵花是白的"，显然是相互矛盾的。

最后看排中律(law of excluded middle)。按照排中律，在同一思维过程中，对同一对象所做的肯定和否定的判断中必有一个是真的。比如，"这朵花是红的"和"这朵花不是红的"，其中必有一真。因为它们已经涵盖了一朵花可能具有的所有的颜色。

三、定义、假说和类比

定义(definition)，正如我们前面介绍的，就是"种概念加属差"。

假说(hypothesis)，通常在自然科学的研究中会被提出，如大爆炸宇宙学、星云假说、原子分子假说等。拉普拉斯回答拿破仑："陛下，我不需要这个假设。"先是提出假设，再让假设得到证实。

类比(analogy)，人们发现两个对象在某些方面有相似点，于是推论它们在其他方面也有类似点。比如，弗洛伊德从赫尔姆霍茨的(物理)能量守恒定律推论出心理能量的守恒定律。比如，社会达尔文主义者从自然界的竞争推论到社会生活中的竞争。

四、悖论、元语言和对象语言

悖论(paradox)：在《堂吉诃德》中，堂让他的仆人潘沙成了巴拉塔里亚岛的总督。他遇到的第一件事情就与这个岛上的一条法律有关。如果过桥者的誓言是真的，那么让他过桥；如果他说谎，就在桥边的绞刑架上绞死他。但来了一个人竟说："我发誓我要上桥边的绞形架被绞死，这就是我要干的事情。"管桥人非常为难：如果让他过桥，这个人发的誓言就是假的，而他应该被绞死；如果把他绞死，那么他的誓言就是真的，应该让他过桥。塔斯基：元语言和对象语言的区分。

第六章　哲学研究的核心领域(Ⅱ)

　　本章讨论的本体论、认识论和方法论也不是截然可分的，它们体现出来的仅仅是哲学这一研究对象的不同的侧面。或许可以举日常生活中的一个例子来理解这三者之间的关系。假定一个人走到河边，他开始思索这样一个问题：我究竟要不要过河？显然，这个问题对于他下面的行为来说具有根本性的意义。我们可以把对这个问题的思索理解为本体论问题，如果他的回答是肯定的，也就是说，他打算到河对面去，接着就产生了第二个问题：这条河的情况究竟如何？显然，这个问题关涉到认识论的问题，即这个人对这条河的认识。一般说来，他会尽可能地利用间接知识来达到自己的目的，也就是说，通过对熟悉这条河的情况的人的询问，了解到：这条河有多宽？它的水深不深？它的哪一个河段可以涉水过河？这个河段离开这里是近的还是远的？等等。总之，认识论涉及人们对对象的认识。然而，在认识了对象之后，还会有一个方法论的问题：究竟以何种方式过河？也许这个人了解到，附近有一个渡口，人们可以从那里乘船过河；也许另一个方向有一座桥梁，人们可以从桥上走过去；也许在一个河段，河水非常浅，人们完全可以轻松地涉水而过。

　　一方面，本体论是根本性的，它决定着人们的认识方向及对方法的选择；另一方面，认识的结果和方法上的限制又会对本体论构成约束。比如，这个人本来准备过河，但在认识这条河时，发现这条河中隐藏着鳄鱼，因而放弃了过河的念头；当然，也许是因为这个人找不到过河的手段，最终放弃了过河的想法。总之，本体论、认识论和方法论并不是截然可分的，而是不可分离地关联在一起的。

第一节　本体论

　　从第五章的探讨可以知道，本体论既是形而上学的基础部分，也是哲学研究的基础部分。它把存在的真理和意义作为自己的研究对象，它不满足于对现象世界的描述，而是努力探寻隐藏在现象世界中的本质关系。不用说，它的重要性是可想而知的。我们知道，本体论（ontology）这个英语名词来源于拉丁文名字（ontologia）。而 ontologia 最早出现在 17 世纪。德国哲学家郭克兰纽（R. Goclenius，1547—1628）在用拉丁文编撰的《哲学辞典》中创制了 ontologia 这个新词。稍后，德国哲学家克洛维（A. Clovius，1612—1686）在《神的形而上学》（1636）一书中把 ontologia 理解为 metaphysics 的同义词。

　　现在的问题是：ontologia 是如何构成的。我们知道，“-logia”源自古希腊文中的“logos”，是“××学”的意思，那么，前缀 onto-在这里又是什么意思呢？在古希腊文中有个重要的动词 einai（to be）；它的现在时单数第一人称是 eimi（am）；现在时单数第三人称是 estin（is）；阴性分词是 ousa，后来亚里士多德把它写成 ousia（substance），属十大范畴之首；它的中性分词是 on（being）。在古希腊文中，to 是定冠词 to on（the being），而 onto 又是 on 的一种衍化形式。所以，ontologia 来自希腊文的 on（being）。我们在前面已经指出，亚里士多德认为，“第一哲学”的研究对象是 being qua(as) being，即"存在者之为存在者"的学问。一般说来，在英文中，小写的 being(beings)在中文中译为"存在者"，大写的 Being 则译为"存在"。这就启示我们，ontology 是以"存在"和"存在者"作为自己的研究对象的。

刚才我们说到 ontology 来自动词不定式 einai 的中性分词 on，而 einai 在古希腊文中也通常起着系词的作用。在现代英语中，系词 to be 起着 einai 的作用。to be 通常有以下的不同功能：

  1. I am a student(我是一个学生)

  2. A man is animal(人是动物，belongs 属于)

  3. Three plus four is seven($3+4=7$，equals)

  4. There are some houses(有一些房子，或存在着一些房子)

  5. I am(我存在，如笛卡尔说：I think, therefore I am)

在这些句子中，第 4、5 个句子涉及 to be 的"有"或"存在"的含义。正是这方面的含义使 ontology 这个词的翻译产生了很大的争议：

ontology 的第一种译法是"本体论"。这种译法的优点是肯定了 ontology 的根基性和重要性，缺点是"本体"使人联想起一种有形的物质实体，尤其使人联想起古希腊哲学家万物本原的讨论。ontology 的第二种译法是"万有论"，在中国老一辈的哲学家中比较多地采用这个译法。这里的所谓"有"，也就是单个的物质实体或存在者，"万有"也就是世界万物或"存在者整体"。这个译法的缺点是：在英文中，"有"有两种不同的表达方式，即 have/there is。前者可解释"拥有"，后者只是对存在着的事物的描述，在含义上是有差异的。ontology 的第三种译法是"存有论"，这是港台学者用得比较多的一种译法。显然，把"存"(existence)和"有"(have/there is)合在一起，含义也是不明确的。ontology 的第四种译法是"存在论"或"存在学"，现在也比较流行。这一译法的优点是直接点明了 ontology 的内涵，缺点是容易与 Theory of Being 混淆起来。我们在这里仍然采用"本体论"的提法。

至于 einai(to be)这个动词怎么翻译，也存在着不同的看法。第一种看法是：全部译为"是"，否认它有"存在"的含义（康德的观点），如笛卡尔说：I think, therefore I am，只能译为"我思故我是"，显然意义不完整。第二种看法是：全部译为"存在"，显然也不妥。第三种看法是："是"和"存在"这两方面的含义都有，要根据具体情况进行翻译。我比较认同第三种看法。还须指出的是，在现代汉语中，"是"起着系词的作用，但在先秦时期，"是"是一个代词，即"这"的意思，如《论语》中的"是可忍，孰不可忍"，"是"的系词的含义直到汉代时才出现。

一、生存实践的始源性

在本体论研究中，其正确思考的起点究竟是什么呢？如前所述，既然本体论是研究存在和存在者的学问，所以，普通人习惯于从周围存在着的事物，即"存在者"出发去探索本体论。他们认为，世界统一于物质，因而把物质看作是世界万物的基础。显然，这样的思考起点是错误的，因为他采取的是静态的、旁观的思维方式。其实，本体论思考的正确的起点应该返回到人的身上。人要活在这个世界上，就要解决吃喝住穿的问题，而要解决吃喝住穿的问题就必须从事生存实践（existential praxis）活动，即生产劳动，尤其是把人类必需的消费品生产出来。在现代社会中，由于劳动分工和财富的巨大的积累，后者造成了完全脱离生存实践活动的寄生阶层。一般说来，这个阶层的思想代表们不容易看到社会思想与生存实践活动之间的内在关系。

其实，在社会生活中，大部分人都是基于生存下去的需要而从事某种劳动的。比如，一对刚结婚的夫妇新房里的 200 件用品，每一件用品与主人之间都有着一种生存意义上的关联，而对主人来说，失去了生存意义的用品的位置则是垃圾桶。当然，人们说："垃圾是放错地方的财富"，相对于另外一个生存主体，如捡垃圾的人来说，这些垃圾又成了他生存下去的重要资源；一位专业作家书房用具的分析；对古代人的险恶的生存环境的分析和"我"字在甲骨文中的含义；博物馆里的摆放着的用具分析(海德格尔对梵高的《农鞋》的分析)。

由此可见,真正的本体论的研究乃是奠基于对人的生存实践活动的分析。不仅是本体论的思考起点在人的生存实践活动中,而且,哲学、艺术、宗教的起点都应该到人的生存实践活动中去寻找。

二、本体论差异的提出

海德格尔在《存在与时间》(1927)一书提出了关于本体论差异(ontological difference)的著名的见解:一方面,"存在"不同于"存在者";另一方面,在所有的"存在者"中区分出"人"这种特殊的存在者和人以外的其他存在者。传统的本体论一直以为自己在谈论"存在"问题,实际上他们谈论的却是"存在者";而在谈论"存在者"时,他们又没有把"人"这一特殊的"存在者"与其他的"存在者"分离开来。

就前一方面而言,关键是要阐明:其一,"存在"不是"存在者"的总和,即"万有"或"世界万物";其二,"存在"不是所有"存在者"的种概念(一个集合概念、一个单纯的符号)。"存在"是一种不同于"存在者"的东西,它必须通过人的生存结构才能获得理解。如存放在意大利都灵的"耶稣裹尸布""一座佛像""一块亲人用过的围巾"等。正是人对物的某种特殊的关系造成了物对人显现的意义。与其说这种意义是人们发现出来的,不如说,是人们先行地放进事物之中的。

就后一方面而言,人与其他的存在者不同的地方正在于,唯有人才能询问存在的意义,而唯有从实际的生存实践活动出发的人,才能对存在的意义做出正确的理解。需要批判的观点是:世界统一于物质;人是螺丝钉;安全为了生产;结核病妨碍生产等。

三、社会存在的实质

众所周知,"社会存在"(social being)这个概念是相对于"自然存在"(natural being)而说的。一般说来,人们把自然界的存在物,如山脉、河流、植物、人以外的其他动物等理解为自然存在,把人类社会生活中的存在物,如人、家庭、市民社会、学术团体、党派组织等理解为社会存在。其实,自然与社会并不是截然分开的,而是不可分离地关联在一起的。人们越往古代社会追溯，就越是发现，社会只是自然的一小部分。大自然的许多部分，人的足迹还无法达到。然而，经过人类文明的数千年的发展，自然在很大的程度上被人化了。人们不仅从宏观、中观和微观的角度对自然进行了深入的研究，而且对包括其他星球在内的宇宙和太空进行了深入的研究。在当代，社会不但不再是自然的一部分，相反，自然成了社会的一部分，因为自然已被充分地人化和社会化了。在19世纪中叶，即马克思生活的时代，自然已经被看作"人化自然"了。在马克思看来，社会并不在自然之外，相反，它就是人与自然的本质上的统一。

在当代社会中，单纯的自然之物，即完全没有被人观察过或被人的活动干扰过的自然存在已经越来越少了，绝大部分自然存在被打上了社会的烙印，成了隐蔽的社会存在。比如，就"土地"这样的自然存在来说，现在也被彻底地社会化了，经济学家们常说的"没有一块无主的土地"表明，所有的土地（甚至包括南极）都已经被打上了人和社会的印记。在中国，人们对土地没有所有权，但有使用权和占有权。在当代社会中，没有一个自然存在物在法律上是没有归属的。我们知道，当代社会是商品社会，而任何商品作为存在物，既有自然属性，又有社会属性，而它们的社会属性（即用于交换）是根本性的。也就是说，商品根本上是社会存在，而它们的自然属性只是附带性的。也正是在这个意义上，经济学家们把商品称为"社会的物"，而商品拜物教的全部神秘性正是由其社会特征引起的。

就个人而言，当他刚诞生的时候，似乎是一个自然存在物，但在接受家庭、学校和社会教化的过程中，他从根本上转化为一个社会存在物。尽管在他的身上还保留着饮食男女这样的自然属性，但就其本质而言，他是社会存在物。人为什么会感到孤独？其实，这种感觉反过来印证了他是一个社会存在物，与他人"共在"（mitsein）乃是他全部生活的本质。更不用说，他所使用的语言也是社会性的（没有私人语言）。

在当代社会中，就人与人之间的关系、人与自然物之间的关系来说，也完全被社会化了，处处打着法律的印记。哪怕是父亲和儿子之间的关系是自然血缘关系，但遇到纠纷无法解决时，仍然得诉诸法律。在当代社会中，当人们谈论哲学时，哲学本质上是社会哲学，是法哲学，而不再有传统意义上的自然哲学，因为无论是人以及人与人之间的关系，还是自然及人与自然之间的关系，无不打上了社会的烙印。

下面，我们再分析下去，社会存在的本质究竟是什么呢？我们发现，是"社会关系"（social relationship）。事实上，在当今社会中，任何一个存在物，包括自然存在物在内，都蕴含着人与人之间的特殊的社会关系。

总之，本体论实质上就是社会存在本体论，而社会存在本体论本质上就是社会关系本体论。也就是说，对于当代社会来说，蕴含在一切人、事问题背后的乃是社会关系。社会关系并不是一成不变的，它的基础部分是"社会生产关系"（social relationships of production）。随着生产力的发展和经济状况的改变，社会关系的其他部分也会发生相应的变化。当然，社会关系的其他部分也不完全是受动的，它们也以能动的方式影响着社会生产关系的变化。然而，在归根到底的层面上，社会生产关系的基础性作用是不容否认的。事实上，无论是政治革命，还是社会革命，其宗旨都是改变或调整不再适宜于社会发展的社会关系。

第二节　认识论

认识论（epistemology），通常也称"知识论"（theory of knowledge），源自古希腊文。亚里士多德认为，存在着三种不同的学问：一是 episteme（knowledge），指纯粹的理论知识，如数学、哲学这样的知识；二是 techne（technology），指技术性的知识，如医学手术、手工艺等；三是 phronesis（practical wisdom），即人在政治、伦理方面的知识和智慧。epistemology 则来自 episteme。认识论研究的主要对象是认识的起源和本质、感觉经验在认识中的地位和作用、理性在认识中的地位和作用及理性的界限、真理和错误、对认识论上的怀疑主义和不可知主义的批判、认识方法等。我们在下面试图探讨认识论中的一些根本性的问题：

一、对生存实践的领悟

在认识论的语境中，我们同样也要破除那种静观的或旁观的态度。仿佛世界万物都与我没有任何直接的联系，它们只是随意地摆放在我的周围，供我们作为观察的对象。我们必须从根本上改变这种传统的认识论观点，必须意识到，我们是在与周围环境打交道的过程中，是在自己生存在世的过程中认识周围世界和事物的。也就是说，认识并不是一种无聊的、没有任何确定目的的活动，而是认识者对自己的生存状态和生存需要的领悟。当认识者对某个认识对象发生兴趣的时候，这种兴趣并不是随意的、无根基的，直接的或间接的，这种兴趣源于他的生存实践活动的需要。正如我们在前面已经指出过的，在人的所有的实践活动中，生存实践，即生产日常消费品的生产劳动是最基本的活动。即使在科学技术的发展已经达到目前水平的时期，每个正常人一生的绝大部分宝贵的时间都不得不投入到谋生的劳动中去。由此可见，不能离开生存实践活动这个源泉去谈论认识问题。

在大学生的课程设置中，所谓"技能课"，如外语、驾驶、电脑的意思，就是直接与大学生进入社会后的生存状态有关的。反过来说，为什么农村里的小孩不愿意读书，因为他们看到没有文化的人也能外出打工，也能挣钱，所以就放弃了学业。总之，学与不学、认识与不认识，都与人的生存在世的状态有关。当然，在某些人那里，表现得更为直截了当，而在另一些人那里，表现得比较隐蔽曲折。

总之，谈论认识论问题，必须要把握这一点，即认识不是任意的，不是游谈无根的产物，认识活动植根于人的生存实践活动。把握了这一点，我们也就以正确的方向进入了认识论的领地。如果说，认识起源于生存实践活动，那么，认识的本质则是其社会历史内涵。因为尽管人类是从动物演化而来的，但人类本质上是社会存在物。

二、认识中的先入之见

一般说来，人们习惯于把认识活动理解为一种单纯向外部世界获取什么的活动。确实，这种向外的活动构成认识活动中的一个根本的维度。没有这个维度，认识活动就无法获得自己主要的对象和内容。然而，当我们以现实的眼光去看待认识活动的时候，就会发现，人们往往是通过教育，在接受了大量间接知识的基础上再去面对外部事物的。比如，迄今为止，登上过月球并对它进行直接观察的人是很少的，而其他人都是根据这些人提供的间接知识来谈论月球的。一旦其他人今后有机会登上月球，但他们总是通过间接知识的媒介而去直接面对月球的。也就是说，这种关于月球的间接知识构成他们直接观察、认识月球的先入之见。把这个例子推广开来，就会发现，每个人或多或少地接受过传统文化的教育或熏陶。在这个意义上，"文盲"这个词只具有相对的含义。而他所接受的这种教育与熏陶，就构成他每一个认识活动中的先入之见。人们常常说："偏见比无知离真理更远。"其实，在这个世界上根本不存在无偏见的认识。这里所谓的"偏见"和我们前面谈的"先入之见"在英文中是同一个词 prejudice。当然，一般说来，"偏见"是贬义的，而"先入之见"则是中性的。一旦人们摆脱这种传统的语用习惯，就会发现，在任何场合下都不存在"无偏见的认识"。也就是说，人们在进入任何认识过程时，他的心灵都不可能像英国哲学家洛克所比喻的，是一块"白板"。在某种意义上，认识乃是一种"投射"（projection），即把自己的先入之见投射到认识的对象上去。

于是，每个人在认识中都会遭遇到这样的悖论：一方面，认识的目的是要获得客观的、真理性的认识，从而必须排除掉主观上带入认识过程中的种种见解；另一方面，在每一个认识活动开始之前，认识者无例外地具有自己的先入之见。这样的先入之见完全有可能阻挠人们达到客观的、真理性的认识。面对这种"认识论的困局"，认识者应该怎么办？人们无法从自己的大脑中抽掉先入之见，也无法做到孔子所说的"述而不作"，因为"述"是以选择为基础的，而选择本身就已经包含着"作"的因素。积极的做法是，人们对自己的先入之见做出相应的批判和调整。但要对自己的先入之见进行批判和调整，其前提是必须意识到原来的先入之见是存在问题的，而原来的先入之见又为原来的自我所认同和默许。

为了便于理解，我们姑且把原来的先入之见称作"先入之见1"，把原来的自我称作"自我1"，把调整后的、合理的先入之见称作"先入之见2"，把与之认同的自我称作"自我2"。这就启示我们，要超越"先入之见1"而达到"先入之见2"，必须超越"自我1"而达到"自我2"。现在的问题是，这种超越是如何得以实现的？在我看来，最为关键的是，认识者必须研究当下的现实生活，理解它的本质，并从它的本质所蕴含的价值观念出发来批判并调整"先入之见1"，当自觉的、合理的"先入之见2"产生后，"自我2"实际上也就取代了"自我1"。我把整个调整和取代的过程称作"确立自觉的历史意识"。

比如，当下中国现实生活的本质是发展现代化，推进市场经济和民主政治。与这　本质相适应的基本价值观念是：维护人权、尊重人格、追求自由民主平等、提倡社会公正、发扬探索真理和尊重规律的科学精神等。这就是我在上面说的"先入之见2"，自觉地与这样的先入之见认同的则是"自我2"。一旦人们在认识活动开始以前，通过这样的方式，确立了自觉的历史意识，他们就能把正确的立场带入自己的认识中。

三、意识形态与问题域

对认识者的"先入之见"的深入研究会把人们带到意识形态（ideology）的问题上。很容易发现，人们是通过受教育的方式获得自己的先入之见的，而这种先入之见的基本内容是传统的思想文化。问题是，传统的思想文化在内容上是无限丰富的，为什么要选择这一些内容，而不是其他的内容灌输给受教育者？要弄清楚这个问题，就必须对教育活动的组织者和施与者进行考察。我们知道，教育活动的直接施与者是家长和教师，那么，他们又是从什么样的立场出发来选择传统文化作为自己的教育内容的呢？实际上，他们总是自觉地或不自觉地从意识形态出发来选择传统文化内容的。

意识形态就是每个历史时期中统治阶级的思想，作为一种总体性的思想观念，它渗透在哲学、伦理、艺术、宗教等意识形式中。意识形态的根本特征在于，它体现着统治阶级的根本利益，当这种根本利益与现实生活发生冲突时，意识形态总是扭曲现实生活而迎合统治阶级的根本利益。正如马克思所说的，意识形态就像照相机中的图像一样，以扭曲的、颠倒的方式表现着现实生活。任何人一生下来就处于意识形态的襁褓中，即使是教育者，他在有资格教育别人之前也一定是受教育者，而教育活动的真正的施与者则是意识形态。意识形态对传统思想文化资料的选择也是有标准的。

从结构的观点看，一定历史时期的意识形态总是由一组问题构成的。我们不妨把这一组问题称之为"问题域"。一般说来，问题域包含着三个不同的层次：一是第一问题层；二是基本问题层；三是具体问题层。第一问题是根本性的、核心的问题，它决定着问题域中一切其他问题的基调。任何一个人，当他受教育长大并以为自己具有独立思考能力的时候，恰恰是他丧失独立思考能力的时候。为什么？因为他自以为有独立思考的能力，实际上，真正的思考主体是意识形态。也就是说，意识形态成了真正的主人，而个人，实际上只不过是一个形式化的主体。虽然人们每天都在说"我认为""我确信""我认定"，但实际上，他们说出来的后面的从句都不可能是他们的独立的思想，而只是他们从意识形态的教化中接受过来的内容。意识形态不过是借他们的嘴巴说出了自己想说的内容。

一般说来，当一个人从来没有考虑到自己置身于意识形态中，完全陷入自己能够独立提出问题、思考问题的幻觉中时，他的思想实际上完全被意识形态的问题域所控制。他的思想就像一只竹制的风筝，这只风筝的飞翔完全服从牵在它肚子上的那条线，而那条线又为地面上的人所操纵。有一天，当他终于意识到自己的全部思想都处于意识形态问题域的控制下，并力图从这种状态中摆脱出来的时候，他的真正的独立的思想才开始萌芽。但摆脱某种意识形态并不意味着摆脱一切意识形态，人实际上无法超越一切意识形态，他摆脱一种意识形态后可能会不知不觉地置身于另一种意识形态之中。

那么，究竟如何从某个意识形态的问题域中摆脱出来呢？一方面，人们必须学习、接受真理性的认识（即真实地体现现实生活的思想观念）；另一方面，人们必须退回到现实生活中去。从现实生活中获得看破意识形态迷雾的眼光。

四、真理的类型和标准

毋庸讳言，认识的目的是追求真理，但人们必须搞清楚，"真理"（truth）本身并不是一个自明的概念。正如我们在前面已经提到过的那样，哲学上的真理有以下四种不同的类型：

第一种，也是最普遍的一种真理观，是"符合论"真理观。即人们的主观认识一旦符合客观现实，这个认识也就是真理了。有的真理，如"社会主义必然要取代资本主义"可能是一个惊天动地的真理；但像"这朵花是红的""那个人是胖的"这样的表述，就是平平常常的、波澜不惊的真理了。检验这种真理的标准是实践。

第二种，也是比较普遍的真理观，是"实用论"真理观。按照这种真理观，凡是在人们的生活中有用的观念都是真理。其检验标准也是实践，但角度不同。在符合论真理中，实践作为检验标准考察一种主观认识是否符合客观现实；而在实用论的真理中，实践作为检验标准考察的是一种主观认识是否对持有这种认识的主体有好处。假定有个人信奉某个迷信观念，某天晚上没有出去，正好避免了一次车祸。因为那个迷信观念对他是有用的，他就把它理解为真理。

第三种是"融贯论"真理观。即不管是什么样的见解，只要它是与某个知识或信仰的系统在内容上是融贯的、不矛盾的，这种见解也就是真理。在日常生活中，我们常常发现这样的现象：一旦一位上了年纪的人接受了一整套的迷信思想，即使其中的某个具体的迷信观点，在日常生活中一再被证伪，他仍然对它不疑，因为这个具体的迷信观点与他所信仰的整套迷信是融贯的。对于这种真理来说，对个别命题的证实或证伪都是没有意义的。既然真理性体现在融贯性上，除非从整体上证实或证伪整个体系，否则不会有任何结果。

第四种是"去蔽论"真理观。这种真理观主要是德国哲学家海德格尔所倡导的。打个比方，真理，作为存在本身，就好像原始森林中的地面，而人类各种各样的错误知识和信仰就像树上的落叶，把地面严严实实地遮蔽起来了。于是，人们就把作为存在者的"落叶"误解为存在本身了。所谓"去蔽"也就是通过哲学上的批判意识，清理掉这些落叶，让地面，即存在本身直接向我们显现出来。

第三节　方法论

methodology 是由"方法"（method）与"学科"（ology）构成的一个复合词。什么是方法论呢？方法论就是人们观察、思索周围各种现象（包括问题）的角度和途径。要对方法论做深入的了解，就不能把它理解为一种表面的、外在的技巧，而应该把它理解为奠基于本体论之上的内在的、实质性的内容。

一、生存实践的有效途径

如同真正的认识论源自人类基本的实践活动——生存实践活动一样，真正的方法论也植根于生存实践活动。如前所述，生存实践也就是生产劳动。无论是个体生命的延续，还是整个人类种族的绵延，都是以生产物质生活资料为目的的生存实践活动为基础的，而生存实践活动又是由两个方面构成的：一是人与自然的关系，二是人与人的关系。方法论正是以生存实践活动的这两个基本的方面作为自己的载体的。

人与自然的关系主要体现在各门自然科学的探索中。而在自然科学的探索中，人们采用的主要方法是"因果性"（causality）（线性因果性 linear causality、表现因果性 expressive causality、结构因果性 structural causality）。这一方法又可以化解出如下具体的方法：一是观察的方法；

二是经验归纳的方法；三是实验的方法；四是假设的方法（胡适的"大胆假设，小心求证"）；五是证实或证伪的方法（波普的"试错法"）；六是"发散思维"（divergent thinking）和"收敛思维"（convergent thinking）。

人与人的关系主要体现在人文社会科学的探索中。而在人文社会科学的探索中，由于人的活动都是有目的的活动，所以采用的主要方法是"目的-效果"的方法。而这一方法又可以衍生出如下的具体的方法：一是经济分析的方法（探索社会现象的经济动因）；二是心理分析的方法（不但考察行为者意识层面上的动机，而且考察其无意识层面上的潜在动机）；三是目的论的方法（如人的行为的伦理动机、政治动因等）；四是视角主义的方法（从视角差异出发来探索行为者在观念上、行为方式上的差异）；五是类型论的方法（考察同一社会现象的不同表现形式或同一问题上的不同的观点等）；六是结构方法和历史方法（前者注重对对象结构的探索，后者注重对对象发生、发展史的探索）

在人与自然打交道的过程中，人探索的是"自然规律"（natural law），这里的 law 解释为"规律"。然而，当人们在由人与人之间构成的社会生活中使用 law 这个名词时，它的含义却不是"规律"，而是"法律"。在自然中，作为规律的 law 本来存在于自然中，人们发现了它，并把它称作"自然规律"。然而，在社会生活中，作为法律的 law 却是由人类自己制定出来的，换言之，是人类自己创造出来用以规范自己的行为的。与 law 的法律含义相近的还有 norm（规范）和 rule（规则），它们都是在社会生活中用来规范人的行为的。无疑地，当人们在探索人与自然或人与人的关系中运用方法时，必须注意到方法上的差异和观念上的差异。

二、辩证法的根本性改造

在我国当前的哲学教科书，尤其是马克思主义哲学教科书中，普遍存在着这样一种倾向，即把辩证法（dialectics）理解为哲学研究中的根本方法，并进而把辩证法的载体理解为物质或自然。因而这些教科书要么抽象地谈论辩证法，如"可能与现实""偶然与必然""现象与本质""内容与形式"等；要么就谈论"自然辩证法"或"物质辩证法"。我们发现，所有这些辩证法的叙事方式都是与人的生存实践活动这一根本性的载体相分离的。由于这种分离，辩证法无法贯彻其"具体问题具体分析"的核心原则，它被主观化、抽象化了，从而蜕变为诡辩。

对辩证法的根本性改造是把它置于历史唯物主义，而不是一般唯物主义的基础上，从而把人类社会及其历史发展作为辩证法的载体。简言之，确立社会历史辩证法，而这一辩证法包含以下四个主要的层面：一是生存实践（即生产劳动）辩证法；二是人化自然辩证法；三是历史意识辩证法；四是社会形态发展辩证法，从而恢复辩证法的实质性含义。

三、当代哲学方法的借鉴

在当代中国社会中，人们在哲学研究中普遍采用了如下的方法：一是经验主义的方法（偏向主观体验、推己及人、随意概括——科学性的缺失、独断论）；二是观念主义的方法（思想统治世界、观念的独立发展史、现实生活由观念推动，雅斯贝尔斯的"轴心时代"）韦伯的"新教伦理"、当代新儒家的"内圣外王""经典救世"）；三是历史主义的方法（起点和过程崇拜、厚古薄今、是古非今）；四是实用主义的方法。

我们应该借鉴的新方法是：一是现象学的方法（以最彻底的方式进行反省，直接面对事物本身）；二是语言分析的方法（把能够说的东西说清楚、基本概念和观点的明晰性）；三是诠释学的方法（对对象的理解和被理解的对象、整体与部分、客观诠释与理解的前结构）。

参考书目

1. 罗光：《哲学概论》，辅仁大学出版社 1986 年版。

2. 唐君毅：《哲学概论》(上下册)，中国社会科学出版社 2005 年版。

3. 沈清松：《哲学概论》，贵州人民出版社 2004 年版。

4. 邬昆如：《哲学入门》，上海古籍出版社 2005 年版。

5. 孙正聿：《哲学通论》，辽宁人民出版社 1998 年版。

6. 张天飞、童世骏：《哲学概论》，华东师范大学出版社 1997 年版。

7. 张世英：《哲学导论》，北京大学出版社 2004 年版。

8. 张世英：《新哲学讲演录》，广西师范大学出版社 2004 年版。

9. 王德峰：《哲学导论》，上海人民出版社 2000 年版。

10. 俞宣孟：《本体论研究》，上海人民出版社 1999 年版。

11. 林语堂：《中国人》，郝志东等译，学林出版社 1994 年版。

12. 辜鸿铭：《中国人的精神》，黄兴涛等译，海南出版社 1996 年版。

13. 俞吾金：《思考与超越：哲学对话录》，上海人民出版社 1986 年版。

14. 俞吾金：《问题域外的问题——现代西方哲学方法论探要》，上海人民出版社 1988 年版。

15. 俞吾金：《生存的困惑》，上海文化出版社 1995 年版。

16. 俞吾金：《寻找新的价值坐标》，复旦大学出版社 1995 年版。

17. 俞吾金：《俞吾金集》，黑龙江教育出版社 1995 年版。

18. 俞吾金：《俞吾金集》，学林出版社 1998 年版。

19. 俞吾金：《实践诠释学——重新解读马克思哲学与一般哲学理论》，云南人民出版社 2001 年版。

20. 俞吾金：《散沙集》，人民出版社 2004 年版。

21. 俞吾金：《从康德到马克思》，广西师范大学出版社 2004 年版。

22. 俞吾金：《重新理解马克思：对马克思哲学的基础理论和当代意义的反思》，北京师范大学出版社 2005 年版。

23. 俞吾金：《问题域的转换——对马克思和黑格尔关系的当代解读》，人民出版社 2007 年版。

24. 俞吾金：《实践与自由》，武汉大学出版社 2010 年版。

25. 俞吾金：《俞吾金讲演录》，长春出版社 2011 年版。

26. 俞吾金：《生活与思考》，复旦大学出版社 2011 年版。

27. ［丹麦］克尔凯郭尔：《论怀疑者/哲学片断》，翁绍军等译，生活·读书·新知三联书店 1996 年版。

28. ［德］海德格尔：《什么是哲学?》，孙周兴译，见孙周兴选编：《海德格尔选集》(上)，生活·读书·新知上海三联书店 1996 年版。

29. ［德］海德格尔：《哲学的终结和思的任务》，孙周兴译，见孙周兴选编：《海德格尔选集》(下)，生活·读书·新知上海三联书店 1996 年版。

30. ［德］卡尔-奥托·阿佩尔：《哲学的改造》，孙周兴等译，上海译文出版社 1997 年版。

31. ［德］马克斯·舍勒：《哲学与世界观》，曹卫东译，上海人民出版社 2003 年版。

32. ［法］笛卡尔：《哲学原理》，关文运译，商务印书馆 1958 年版。

33. ［古罗马］爱比克泰德：《哲学谈话录》，吴欲波等译，中国社会科学出版社 2004 年版。

34. ［美］杜威：《哲学的改造》，胡适等译，商务印书馆 1933 年版。

35. ［美］雷·蒙克等编：《大哲学家》，韩震等译，海南出版社、内蒙古人民出版社 2004 年版。

36. ［美］理查德·罗蒂：《后哲学文化》，黄勇编译，上海译文出版社 1992 年版。

37. ［美］罗伯特·保罗·沃尔夫：《哲学概论》，郭实渝等译，广西师范大学出版社 2005 年版。

38. [美]罗伯特·所罗门:《大问题:简明哲学导论》,张卜天译,广西师范大学出版社2004年版。

39. [美]麦克尔·路克斯:《当代形而上学导论(第二版)》,朱新民译,复旦大学出版社2008年版。

40. [美]明恩溥:《中国人的素质》,秦悦译,学林出版社1999年版。

41. [美]约翰·波洛克等:《当代知识论》,陈真译,复旦大学出版社2008年版。

42. [瑞士]波亨斯基:《哲学讲话》,王弘五译,鹅湖出版社1992年版。

43. [英]艾耶尔编:《哲学中的变革》,陈少鸣等译,上海译文出版社1985年版。

44. [英]巴克莱:《巴克莱哲学谈话三篇》,关琪桐译,商务印书馆1935年版。

45. [英]罗素:《西方的智慧》,亚北译,中国妇女出版社2004年版。

46. [英]罗素:《哲学问题》,何兆武译,商务印书馆1999年版。

47. [英]朱立安·巴吉尼等:《哲学家在想什么》,王婧译,上海三联书店2006年版。

48. S. Blackburn edited, *The Oxford Dictionary of Philosophy*, Oxford: Oxford university Press, 1994.

49. W. S. Sahakian, *Outline-History of Philosophy*, New York: Barnes & Noble, INC, 1968.

50. Antony Flew, *An Introduction to Western Philosophy*, New York: The Bobbs-Merrill Company, INC, 1971.

51. A. J. Ayer, *The Central Questions of Philosophy*, New York: Penguin Books Ltd., 1978.

52. A. J. Ayer, *Philosophy in the Twentieth Century*, London: Unwin Paperbacks, 1982.

53. H. Gene Blocker, *Introduction to Philosophy*, New York: D. Van Nostrand Company, 1974.

54. William P. Alston, *Readings in Twentieth-century Philosophy*, London: The Free Press of Glencoe, 1963.

55. Thomas I. White, *Discovering Philosophy*, Upper Saddle River: Prentice Hall, 1997.

第二部分

"罗尔斯《正义论》"
授课讲义

第一章 罗尔斯的生平、
著作和问题意识

第一节 罗尔斯的生平

罗尔斯(1921—2002)于 1921 年 2 月 21 日出生于美国马里兰州的巴尔的摩,家庭比较富裕。1939—1943:在普林斯顿大学读书,尝试过化学、数学、音乐、艺术史,但最后选择了哲学,并获得哲学学士学位;1943—1945:接受军训并参加太平洋战争;1946—1950:重返普林斯顿大学学习,1949 年与玛格丽特·福克斯结婚,1950年获哲学博士学位。1951—1961:先后在普林斯顿大学、康奈尔大学、麻省理工学院担任教职,并先后访问英国牛津基督教大学、哈佛大学。1962—2002:在哈佛大学哲学系任教,先后获得牛津大学、普林斯顿大学和哈佛大学的名誉博士学位。1995 年,当他在加州参加关于他的学术思想的讨论会时,突然中风,身体和智力都严重受损。我们注意到,在他的生平中,有以下几件事情对他后来提出正义理论产生了一定的影响:

一是罗尔斯的父母对政治均有浓厚的兴趣。他的父亲担任律师,母亲一度担任妇女选民联盟巴尔的摩分会主席,努力争取妇女的权利。罗尔斯与当时巴尔的摩的黑人（占总人口的 40%，学校都是隔离的）小孩交上了朋友，也与贫穷的白人小孩交上了朋友。

二是两个弟弟的夭折。在五个兄弟姐妹中，罗尔斯是老二。他 7 岁那年，因患白喉发高烧，使弟弟博比受了感染而死亡；第二年，他又得了肺炎，传染给另一个弟弟汤米，导致了他的死亡。这使他从小就有一种深刻的负罪感，表现在口吃上。

三是军队里好友迪肯的死亡。1945 年 5 月在吕宋岛上，有一天军士长把他和迪肯派去，要他们一个去野战医院给一位病人输血，另一个随上校到前线去侦察日军的动向。由于血型关系，罗尔斯去输血，而迪肯和上校被日军发现了，他们跳进了散兵坑，但炸弹正好击中了这个坑。他后来写道："我悲痛不已，很难从此事中摆脱出来。"

四是 60 年代后期爆发了针对越南战争的反战运动，罗尔斯坚持反战的态度，认为这是一场非正义的战争，许多年轻人也不愿服兵役，但对于 26 岁以下的男子来说，服兵役是强制性的。国防部决定不征募成绩优良的大学生。罗尔斯觉得这个规定不公平，主张用抽签决定谁去服兵役。

第二节　罗尔斯的著作

他在正义理论上花费了 50 年的心血，撰写了 7 部著作（其中两部出了两版），最后一部是在他去世后出版的：

A.《正义论》(*A Theory of Justice*)，哈佛大学出版社，1971（第 1 版）/1999（第 2 版）。

B.《政治自由主义》(*Political Liberalism*)，哥伦比亚大学出版社，1993（第 1 版）/1996（第 2 版）。

C.《万民法》(*The Law of Peoples*)，哈佛大学出版社，1999。

《论文集》(*Collected Papers*)，哈佛大学出版社，Samuel Freeman 编（收录 1951—1999 共 27 篇论文）1999。

D. 《道德哲学史讲演录》（*Lectures on the History of Moral Philosophy*），哈佛大学出版社，2000。

E. 《作为公平的正义：一个再陈述》（*Justice as Fairness：A Restatement*），Erin Kelly 编，哈佛大学出版社，2001。

F. 《政治哲学史讲演录》（*Lectures on the History of Political Philosophy*），Samuel Freeman 编，哈佛大学出版社，2007。

在罗尔斯的所有著作中，影响最大的是 1971 年出版的《正义论》第 1 版。在学生中号称"绿魔"，积 20 年心血，反复修改而成。1970 年 4 月初，罗尔斯正在斯坦福高级研究中心访问，在那里将修订完的《正义论》放在办公桌上。早晨 6 点，中心主任突然打电话给他：昨晚有几颗燃烧弹在中心爆炸了，"你的东西全完了"。这意味着 8 个月来密集的修改付诸东流，而他身边只留下了 1969 年撰写的初稿。然而，幸运再次降落到他的身上，他的办公室没有受到火火的殃及，而是遭到了灭火的水枪的冲击。书稿遭水淋，但字体完全可以辨认出来，晾干后可继续修改并于次年出版。（金岳霖的《知识论》手稿的命运就完全不同了）《正义论》出版至今已被译成 28 种文字，仅英文就发行了 40 万册。

正如他的学生托玛斯·博格（Thomas Pogge）所评论的："作为学者、作者和教师，罗尔斯的斐然成就可以归因于多种因素。他具有非凡的智力和品性；系统思考的巨大潜能、良好的记忆力、天生的好奇心，以及对自己研究工作的批判态度，这就导致建设性的不满和进一步的创新。"①另一位学者贝利（Brian Barry）指出："很简单的，对这本书我们可以这样说，将来任何人要处理这本书中所触及的问题时，如果他想要学者们重视他的工作，则他的工作必定要显示出与本书是没有脱节的。"②

---

① ［美］涛慕斯·博格：《罗尔斯：生平和正义理论》，顾肃等译，中国人民大学出版社 2010 年版，第 2 页。

② 石元康：《罗尔斯》，广西师范大学出版社 2004 年版，自序第 3 页。

第三节　罗尔斯的问题意识

罗尔斯表现出非凡的注意力，因为他把自己的一生都投入到对正义理论的探索和重建中。在《正义论》中，他开宗明义地指出："我的目标是要确立一种正义论，以作为一种可行的选择对象，来替换那些长期支配着我们的哲学传统的理论。"①众所周知，在道德哲学的研究中，存在着许多不同的课题，为什么罗尔斯要把自己的目光投向正义问题呢？

他是这样为自己申辩的："正义是社会制度的首要价值，正象真理是思想体系的首要价值一样。一种理论，无论它多么精致和简洁，只要它不真实，就必须加以拒绝或修正；同样，某些法律和制度，不管它们如何有效率和有条理，只要它们不正义，就必须加以改造或废除。每个人都拥有一种基于正义的不可侵犯性，这种不可侵犯性即使以社会整体利益之名也不能逾越。因此，正义否认为了一些人分享更大利益而剥夺另一些人的自由是正当的，不承认许多人享受的较大利益能绰绰有余地补偿强加于少数人的牺牲。所以，在一个正义的社会里，平等的公民自由是确定不移的，由正义所保障的权利决不受制于政治的交易或社会利益的权衡。允许我们默认一种有错误的理论的唯一前提是尚无一种较好的理论。同样，使我们忍受一种不正义只能是在需要用它来避免另一种更大的不正义的情况下才有可能。作为人类活动的首要价值，真理和正义是决不妥协的。"②

从这段慷慨激昂的文字可以看出，罗尔斯把正义理解为社会制度和人类活动的首要价值，肯定它是神圣不可侵犯的，"即使以社会整体利益之名也不能逾越"。罗尔斯的观点之所以是振聋发聩的，因为正义问

---

① [美]约翰·罗尔斯：《正义论》，何怀宏等译，中国社会科学出版社1988年版，第1页。

② 同上书，第1—2页。

题是任何社会都无法回避的问题。事实上，柏拉图在《理想国》里早已提出了这个问题，并进行了深入的讨论。

然而，在罗尔斯生活的时代，整个西方的道德哲学，包括正义理论仍然处于以休谟、边沁、亚当·斯密、穆勒为代表的"功利主义"（utilitarianism）理论的支配下。正如罗尔斯本人告诉我们的："在现代道德哲学的许多理论中，占优势的一直是某种形式的功利主义。"①而传统道德理论的另一派，即以霍布斯、洛克、卢梭、康德为代表的"契约论"（contractarianism）则处于边缘化的状态下。尽管人们不断地批判功利主义，但他们并没有建立起一种新的、系统的道德理论与之相对抗。因此，功利主义始终统治着道德哲学领域，它把"最大多数人的最大幸福"视为自己的最高原则。显然，在这个最高原则的面前，正义只能成为贡品，根本不可能维护自己在道德上的首要价值。

从 20 世纪初以来，在西方分析哲学思潮的影响下，逐步形成了一种"元伦理学"（meta-ethics），对道德哲学的研究产生了相当大的影响。这种理论关注的不是如何去制定道德规范，而是着力分析道德用语的含义。比如，摩尔（G. E. Moore）在 1912 年出版的《伦理学》一书中指出：伦理学家"所致力的是回答下列这些更加普遍及根本的问题：当我们说某一项行为是对的或应该做的时候，我们究竟意味着什么？当我们说某一些事态是好的或坏的时候，我们究竟是什么意思？"②以至于威廉姆斯（Bernard Williams）嘲笑说："当代道德哲学发现了一种具有原创性的、使人们感觉沉闷的途径，这就是，它完全不谈论道德的问题。"③具有讽刺意义的是，这种元伦理学完全不涉及道德的实质性内容，因而信奉它的人仍然可以是一个功利主义者或其他的道德理论的信奉者。正是在这样的情况下，罗尔斯表示："在各种传统的观点中，正是这种契约论的

---

① ［美］约翰·罗尔斯：《正义论》，何怀宏等译，中国社会科学出版社 1988 年版，序言第 1 页。

② 转引自石元康：《罗尔斯》，广西师范大学出版社 2004 年版，第 1 页。

③ 同上书，自序第 3 页。

观点最接近于我们所考虑的正义判断，并构成一个民主社会的最恰当的道德基础。"①

　　这就告诉我们，罗尔斯的问题意识是：充分利用历史上"契约论"的思想资源，建立一种新的、系统化的正义理论来取代长期以来占支配地位的功利主义道德理论。正如他自己表示的："我的目的是确定一个能够代替一般的功利主义、从而也能代替它的各种变化形式的作为一种选择对象的正义论。"②而《正义论》出版后之所以引起了如此大的反响，表明罗尔斯的问题意识也是这个时代的问题意识，而他的问题意识正是通过对正义理论的重新阐释而开始的。

---

　　① ［美］约翰·罗尔斯：《正义论》，何怀宏等译，中国社会科学出版社 1988 年版，序言第 2 页。
　　② 同上书，第 19 页。

第二章　罗尔斯《正义论》的基本内容

在开始探讨罗尔斯《正义论》的基本内容之前，我们必须先澄清以下三点：

第一点：罗尔斯是以道德哲学作为自己研究的切入点的。也就是说，他的《正义论》是在道德哲学的范围内展开的。

第二点：在道德哲学的范围内，传统理论通常把人的行为作为正义理论探讨的对象。比如，一般认为，一个人得到的报酬与他付出的劳动是相当的，他的行为就是符合正义的。其实，从人的行为上来讨论正义问题是非常肤浅的，往深处想下去就会发现，个人能否取得与自己的劳动相当的报酬，是与他置身于其中的社会制度，尤其是分配制度有关的。因此，罗尔斯的正义观并不关注人的行为，而是关注"分配正义"（distributive justice），而这种正义观的着眼点则是"社会基本结构"（the basic structure of society）。那么，究竟什么是社会基本结构呢？罗尔斯认为，社会基本结构意味着主要的社会制度如何相互调适以形成一个系统；以及通过社会合作，它们如何分配权利、责任与利益。因此，法律承认的财产形式、经济组织，都属于社会的基本结构。在罗尔斯看来，社会基本结构并不等于社会制度，而是各种不同的制度统合而成的一个系统。就像在市场经济中，只有某些条件被满足时，个别交易才可能是公平的。同样地，只有社会基本结构是正义的，分配正义才真正是可能的。

第三点：罗尔斯赞同传统契约论的两个优点，即契约总是公开的，签约各方是按照共同认可的原则来进行分配的。但他自己提出的契约论又与传统的理论不同，乃是一种"假设的契约论"(hypothetical contractarianism)，实际上他只是做思想实验。只有了解了这一点，我们才会明白罗尔斯在《正义论》中提出的一系列重要概念。然而，正如德沃金(Ronald Dworkin)所说的："一个假设的契约并非一个冲淡了的实际存在的契约，它根本就不是契约。"① 罗尔斯说："我一直试图做的就是要进一步概括洛克、卢梭和康德所代表的传统的社会契约理论，使之上升到一种更高的抽象水平。"② 有趣的是，在把契约论抽象化、理想化的同时，他实际上取消了契约论。

《正义论》由理论、制度和目的三编九章 87 节构成，贯穿其中的基本观念如下。

第一节 "作为公平的正义"和"反思的平衡"

众所周知，《正义论》第一章的标题就是"作为公平的正义"(justice as fairness)。为什么罗尔斯要给"正义"加上"作为公平的"这个限制词呢？因为在传统的道德哲学理论中，公平(或平等，equality)是与正义相分离的，有时甚至是尖锐地相对立的。在罗尔斯看来，真正的正义应该蕴含公平或平等，但这种"作为公平的正义"只有在虚拟的理想状态中才可能达到。正如他所说的："在确立作为公平的正义观时，一个主要

① 石元康：《罗尔斯》，广西师范大学出版社 2004 年版，第 33 页。
② ［美］约翰·罗尔斯：《正义论》，何怀宏等译，中国社会科学出版社 1988 年版，序言第 2 页。

的任务显然是考察处在原初状态中的人们将会选择哪些正义原则。"①也就是说，提出"作为公平的正义"的理念，目的是为在理想的、假设的状态中探讨正义问题提供引导。

而在这种假设的、理想的状态中来设想人性中本质的东西并引申出相应的原则会面临许多困难，因而罗尔斯预先引入了"反思的平衡"(reflective equilibrium)的方法。这种方法会先凭直观提出一组"深思熟虑的判断"(considered judgments)，其中如只根据一个人的肤色决定他的社会地位是非正义的。再从理想状态中推论出一些原则，比较它们与"深思熟虑的判断"之间的关系，出现差距时，或放弃一些"深思熟虑的判断"或修改对理想状态的描述。这种反复的互动就是"反思"的平衡，这里体现出罗尔斯的理论与直觉主义的道德理论的差别。

第二节 "原初状态"和"无知之幕"

罗尔斯所说的理想状态也就是原初状态。那么，什么是原初状态(original position)呢？罗尔斯表示："在作为公平的正义中，平等的原初状态相应于传统的社会契约理论中的自然状态。这种原初状态当然不可以看作是一种实际的历史状态，也并非文明之初的那种真实的原始状况，它应被理解为一种用来达到某种确定的正义观的纯粹假设的状态。"②在罗尔斯看来，"这种状态保证在其中达到的基本契约是公平的。这个事实引出了'作为公平的正义'这一名称"。这种假设的状态假定了以下两个方面的限制。

一是客观上的限制：自然资源是有限的，无法使每个人的所有欲望都得到实现，这就使合作和签约成为可能。签约乃是总和不为零的

---

① ［美］约翰·罗尔斯：《正义论》，何怀宏等译，中国社会科学出版社 1988 年版，第 12 页。

② 同上书，第 10 页。

游戏。

二是主观上的限制：其一，每个立约者都是自利的（即完全不考虑他人的利益），当切蛋糕者只能分到最后一块时，他便会尽量公正地切蛋糕。其二，每个立约者必须按"经济的合理性"（economic rationality，如从杀俘虏到奴隶制度）行动——以最有效的手段达到目的的原则、或然性较高的原则、包容性原则。其三，每个立约者都被"无知之幕"（veil of ignorance）遮蔽。他们只了解政治、经济、法律、心理上的普遍的知识和原则，但不知道自己的信仰、兴趣、能力、倾向、性别等，不知道自己的人生计划是什么，甚至不知道自己是谁。罗尔斯之所以在假设的状态中把每个立约者置于"无知之幕"中，就是为了使任何一个立约者在初始的签约活动中占不到任何便宜，从而一开始就确保其正义处于"作为公平的正义"的理想状态中。

第三节　"基本有用物"和"最大最小原则"

尽管把每个立约者置于原初状态和无知之幕中，保证了每个立约者都是平等的、自由的，从而能够做出合理的选择，但选择什么呢？罗尔斯又提出了一个"基本有用物"（primary goods）作为选择的对象，它们包括：基本权利和自由、迁居自由和选择职业的自由、权力和担任公职的权利、收入和财富、机会、自尊等。显然，这些基本有用物对于立约者今后要从事的任何一种活动来说，都是不可或缺的。在其他东西处于无知之幕中的情况下，每个立约者都会努力争取尽可能多的基本有用物。

那么，每个立约者在追求这些基本有用物时，他应该遵循什么样的选择原则呢？罗尔斯认为，由于原初状态中的选择是完全不确定的，因而每个立约者都应该按照"最大最小原则"（the maximin rule）进行选择。究竟什么是"最大最小原则"呢？这个原则表明，当我们在完全不确定的情况下面临选择时，最合理的选择是，这个选择可能导致的最坏结果比其他选择所可能导致的后果要好（下面举例：D 表示不同的选择或决定，C 表示可能出现的不同的情况，—表示金钱的损失，＋表示赢利，从这个原则出发，我们会选择 D3，但在日常生活中我们不会这样考虑）。

	C1	C2	C3
D1	−700	＋800	＋1200
D2	−800	＋700	＋1400
D3	＋500	＋600	＋800

第四节 "正义的两个原则"和"词典式次序"

当每个立约者在原初状态中按照最大最小的原则做出合理的选择时，必定会认同正义的两个原则（two principles of justice）。"第一个原则：每个人对与所有人所拥有的最广泛平等的基本自由体系相容的类似自由体系都应有一种平等的权利。第二个原则：社会的和经济的不平等应这样安排，使它们①在与正义的储存原则一致的情况下，适合于最少受惠者的最大利益（to the greatest benefit of the least advantaged），并且，②依系于在机会公平平等（fair equality of opportunity）的条件下职务和地位（offices and positions）向所有人开放。"①显然，第一个原则主要是就政治上的基本权利来说的：人身安全（免于随意被逮捕和羁押）、言论自由、信仰自由、结社自由、集会自由、选举和担任公职的权利等，是前面提到的"基本有用物"中的根本性的部分，在罗尔斯看来，是最重要的部分。第二个原则主要是就经济和社会方面的基本权利来说的，也就是"基本有用物"中余下的部分。

怎样看待这两个原则之间的关系呢？罗尔斯引入了"词典式次序"

---

① ［美］约翰·罗尔斯：《正义论》，何怀宏等译，中国社会科学出版社 1988 年版，第 56 页，译文有改动。

(lexical order)的新概念，即按照词典上 A、B、C、D 这样的次序进行排序，排在前面的显然是更重要的。按照这种排序方式，罗尔斯引申出如下的结论：第一个原则（政治上拥有平等的自由权利的原则）优先于第二个原则（经济上、社会上的权利分配的原则）；在第二个原则中，机会平等（或公平）的原则优先于"最少受惠者获益最大"的差别原则。在罗尔斯看来，这种"词典式次序"体现的正是"纯粹的程序正义"（pure procedural justice）。

罗尔斯认为，一旦人们在原初状态中建立了按"词典式次序"排序的正义的两个原则，社会基本结构的正义框架就被搭建起来了，而这种论证正义理论的方式几乎达到了"道德几何学"（moralgeometry）意义上的精确性。这种"作为公平的正义"的理论为人们在现实的社会生活中进行合理的制度建设奠定了道德哲学的基础。

第三章　罗尔斯《正义论》的"漂亮转身"

罗尔斯的《正义论》于 1971 年出版后，立即在理论界掀起了轩然大波。许多学者纷纷撰文与罗尔斯商榷。我们这里只举两个代表性人物：

1. 哈佛大学哲学系的同事诺齐克（Robert Nozick）。他于 1974 年出版了《无政府、国家与乌托邦》(*Anarchy*, *State and Utopia*)，从极端自由主义的立场出发批评罗尔斯，焦点集中在以下三个问题上：一是国家观，诺齐克主张"最小的"（minimal state）或"守夜人的国家"(the night-watchman state)，批评罗尔斯理想中的国家是极度干预主义的，会持续不断地干预公民间达成的自由协议；二是权利观，主张个人的权利是绝对优先的，从而排斥罗尔斯主张的正义的绝对优先性；三是分配观，从权利优先出发，诺齐克必定容忍不公正、不平等现象的存在，从而否定了罗尔斯的差别原则。其实，这是自由主义家族内部的争论，罗尔斯叙述的一切都带有虚拟的、理想主义的色彩，而诺齐克常常从现实社会出发去批评他，不免有"牛头不对马嘴"之嫌。

2. 哈佛大学政府系的同事桑德尔（Michael Sandel）。他于 1982 年出版了《自由主义与正义的界限》(*Liberalism and Limits of Justice*)，从社

群主义(communitarianism)的立场出发批评罗尔斯，焦点集中在以下三个问题上：一是个人，还是社群？作为自由主义者，罗尔斯是从个人出发的，而桑德尔则是从社群出发的。桑德尔认为，从逻辑在先的角度看，社群先于个人而存在，因此，应该从实际存在的社群，而不应该从虚拟的原初状态出发去探讨正义问题。二是道德原则，包括正义，根源于康德式的先天观念，还是在人们的实践过程中形成并发展起来的？三是虚假的自我，还是真实的自我？桑德尔认为，与感觉经验相分离的、只生活在先天的理想观念中的自我实际上是不存在的。桑德尔犯了同样的逻辑错误：反驳理想(正如1990年亚洲大专辩论赛的辩论题目：人类和平共处是否是一个可能实现的理想)。

众多的批评和《正义论》中实际存在的问题引起了罗尔斯的新思考，为了使他的正义理论获得更确定的意义，在22年后，即1993年出版的《政治自由主义》一书中，他实现了一个漂亮的转身(这种观念在70年代后期已经萌发)。在该书的导论中，罗尔斯做了自我批评：《正义论》是从道德哲学入手去探讨正义问题的，但宗教学说、哲学学说和道德学说处于多元化，甚至对立的状态中，因而从道德哲学出发，是不可能提供一个刚性的、人人都会服从的正义平台的。只有从道德哲学转向政治哲学，从道德意义上的正义观念转向政治意义上的正义观念，从道德自律转向政治自律，正义理论才能获得一个确定性的起点。罗尔斯写道："政治自由主义的问题是，为合乎理性的学说之多元性——这永远是自由民主政体的文化特征——可能认可的立宪民主政体，制定一种政治的正义观念。"①这里所说的"漂亮转身"有两个含义：一是从假设的原初状态转向现实的社会；二是从软性的道德正义转向刚性的政治正义。罗尔斯的政治的正义理论涉及下面三个重要概念：

一、"公民身份"

在立宪民主政体内，尽管公民们拥有迥然各异的宗教、道德、哲学

---

① ［美］约翰·罗尔斯：《政治自由主义》，万俊人译，译林出版社2000年版，导论第6页。

观念，但共同点是他们都是公民。罗尔斯指出："公民身份的根本性政治关系具有两个独特的特征：第一，它是社会基本结构内部的公民关系，对于这一结构，我们只能因生而入其中，因死而出其外……第二，它是一种自由而平等的公民关系，这些公民作为一个集体性实体来行使终极的政治权力。"[①]在罗尔斯看来，公民身份正是建立刚性的、确定性的政治上的正义观念的基础。

二、"公共理性"

什么是"公共理性"？罗尔斯解答道："公共理性——亦即公民在有关宪法根本和基本正义问题的公共论坛上所使用的推理理性。"[②]而引导公共理性进行讨论的正是每个人在政治上都认可的公共的政治正义观念。

三、"重叠共识"

要使立宪民主政体成为合理公平而又秩序稳定的社会合作系统。罗尔斯强调，要实现这一目标，需要满足三个条件："第一，由一种政治的正义观念来调节社会的基本结构；第二，这一政治（的正义）观念是诸种合乎理性的完备学说的重叠共识的中心；第三，当宪法的根本和基本正义问题处于危险之中时，按照这种政治的正义观念来疏导公众的讨论。"[③]主要在政治正义的范围内强调重叠共识，目的是对宗教、哲学、道德上的多元观念采取宽容的态度，同时又保持了政治上的共识的刚性。（统一思想的前提）

这个漂亮的转身出现在罗尔斯后期的某些著作《正义论》（第 2 版，1999）、《论文集》（1999），尤其是在《作为公平的正义：一个再陈述》（2001）中，罗尔斯对《正义论》（1971）中提出的正义的两个原则做了更精

---

① ［美］约翰·罗尔斯：《政治自由主义》，万俊人译，译林出版社 2000 年版，平装本导论第 32 页。

② 同上书，第 10 页。

③ 转引自万俊人：《政治自由主义的现代建构》，见［美］罗尔斯：《政治自由主义》，万俊人译，译林出版社 2000 年版，第 581—582 页。

致的论述："(1)每个人对于一种平等的基本自由之完全适当的体制都拥有相同的不可剥夺的权利，而这种体制与适合于所有人的同样自由体制是相容的；(2)社会和经济的不平等应该满足两个条件：第一，它们所从属的公职和职位应该在公平的机会平等的条件下对所有人开放；第二，它们应该有利于社会之最不利成员的最大利益(差别原则)。"①

　　这个新的陈述有两个值得注意的变化：一是在《正义论》第1版中，"基本自由"(basic liberty)是以单数的形式出现的；而在《作为公平的正义：一个再陈述》中则是以复数形式(basic liberties)出现的，表明他对自由的理解更深入了。二是在第二个原则中，机会平等被置于差别原则之前。

---

　　①　[美]约翰·罗尔斯：《作为公平的正义——正义新论》，姚大志译，上海三联书店2002年版，第70页。俞吾金先生将此书书名翻译为《作为公平的正义：一个再陈述》。——编者注

第四章　罗尔斯《正义论》的启迪

一、如何准确地理解人性？

罗尔斯：个人的自利（切蛋糕）；人性本恶说的优点与缺陷；基督教的原罪说和救赎说陷入的困境；尼采：上帝已死；中国人性四说；思孟学派的性善论的优点与缺陷。似乎应该返回到告子的无善无恶说。

二、如何理解政治、法律与道德的关系？

只有政治上的公民身份、法律上的权利与义务是刚性的，"重叠共识"只应划定在政治、法律的范围内，而在宗教、道德、哲学上应当坚持宽容的原则。

三、好的社会的首要标准是什么？

罗尔斯在《正义论》第1版中说："一个社会，当它不仅被设计得旨在推进它的成员的利益，而且也有效地受着一种公开的正义观管理时，它就是组织良好的社会。"[①]我们应该把正义理解为社会政治和道德生活中的首要价值，并以此作为标准来衡量一个社会（当代中国社会信任度的普遍下降）。

---

① ［美］约翰·罗尔斯：《正义论》，何怀宏等译，中国社会科学出版社1988年版，第3页。

四、"反思的平衡"，还是经验上的直观？

中国应该有罗尔斯这样的学者，克服浮躁情绪，深入研究政治哲学和道德哲学，为转型中的中国社会提供富有生命力的理论。

第三部分

"康德《纯粹理性批判》"
授课讲义

绪　论　康德其人及其哲学思想

毋庸讳言，在西方思想史，乃至整个人类的思想史上，康德是最伟大的思想家之一。记得苏联的一位学者曾经说过：康德是通向哲学的桥梁。他的原话是这样的："在哲学这条道路上，一个思想家不管他是来自何方和走向何处，他都必须通过一座桥，这座桥的名字就叫康德。"①这句话的意思是，只有通过康德，才能真正地理解哲学。平心而论，这句话的基本意思是正确的，即充分肯定了康德哲学的重要性，但在表达方式上却存在着严重的问题。众所周知，西方哲学史发端于古希腊时期。一般认为，肯定"水是万物本原"的泰利士是西方哲学史上的第一位哲学家。在比较严格的意义上，哲学史家们一般也认为，巴门尼德或柏拉图是西方哲学史的真正的奠基人。如果人们接受"康德是通向哲学的桥梁"这一见解，也就等于认可，在康德之前，至少在西方，还没有哲学。显然，这一见解是违反事实的。也许德国哲学家雅斯贝尔斯的见解更为合理，即"任何一个伟大的哲学家都通向哲学本身"。这句话的意思是，任何一个大哲学家都是

---

① 转引自［苏］阿尔森·古留加：《康德传》，贾泽林等译，商务印书馆 1981 年版，第 121—122 页。

贴近哲学的，只要深入了解任何一个大哲学家的思想，也就等于了解哲学了。虽然雅斯贝尔斯的这一见解不无道理，但其缺点是磨平了所有大哲学家之间的差异。其实，康德是所有大哲学家中的大哲学家，更重要的是，把康德选为哲学入门的路径，远比选择其他的大哲学家更为明智，因为在我们看来，康德哲学不但居留在哲学的最近处，而且实质上它就是作为科学的哲学的经典性的形式。

因此，我们主张对上面提到的苏联学者的见解做如下的修改："在康德以后，康德是通向哲学的桥梁。"这句话的意思是：在康德以后，假如一个人要去研究哲学，他就不得不先学习并了解康德哲学。① 这表明，对于当代人来说，康德哲学依然是一个绕不过去的话题。我们甚至可以这样说：不学习并了解康德哲学，即使是当代人，其思维方式也只能停留在康德以前。比如，日常生活中随处可见的表达方式："黑颜色的衣服不容易脏""我身体很好""时间过得真快（或慢）""近水楼台先得月"等，本质上都停留在前康德的思维方式中。既然在康德之后，学习康德是通向哲学的桥梁，也就等于说，对任何一个有志于学习哲学的人来说，康德哲学乃是一个最好的入手处。在绪论中，我们打算讲以下三个问题：

第一节　康德的生平及其主要著作

有趣的是，伊曼努尔·康德（Immanuel Kant，1724—1804）的伟大的哲学思想与他的平淡的生活历程构成了鲜明的对照。阿尔森·古留加在其《康德传》中开宗明义地指出："哲学家一生的标志就是他的那些著作，而哲学家生活中那些最激动人心的事件就是他的思想。就康德而

---

① 我们在理论界遭遇到的另一个表达不确切的例子是，有人撰写论文，其标题是"人类不能没有马克思主义"。这个标题之所以是不确切的，因为除非论文的撰写者认为，在马克思诞生以前，人类还没有产生。

言，除了他学说的历史以外，他自己就再也没有别的传记。他的一生几乎全是在一个叫哥尼斯堡的城市里度过的，他从来没有越出过东普鲁士疆域一步。他既不追逐功名，也不攫取权力，无论是公务还是爱情都不能使他受到无端的烦扰。他一辈子没结婚。"①据康德的一个学生的回忆，他的老师曾两次坠入爱河，并准备结婚，但最后却没有结果。尽管康德身材瘦小，身高仅 1.57 米，但他的穿着十分得体，他说过："做一个时髦的蠢人比做一个不时髦的蠢人要好。"②人所共知，柏拉图、笛卡尔、霍布斯、洛克、莱布尼茨、休谟也都没有结婚，但据说笛卡尔有一个非婚生女。当然，从历史上看，大部分哲学家有自己的婚姻。也就是说，在探索哲学与缔结婚姻这两个现象之间并不存在着非此即彼的关系。（威尼斯的叹息桥，据说一个男子与 600 个贵族女性有染，身高只有 1.50 米；关入死牢。牛津大学授予学位的广场附近的叹息桥；钱锺书获文学学士学位）

1724 年 4 月 22 日，康德出生于哥尼斯堡一个马鞍匠的家庭里。康德的父亲是新教虔诚派（注重内心信仰、注重个人行为、注重对《圣经》经文的理解）的信徒。1740 年，16 岁的康德考入了哥尼斯堡大学，在教师马丁·克努真（Martin Knutzen，1713—1751）的影响下，康德对物理学（尤其是牛顿的物理学理论）和哲学产生了浓厚的兴趣。康德的母亲和父亲先后于 1737 年、1746 年去世，家庭经济情况拮据。康德在大学里学习 7 年后，不得不离开学校，先后在东普鲁士的三个不同的地方担任家庭教师。1755 年，康德匿名发表了自己的著作《宇宙发展史概论》，提出了"星云假设"，肯定了太阳系是在物质微粒的运动中诞生的。当时已经发现水星、金星、地球、火星、木星和土星，康德预言，在土星后面还有一些未知的行星。在他生前，天王星被发现了；19 世纪又发现了海王星，20 世纪则发现了冥王星。1755 年 4 月，康德向哥尼斯堡大学

---

① ［苏］阿尔森·古留加：《康德传》，贾泽林等译，商务印书馆 1981 年版，第 1 页。
② 同上书，第 63 页。

哲学系呈交了用拉丁文撰写的题为《论火》的硕士学位论文，随后通过了口试。6月，康德被授予硕士学位。9月，他在哲学系做了《对形而上学认识论基本原理的新解释》的就职报告，开始担任编外讲师，从而也开始了他长达 41 年的大学教学生涯。起初阶段，他每学期必须开设 4～6种课，每周课时最少 16 小时，最多达到 28 小时。

当时，康德的哲学思想主要受到流行的莱布尼茨-沃尔夫学派的影响。但他在 18 世纪 60 年代以前已经接触英国哲学家休谟的著作。正如他后来承认的那样，正是休谟的怀疑主义把他从莱布尼茨-沃尔夫学派的独断论哲学思想中唤醒过来，走上了创立批判哲学的道路。除休谟以外，法国哲学家卢梭的思想也对他产生了重要的影响。1762 年，他认真地研读了卢梭的著作，特别是《爱弥尔：论教育》一书。据说，康德平时养成了严格的时间观念和散步习惯，人们甚至按照他散步的时间来校正自己的钟表。然而，在阅读《爱弥尔》的这些天中，他到了如此入迷的程度，以至于竟然整天闭门不出，完全忘记了散步，而在他的书房里，挂在墙上的唯一的肖像是卢梭！正如古留加所说的："康德把卢梭比做'第二个牛顿'。如果说哥尼斯堡的哲学家是借助牛顿公理来洞察无垠的星际，那么卢梭的独特见解则帮助他去窥探人类心灵的奥秘。用康德的话说，牛顿第一次在以前被认为是无规则可循的纷繁复杂的现象中发现了秩序和规则，而卢梭则在复杂万端的人类中发现了人所共有的天性。"[①]当然，康德与卢梭在哲学观点上还是有差异的。1764 年，康德出版了《论优美感和崇高感》的小册子。这本小册子在他生前再版了 8 次，体现出他在美学研究上的造诣和深刻的观察力。1770 年，康德终于结束了长达 15 年的编外讲师生活，被哥尼斯堡大学聘为逻辑和形而上学教授，这时的康德已经 46 岁了。同年，他完成了自己的教授就职论文《论感觉界和理智界的形式和原则》，他后来创立的批判哲学的一些重要的思想已经提出来了，但还有很多理论问题尚未得到深入的思索和解决。

---

① ［苏］阿尔森·古留加：《康德传》，贾泽林等译，商务印书馆 1981 年版，第 46 页。

担任正教授以后，康德的讲课任务减轻了，但每周还有 14 小时的课，他还开设了一些新课，如矿物学、人类学和教育学等。从他和朋友们的通信中可以看出，他正在酝酿写作一部新的著作，而这部著作将成为"揭示全部形而上学秘密的钥匙"。他的一个学生也在哥廷根向一群教授们宣布：他的老师正在写作一部哲学著作，它一旦出版，将使在座的教授们"心惊胆颤"。然而，康德向朋友们许诺的完成时间一再拖延，后来他干脆不再提他的著作了，只是顽强地保持沉默，一年又一年地解着理论上的一个个"结"。在这期间，他的朋友拉法德曾在信中质问他："您为什么沉默，为什么总是那些外行在写作，而不是擅长笔墨的您在写作？您为什么沉默？在这样一个新时代，您怎么不一显身手。您在睡觉？康德，我不想颂扬您，然而请您告诉我，您为什么沉默？或最好是请您谈谈您将要说些什么。"①终于，经过 12 年的沉默和深思，康德把所有的理论难题和他的哲学体系的整个结构都考虑清楚了，而真正伏案写作的时间只有四五个月。正如康德在 1783 年 8 月 16 日致莫塞斯·门德尔松（Mises Mendelssohn, 1729—1786）的信中所说的："（虽然这《批判》是）我曾花过至少十二年悠久岁月反思的结果，但是我把它写成时是极其匆忙的，脱稿只费了四五个月，对于其内容是极为审慎的，而很少考虑到词句的结构，使其易于为读者所理解。我对于这个决定从未后悔，因为如果不是那样，而再事延搁，以求其文字更为通俗，那么这书恐怕一辈子不会完成。现在这书已经有其粗糙的形式，缺点是可以逐渐清除的。"②康德这里说的"十二年"大致上指 1769—1780 年。

　　1781 年 5 月，这部 55 个印张的巨著《纯粹理性批判》出版了。这一年康德 57 岁，按照中国人的说法是"大器晚成"，他确有如释重负的感觉。然而，《纯粹理性批判》的出版并没有引起康德所预期的影响。他把样书寄给自己的一些朋友，回信陆陆续续地来了，朋友们什么都谈，唯

---

①　［苏］阿尔森·古留加：《康德传》，贾泽林等译，商务印书馆 1981 年版，第 92 页。

②　［英］诺曼·康蒲·斯密：《康德〈纯粹理性批判〉解义》，绰然译，商务印书馆 1961 年版，第 1 页。

独不谈他的著作。出版商开始考虑把卖不出去的著作扔到废纸堆里去（在 20 世纪 70 年代西德的文物店里，第一版的《纯粹理性批判》的价格是 7000 马克）。当时著名的哲学家莫塞斯·门德尔松刚把这本书翻了几页就扔到一边去了，甚至连赫尔德也表示：“康德的《批判》对我来说有如一块顽石，看来，我是难以读完它了……我不知道整个这套难以捉摸的迷魂阵是为了什么。”①有趣的是，赫尔德在哥尼斯堡大学听了三年康德的课，收获甚大，但他对康德的《纯粹理性批判》却无法理解，晚年甚至与康德发生了激烈的争论。

对这部著作的普遍指责是两个方面：一方面是它在用语上的晦涩难懂；另一方面是它的“贝克莱主义”的倾向。1783 年，康德出版了《纯粹理性批判》的改写本《任何一种能够作为科学出现的未来形而上学导论》，试图对《纯粹理性批判》的主要思想做出尽可能通俗的解释；1787 年，《纯粹理性批判》第二版问世，康德做了不少修改，竭力淡化这部著作的“笛卡尔主义”和“贝克莱主义”的倾向。这时，康德哲学已经渐渐地被理论界所接受，一流的哲学刊物都开始刊登研究他的思想的论文。在耶拿大学，康德哲学甚至成了一场决斗的导火索。一个学生声称，要想弄懂《纯粹理性批判》，起码得在大学里上 30 年学，另一个大学生则提出要与他决斗。②

1786 年，康德被推选为哥尼斯堡大学的校长；1788 年，他的第二批判《实践理性批判》出版；1790 年，他的第三批判《判断力批判》出版。这部著作对歌德和席勒都产生了重大的影响。歌德说：他每读完康德的一页著作，就会有一种仿佛进入明亮的房间的感觉。至于席勒，人们甚至说，他在读完康德的著作之前就成了康德主义者。③ 1793 年，康德的《单纯理性限度内的宗教》一书出版。1794 年，普鲁士国王腓特烈·威廉二世以私人信件的方式申斥了康德：“我们皇上早已怀着很大不满注视着您怎样滥用自己的哲学，在《论理性范围内的宗教》一书以及其他短篇论文中

---

① ［苏］阿尔森·古留加：《康德传》，贾泽林等译，商务印书馆 1981 年版，第 135 页。
② 同上书，第 156 页。
③ 同上书，第 200 页。

歪曲和贬低《圣经》和基督教的某些主要的基本的原理。我们期待着您有更好的著作；您自己应该明白，您是多么不负责任地违背了您作为青年导师的义务，您的所作所为是怎样地与您清楚知道的我们慈父的心愿背道而驰。"①康德立即答复了这封私人信件，并做了 6 点申辩。国王去世后，康德立即发表了《学科间的纷争》(1798)一文，仍然坚持自己的观点。晚年康德还出版了《永久和平论》(1795)、《道德形而上学原理》(1785)、《实用人类学》(1798)等著作。此外，1794 年，康德被选为彼得堡科学院院士；1798 年被选为意大利科学院院士。1801 年，康德从哥尼斯堡大学退休，但学校保留了他的全额薪金。1804 年 2 月 12 日上午 11 时，康德逝世。全城的人都来瞻仰他的遗容，持续了 16 天。24 个大学生抬着他的灵柩到墓地，后面是数千人的送殡行列，但没有一个神父参加。康德的遗体被埋葬在哥尼斯堡大教堂北侧的教授墓穴中。在他的半身雕像前刻着两行诗：

在这里，伟大导师将流芳百世，

青年人啊，要想想怎样使自己英名永存!②

第二节　康德哲学的分期、问题和结构

一、康德哲学的分期

一般认为，康德的哲学可以被划分为"前批判时期"(1769 年止)和"批判时期"(1770 年起)。在前批判时期，康德的思想主要处于莱布尼茨-沃尔夫独断论形而上学的影响下，但康德在自然科学、哲学和美学的探讨中仍然提出了不少富有启发性的观点。问题是，整体上的理论范式仍然没有被突破。另外，在前批判时期，康德通过对卢梭和休谟著作

---

① 　［苏］阿尔森·古留加：《康德传》，贾泽林等译，商务印书馆 1981 年版，第 240 页。《论理性范围内的宗教》中译本又译为《单纯理性限度内的宗教》。——编者注

② 　同上书，第 288 页。

的研究，在 1770 年的教授就职论文《论感觉界和理智界的形式和原则》初步形成了自己的批判哲学的理论范式。然而，这篇论文只能说是康德批判哲学的一个开端或起步，还有大量的理论问题没有得到深入的思考和解决。康德后来之所以沉默了 12 年，就是为了解决他的批判哲学体系面临的一系列理论难题。

在理论界，人们常常对康德的批判哲学做出简单化的理解，即认为康德的批判哲学也就是指康德的"三大批判"。比如，凯齐尔（Howard Caygill）在 1997 年出版的《康德词典》中认为："批判哲学是康德在实施其三批判，即纯粹理性批判、实践理性批判和判断力批判的哲学计划中给出的名字。"[①]其实，康德的批判哲学在内容上远比人们设想的要丰富，而且它表现为一个发展过程。我们不妨把他 1770 年发表的教授就职论文《论感觉界和理智界的形式和原则》看作批判哲学的起点，把 1781—1790 年出版的"三大批判"看作批判哲学的高潮，把《单纯理性限度内的宗教》《永久和平论》《道德形而上学原理》《实用人类学》《逻辑学讲义》《论教育学》等著作看作批判哲学向诸多领域中的扩散和运用。这样一来，我们就明白了，"康德哲学"和"康德的批判哲学"是两个内涵不同的概念。毋庸讳言，康德哲学的根本性的、独创性的成果主要体现在他的整个批判时期（1770—1804）出版的著作中。

二、康德哲学的基本问题

在 1781 年的《纯粹理性批判》的第二部分"先验方法论"中，康德已经提出了三个问题（参见 B833）。在 1800 年出版的《逻辑学讲义》中，康德又写下了一段非常重要的话："在这种世界公民的意义上，哲学领域提出了下列问题：1)我能知道什么？2)我应当作什么？3)我可以期待什么？4)人是什么？形而上学回答第一个问题，伦理学回答第二个问题，宗教回答第三个问题，人类学回答第四个问题。但是从根本说来，可以

---

① Horward Caygill，*A Kant Dictionary*，Oxford：Blackwell Publishers，1997，p. 138.

把这一切都归结为人类学，因为前三个问题都与最后一个问题有关系。"①这段话已经暗示我们，蕴含在康德批判哲学中的基本问题就是上面提出的四个问题。

如何看待康德留下的这段重要的论述呢？一方面，康德提出的四个问题分别对应于形而上学认识论、伦理学、宗教和人类学，但却忽略了作为他的批判哲学的重要组成部分的美学。实际上，在前三个问题中，康德应该增加一个新的问题，即"我应该鉴赏什么？"而这个问题实际上出现在《判断力批判》一书中，并得到了相应的解答。② 另一方面，在康德已经提出的这四个问题中，他认为最根本的是第四个问题，即"人是什么？"这既表明，在卢梭的影响下，康德的哲学思考具有鲜明的人文主义的导向。康德始终把"人是什么？"理解为其哲学思考的核心问题。康德自己说过："我生性是一个探求者，我渴望知识，不断地要前进，有所发明才快乐。曾有过一个时期，我相信这就是使人的生命有其真正尊严的，我就轻视无知的群众。卢梭纠正了我。我臆想的优点消失了。我学会了来尊重人，认为自己远不如寻常劳动者之有用，除非我相信我的哲学能替一切人恢复其为人的共同权利。"③同时也表明了康德全部哲学思考的局限性，因为他始终把其哲学中最根本的问题置于晚年的《实用人类学》中来回答。事实上，在"人是什么？"这个核心问题得到充分的反思和阐述之前，对前三个问题的思索和解答都会处于无根基的状态之下。当代德国哲学家海德格尔曾在《存在与时间》(1927)和《康德与形而上学问题》(1929)中指责康德哲学探索的根本问题是耽搁了"此在的本体论"，而海德格尔的"此在"(Dasein)的含义就是"人之存在"，海氏之所以不使用"人"的概念，因为在他看来，无论是康德的经验人类学，还是马

---

① ［德］康德：《逻辑学讲义》，许景行译，商务印书馆1991年版，第15页。

② 令人费解的是，杨祖陶和邓晓芒却认为，康德对"我可以期待什么？"的问题的思索导致的是《判断力批判》这部著作的诞生。参阅杨祖陶、邓晓芒：《康德〈纯粹理性批判〉指要》，湖南教育出版社1996年版，第21—22页。

③ ［英］诺曼·康蒲·斯密：《康德〈纯粹理性批判〉解义》，绰然译，商务印书馆1961年版，第39页。

克思·舍勒的哲学人类学，都无法通达关于"人之存在"的先天的真理。而海氏建立"此在本体论"，即"基础本体论"的目的，就是在探索所有其他的哲学问题之前，先行地澄清并解答康德提出的"人是什么？"的问题。

三、康德批判哲学的主要结构

众所周知，作为先验唯心主义者，康德注重的是人的精神，而不是人的身体和物质享受方面。因而康德始终是从"心"或"精神"（Gemuet/mind)的角度去思索并解答"人是什么？"的问题的。康德批判哲学的主要结构可以图示如下：

知＝认识论（我能知道什么）

人是什么→心　意＝伦理学（我应当作什么）＋宗教（我可以期待什么）

情＝美学（我应该鉴赏什么）

第三节　康德哲学的研究现状、发展趋势和意义

一、康德哲学的研究现状

康德和康德哲学的影响是无与伦比的。假如我们在英文的雅虎网上输入 Immanuel Kant 这个德文名字，就会出现几百万个词条；即使在中文的百度网上输入"德国哲学家康德"的名字，也会出现几百万个词条。事实上，在当时康德思想风行时，欧洲少女的闺房里经常摆放着《纯粹理性批判》作为装饰品。俄罗斯传记作者古留加曾经讲到一件趣事：拿破仑对一切新奇的事物都表现出极大的兴趣。我们知道，他读过歌德的《少年维特之烦恼》，并会见过歌德。他对康德哲学也表现出同样的兴趣，他曾经向瑞士人请教康德哲学，但他们说不清楚。后来他终于打听到巴黎有一个研究康德哲学的德国侨民，他专门把他请到宫廷里，吩咐他思考 4 个小时以后，用 4 页纸把康德哲学的本质叙述清楚。结果那位专家写出了一个提纲，但这个提纲并没有使拿破仑产生相应的印象。英国学者诺曼·康蒲·斯密也提到英国的一位史谟斯将军，他随身携带着

康德的《纯粹理性批判》，以便在晚间或战争间隙中阅读。

在哲学研究的领域里，康德的影响几乎盖过了所有其他的哲学家。海涅说过："1789 年康德哲学几乎变成了德国唯一的话题，同时出现了大量的关于康德哲学的注释、摘要、解说、批判、辩护等等。"①康德逝世 92 年后，德国哲学家法依欣格（Hans Vahinger，1853—1933）于 1896 年发起创办了《康德研究》杂志，至今已有 116 年历史。1904 年又成立了国际性的康德协会，多次举行康德哲学研讨会。借用"罗尔斯产业"这个说法，也可以说存在着"康德产业"。事实上，在康德以后，康德哲学一直是国际国内理论界研究的重点。除了专职研究人员出版的专著外，世界各国还有大量博士学位论文和硕士学位论文把康德哲学选为自己的对象。康德哲学研究的重点始终落在其批判哲学上。康德在批判时期阐述的形而上学（包括本体论）、认识论、方法论、伦理学、宗教学、政治哲学、法哲学、历史哲学都得到了全面的研究。

二、康德哲学研究的新趋势

近年来，在国际国内理论界，康德哲学研究出现了新的趋势，其中最值得注意的三种趋势是：

一是对《纯粹理性批判》的性质做出了新的探索。海德格尔在《康德与形而上学问题》一书中提出了一个石破天惊的新观点："《纯粹理性批判》与认识论毫无关系。如果有可能承认这种认识论的解释的话，那就必须说，《纯粹理性批判》不是有关存在性的知识（经验）的理论，而是有关存在论知识的理论。"②又说："为形而上学奠基作为对本体论的本质的揭示，就是'对纯粹理性的批判'。"③这种新见解促使我们对康德哲学（包括其哲学革命）的性质做出新的思索。

二是从对康德思辨理性（主要关涉到认识论）的重视转向对康德的实

---

① 张玉书编选：《海涅选集》，人民文学出版社 1983 年版，第 304 页。

② 孙周兴选编：《海德格尔选集》（上），生活・读书・新知上海三联书店 1996 年版，第 94 页。

③ 同上书，第 92 页。

践理性(主要关涉到本体论)的重视。众所周知，与实践理性相关的学科是政治哲学、法哲学、道德哲学、历史哲学等。越来越多的康德研究者对他的实践理性发生了兴趣。

三是对康德遗著(Opus postumum，写于1796—1801，未完成)的研究。据说，从1796年起，康德开始全面系统地创作这部酝酿已久的著作，因而此后的手稿基本上从属于一个整体，其中最早的文件是写于1796年的一份八开纸草稿(Oktaventwurf)，此后是写于对开纸张(Folioboegen)上的13个草稿(Entwurf)，其中最早的一个草稿写于1797年下半年，而最后一个草稿即第十三草稿创作于1800年12月至1803年2月之间。这项工作占据了他最后的工作时光，遗憾的是原定的写作计划并未能如愿完成，因而这部手稿并不是一部业已完成的著作，也不是片段(Fragment)，毋宁说是一部工作底稿。作为康德最后的哲学思考，遗著被康德本人称为"主要著作"，甚至被视为其全部哲学体系的基石。遗著的主要意图是"从自然科学的形而上学基础向物理学的过渡"，他在著作中重新评价了他的先验哲学涉及的一系列基本观点，如物自体、时间和空间的本性、自我及其作用、理论理性和实践理性的统一、上帝的观念等。康德在世时，关于遗著的信息已经在他的朋友圈里传播。

康德去世后，他的遗嘱执行人瓦西安斯基(A. C. Wasianski)曾把康德的遗著交给哥尼斯堡大学数学教授舒尔茨(J. Schultz)审查，他认为只是一些片断，没有系统，因而没有出版的价值。于是，瓦西安斯基把遗著交给了康德弟弟的女婿——牧师卡尔·克里斯托弗·舍恩(C. C. Schoen)，他试图加以编辑整理，但最后放弃了。舍恩死后50年，他的女儿在父亲资料室的一个文件夹里发现了康德的遗著，决定为它找到一个合适的买家。1858年前后，本地的几家报纸刊登了发现康德遗著的广告，但并没有找到合适的买家。1864年，哥尼斯堡图书馆馆员鲁道夫·赖克(Rudolf Reicke)了解相关的信息后，借走了遗著，准备把它整理成一本书加以出版，但16年过去了，什么事情也没有发生，由于遗著在年代次序上已经弄乱了，赖克觉得已经无法把它作为一本书出版了。舍恩的孙子保尔·海赛尔(Paul Hänsell)从他母亲那里继承了遗著的所有权,向赖克发出了最后通牒。于是,赖克与他的一位朋友在《老普鲁士月刊》(赖克是该刊的编辑,1882—1884)上发表了第 12、10、11、2、9、3、5、1、7 卷遗著(占总篇幅的 2/5),不但次序有问题,而且擅自对段落进行删改。《月刊》为省刊,几乎没有什么影响,但引起了汉堡牧师、哲学业余爱好者阿尔布莱希特·克劳塞(Albrecht Krause)的注意,他以 800 马克从海赛尔那里买下了遗著。1894 年,在狄尔泰的主持下,普鲁士皇家科学院计划出版康德全集,分为四个部分:已经出版的论著、通信、Nachlass、讲稿。委员会任命阿底克斯(Erich Adickes)编辑 Nachlass(包括 Opus postumum),但克劳塞要求编辑权,最后竟胜诉了。直到克劳塞死后,阿底克斯才开始编辑工作,1916 年,他到汉堡找到赖克的遗孀,在 4 周内完成了对遗著的年份重新进行编排的工作,向委员会报告要求出版未改动过的康德的遗著。1923 年,康德委员会发现,克劳塞家属已经以 1000 马克把遗著卖给了出版康德著作科学院版的出版商格罗托(De Gruyter),他准备在康德全集以外出版遗著。经过谈判,最后由阿底克斯和阿图尔·布什瑙(Artur Buchenau)一起进行编辑,原计划 1925 年出版遗著,但后者不同意前者排定的次序,前者愤而辞职。阿底克斯死于 1928 年。由布赫瑙和盖哈德·雷曼(Gerhard Lehmann)编辑的遗著作为全集的第 21、22 卷出版于 1936—1938 年(次序上混乱,内容上重复)。这时相距康德去世已经有 130 多年了。1993 年,剑桥大学出版社出版了爱卡特·福斯特(Eckart Foerster)的英译本。前几年德国哲学家代表团访问复旦大学,正在计划出版完全恢复康德原来面貌的遗著。

三、康德哲学研究的意义

学习、了解并研究康德哲学,除了有利于深化对哲学、西方哲学史和马克思主义哲学的理解外,对于提高个人的思想和修养来说,主要意义如下:

其一,学习康德的思想境界和道德境界。如果说,马克思所嘲笑的

"头发哲学家""脚趾哲学家"关注的只是哲学中的小问题，那么大哲学家关注的则始终是哲学中的大问题。了解并探索康德哲学将使我们的哲学思维始终保持应有的高度而不坠落下来。郑昕说过："超过康德，可能有新哲学，掠过康德，只能有坏哲学。"①匈牙利哲学家卢卡奇之所以在20世纪哲学界崭露头角，与他参与整理了马克思的《巴黎手稿》，也是马克思的《伦敦手稿》的最早读者之一有关。就像克雷洛夫寓言中的《参观者》，他在动物园里看见了细小的蠓虫，却没有看到大象！硕士、博士论文当然以研究大思想家为好，不然会走进死胡同。学习康德的道德境界。人是目的、坚持自己的信念(《学科之争》)、天上的群星和人世间的崇高的道德观念(雨果笔下的冉·阿让和警察沙威)。

其二，学习康德的批判精神。在年轻的时候，康德就一直用罗马哲学家塞内加(Seneca)的一句名言"不要重蹈前人的覆辙，而要走你应该走的路"作为自己的座右铭。康德一生的探索都是为了解决在理论上使自己感到困惑的问题，并以批判的方式走出一条新路。正如海涅所说的："康德引起这次巨大的精神运动，与其说是通过他的著作的内容，倒不如说是通过在他的著作中的那种批判精神，那种现在已经渗入于一切科学之中的批判精神。"②我们应该学习的正是这种独立的批判精神。马克思的主要著作几乎全部用"批判"这个词构成；当代法兰克福学派也把自己的理论称为"社会批判理论"。

其三，学习康德严密的思维方法和耐得住寂寞的求知精神。康德对学生说，他不是教他们哲学，而是教他们哲学的思维。海涅指出："康德把思想放在自己面前，解剖它，并且把它分解成为最细致的纤维。所以他的《纯粹理性批判》可以说是一个精神的解剖学的课堂。他本人在那里始终保持冷静，象一个真正的外科医生那样无动于衷。"③这种精细的思维方式并不是从天而降的，而是在日常生活的大量反思中形成并发展

---

① 郑昕：《康德学述》，商务印书馆 1984 年版，第 1 页。
② 张玉书编选：《海涅选集》，人民文学出版社 1983 年版，第 304—305 页。
③ 同上书，第 306 页。

起来的。正如古留加告诉我们的："康德从青年时期起就养成一个习惯，就是把头脑中涌现的任何一个思想都立即写在纸上。有时写在专门准备好的活页上，而经常则是写在顺手拈来的纸头上，例如刚收到的信，发货单等等上面。"①他也习惯于把自己的思想写在教本的页边、扉页和所有空白的地方，甚至写在正文的字里行间。在他多年来使用的教本中，写下了成千上万条短语。康德无处无时不在思考。寂静的书房；纽扣、公鸡和挡住视线的树梢。康德的求知精神：反对浮躁的情绪，坚持低调的治学态度，耐得住寂寞，为真理而献身。［康德、歌德和马克思、汤因比(退隐复出)］

其四，学习康德在自然科学上的造诣。观察并研究各种自然现象。站在科学研究的前沿，对牛顿的深入研究。哲学与数学：毕达哥拉斯、笛卡尔、胡塞尔。一个听黑格尔课的俄国学生：起先听不懂课，后来学习自然科学课，才能听懂。

---

① ［苏］阿尔森·古留加：《康德传》，贾泽林等译，商务印书馆 1981 年版，第 68 页。

第一章 《纯粹理性批判》的主要
版本、问题意识和基本结构

　　正如我们在前面已经指出过的那样,《纯粹理性批判》是康德沉思了 12 年, 而只用了四五个月的时间编纂起来的著作, 其中有他在 1769—1780 年发表的文章、手稿和讲稿, 因而书中有很多重复或前后不一致的地方。另外, 这部著作既使用了旧的、传统的术语, 也使用了康德自己独创的新的术语, 有些术语的含义甚至没有来得及做出明晰的说明, 也有些术语的含义相互重叠, 增加了读者在理解上的困难。所以, 诺曼·康蒲·斯密在《康德〈纯粹理性批判〉解义》一书中说:"古往今来的文献中, 没有一种是像《纯粹理性批判》一书在其构思中还要更加谨慎, 更加周详, 而在其著笔时更加仓促的。"①

　　这部著作通常受到的另外一种责难就是它的晦涩性。书中多采用德语中的长句和套句, 有人开玩笑说要用 10 个手指按住 10 个句子, 还按不过来, 因为德语中还有分离动词, 其前缀远离动词词干, 令人难以判断其确切含义; 德语中的代

---

　　① 〔英〕诺曼·康蒲·斯密:《康德〈纯粹理性批判〉解义》, 绰然译, 商务印书馆 1961 年版, 第 1 页。

词也是如此，如前句中出现了三个阴性名词，你就很难判断后面句子中出现的那个阴性代词究竟是代表前面哪个名词的。有趣的是，据诺曼·康蒲·斯密的说法，康德甚至把 Verhältnis 这个德语名词的性也写错了（中性写成了阴性）。当然，特别是对"晦涩"的指责，康德一直耿耿于怀。他在《任何一种能够作为科学出现的未来形而上学导论》一书中写道："受到如此责难的晦涩性（它时常被用做懒惰或无能的借口）也有它的用处。既然凡是在别的科学上不敢说话的人，在形而上学问题上却派头十足地夸夸其谈，大言不惭地妄加评论，这是因为在这里他们的无知应该说同其他人的有知没有显著的区别，然而同真正批判的原则却绝然有别，而关于这一点，我们可以借用维吉尔的诗句说：工蜂从蜂巢里，把那些游手好闲的雄蜂赶出去。"①

但康德毕竟也意识到了自己在《纯粹理性批判》这部著作的表述中确实也存在着问题。于是，他不得不在 1783 年出版了《任何一种能够作为科学出现的未来形而上学导论》，试图以尽可能通俗的语言来解释《纯粹理性批判》的基本思想。但他心里似乎并不愿意这么做，因而他这样写道："如果有谁对于我作为导论而放在一切未来形而上学之前的这个纲要仍然觉得晦涩的话，那就请他考虑到并不是每人都非研究形而上学不可；要考虑到许多人在一些可靠的甚至是深奥的、更能结合直观的科学里边能够成功地发挥他们的天才，而一到用纯粹抽象的概念来进行考察时就无能为力了，在这种情况下，他们就应该把他们的天才用到别的方面上去；但是谁要从事评论形而上学，或者尤其是从事编写一种形而上学，谁就必须满足这里所提出的要求：要么就采纳我的意见，要么就彻底反对它，用另外一种来代替它（因为要回避它是不可能的）。"②

---

① ［德］康德：《任何一种能够作为科学出现的未来形而上学导论》，庞景仁译，商务印书馆 1982 年版，第 15 页。引文有省略。

② 同上书，第 14—15 页。

第一节 《纯粹理性批判》的主要版本

《纯粹理性批判》第一版于 1781 年出版以来，已有 231 年历史。其间，这部著作已被译为世界各国的文字。我们这里主要介绍这部著作的德文版、英文版和中文版。

先来看《纯粹理性批判》的德文版 *Kritik der reinen Vernunft*。我们知道，康德在世的时候，这部著作出过两个版本，即 1781 年版和 1787 年版。一般说来，一部著作的新版总得在 10 年以后才出版。对于康德来说，为什么事隔 6 年就急着出这部著作的第二版呢？道理很简单，因为第一版出版后，这部著作遭到了种种误解，人们尤其是把它误解为"笛卡尔主义"或"贝克莱主义"的产物。为了从种种误解中摆脱出来，康德主要采取了如下的措施：一是在 1783 年出版《任何一种能够作为科学出现的未来形而上学导论》，在这部解释性的著作中，康德反复论述了自己的哲学思想与笛卡尔主义、贝克莱主义之间的本质差异；二是在 1787 年出版了《纯粹理性批判》第二版，第二版删除了第一版中的某些内容，也增补了一些新的内容和段落。不管是删除，还是增补，其目的都是避免误解。正如诺曼·康蒲·斯密所说的："康德在其书的第二版中固然在各处不同的地方删去一些段落，但主要是由于想要避免严重的误解，而他自己曾发现，由于不谨慎防备，他的文字是易滋误会的，第二版中的修改主要还是增补的性质。"[①]在康德去世以后，《纯粹理性批判》的德文版也多次被出版，其出版的方式也是多种多样的：或被收于康德的全集之中，或被收入康德的选集或文集之中，或以单行本的方式出版，或只出第二版，或把第一版与第二版合起来（称为"A 版"和"B

---

① ［英］诺曼·康蒲·斯密：《康德〈纯粹理性批判〉解义》，绰然译，商务印书馆 1961 年版，第 3 页。

版")出版。就康德本人和某些研究者来说，第二版比第一版更有价值；但就另一些研究者，如德国哲学家叔本华来说，第一版比第二版更有价值。事实上，关于第一版与第二版孰高孰低的争论，是无法取得一致意见的。但我本人比较倾向于叔本华的观点。

在《康德哲学批判》的长文中，叔本华对康德在第二版中淡化自己与贝克莱之间的关系的做法很有意见，认为康德的修改不但使自己的观点充满了矛盾，而且也整个地损坏了自己的文本。他写道："由于这一删改，从1787年到1838年流行的《纯粹理性批判》在文字上已走了样，已被损坏了，已经是一本自相矛盾的书了。正是因为这一点，没有一个人能完全弄明白和懂得这部书。关于这一点的详情以及我所猜想的那些足以推动康德这样来损坏他那不朽杰作的理由和弱点，我在写给罗森克朗兹教授先生的一封信里都交代过了。他已将信内主要的一段收录在他所经手的康德全集第二卷的序文中，这里我特指出以便参阅。原来罗森克朗兹教授先生在1838年根据我的一些看法，决心要恢复《纯粹理性批判》的本来面貌，这时他就在上述第二卷中将1781年的第一版重印了。这样他就在哲学上树立了不可估计的功绩，甚至可说他挽救了德国文献中最重要的作品免于沉沦，而人们也不应忘记他这一点。但是谁也不要在他只读了《纯粹理性批判》的第二版或后续的任何一个版本的时候，就妄自以为他已看到了《纯粹理性批判》，对康德的学说已有了明确的概念；这简直是不可能的，因为他只是读了一种在文字内容上被削减了的，被糟蹋了的，在一定程度上不真实的版本。在这儿斩钉截铁道破这一点而对任何人提出这一警告，这是我的义务。"①

也就是说，在叔本华和罗森克朗兹充分肯定了第一版的重要性以后，大部分《纯粹理性批判》的版本在出版的时候都采用了A、B版对照

---

① ［德］叔本华：《作为意志和表象的世界》，石冲白译，杨一之校，商务印书馆1982年版，第592—593页。

的方式，以便让每个读者完整地去理解并把握康德的哲学思想。我于1988 年在德国法兰克福大学时买了由 Wilhelm Weischedel 编辑、Suhrkamp Verlag 于 1968 年出版的《康德著作集》，共 12 卷，《纯粹理性批判》为其中的第三、四卷。

就《纯粹理性批判》的英文本而言，通常被译为 *Critique of Pure Reason*。据不完全统计，比较有影响的英文本主要有以下四个：

第一个是 J. M. D. Meiklejohn 的译本，按照《纯粹理性批判》的第二版译出，由 London：J. M. Dent 出版社出版(1855/1934)。1997 年我在哈佛的库柏书店里买到了这一译本 1950 年的重印本(作为"大师丛书"之一)。在这个译本的基础上，同一家出版社又于 1993 年出版了由 Vasilis Politis 编辑的 Revised and Expanded translation。修订和扩大版采取了A、B 版对照的形式。我于 2007 年在英国牛津大学的一家书店里买到了1993 年的修订本。

第二个是 F. Max Müller 的译本，按照《纯粹理性批判》的第一版译出，由伦敦的 Macmillan 出版公司出版(1881)，1896、1924、1934 年重印。我有 1934 年的复印本。

第三个是 Kemp Smith 的译本，采用 A、B 版对照的形式，由伦敦的 Macmillan 出版公司出版(1929/1933)。我在哈佛大学书店购买了1950 年的重印本。

第四个是 Paul Guyer and Allen Wood 的译本，也采用 A、B 版对照的形式，由 CUP(剑桥)出版(1997)，是迄今为止最完全的版本，在研究康德大量遗著和笔记的基础上重译《纯粹理性批判》，并写了长篇导言(两位都是康德研究专家，前者是宾夕法尼亚大学，后者是耶鲁大学教授)。1999 年我去加拿大参加学术会议时买了这个版本。

当然，英译本也有问题。如康德第二版前言中的 Aufheben 一词通常被译为 deny or abolish，都未能完整地传达出 Aufheben 的含义。

最后，我们来看《纯粹理性批判》的中文译本。迄今为止，国内已经出版的中文译本有以下六个：

第一个译本：胡仁源译，按照《纯粹理性批判》的第二版译出，上海：商务印书馆，1931，列入"万有文库"丛书。这是最早的中文译本。韦卓民先生认为："胡氏中译本，读来确甚晦涩，其原因大概是胡先生从德文原本译出，而对于康德的哲学术语似乎没有深加留意，且对于康德哲学的整个体系又好像未深入研究，况且译文较旧，不合现代汉语习惯。"①而按王若水先生的看法，胡译本不是根据德文本译出，而是按照 F. Max Müller1896 年的英译本转译的。② 王太庆先生于抗日战争后期在西南联大哲学系就读时，曾读过胡译本。后来他回忆说："在翠湖中间的那所省立图书馆里，我一连几天借阅胡仁源译的《纯粹理性批判》，可是尽管已经有教科书上的知识做基础，我还是一点没有看懂。不懂的情况和读斯宾诺莎《伦理学》的旧译本差不多，一看就不懂，而且越看越不懂。后来看了 Kemp Smith 的英译本和 Barni 的法译本，才发现康德的写法尽管有些晦涩，却并不是那样绝对不能懂的。我怀疑汉译本的译者没有弄懂康德的意思，只是机械地照搬词句，所以不能表现论证过程。这说明不懂哲学和哲学史是无法传达哲学思想的，要想了解一点康德靠读旧翻译还是不行。"③在中国学术界的康德研究中，几乎没有人把这个译本列为自己的参考书目。

第二个译本：蓝公武译，采取 A、B 版对照的形式，北京：三联书店，1957；北京：商务印书馆，1960。据作者自己的介绍，他是 1933 年开始翻译这部著作的，1935 年全部译完，但迟至 1957 年才正式出版。据韦卓民先生评论："蓝公武先生的中译本，据该译本的《译者后记》所说，也是据康蒲·斯密的英译本译出的，但是我们与原译本详细对照，许多地方像是不忠于英译原文，甚至误解英译的词句。原英译本的脚注

---

① 韦卓民：《〈纯粹理性批判〉中译者前言》，见所译《纯粹理性批判》，华中师范大学出版社 2000 年版，中译者前言第 8 页。

② 王若水：《再说〈纯粹理性批判〉的中译本》，《读书》2000 年第 6 期。

③ 王太庆：《读懂康德》，《读书》1999 年第 10 期。

不少是精辟之处，而蓝译本不予译出，也似乎是不应该的。"①此外，蓝译本用语古奥，半文半白。当时我们在读这个译本时，普遍的观点是还不如直接读康蒲·斯密的英译本明白易懂。当然，蓝译本也有优点，它对《纯粹理性批判》中基本思想的翻译还是比较准确的。由于这方面的原因，蓝译本在以往数十年中是流传较广的。

第三个译本：牟宗三译注，分上下两册，采取 A、B 版对照的形式，台北：学生书局，1983。众所周知，牟宗三先生是当代新儒学中最具独创性的人物。他晚年以一人之力，前后花了 10 多年的时间，把康德的《道德形而上学原理》和"三大批判"全部译为中文。牟先生坦承，他的译本也是根据 Kemp Smith 的英译本翻译的，并参考了 J. M. D. Meiklejohn 与 F. Max Müller 的英译本。有时在翻译中遇到理解上的歧义时也借助两位懂德语的学生，查询德文本。牟先生的译本不仅保留了 Kemp Smith 英译本里面的注解，还增加了大量注解与按语。正如蔡仁厚先生所评论的："以一人之力，全译'康德三大批判'，先生乃二百年来世界第一人。其所加之译注，尤其慧识宏通。而又履及剑及，随读随消化：以《现象与物自身》消化第一批判，以《圆善论》消化第二批判，以《真善美之分别说与合一说》消化第三批判，此亦古今译书者所未能也。"②

第四个译本：韦卓民译，采取 A、B 版对照的形式，武汉：华中师范大学出版社，1991 年初版，2000 年校订版。韦译本是 1962 年应商务印书馆之约而译的。据译者自己说，这个译本"主要是以英人康蒲·斯密(Norman Kemp Smith)1929 年出版的英译本为蓝本，而对照 Benno Erdmann Leibzig 1878 年的德文版和 Ernst Cassirer 柏林 1922 年的德文版，并参考穆勒尔(F. Max Müller)伦敦 1881 年的英译本，以及胡仁源、蓝公武两先生的中译本，旨在于这次翻译中不失康德原书的本意"。遗憾的是，初稿译出来后，未及校对，"文化大革命"爆发了，韦先生也于

---

① 韦卓民：《〈纯粹理性批判〉中译者前言》，见所译《纯粹理性批判》，华中师范大学出版社 2000 年版，中译者前言第 8 页。

② 蔡仁厚：《牟宗三先生学思年谱》，学生书局 1996 年版，第 90 页。

1976 年去世。于是，译稿经曹方久等人整理、校订后于 1991 年出版。2000 年的校订版则由邓晓芒"根据德国费利克斯·迈纳（Felix Meiner）出版社出版的《哲学丛书》第 37a 卷（汉堡 1956 年版，1976 年重印），对译文作了一些修改订正"①。

第五个译本：邓晓芒译，杨祖陶校，采取 A、B 版对照的形式，据 Raymund Schmidt 编的《哲学丛书》第 37a 卷，Verlag von Felix Meiner，Hamburg 1956，Nachdruck 1976 译出，北京：人民出版社，2004 年 2 月。这本书出版的是精装本，价格要贵一些，但书后的《德汉术语索引》比较完整，也便于读者在阅读时深入进行查阅，但有些概念的翻译或可讨论，如把 Dasein 译为"存有"，这里涉及 sein、haben、es gibt 这些表达式之间的关系。他译 Erscheinung 为"现象"，译 Phänomen 为"现相"似有欠妥之处。另外，网上也有讨论，关于他的第一版前言中的两段译文的准确性问题。

第六个译本：李秋零译，采取 A、B 版对照的形式，北京：中国人民大学出版社，2004 年 4 月。据译者在《译后记》中的说明，这个译本是根据 1968 年普鲁士皇家科学院的 Akademie-Textausgabe 译出的。我们上课建议用李秋零的译本，它是最新出版的，价格也比较适合学生购买。但也有弱点，比如书后附了《部分术语德汉对照表》，其中一些重要的术语未收入，如把 Dasein 译为"存在"；Glauben 译为"信念"。当然，他译 Erscheinung 为"显象"，译 Phänomen 为"现象"，把这两者区分开来是比较好的。

据说，中国社科院哲学研究所的王玖兴先生（已经去世）也留下了一个译本，正由他的同事整理出版。毋庸讳言，像《纯粹理性批判》这样的著作应该有许多译本。译事的艰难，杨绛先生说翻译中的错误，就像虱子一样，是捉不完的。比如，葛力先生翻译的梯利的《西方哲学史》，贺麟、王玖兴翻译的《精神现象学》中的 und steht im Begriffe 之漏译等。我

---

① ［德］康德：《纯粹理性批判》，韦卓民译，华中师范大学出版社 2000 年版，第 735 页。

的看法是：翻译是为人作嫁衣的，如能研究，何必去译？要译，就要向路德译《圣经》看齐，一定要译一流的、有影响的作品。

第二节　《纯粹理性批判》的问题意识

众所周知，思想通过问题而显现出来。在这个意义上可以说，没有问题意识的人，也不可能具有独创性的思想。其实，无论是读书，还是从事研究活动，都需要有问题意识。假如一个人读书时，找不到这本书的作者提出来的核心问题，那么，这本书对于他来说，就是一堆知识或思想的碎片，而这些碎片之间是没有任何联系的。就像乞乞科夫的跟丁，他读懂了所有的字母，却不知道由这些字母连续起来的句子和文本的含义。(胡适对王云五先生的劝说)同样地，从事研究活动也需要有问题意识，即要找到蕴含在研究对象中的问题意识，并把这一问题意识与对象所处的历史时代的问题意识进行对照，看看它们是否一致？一般说来，如果它们是一致的，那就表明，研究对象(如康德的《纯粹理性批判》)是站在时代的高度上来提出问题、思考问题的。在这个意义上可以说，解读《纯粹理性批判》，也就是要找出蕴含在这部著作中的根本性的问题意识。那么，这个问题意识究竟是什么呢？

在探讨这个问题之前，我们应该了解，研究方法和叙述方法之间是存在着重大差异的。记得马克思在《资本论》第二版跋中曾经这样写道："当然，在形式上，叙述方法必须与研究方法不同。研究必须充分地占有材料，分析它的各种发展形式，探寻这些形式的内在联系。只有这项工作完成以后，现实的运动才能适当地叙述出来。这点一旦做到，材料的生命一旦观念地反映出来，呈现在我们面前的就好象是一个先验的结构了。"①显然，研究方法与叙述方法之间的一个重要的分歧正在于：研

---

① 马克思：《资本论》第1卷，人民出版社1975年版，第23—24页。

究的起点表现为一切有待于解决的问题的症结或焦点之所在，而叙述的起点则是使读者易于理解有待叙述的全部内容。

我们知道，作为康德批判哲学序曲的《纯粹理性批判》乃是康德沉默12年的产物。为什么要沉默那么长的时间？这里既有康德所研究的问题的复杂性方面的原因，又有康德为叙述方法所困扰方面的原因。比如，康德在1777年8月20日致马库斯·赫茨的信中提到关于《纯粹理性批判》一书的构思和写作一事时，曾经写道："目前困扰着我的问题是，如何以总体上的清晰性把这些观念表达出来。我知道，有些东西对作者本人来说似乎是非常清楚的，但却可能遭到有见解的读者的误解，只要这些读者完全从他们自己熟悉的思维习惯出发的话。"①

康德在这里提到的实际上正是叙述方法上的困难，即如何把自己已经透彻地思考清楚的东西用读者最易接受的术语和方式叙述出来。事实上，康德已经在叙述方法上绞尽了脑汁。为了便于读者理解，他先从知识和经验的关系入手，提出先天综合判断的问题；接着叙述先验感性论、先验逻辑中的先验分析论和先验辩证论；然后叙述先验方法论。平心而论，这样的叙述次序应当是有利于读者理解的。然而，正如康德本人在其书信中所屡屡指出的那样，由于他的批判哲学采用了新的思路，因此读者在理解中仍然会碰到很多困难。毋庸讳言，按照这样的叙述方法，知识和经验问题就成了叙述的起点。

但这个叙述的起点是否同时也是研究的起点呢？我们的回答是否定的。那么，康德批判哲学的研究起点究竟是什么呢？解铃还须系铃人。康德在1798年9月21日致克里斯蒂安·伽尔韦的信中，曾经批评对方曲解了他的研究的出发点，他为自己辩解说："我的出发点不是对上帝存在、灵魂不朽等的研究，而是对纯粹理性的二律背反——'世界有一个开端，世界没有一个开端'等的研究，直到第四个二律背反——'人是

---

① Immanuel Kant, *Philosophical Correspondence*（1759-1799），Chicago：The University of Chicago Press，1970，p. 89.

有自由的，与此相对待的是，人是不自由的，唯一存在着的是自然的必然性。'——正是这个二律背反把我从独断论的迷梦中唤醒过来，驱使我转向对理性本身的批判，以便解决理性与它自身之间的诡异的矛盾这件怪事。"①

这样，康德实际上以十分明确的口吻告诉我们，他的批判哲学的真正的研究起点并不是经验问题，而是理性在运用知性范畴认识世界整体时必然会陷入的二律背反，特别是关于自由和自然的必然性（或因果性）之间的背反关系。康德的另一封信也印证了他的批判哲学的真正的研究起点是二律背反。在大约写于 1781 年 5 月 11 日的致马库斯·赫茨的信中，康德对《纯粹理性批判》一书在叙述上的某些不当表示遗憾，并指出："否则，我总是会从我称之为'理性的二律背反'的东西开始，它总是能在吸引人的篇章中被表述出来，并使读者萌生出这样的愿望，即去探寻这一争论的根源。"②也就是说，康德已经意识到，如果他的批判哲

---

① Immanuel Kant，*Philosophical Correspondence*（*1759-1799*），Chicago：The University of Chicago Press，1970，p. 252. 康德这里说到的第四个二律背反，即自由与因果性的关系，实际上指的是《纯粹理性批判》中的第三个二律背反。苏联康德研究专家 A. B. 古留加在引证了康德上述书信后，发挥道："在《纯粹理性批判》的基本问题——先天综合判断是怎么可能的——背后，回响着另一个对康德来说更重要的问题——人的自由是怎么可能的。自由是有的，但它在哪里？我们不能在现象界中发现它，人只有在物自体世界中才是自由的。"见［苏］A. B. 古留加：《德国古典哲学新论》，中国社会科学出版社 1993 年版，第 72 页。同样地，美国学者亨利·E. 阿利森也引证了康德的上述书信，并强调："第三个二律背反不仅是《纯粹理性批判》讨论自由问题的重点，而且也是康德后来在其道德哲学著作中探究自由问题的基础。"见［美］亨利·E. 阿利森：《康德的自由理论》，辽宁教育出版社 2001 年版，第 3 页。这些充分表明，许多研究者都意识到康德在这封信中所表述的观点的重要性，但他们并没有从康德批判哲学的研究起点这一特殊视角出发，去阐释这种重要性。有趣的是，海德格尔却以某种方式退回到受过康德批评的克里斯蒂安·伽尔韦的立场上。在《康德的存在论题》（1961）一文中，海德格尔写道："然而，这里对康德来说成为问题并且始终保持为问题的是：'上帝存在'这个命题是否、如何以及在何种界限中才可能作为绝对的断定？这个问题乃是一种隐蔽的刺激，它驱使着《纯粹理性批判》的全部思想，并且推动着康德此后的主要著作。"见［德］海德格尔：《路标》，商务印书馆 2000 年版，第 534 页。如果康德活到今天的话，他一定会反驳海德格尔说："不，亲爱的先生，我的研究的起点和动力始终是第三个二律背反，即自由和自然的必然性之间的背反关系。"

② Immanuel Kant，*Philosophical Correspondence*（*1759-1799*），Chicago：The University of Chicago Press，1970，p. 196.

学的叙述的起点是二律背反，可能会激发起读者阅读《纯粹理性批判》的兴趣，但他不愿意为了引起读者的阅读兴趣而牺牲自己的叙述方法的科学性和严格性。

上面的论述表明，二律背反，特别是关于自由和自然的必然性（或因果性）之间的背反关系才是康德整个批判哲学的研究起点。这个研究的起点、思考的起点，也就是康德在写作《纯粹理性批判》之前具有的问题意识。那么，康德关于自由和自然的必然性（或因果性）关系的问题意识和那个时代的问题意识是否是一致的呢？我们的回答是肯定的。康德把那个时代的问题意识自觉地理解为自己哲学研究的问题意识，这在他的《任何一种能够作为科学出现的未来形而上学导论》中得到了清晰的体现。

正是在这部著作中，康德明确地告诉我们，他的问题意识和那个时代的问题意识都充分体现在所谓"休谟问题"中。康德坦然承认，正是"休谟的提示"在多年前打破了他的独断论的迷梦，并在思辨哲学研究上给他指出了一个完全不同的方向。那么，康德这里提到的"休谟的提示"究竟指什么呢？

康德这样写道："休谟主要是从形而上学的一个单一的然而是很重要的概念，即因果连结概念（以及由之而来的力、作用等等派生概念）出发的。他向理性提出质问，因为理性自以为这个概念是从它内部产生的。他要理性回答他：理性有什么权利把事物想成是如果一个什么事物定立了，另外一个什么事物也必然随之而定立；因为因果概念的意思就是指这个说的。休谟无可辩驳地论证说：理性决不可能先天地并且假借概念来思维这样一种含有必然性的结合……他因而断言：理性在这一概念上完全弄错了，错把这一概念看成是自己的孩子，而实际上这个孩子不过是想象力的私生子，想象力由经验而受孕之后，把某些表象放在联想律下边，并且把由此而产生的主观的必然性，即习惯性，算做是来自观察的一种客观的必然性。因而他又断言：理性并没有能力即使一般地去思维这样的连结，否则它的诸概念就会纯粹是一些虚构，而它的一切所谓先天知识就都不过是一些打上错误烙印的普通经验了，这就等于说没有，也不可能有形而上学这样的东西。"①从这段论述可以看出，对于康德来说，"休谟的提示"也就是休谟对传统的因果性概念的颠覆性质疑。这一质疑之所以是"颠覆性的"，因为全部传统的形而上学都奠基于因果性概念，并把这一概念理解为"客观的必然性"。假定真如休谟所提示的，这一概念不过是"主观的必然性，即习惯性"，那么结果是可想而知的：整个形而上学的大厦将随之而倾覆！

问题的严重性是不言而喻的。然而，与休谟同时代的不少学者却误解了这一"提示"，仿佛休谟不是在认真地探索一个深奥的哲学问题，而是在对生活常识和自然科学知识吹毛求疵。对于这种无知和曲解，康德痛心疾首、据理力争："问题不在于因果概念是否正确、有用，以及对整个自然知识说来是否必不可少（因为在这方面休谟从来没有怀疑过），而是在于这个概念是否能先天地被理性所思维，是否具有一种独立于一切经验的内在真理，从而是否具有一种更为广泛的、不为经验的对象所局限的使用价值：这才是休谟所期待要解决的问题。这仅仅是概念的根源问题，而不是它的必不可少的使用问题。根源问题一旦确定，概念的使用条件问题以及适用的范围问题就会迎刃而解。"②康德敏锐地发现，"休谟提示"的症结在于因果性概念"是否能先天地被理性所思维，是否具有独立于一切经验的内在真理"。事实上，康德经过 12 年的沉思撰写出来的《纯粹理性批判》，其主要宗旨就是全面回应蕴含在"休谟的提示"中的这一难题。

在康德通过缜密思索建立的先验哲学语境中，他对休谟的质疑做出了明确的回答，指出因果性概念的根源不是经验，而是理性。换言之，因果性是先天地内在于理性之中的。康德提出了"（广义的）纯粹理性"的新概念。所谓"纯粹的"是指完全没有任何经验的因素在内；所谓"广义

---

① ［德］康德：《任何一种能够作为科学出现的未来形而上学导论》，庞景仁译，商务印书馆 1982 年版，第 6—7 页。

② 同上书，第 8 页。

的"是指它包含着以下三个不同的层面：一是"感性"。感性是直观的，它运用先天直观的纯粹形式——时间和空间，梳理通过感官而获得的混沌的感觉经验，从而做成纯粹数学方面的知识。二是"知性"。知性的功能是思维，它运用十二个知性范畴(单一性、多数性、总体性；实在性、否定性、限制性；实体与属性、因果性、相互作用；可能性、存在性、必然性)，进一步梳理并建立感觉经验材料之间的内在联系，从而做成纯粹自然科学方面的知识。值得注意的是，休谟提到的因果性概念正是十二个知性范畴之一。实际上，康德一开始就把因果性概念理解为完全可以与感觉经验相分离的、纯粹理性的概念，并通过知性范畴的先验演绎①，表明了它们以客观必然性的形式建立感觉经验材料之间的内在联系的合法性。三是"理性"，即(狭义的)纯粹理性。它的自然倾向是运用十二个知识范畴去认识超验的理念，即自在之物——灵魂、世界和上帝，结果陷入了误谬推理、二律背反或理想。

从上面的论述可以看出，康德已经在先验哲学的语境中成功地回应了休谟对因果性概念的质疑。但在这一回应中，康德也退了一步，即区分出认识的两类不同的对象：一是现象，即时间、空间和知性范畴(包括因果性)运用的对象；二是自在之物，属于超验的领域，是时间、空间和知性范畴无法加以运用的对象。康德认为，自在之物是不可知的，可知的只是自在之物向我们显现出来的现象。这个退步既保留了康德对休谟怀疑主义的有限认同，也蕴含着他对休谟思想的深刻批评，即休谟不应该谈论自然中一物与另一物之间的因果关系，事实上，能够谈论的只是自在之物向人们显现出来的不同现象之间的因果关系。也就是说，因果关系只适用于现象或经验的领域，绝不能指涉超验的自在之物的领域。

---

① 正如安东尼·肯尼(A. Kenny)所指出的："先验演绎的核心就在于：如果没有范畴的概念，包括实体和原因的概念，那么即便是最零星、最混乱的经验，我们也不可能理解，不可能将其概念化。"见[英]安东尼·肯尼编：《牛津西方哲学史》，韩东晖译，中国人民大学出版社2008年版，第162页。

论述到这里，休谟提出来的因果性难题似乎已得到完满的解决。但实际上，蕴含在这一难题中的、更具根本性的问题还没有被触及。人所共知，在《人类理解研究》这部著作的第八章"自由和必然"中，休谟进一步提出了因果性和自由之间的关系问题。他认为，人们普遍地把"因"与"果"之间的关系理解为必然关系，因而自由与因果性的关系实质上就是自由与必然的关系。休谟认定，这是一个更加令人费解的难题：如果世界上的一切事件都是"因"与"果"之间的必然关系，那么人是没有任何自由可言的；反之，如果人是自由的，那么又如何理解"因"与"果"之间的必然关系呢？

　　这个难题后来在《纯粹理性批判》的先验辩证论中，被康德改写成第三个二律背反：

　　正论：按照自然规律的因果性，并不是世界的显象全都能够由之派生出来的惟一因果性。为了解释这些显象，还有必要假定一种通过自由的因果性。

　　反论：没有任何自由，相反，世界上的一切都仅仅按照自然规律发生。

　　正题：按照自然律的因果性并不是世界的全部现象都可以由之导出的惟一因果性。为了解释这些现象，还有必要假定一种由自由而来的因果性。

　　反题：没有什么自由，相反，世界上一切东西都只是按照自然律而发生的。①

　　在康德看来，这个二律背反在思辨理性的范围内是无法解决的，只能到实践理性的范围内才能得到解决。

---

　　① ［德］康德：《纯粹理性批判》，李秋零译，中国人民大学出版社 2004 年版，第 378 页（B472-473）；邓晓芒译，人民出版社 2004 年版，第 374 页（A444-445/B472-473）。

第三节 《纯粹理性批判》的基本结构

		先验感性论	概念分析
		先验要素论	先验分析论
纯粹理性批判		先验逻辑	原理分析
		先验方法论	先验辩证论

（训练、法规、建筑术、历史）（误谬推论、二律背反、理想）

第二章 《纯粹理性批判》的
第一、第二版前言与批判哲学

在这一章中，我们主要讲三个大问题：一、《纯粹理性批判》的书名、题词和献词；二、《纯粹理性批判》第一版前言；三、《纯粹理性批判》第二版前言。

第一节 《纯粹理性批判》的书名、
题词和献词

先来看书名。康德之所以把自己的批判哲学的奠基性著作的书名确定为《纯粹理性批判》是有一个过程的。如前所述，1770 年，康德完成了他的教授就职论文《论感觉界和理智界的形式和原则》。在这篇论文中，康德已经达到了如下的认识：应该把感觉界和理智界分离开来。当时，康德打算建立一门"一般现象学"，把感觉界作为研究对象，而形而上学是以理智界作为研究对象的。这门"一般现象学"是为人们进入形而上学的研究做准备的。但当时，康德对理智界，尤其是知性概念的起源问题，仍然不甚了了。在 1772 年 2 月 21 日致马库斯·赫茨的信中，康德的研究获得了新的成果：一方面，他肯定，知性范畴不是从人类的感觉经验材料中概括出来的，相反，它源自"心"本身，它是先天的，是不依赖于任何感觉经验材料的。另一方面，他首次提出了"纯粹理性批判"的新观念。

他在信中这样写道："现在，我正在撰写一部《纯粹理性批判》，它将涉及理论知识和实践知识的本性，而实践知识是纯粹的理智的知识。就这部著作而言，我想先写出第一部分，它将涉及形而上学的起源、方法和界限。然后再写出道德的纯粹原理。就第一部分而言，我将在三个月里面出版它。"[①]

众所周知，康德并没有能够在三个月后完成他预定的写作计划和出版计划。问题的复杂性远远地超出了他原来的设想。尤其是他还没有把理性概念与知性（理智）概念严格地区分开来。事实上，《纯粹理性批判》是在 9 年后才出版的。然而，重要的是，康德已经提出了"纯粹理性批判"的新观念，并替自己整个批判哲学制定了一个初步的框架，即把它区分为"理论知识"和"实践知识"两个部分，"纯粹理性批判"是整个批判哲学的第一部分。正如康德的传记作家阿尔森·古留加所说的："一般都把这封信的日期（1772 年 2 月 21 日）看成是康德主要哲学著作诞生（或说孕育更为确切些）的日期。"[②]现在我们要问，"纯粹理性批判"这个书名究竟是什么意思？为什么康德要选择这样的书名来命名自己批判哲学的第一部著作？显然，要回答这些问题，就得先回答康德在其书名中所涉及的概念的含义：

1. 理性（Vernunft）。康德为什么把自己的哲学聚焦在理性上呢？在第一版前言中，他开宗明义地告诉我们："人类理性在其知识的某一门类中有如下特殊的命运：它为种种问题所烦扰，却无法摆脱这些问题，因为它们是由理性自身的本性向它提出的，但它也无法回答它们，因为

---

① Immanuel Kant，*Philosophical Correspondence*（1759-1799），Chicago：The University of Chicago Press，1970，p. 73.

② ［苏］阿尔森·古留加：《康德传》，贾泽林等译，商务印书馆 1981 年版，第 84 页。

它们超越了人类理性的一切能力。"①这里所说的"知识的某一门类"也就是形而上学。我们知道，作为哲学家，康德关注的重点始终落在形而上学上，而形而上学正是理性所创造和研究的学问。既然形而上学源于理性，对理性及其界限的探讨自然也就成了康德批判地考察形而上学问题的入手处和焦点。在康德的批判哲学中，理性有广义和狭义之分。广义的理性＝感性＋知性＋狭义的理性。

2. 纯粹的(rein)和"先天的"(a priori)、"后天的"(a posteriori)。在《纯粹理性批判》的导论中，康德写下了一段非常重要的话："我们在下面将不是把先天知识理解为不依赖于这个或者那个经验而发生的知识，而是理解为绝对不依赖于一切经验而发生的知识。与这些知识相反的是经验性的知识，或者是仅仅后天地、即通过经验才可能的知识。但先天知识中根本不掺杂任何经验性因素的知识叫做纯粹的。这样，'每一变化皆有其原因'这个命题就是一个先天命题，但并不是纯粹的，因为变化是一个只能从经验中取得的概念。"②但令人难以理解的是，在导论部分的另一段表述中，康德又把与上面提到的命题相近的另一个命题看作是"纯粹的先天判断"。这段话是这样的："轻而易举地就可以表明，在人类的知识中确实有诸如此类必然的，在严格意义上普遍的，从而纯粹的先天判断。如果想从科学中举出一个实例，那么，人们只需要看一看数学的所有命题；如果想从最普通的知性使用中举出这样一个实例，那么，'一切变化都必然有其原因'这一命题就可以充任。"③在导论中还有一段在第二版中被删去的论述是这样的："每一种不混杂有异类的东西的知识都叫做纯粹的。但尤其是根本没有经验或感觉混入其中的知识被称为绝对纯粹的，因而它也是完全先天地可能的。"④

---

① ［德］康德：《纯粹理性批判》，李秋零译，中国人民大学出版社 2004 年版，第 3 页(AⅦ)。

② 同上书，第 32 页(B2-3)。

③ 同上书，第 33 页(B4-5)。

④ 同上书，第 48 页(A10-11)。

我们知道，a priori/a posteriori 这两个拉丁语中的形容词，分别译为"由因及果的"/"由果及因的"；在逻辑上分别译为"演绎的"/"归纳的"；在哲学上分别译为"先天的"/"后天的"。在康德的语境中，"先天的"也就是"绝对不依赖于任何经验的"，也可以解释为"先于经验的"，但这里的"先"不是指"时间上的先"，而是指"逻辑上的先"。我们必须注意，这里说的"绝对不依赖于任何经验的"，不等于说，先天的东西与经验的东西是完全无关的，它强调的只是前者不依赖于后者，仅此而已。事实上，在先天知识，如"每一变化皆有其原因"中，"变化"这个概念就取自经验，因此，"先天的"还不就是"纯粹的"，只有当先天知识中不杂有任何经验性的因素时，这种知识才称得上是"纯粹的"。比如数学中的一个理想的圆以及关于这个圆的知识（如计算圆周率的公式），就既是先天的，又是纯粹。"纯粹的"同时一定是"先天的"，但"先天的"还不一定就是"纯粹的"。

3. 纯粹理性（die reine Vernunft）。要把握这个概念，我们就要理解它所蕴含的两个层次：第一个层次是，纯粹理性首先具有"先天的"特征，即它绝对不依赖于任何经验要素；第二个层次是，它尚未与任何经验要素结合起来，我们只是把它作为单独考察的对象。正如诺曼·康蒲·斯密所指出的："所以康德的'纯粹理性'的意思，就是从其自身，独立于经验，而提供出来，以普遍性和必然性为其表征的先验因素之理性。"[1]在康德看来，凡是经验的东西都缺乏普遍性和必然性（12 小时的白天以后是 12 小时的黑夜，莱布尼茨的《人类理智新论》，陀思妥耶夫斯基的《白夜》）。

纯粹理性也有广义和狭义之分。广义的纯粹理性＝纯粹感性＋纯粹知性＋狭义的纯粹理性。如果说，纯粹感性涉及先天直观的纯粹形式——时间、空间和数学，纯粹知性涉及先天的知性范畴和自然科学，

---

① ［英］诺曼·康蒲·斯密：《康德〈纯粹理性批判〉解义》，绰然译，商务印书馆1961年版，第44页。

那么，狭义的纯粹理性则涉及超经验的理念(即物自体——灵魂、世界和上帝)和形而上学。由此可见，《纯粹理性批判》这一书名中的"纯粹理性"应该是广义的，因为康德试图对理性本身进行全面的批判性的考察。

4. 批判(Kritik)。据诺曼·康蒲·斯密的考证，这个词来自英语。在 17—18 世纪的文学和艺术作品中，出现了 critical 这个形容词。后来，康德把它引入到哲学研究中，他是德语中使用这个词的第一个哲学家。在康德那里，这词首先出现在他 1765—1766 冬季学期的讲义报告中。但他很少使用"批判"的形容词 kritisch，而经常用它的名词 kritik。所谓"批判"也就是对对象进行批评性的考察，而这一考察通常包含两个方面：一是消极方面，即考察对象实际适用的范围；二是积极方面，即指明对象的新的适用途径。所谓"纯粹理性批判"，也就是对纯粹理性本身做以上两方面的批评性考察。

再看书前的题词。题词是在 1787 年出版的第二版扉页上出现的。这段话引自英国经验主义的开山鼻祖弗兰西斯·培根在《伟大的复兴》(1620)的序言中的一段话。这段题词主要包含以下三层含义：第一，这里提出的不是游谈无根的意见，而是在从事一项严肃的、认真的工作；第二，这项工作不是对某个学派有利，而是有益于整个人类的；第三，不要把"复兴"理解为不着边际的事情，它实际上是对人类谬误的匡正。

为什么把弗兰西斯·培根的这段话作为自己著作的题词？康德自己并没有加以说明，但我们可以分析如下：第一，康德在出版《纯粹理性批判》第二版时的心情与培根在出版《伟大的复兴》时类似。前者批判整个传统的形而上学的病根，后者批判整个经院哲学的流弊。第二，培根在批判传统哲学思想，尤其是经院哲学思想时，同时也引入了新工具——归纳方法，对哲学的发展进行积极的引导。与此类似的是，康德的《纯粹理性批判》也不能仅仅从消极的方面加以理解，应该注意康德从实践理性角度对理性进行的积极的引导。第三，与以后的经验主义哲学家——贝克莱、休谟比较起来，培根对经验的强调是比较温和的，他主张在经验和理性之间应该建立"真正而合法的婚礼"，这也比较符合康德所主张的先验主义哲学的思路。

再看书的献词。众所周知，康德把《纯粹理性批判》两版都题献给了皇家国务大臣策德利茨男爵，为什么他要这么做？策德利茨男爵于1771—1788年担任普鲁士教育大臣。他个人对康德是十分尊重的。1778年2月，他写信给康德，表示自己非常愉快地阅读了康德关于自然地理的讲义大纲，并请求获得他的讲稿的全文。一周后，他邀请康德接受哈勒大学的哲学讲席，而这所大学当时是德国最重要的高等学府。康德婉言谢绝后，他又重申聘约，并以宫廷顾问的官衔加以劝说。同年8月，他又写信给康德，表明自己通过门德尔松的介绍，正在听康德的一名学生(马库斯·赫茨)讲人类学。在这封信的结尾处，他写下了这样一段话：“如果你的发明力量能伸张到这么远，请建议用什么方法能使各大学的学生规避那些为着面包与牛油的学业，而使他们理解到，他们那一点点的法学，甚至他们的神学与医学，都大大地更为容易学会而稳当地应用，只要他们能掌握更多的哲学知识。他们作法官、律师、牧师和医生，每天只是几小时；但是在这几小时和一日其余的时间内，他们是人，而需要其他的科学。简言之，您必须指示我如何使学生体会到这点。刊印出来的文告、法规、法则——这一些比面包和牛油的学业还要坏些。”①

在这段话中，一方面，策德利茨男爵把哲学理解为人之为人的最重要的学问；另一方面，又对行政机关的“文告、法规、法则”进行了激烈的批评。如此明智并好学深思的大臣自然得到了康德的尊重。献词的含义是，既肯定了策德利茨男爵对学术，尤其是对哲学的关心，也赞扬了他在哲学洞见上的很高的修养。

---

① ［英］诺曼·康蒲·斯密：《康德〈纯粹理性批判〉解义》，缪然译，商务印书馆1961年版，第49页。

第二节 《纯粹理性批判》的第一版前言

在第一版前言中，康德主要论述了如下三个问题：1. 形而上学的根源及其历史命运；2. 传统形而上学研究中的两种观点；3. 作为第三种观点的批判理论。

一、形而上学的根源及其历史命运

康德认为，形而上学根源于理性，因为理性的本性驱迫理性把仅仅适用于经验范围内的原理运用到超经验的领域里去，从而导致了形而上学的诞生。在《任何一种能够作为科学出现的未来形而上学导论》一书中，康德指出："我们的理性，象生了自己的珍爱的子女一样，生了形而上学；而形而上学的产生，同世界上其他任何东西一样，不应该看做是出于偶然，而应该看做是为了重大目的而明智地组织出来的一个原始萌芽。因为形而上学有其不同于其他任何科学的基本特点，即它是自然界本身建立在我们心里的东西，我们决不能把它视为一个信手拈来的产物；或者是经验进展中的一种偶然的扩大。（形而上学同经验是判然有别的。）"①也就是说，形而上学乃是人类理性在其本性的驱使下必然陷入的一种状态。但正如康德在第一版前言中所说的："这样一来，它就跌入了黑暗与矛盾，它虽然从这黑暗和矛盾得知，必定在某个地方有某些隐秘的错误作为基础，但它却不能揭示这些错误，因为它所使用的原理既然超越了一切经验的界限，就不再承认经验的试金石。这些无休无止的争吵的战场，就叫做形而上学。"②

正是形而上学的这一本质特征造成了其特定的历史命运。也就是

---

① ［德］康德：《任何一种能够作为科学出现的未来形而上学导论》，庞景仁译，商务印书馆1982年版，第142—143页。

② ［德］康德：《纯粹理性批判》，李秋零译，中国人民大学出版社2004年版，第3页（AⅧ-Ⅸ）。

说，在相当长的一段时间里，形而上学曾经被称为"一切科学的女皇"，由于它研究的对象——自由、灵魂不朽和上帝在人们心中普遍具有尊贵的地位，从而也使形而上学在人们的心目中获得了相应的、崇高的地位。但是，自近代以降，尤其到了18世纪下半叶，各门自然科学的研究都取得了丰硕的成果，然而，形而上学不但没有获得新的进展，反而处于永无休止的争论中。事实上，任何一个形而上学体系都是经不起推敲的。正如康德在《任何一种能够作为科学出现的未来形而上学导论》中所指出的："形而上学就是如此，它象泡沫一样漂浮在表面上，一掬取出来就破灭了。但是在表面上立刻又出来一个新的泡沫。有些人一直热心掬取泡沫，而另一些人不去在深处寻找现象的原因，却自作聪明，嘲笑前一些人白费力气。"①

在一些文化较高的国家中，虽然大学里的课程设置依然保留着形而上学的课目，也有的科学院甚至还颁发奖金，诱使人们探讨形而上学方面的问题，"但是形而上学已经不再列为严正的学术之一了，而任何人自己都可以下这样的判断，即一个有学问的人，当人们想要称他为伟大的形而上学家时，他用怎样的心情去接受这样一个虽然出于善意、但是不受任何人羡慕的荣誉"②。

人们也许会问，既然形而上学已经衰弱并且陷入了如此严重的危机之中，为什么不干脆取消它呢？康德认为，只要认同这一观点，即形而上学根源于人类的理性，就会发现，形而上学是无法加以取消的。在《任何一种能够作为科学出现的未来形而上学导论》中，他告诉我们："人类精神一劳永逸地放弃形而上学研究，这是一种因噎废食的办法，这种办法是不能采取的。世界上无论什么时候都要有形而上学；不仅如此，每人，尤其是每个善于思考的人，都要有形而上学，而且由于缺少

---

① ［德］康德：《任何一种能够作为科学出现的未来形而上学导论》，庞景仁译，商务印书馆1982年版，第29页。

② 同上书，第162页。

一个公认的标准，每人都要随心所欲地塑造他自己类型的形而上学。"①既然对形而上学采取冷淡主义，甚至蔑视的态度都是不对的，而放弃或取消形而上学也是不可能的，而坚持它，它又充满了矛盾和黑暗、错误和争吵，那怎么办呢？换言之，形而上学的出路究竟何在呢？康德认为，出路在于批判。在《任何一种能够作为科学出现的未来形而上学导论》中，他指出："至今被叫做形而上学的东西并不能满足任何一个善于思考的人的要求；然而完全放弃它又办不到。这样一来，就必须试探一下对纯粹理性本身来一个批判；或者，假如现在已经有了这样的一种批判，那么就必须对它加以检查并且来一个全面的实验。因为没有别的办法比满足这一纯粹是求知的渴望更为迫切的需要了。"②这种批判工作也正是康德在《纯粹理性批判》一书中所做的工作。

二、传统形而上学研究中的两种观点

康德认为，在传统形而上学研究中，存在着两种基本的观点，即独断论和怀疑论。

其一，独断论（Dogmatismus）。在第一版前言中，康德写道："最初，形而上学的统治在独断论者的管辖下是专制的。"③也就是说，在形而上学的发展史上，独断论的观点最初是占统治地位的。那么，究竟什么是"独断论"呢？康德在《纯粹理性批判》的《先验分析论》部分曾经指出："非批判的独断论者没有测量过自己的知性的疆域，从而没有按照原则规定过他的可能知识的界限，所以他并非事先已知道自己能够有多少知识，而是想通过纯然的尝试来弄清这一点。"④也就是说，独断论的观点只是盲目地信仰自己的理性能力，在认识对象之前，从不对自己的能力的局限和知识的界限获得一个明晰的认识。据诺曼·康蒲·斯密的

---

① ［德］康德：《任何一种能够作为科学出现的未来形而上学导论》，庞景仁译，商务印书馆 1982 年版，第 163 页。黑格尔在《小逻辑》中甚至认为："人是形而上学的动物。"

② 同上书，第 163 页。

③ ［德］康德：《纯粹理性批判》，李秋零译，中国人民大学出版社 2004 年版，第 4页（AⅨ）。

④ 同上书，第 570 页（B796）。

解释："独断论者假定人类理性能够认识最后的实在，而就按照这假定进行其思想的。在其进行建立一种形而上学之前，并不研究这是否有其可能。"①总之，独断论抱着一种天生的乐观主义，在认识任何对象之前，他们缺乏对理性运用的条件和局限性进行认真的反思和检查。

很多研究者认为，所谓"独断论"是指莱布尼茨-沃尔夫的唯理论（Rationalismus），或至多扩大到像笛卡尔、马勒伯朗士、斯宾诺莎这样的唯理论哲学家。其实，这只是独断论的一种表现方式，不妨把它称之为"唯理论的独断论"。我们认为，独断论还有一种表现形式，姑且称之为"经验论的独断论"。我们这里说的"经验论"（Empirismus）主要指洛克、贝克莱这样的哲学家。在第一版前言中，当康德谈到不同的形而上学见解之间的争论时，这样写道："在近代，虽然一度看起来好像通过（由著名的洛克提出的）人类知性的某种自然学已经结束了这一切争论，并完全确定了那些要求的合法性；但人们发现的却是，尽管那位所谓的女王的出生乃来自平常经验的贱民，因而她的非分要求必然理应受到怀疑，但由于这个血统事实上是虚假地为她捏造的，所以她还一再坚持她的要求，由此一切都又堕入陈旧的、腐朽的独断论，并由此堕入人们曾想使科学摆脱的那种蔑视。"②显然，康德在这里对独断论批判的重点落在以洛克为代表的"经验论的独断论"上。

在这一点上，文德尔班是卓有见地的。他在谈到康德在《任何一种能够作为科学出现的未来形而上学导论》中所做的"自白"，即正是休谟的怀疑论把他从独断论的迷梦中惊醒过来时，曾经评论道："关于康德自己经常提到的这个'自白'大多数人忽视了他所谓的'独断的'指的不仅是'理性主义'，而且主要是指早期认识论的经验主义；而且还忽视了：他用此词语的典型段落中（《未来形而上学导论》序言，《全集》卷四，第

---

① ［英］诺曼·康蒲·斯密：《康德〈纯粹理性批判〉解义》，绰然译，商务印书馆1961年版，第55页。

② ［德］康德：《纯粹理性批判》，李秋零译，中国人民大学出版社2004年版，第4页（A IX - X）。

260 页)并没有将休谟和沃尔夫对立起来,而是只将休谟和洛克、里德、柏阿蒂对立起来。因此,康德宣称休谟把他从独断主义中解放出来,此独断主义指的是经验主义的独断主义,而理性主义的独断主义他早已在当时所出的文献的气氛中克服了。"①这就启示我们,在形而上学发展史上,存在着两种不同类型的独断论,而康德当时作为主要批判对象的是"经验论的独断论"。

其二,怀疑论(Skeptizismus)。怀疑论是哲学研究中必定会出现的一种理论。正如黑格尔所说的:"自古以来,直到如今,怀疑论都被认为是哲学的最可怕的敌人,并且被认为是不可克服的,因为怀疑论是这样的一种艺术,它把一切确定的东西都消解了,指出了确定的东西是虚妄无实的。"②在黑格尔看来,单纯的怀疑导向消极的、否定性的哲学,但积极的哲学则以如下的方式认识怀疑论:"积极的哲学本身之中便具有着怀疑论的否定方面,怀疑论并不是与它对立的,并不是在它之外的,而是它自身的一个环节,然而是它的真理性中的否定方面,而这是怀疑论所没有的。"③

康德也把怀疑论理解为形而上学研究中必然会出现的一种理论。在第一版前言中,当康德提到独断论形而上学的专制统治时,写道:"由于立法还带有古代野蛮的痕迹,所以它就由于内战而逐渐地蜕化成完全的无政府状态,而怀疑论者,即一种游牧民,憎恶地面的一切常设建筑,便时时来拆毁市民的联合。但幸好他们人数不多,所以他们不能阻止独断论者一再试图又重新建立这种联合,尽管这种重建并不是按照在他们中间意见一致的计划。"④在这里,康德用十分形象的语言叙述了怀疑论的观点,即怀疑论者总是对独断论的形而上学进行抨击,试图拆毁

---

① [德]文德尔班:《哲学史教程》下卷,罗达仁译,商务印书馆 1996 年版,第 739 页。
② [德]黑格尔:《哲学史讲演录》第 3 卷,贺麟、王太庆译,商务印书馆 1959 年版,第 106 页。
③ 同上书,第 107 页。
④ [德]康德:《纯粹理性批判》,李秋零译,中国人民大学出版社 2004 年版,第 4 页(AⅨ)。

独断论者建立起来的一个又一个的形而上学体系，但由于他们本身的人数太少，所以新的独断论形而上学体系仍然不断地冒出来。

在《纯粹理性批判》的《先验方法论》部分，康德以更明晰的语言论述了怀疑论的观点："怀疑论就是独断的玄想家的管教师傅，敦促他对知性和理性本身作出一种健康的批判。如果他做到了这一点，他就不必再惧怕任何攻击了；因为他在这种情况下就把自己的财产与完全处在他的财产之外的东西区分开来了；他对后者不提出任何要求，也不可能被卷入关于后者的争执。这样，虽然怀疑的方法就自身而言对于理性的问题来说并不是令人满意的，但却毕竟是预备性的，为的是唤起理性的谨慎，并指示能够确保理性合法财产的周密手段。"①这有点像《圣经》中所说的：把上帝的还给上帝，把凯撒的还给凯撒。

事实上，在西方思想史上，一直存在着两种不同类型的怀疑论：一是古代的怀疑论，以皮浪（Pyrrho，约公元前 365 或 360—前 275 或 270，出生于希腊城邦伊利斯）为代表，它确信理性的作用，但怀疑感觉经验的可靠性；二是近代的怀疑论，以休谟为代表，它确信感觉经验是唯一可靠的，而理性及理性构想出来的一切反而是靠不住的。所以，康德的《纯粹理性批判》就是要在怀疑主义的启发下，打破独断论的研究态度，重建理性批判的权威。

三、作为第三种观点的批判理论

这是康德本人所倡导的形而上学研究中的第三种观点。康德在谈到形而上学的黑暗和矛盾时，在第一版前言中指出："这个时代不能再被虚假的知识拖后腿了；它是对理性的一种敦请，要求它重新接过它的所有工作中最困难的工作，即自我认识的工作，并任命一个法庭，这个法庭将在其合法要求方面保障理性，但与此相反，对于一切无根据的非法要求，则能够不是通过权势压人的命令，而是按照理性永恒的和不变的

---

① ［德］康德：《纯粹理性批判》，李秋零译，中国人民大学出版社 2004 年版，第 571 页（B797）。

法则来处理之；而这个法庭就是纯粹理性的批判本身。"①

独断论只信任理性的能力，而从来不反思它的局限性和适用范围。也就是说，独断论停留在盲目的、无基础的肯定中；而怀疑论又试图推倒一切，干脆连理性应有的能力也否定了，把洗澡水和小孩一起倒掉了。也就是说，怀疑论停留在单纯否定的阴影中。在这种情况下，康德开创的批判论既要扬弃独断论的盲目的乐观主义，又要扬弃怀疑论的盲目的悲观主义。他强调，他所倡导的"批判"主要有以下四个特征：

其一是普遍性。康德强调的普遍性又包含着两个不同的层次：第一个层次涉及哲学，特别是形而上学的研究。他写道："我所理解的批判，并不对某些书或者体系的批判，而是就它独立于一切经验能够追求的一切知识而言对一般理性能力的批判，因而是对一般形而上学的可能性或者不可能性的裁决，对它的起源、范围和界限加以规定，但这一切都是出自原则。"②在这段话中，康德主要论述的是其批判理论在哲学研究范围内的普遍性，即它不是只对一两本书进行批判，而是对一般理性的能力进行批判。第二个层次涉及一切精神领域。在第一版前言的一个注中，康德写道："我们的时代是真正的批判时代，一切都必须经受这种批判。通常，宗教凭借其神圣，立法凭借其威严，想要逃脱批判。但在这种情况下，它们就激起了对自身的正当怀疑，并无法要求获得不加伪饰的敬重，理性只把这种敬重给予能够经得起它的自由的和公开的检验的东西。"③也就是说，康德主张把他的批判理论推广到整个精神生活中去。事实上，康德后来在出版了"三大批判"后渐渐地把重心转向其他领域，如神学、政治学、法学、史学、人类学和教育学等。这段话进一步印证了我们前面提到的一个观点，即对康德批判理论的理解不应该局限于"三大批判"的范围内，而应该扩大到整个自然科学和人文社会科学的

---

① ［德］康德：《纯粹理性批判》，李秋零译，中国人民大学出版社 2004 年版，第 5 页（AⅪ-Ⅻ）。
② 同上书，第 5 页（AⅫ）。
③ 同上书，第 5 页注①（AⅪ）。

范围内。

其二是系统性（或整体性）。在康德看来，作为其批判理论的主要对象的纯粹理性乃是一个系统或整体，因而批判不应该忽略其中的任何一个因素或方面。他告诉我们："事实上，就连纯粹理性也是一个如此完善的统一体，以至于只要它的原则对于通过它的本性给它提出的所有问题中的任何一个是不充分的，人们就至少会把它抛弃掉，因为在这种情况下，它也就不能以完全的可靠性来胜任其余问题中的任何一个了。"① 显然，康德为了撰写《纯粹理性批判》之所以沉默了 12 年，就是为了在对纯粹理性批判的过程中解决历史上遗留下来的每一个形而上学的问题。这使我们不禁联想起西方人的一句谚语 All or nothing（拥有一切或一无所有），事实上，对系统性（或整体性）的倚重正是康德批判理论的彻底性的表现形式之一，也是它高于独断论和怀疑论的重要方面。

其三是确定性。这也是康德的批判理论据以自豪的地方。康德强调，在他的批判理论中，没有任何不确定的"意见"或"假定"混杂在其中，而康德确保其批判理论所引申出来的全部结论的确定性的根本做法是在"先天的"或"纯粹的"地平线上来开展自己的研究活动。在第一版前言中，他指出："因为每一种应当先天地确定的知识都自身预示着，它要被视为绝对必然的，而所有纯粹先天知识的规定则更有甚者，它应当是一切不容争辩的（哲学的）确定性的准绳，从而甚至是其范例。"②在康德那里，知识的确定性与普遍必然性实际上是同一个概念。（知识的不确定性：从主观方面看，小学生：2＋2＝4，"好像""大概"等；从客观方面看，建筑在不完全归纳上的知识都是不确定的，如孔子的"唯女子与小人为难养也"；哲学教科书"社会主义必然会取代资本主义"，世界上社会主义或资本主义搞得好的也就这么一些国家）。

其四是明晰性。在第一版前言中，康德指出："就明晰性而言，读

---

① ［德］康德：《纯粹理性批判》，李秋零译，中国人民大学出版社 2004 年版，第 6 页（AXⅢ）。

② 同上书，第 7 页（AXⅤ）。

者有权利首先要求凭借概念的推论(逻辑的)明晰性,但然后也有权利要求凭借直观的、亦即凭借具体的实例和其他说明的直觉的(感性的)明晰性。"①康德认为,对于前一种明晰性,他已经给予充分的关注;而对第二种明晰性,他是有一定的保留的:一方面,大量地使用实例和直观方面的材料会使全书的篇幅膨胀,而且也只能满足于某种"大众化"的要求;另一方面,细节方面的明晰化的追求,往往"在整体上分散精力",会影响整个理论架构的完整性和均衡性。事实上,在第二种明晰性的追求方面,康德也是做了不少工作的,但由于研究工作的性质,这方面的收效似乎并不明显。

第三节 《纯粹理性批判》的第二版前言

假如说,在第一版前言中,康德着重说明了他为什么要撰写《纯粹理性批判》这部著作,那么,在第二版前言中,他的重点则放在《纯粹理性批判》究竟采用了什么样的方法论。尽管在《纯粹理性批判》第一版的许多论述中,尤其是在"先验方法论"部分中涉及对方法论问题的探索和说明,但总的说来,在第一版中,康德没有对自己的批判理论的方法论做出概括性的、总体上的说明。而第二版的主旨正是对《纯粹理性批判》的方法论做出总体上的命名和说明。众所周知,这个总体上的方法也就是所谓"哥白尼革命"。在第二版前言中,康德主要阐述了以下四个问题:一、逻辑学、数学和自然科学发展中思维方式的革命;二、形而上学研究中的"哥白尼革命";三、知识和信仰的关系;四、对批判理论的新阐述。

一、逻辑学、数学和自然科学发展中思维方式的革命

先来看逻辑学。我们知道,康德从 1765 年起就在哥尼斯堡大学讲

---

① [德]康德:《纯粹理性批判》,李秋零译,中国人民大学出版社 2004 年版,第 8 页(AⅩⅦ-ⅩⅧ)。

授逻辑学，他对逻辑学有深入的研究。根据他的研究结果，逻辑学（这里是指亚里士多德创立的形式逻辑）发展至今已经两千多年，但没有什么新的进展。在第二版前言中，他这样写道："逻辑学值得注意的还有：它直到今天也未能前进一步，因而就一切迹象来看似乎已经封闭和完成了。因为如果一些近代人打算扩展逻辑学，有的人插进若干章关于各种认识能力（想象力、机智）的心理学，有的人插进若干章关于认识的起源或者因客体不同（唯心论、怀疑论等等）而来的不同种类的确定性的起源的形而上学，有的人插进若干章关于成见（成见的原因及对付成见的手段）的人类学，这都是源自他们对这门科学的独特本性的无知。如果有人让各门科学互相越界，则这并不是对它们有所增益，而是使它们面目全非；但逻辑学的界限已经有完全精确的规定，它是一门仅仅详尽地阐明和严格地证明一切思维（无论它是先天的还是经验的，具有什么样的起源或者客体，在我们的心灵中遇到偶然的还是自然的障碍）的形式规则的科学。"①

康德认为，逻辑学是关于思维的形式规则的科学，它与思维涉及的具体内容无关。那些自以为推进了亚氏形式逻辑学研究领域的人，实际上是把不属于逻辑学研究范围的内容纳入到逻辑学中来，在《逻辑学讲义》中，康德以更明确的口吻指出："逻辑是知性和理性的自我知识，但不是就这些能力与对象相关而言，而是仅就形式而言。在逻辑学中我将不问：知性知道什么？知性能知道多少？或者，知性知识可以扩展到多远？逻辑学中的问题只是：知性如何认识本身？"②在康德看来，逻辑学与我们一般谈论的感觉经验及其对象都是无关的，它只探讨一般思维所遵循的普遍规则，由于这些规则与经验无关，因而是先天的，是人们的一切思维活动必须遵守的形式上的规则。自从逻辑学诞生以来，它已经获得了巨大的成功，但这一成功的原因又是什么呢？康德告诉我们：

---

① ［德］康德：《纯粹理性批判》，李秋零译，中国人民大学出版社 2004 年版，第 11—12 页（BⅧ-Ⅳ）。

② ［德］康德：《逻辑学讲义》，许景行译，商务印书馆 1991 年版，第 4 页。

"至于逻辑学取得如此巨大的成功，它具有这种长处却仅仅得益于自己的局限性，这种局限性使它有权利、甚至有义务抽掉知识的一切客体和区别，从而在它里面知性除了自己本身及其形式之外，不和任何别的东西打交道。"①也就是说，逻辑学之所以取得了巨大的成功，竟得益于它自身的局限性，即它只涉及思维的形式，因而完全可以撇开感觉经验材料和认识客体。逻辑学的性质规定了知性根本不用旁驰博骛，只要反身探索自己必须遵守的形式上的规则就行了。这就启发我们，逻辑学的立足点就是知性自身，因而在逻辑学的发展史上没有一个类似于天文学上的"哥白尼革命"，因为从一开始，知性自我就在逻辑学中占有了中心的位置。

再来看数学。康德认为，数学在古希腊时期已经走上了一条科学的、可靠的道路，但它的道路并不像逻辑学那么平坦。在埃及人那里，人们对数学曾处于长期摸索的阶段，但数学本身的突飞猛进的发展也表明，它曾经经历过一场革命，而"这场比发现绕过著名海角的道路更为重要得多的思维方式的革命以及实现这场革命的幸运者的历史并没有给我们保留下来"②。在康德看来，这场革命的实质却与逻辑学只探索知性思维自身的形式上的规则有相似之处。那就是纯粹数学，尤其是几何学在古希腊时期取得的巨大的成就，因为几何学探讨的"三角形""圆"这样的图像也具有纯粹的形式性，可以完全撇开感觉经验的对象来进行。因而数学家不是从外部世界的经验生活中去发现数学规则，相反，"必须把他根据概念自身先天地设想进去并加以表现的东西(通过构造)创造出来，而且为了可靠地先天知道某种东西，除了从他根据自己的概念自己置于事物之中的东西必然得出的结果之外，不必给事物附加任何东

---

① ［德］康德：《纯粹理性批判》，李秋零译，中国人民大学出版社 2004 年版，第 12 页(BⅣ)。

② 同上书，第 13 页(BⅪ)。

西"①。也就是说，数学革命的本质也是返回到先天感性构造出来的纯粹空间中，并把对纯粹空间和图形研究中引申出来的规则应用到感觉经验的领域中去。显然，这里发生的类似的过程也是返回到纯粹理性本身。

最后看自然科学。康德认为，虽然自然科学取得比较大的进展还是近一个半世纪的事情，但其进展也必须用思维方式的革命才能解释。无论如何，英国的经验主义哲学家弗兰西斯·培根起到了一定的作用，因为培根在自然科学的研究中倡导了一种实验的方法。当自然科学家们通过自己精心设计的实验，试图证实其心中的假设的时候，一种新的思维方式的光明已经在他们心中闪烁了。正如康德所说的："他们理解到，理性只洞察它自己根据自己的规划产生的东西，它必须以自己按照不变的规律进行判断的原则走在前面，强迫自然回答自己的问题，必须不让自己仿佛是被自然独自用襻带牵着走；因为若不然，偶然的、不按照任何事先制订的计划进行的观察就根本不在理性寻求和需要的一条必然规律中彼此关联。理性必须一手执其原则(惟有依照其原则，协调一致的显象[Erscheinung]才能被视为规律)，另一手执它按照其原则设想出来的实验走向自然，虽然是为了受教于自然，但却不是以一个学生的身份让自己背诵老师希望的一切，而是以一个受任命的法官的身份迫使证人们回答自己向他们提出的问题。这样，甚至物理学也应当把它的思维方式的这场如此有益的革命归功于这样一个灵感，即依照理性自己置入自然之中的东西在自然中寻找(而不是为自然捏造)它必须从自然学习、而且它本来可能一无所知的东西。由此，自然科学才被带上一门科学的可靠的道路，它在这里曾经历许多个世纪，却无非是来回摸索。"②在康德看来，自然科学不同于数学，更不同于逻辑学，它是直接以自然现象作为自己的研究对象的。因此，它经历了更长时间的摸索才意识到，只要

①　[德]康德：《纯粹理性批判》，李秋零译，中国人民大学出版社 2004 年版，第 13 页(BXII)。

②　同上书，第 14 页(BXIII-XIV)。

自然科学家的思维方式仍然是从自然现象出发的，他们就会停留在种种偶然的、不连贯的观察中，从而无法推动自然科学以整体的方式向前发展。而要做到这一点，自然科学家的思维方式就应该来一个根本性的转变，即把立足点转到研究主体方面来，由研究主体通过知性的思索，提出自己的假设，再用实验来证实这一假设。如果假设是能够成立的，再把它推广到对所有的自然现象的观察中去。按照康德的生动的提法，自然科学家不是以学生的身份，求教于自然，而是以法官的身份，一手执"原则"，即假设，另一手执"实验"，走向自然，迫使自然回答自己提出的问题。由此可见，自然科学也经历了思维方式上的重大的变化。对于康德来说，逻辑学、数学和自然科学的思维方式的变化究竟意味着什么呢？且看他下面的论述。

二、形而上学研究中的"哥白尼革命"

与前面提到的三门科学比较起来，康德认为："形而上学是一种完全孤立的、思辨的理性知识，它完全超越了经验的教导，而且凭借的仅仅是概念(不像数学凭借的是将概念运用于直观)，因而在这里理性自己是它自己的学生；尽管形而上学比其余一切科学都更为古老，而且即使其余的科学统统在一场毁灭一切的野蛮之深渊中被完全吞噬，它也会留存下来，但迄今为止命运还不曾如此惠顾它，使它能够选取一门科学的可靠道路。"①为什么？因为在形而上学中，理性不断地陷入困境，不同的形而上学体系不断地发生冲突，还没有人在这个战场上建立一个稳定的据点。"因此毫无疑问，形而上学的做法迄今为止还只是一种来回摸索，而最糟糕的是仅仅在概念中间来回摸索。"②

那么，形而上学的研究究竟是否可能找到一条科学的、可靠的道路呢？康德认为，逻辑学，尤其是数学和自然科学经历的思维方式上的革命，为形而上学研究中的思维方式革命提供了重要的启发。康德指出：

---

① [德]康德：《纯粹理性批判》，李秋零译，中国人民大学出版社 2004 年版，第 14—15 页(BⅩⅣ)。

② 同上书，第 15 页(BⅩⅤ)。

"迄今为止，人们假定，我们的一切知识都必须遵照对象；但是，关于对象先天地通过概念来澄清某种东西以扩展我们的知识的一切尝试，在这一预设下都归于失败了。因此，人们可以尝试一下，如果我们假定对象必须遵照我们的认识，我们在形而上学的任务中是否会有更好的进展。这种假定已经与对象的一种在对象被给予我们之前就应当有所断定的先天知识所要求的可能性有更大的一致性。这里的情况与哥白尼最初的思想是相同的。哥白尼在假定整个星群都围绕观察者旋转，对天体运动的解释就无法顺利进行之后，试一试让观察者旋转而星体静止，是否可以更为成功。如今在形而上学中，就对象的直观而言，人们也可以用类似的方式作出尝试。如果直观必须遵照对象的性状，那么，我就看不出人们怎样才能先天地对对象有所知晓；但如果对象（作为感官的客体）必须遵照我们的直观能力的性状，那么，我就可以清楚地想象这种可能性。"①也就是说，形而上学的传统的研究方法是从对象出发的，把对象概括在概念中，再用概念来扩展我们的知识，但这方面的尝试都失败了。现在能不能倒过来，把研究主体作为出发点，从纯粹理性自身的规则出发去规定并阐释对象？康德认为，可以做这样的尝试，就像哥白尼把亚里士多德-托勒密的"地心说"倒转为"日心说"一样。

在第二版前言的一个注里，康德阐明了"哥白尼革命"在天文学乃至自然科学研究中的重大意义："如果不是哥白尼大胆地以一种违背感官但却真实的方式不是在天穹的对象中，而是在这些对象的观察者中寻找被观察的运动的话，引力是永远不会被发现的。尽管在这本书自身中，在批判中阐明的、类似于上述假说的思维方式变革从我们空间和时间表象的性状和知性的基本概念得到的并不是假说性的、而是无可争辩的证明，但在这篇前言里，我也只是把这一变革当做假说提出，为的只是使人们

---

① ［德］康德：《纯粹理性批判》，李秋零译，中国人民大学出版社 2004 年版，第 15—16 页（BⅩⅥ-ⅩⅦ）。

注意到这样一种每次都是假说性的变革的最初尝试。"①事实上，"哥白尼革命"体现的正是理性和思维的伟大力量，因为它是沿着反感官的方向来思索的（日出、日落，司马光救另一个小孩，拿破仑加冕）。

当然，康德没有说明，形而上学研究中的"哥白尼革命"与天文学发展史上的"哥白尼革命"正好是以相反的方式展开的。在天文学的"地心说"中，地球是中心，太阳是围绕地球而旋转的，而作为认识主体的人也居于地球之上。在这个意义上，"地心说"也就是"主体说"。在"日心说"中，太阳成了中心，而地球和人则围绕太阳而旋转了。也就是说，主体反而被边缘化了。与此相反，在形而上学研究中，原来的状态是"对象中心论"，经"哥白尼革命"后，现在的状态则是"主体中心论"。也就是说，康德只是在思维方式的根本性倒转的意义上借用了"哥白尼革命"这个表达式，实际上，形而上学研究中的"哥白尼革命"与天文学发展史上的"哥白尼革命"正好是沿着相反的方向展开的。如果说，后一个革命意味着使主体边缘化，即"祛主体性"的话，那么，前一个革命则意味着使主体或自我成为真正的中心。

海涅在《论德国宗教和哲学的历史》一书中曾经这样评论康德关于"哥白尼革命"的见解："自从康德出现后，迄今回旋于事物的周围，东嗅西闻，收集些事物的表征并加以分类的哲学便一蹶不振了，康德把研究工作引回到人类精神中去并考察了那里所呈示的东西。因此，他把他的哲学与哥白尼相比较并非是不恰当的。以前当人们把地球当作静止的东西，而让太阳绕着地球旋转的时候，天算总是不太准确的，这时哥白尼让太阳静止下来而让地球绕着太阳旋转了，于是看吧！现在一切都圆满地运行起来了。以前理性象太阳一样围绕着现象世界旋转并试图去照耀它；但康德却让理性这个太阳静止下来，让现象世界围绕着理性旋转，并使现象世界每次进入这个太阳的范围内，就受到照耀。"②

---

① ［德］康德：《纯粹理性批判》，李秋零译，中国人民大学出版社 2004 年版，第 19 页注①（B XⅫ）。

② 张玉书选编：《海涅选集》，人民文学出版社 1983 年版，第 298 页。

按照康德的观点，形而上学研究中的"哥白尼革命"意味着："我必须早在对象被给予我之前、从而是先天地就在我里面将知性的规则作为前提，它在先天概念中得到表述，因而经验的所有对象都必然地遵循这些概念，而且必须与它们一致……即我们关于事物只是先天地认识我们置于它们里面的东西。"①Discovery and put into。如学科划分和边缘学科，人对自己的创造物的膜拜，人创造上帝和上帝创造人等。诺曼·康蒲·斯密对康德提出的"哥白尼革命"做了更为直白的解释："在我们所有可能的知识领域中，必须把理性认为有自行规定其法则的权利的。必须把对象看为要适合于人类思想，而不是把人类思想看为要适合独立的实在。这就是康德加以有点使人误解的'哥白尼式'之称号的那条假说。"②

康德认为，一旦他提出的"哥白尼革命"的说法被引入到形而上学研究中，人们首先需要的就是对作为外部世界的立法者的纯粹理性本身进行批判性的考察。当纯粹理性的原则被运用于经验范围内的对象（现象 Erscheinung/Phänomen）时，它就是合理的；当它被运用到超经验的对象（Ding an sich）时，它就会陷入矛盾和冲突之中。在康德看来，一旦在形而上学的研究中引入了"哥白尼革命"，这一研究也就走上了科学的、可靠的道路。这样一来，形而上学"就能够完全把握住属于它的知识的整个领域，从而完成自己的事业，并把它作为一个永远不增设的主座奠放给后世供其使用，因为它只与原则和由原则自己决定的其使用的限制打交道。因此，它作为基础科学也有义务实现这种完备性，而关于它我们必须能够说：只要还剩有该做的，那就算什么也没做"③。这里也有我们上次提到过的 All or nothing 的意思。

---

① ［德］康德：《纯粹理性批判》，李秋零译，中国人民大学出版社 2004 年版，第 16—17 页（BⅩⅦ-ⅩⅧ）。

② ［英］诺曼·康蒲·斯密：《康德〈纯粹理性批判〉解义》，绰然译，商务印书馆1961 年版，第 60 页。

③ ［德］康德：《纯粹理性批判》，李秋零译，中国人民大学出版社 2004 年版，第 20 页（BⅩⅩⅣ）。译文有省略。

三、知识与信仰的关系

在第二版前言中，康德说过一段非常著名的话：Ich musste also das Wissen aufheben，um zum Glauben Plats zu bekommen。① 诺曼·康蒲·斯密的英译本是这样翻译这句话的：I have therefore found it necessary to deny knowledge，in order to make room for faith。② 这段译文显然在意思上曲解了康德的原意。在康德那里，aufheben 这个动词兼有两方面的含义，即"保留"和"抛弃"，而诺曼·康蒲·斯密的 deny 在英文中的解释是"否认"或"否定"。有人也许会说，aufheben 的辩证含义直到黑格尔才赋予，而在康德那里，这方面的含义还是不明晰的。即使如此，从康德整个批判哲学的意图就可以看出来，康德从来没有否定过知识，相反，他自己在自然科学知识方面就做出过卓越的贡献。李秋零的中译本把这句话译为："因此，我不得不扬弃知识，以便为信念腾出地盘。"③ 就 aufheben 这个词被译为"扬弃"来说，是对康德思想的正确理解，当然，这也不是李译本的创造，韦卓民的译本早已采用这样的译法，但李译本把 Glaube/faith 译为"信念"是一大败笔。尽管在不严格的日常用语中，也可以把 Glaube/faith 译为"信念"，但在康德那里，这个词必须被译为"信仰"。为什么？因为在康德那里，"知识"和"信仰"是两个完全不同的领域，至于"信念"，是从属于知识的范围之内的。邓晓芒的中译本把这句话译为："因此我不得不悬置知识，以便给信仰腾出位置。"④ 这里把 Glaube/faith 译为"信仰"是正确的，但在邓译本后面的《德汉术语索引》中写着："Glauben 信念/信仰。"⑤ 这里有双重的错误：第一，这个

---

① I. Kant，*Werkausgabe Ⅲ*，Herausgegeben von W. Weischedel，Suhrkamp Verlag，1988，S. BXXX-XXXI.

② I. Kant，*Critique of Pure Reason*，translated by N. K. Smith，New York：The Humanities Press 1950，p. 29（BXXX）.

③ ［德］康德：《纯粹理性批判》，李秋零译，中国人民大学出版社 2004 年版，第 23 页（BXXX）.

④ ［德］康德：《纯粹理性批判》，邓晓芒译，人民出版社 2004 年版，第 22 页（BXXX）.

⑤ 同上书，第 659 页。

德语名词应为 Glaube，Glauben 是 Glaube 的第三格（介词 zu 的宾格），怎么可以不加更动地列入术语表中；第二，尽管 Glaube 确有"信念/信仰"两方面的含义，但在康德这里出现时，其含义只能被理解为"信仰"，不能被理解为"信念"。更离谱的是，邓译本竟然把 aufheben 译为"悬置"。众所周知，"悬置"的含义是存而不论，这完全不符合康德思想。康德对知识采取了充分肯定的态度，只是主张把它限制在现象的领域里。这表明，康德从来没有把知识"悬置"起来过。

如何理解康德哲学中知识与信仰之间的关系呢？康德上面的名言实际上告诉我们：知识有知识的地盘，信仰有信仰的地盘。说得更明确一些，"知识"这个概念是在思辨理性的范围内使用的。康德在《第二版前言》的一个注中告诉我们："形而上学家的分析把纯粹的先天知识划分为两种十分异类的要素，即作为显象的物的知识和物自身的知识。辩证法又把这二者结合起来，达到与无条件者的必然理性理念的一致，并且发现，这种一致惟有凭借那种区分才出现，所以那种区分是真实的区分。"①也就是说，在思辨理性的范围内，存在着两种不同的知识：一种是"作为显象的物的知识"，即经验范围内的知识；另一种是"物自身的知识"，即超经验的知识。在康德看来，关于"物自身的知识"实际上并不是真正的知识，它是由误谬推理、二律背反和理想构成的。然而，思辨理性在超验领域里的这些充满矛盾的知识，一旦转入到实践理性的范围内，就转化为"信仰"，从而成了人的行为的积极的范导性的原则。正如康德所说的："如今，在否认了思辨理性在这个超感性事物领域里的一切进展之后，始终还给我们剩下的是进行一番尝试，看在它的实践知识中是否有一些材料，来规定无条件者那个超验的理性概念，并以这样的方式按照形而上学的愿望，凭借我们惟有在实践方面才可能的先天知识来超出一切可能经验的界限。而就这样一种方法而言，思辨理性却总

①　[德]康德：《纯粹理性批判》，李秋零译，中国人民大学出版社 2004 年版，第 18 页注①（BXXI）。

是至少为我们作出这样的扩展创造了地盘，尽管它必然让这地盘闲置着；因此，在我们可能的情况下用思辨理性的实践素材去充实这一地盘，依然是听便于我们的，我们甚至还受到思辨理性的敦促。"①这样一来，我们也就明白了，"信仰"这个术语并不适合于思辨理性的范围，它是在实践理性的范围内被使用的，然而，从内容上看，它相当于思辨理性中关于"物自身的知识"，即关于上帝、自由和灵魂不朽的理念。

那么，康德为什么要扬弃知识，替信仰开拓地盘呢？在第二版前言中，他告诉我们："如果不同时取消思辨理性越界洞察的僭妄，我就连为了我的理性必要的实践应用而假定上帝、自由和不死也不能，因为思辨理性为了达到这些洞识就必须利用这样一些原理，这些原理由于事实上只及于可能经验的对象，如果它尽管如此仍然被运用于不能是经验对象的东西，实际上就总是会把这东西转化为显象，这样就把纯粹理性的所有实践的扩展都宣布为不可能的。因此，我不得不扬弃知识，以便为信念（应译为'信仰'——引者注）腾出地盘，而形而上学的独断论，即认为无须纯粹理性的批判就在形而上学中前进的成见，是所有与道德性相冲突的无信念（应译为'信仰'——引者注）的真正来源，无信念（应译为'信仰'——引者注）在任何时候都是完全独断的。"②也就是说，独断论的形而上学家没有把"显象"与"物自身"区分开来，换言之，没有把理性的经验运用与超验运用区分开来，这样一来，就把超验领域里的物自身——上帝、自由和灵魂不朽作为显象来处理了。于是，思辨理性范围内的两类知识无限膨胀，把信仰和实践理性完全挤走了。康德说要扬弃知识，实际上是要抛弃关于"物自身的知识"，保留关于"作为显象的物的知识"。尽管关于"物自身的知识"被抛弃了，但上帝、自由和灵魂不朽作为信仰，却转而在人的实践领域中得到了保留，成了人的行为的范导性原则。

---

① ［德］康德：《纯粹理性批判》，李秋零译，中国人民大学出版社 2004 年版，第18—19 页（BⅩⅪ-ⅩⅫ）。

② 同上书，第 23 页（BⅩⅩⅨ-ⅩⅩⅩ）。

四、对批判理论的新阐述

当康德为《纯粹理性批判》撰写第二版前言时，6 年时间过去了。在这段时间里，人们对他的著作有许多批评，他本人也有了更多的思索，因而对其批判理论做出了新的论述。

首先，康德强调，批判理论的主旨是倡导一种新的方法。他指出："如今，纯粹思辨理性的这一批判的工作就在于那种尝试，即通过我们按照几何学家和自然研究者的范例对形而上学进行一场完全的革命，来变革形而上学迄今为止的做法。这项批判是一部关于方法的书，而不是一个科学体系自身；但是它尽管如此仍然既在这门科学的界限方面、也在它的整个内部构造方面描画了它的整个轮廓。"①这段话表明，虽然批判理论考虑到了自己作为一个理论体系的整体性或完备性，但它的主旨在于把一种新的方法论，即"哥白尼革命"引入到形而上学的探索中。

其次，康德对批判理论与独断论的关系做了更细致的论述。他写道："批判并不与理性在其作为科学的纯粹知识中的独断方法对立（因为这种知识在任何时候都必须是独断的，即从可靠的先天原则出发严格地证明的），而是与独断论对立，也就是说，与凭借一种从概念（哲学概念）出发的纯粹知识按照理性早已运用的原则、从不调查理性达到这种知识的方式和权利就能前进的僭妄对立。因此，独断论就是纯粹理性没有先行批判它自己的能力的独断方法。"②在康德看来，批判理论所阐述的先天原则，也具有独断方法的特征，但它与独断论的区别在于，它通过纯粹理性批判的途径，先行地澄清了独断的方法所能适用的前提和范围。只要前提和范围解决了，那么批判本身仍然可以用独断的方法来论述自己的思想。康德甚至表示要以"所有独断论哲学家中最伟大的哲学家、著名的沃尔夫的严格方法"作为榜样，来严密地阐述自己的思想。

再次，康德肯定，虽然纯粹理性批判是思辨理性领域里的一场革

---

① ［德］康德：《纯粹理性批判》，李秋零译，中国人民大学出版社 2004 年版，第 19 页（BXXII-XXIII）。

② 同上书，第 26 页（BXXXV）。

命，但意识到这场革命的思辨哲学家依然始终独自是一门无需"公众的知识就对公众有用的科学亦即理性批判的保管人；因为批判是永远不能大众化的，但是它也没有必要大众化，因为对有用真理的那些精心编织出来的论证很少会进入民众的大脑，对它们的同样精细的反驳也同样很少进入他们的意识；与此相反，由于学派以及每一个起而进行思辨的人都不可避免地陷入论证和反驳这二者，所以学派就有义务通过对思辨理性权利的缜密研究，来一劳永逸地预防甚至民众也由于形而上学家们（而且最后还有作为形而上学家的神职人员）不经过批判就不可避免地卷入、事后又伪造出自己的学说的那些争论而迟早必然遇到的那种丑闻"①。这里的一个重要的想法是，批判理论是无法大众化的，它的普及仍然要求有助于已经获得对批判理论认同感的思辨哲学家和学派的努力。

最后，康德强调，批判理论从表面上看是消极的，骨子里却是积极的。从表面上看，批判理论只是要限制纯粹理性的运用范围，即只能运用到经验范围中去，不能做超经验的运用，但正如康德所说的："一项限制思辨理性的批判，虽然就此而言是消极的，但由于它借此同时排除了限制或者有完全根除理性的实践应用的危险的障碍，事实上却具有积极的和非常重要的用处，只要人们确信，纯粹理性有一种绝对必要的实践应用（道德上的应用），在这种应用中它不可避免地扩展越过感性的界限，为此它虽然不需要从思辨理性得到任何帮助，但尽管如此却必须针对它的反作用得到保障，以便不陷入与自己本身的矛盾。否认批判的这种服务有积极的用处，如同是说警察不产生积极的用处，因为警察的主要工作毕竟只不过是阻止公民可能为其他公民会采取的暴力行为而担忧，以便使每个公民都能够安居乐业罢了。"②这充分表明，在康德的心目中，实践理性永远高于思辨理性。

---

① ［德］康德：《纯粹理性批判》，李秋零译，中国人民大学出版社 2004 年版，第 25 页（B ⅩⅩⅩⅣ）。

② 同上书，第 20—21 页（BⅩⅩⅤ）。

第三章　导论与《纯粹理性批判》的总问题

　　导论的第一版只有两节，第二版增加到七节，内容上有不少增加，但其主旨始终是提出《纯粹理性批判》的总问题并为此做论证。在这一章中，我们重点讲以下几个问题：一、康德关于"三种知识"的理论；二、康德提出了"先天综合判断"这一新概念；三、纯粹理性批判的总课题是"先天综合判断何以可能?"。

第一节　康德关于"三种知识"的理论

　　众所周知，休谟在《人类理解研究》中曾经提出了"两种知识"的理论。他这样写道："人类理性（或研究）的一切对象可以自然分为两种，就是观念的关系（Relations of Ideas）和实际的事情（Matters of Fact）。属于第一类的，有几何、代数、三角诸科学；总而言之，任何断言，凡有直觉的确定性或解证的确定性的，都属于前一种。'直角三角形弦之方等于两边之方'这个命题，乃是表示这些形象间关系的一种命题。又如'三乘五等于三十之一半'，也是表示这些数目间的一种关系。这类命题，我们只凭思想作用就可以把它们发现出来，并不必依据于在宇宙中任何地方存在的任何东西。自然中纵然没有一个圆或三角形，而欧几里得（Euclid）所解证出的真理也会永久保持其确实性和明白性。

"至于人类理性的第二对象——实际的事实——就不能在同一方式下来考究；而且我们关于它们的真实性不论如何明确，而那种明确也和前一种不一样。各种事实的反面总是可能的；因为它从不曾含着任何矛盾而且人心在构想它时也很轻便，很清晰，正如那种反面的事实是很契合于实在情形那样。'太阳明天不出来'的这个命题，和'太阳明天要出来'的这个断言，是一样可以理解，一样不矛盾的。我们无论如何也不能解证出前一个命题的虚妄来。如果我们能解证出它是虚妄的，那它便含有矛盾，因而永不能被人心所构想。"①

休谟的"两种知识"理论告诉我们：第一类知识是不依赖于经验的，因而是普遍必然的、明晰的；第二类知识是依赖于经验的，因而是或然性的，是不明晰的。应该说，康德借鉴了休谟的"两种知识"的理论，但他并不同意休谟的见解，而且对知识的复杂性做了更深入的考察。

就康德来说，他本人在导论第二版第一节中就提出了与休谟不同的"两种知识"的理论：第一种是"纯粹的知识"或"先天的知识"或"先验的（transzendental）知识"；第二种是"经验的（empirisch）知识"或"后天的知识"。就我们对康德知识论的理解来说，我们认为，他实际上提出了"三种知识"的理论，除了上面提到的两种知识外，他还提出了第三种知识，即"超验的（transzendent）知识"，也就是我们前面提到的关于"物自身的知识"。让我们对这三种不同的知识逐一做出解释。

第一种知识有三种不同的称谓，即"纯粹的知识"或"先天的知识"或"先验的知识"。正如我们在前面已经解释过的那样，"纯粹的知识"即完全与一切经验分离的知识；"先天的知识"即完全与一切经验分离，但又随时可以与经验结合的知识。当"先天的知识"处于尚未与经验结合的状

---

① ［英］休谟：《人类理解研究》，关文运译，商务印书馆 1957 年版，第 26 页。

态下时，也就是"纯粹的知识"，而"纯粹的知识"中的"纯粹的"三字已经限定了它不与经验发生联系。那么，"先验的知识"又是什么意思呢？在导论中，康德告诉我们："我把一切不研究对象、而是一般地研究我们关于对象的认识方式——就这种方式是先天地可能的而言——的知识称为先验的。"①在这里，值得注意的是，不少读者或译者没有把康德所使用的"先天的"（a priori）和"先验的"（transzendental）这两个重要的概念区分开来。其实，这两个概念的共同点是：它们都源自理性内部，而与外部经验相分离，但都能够与经验相结合。

它们之间的区别是：当康德使用"先天的"这个概念时，他所陈述的东西独立于经验，在逻辑上先于经验，但又能被运用到经验中去。康德在导论的开端处就提出了如下的问题："是否有一种这样独立于经验、甚至独立于一切感官印象的知识。人们称这样的知识为先天的，并把它们与那些具有后天的来源、即在经验中具有其来源的经验性的知识区别开来。"②显然，在康德看来，这种先天的知识是存在的。他还强调了这种知识与一切经验的分离性："我们在下面将不是把先天知识理解为不依赖于这个或者那个经验而发生的知识，而是理解为绝对不依赖于一切经验而发生的知识。"③而"先验的知识"则有两个特点：一是系统性，人们一般称某个概念或命题是"先天的"，但把全部先天知识的总和称为"先验的"，因此康德把自己讨论感性的理论称之为"先验感性论"，讨论知性的理论称之为"先验分析论"，讨论逻辑的理论称之为"先验逻辑"，讨论方法的理论称之为"先验方法论"，甚至也把自己的整个哲学命名为"先验哲学"；二是使用性，即侧重于探索如何把先天直观纯粹形式，即时间、空间和知性范畴使用到经验对象上去。但就其重点而言，"先验的知识"涉及的也是与经验对象分离，而又在逻辑上先于经验的知识。

---

① ［德］康德：《纯粹理性批判》，李秋零译，中国人民大学出版社 2004 年版，第 48 页（A11-12）。

② 同上书，第 31 页（B2）。

③ 同上书，第 32 页（B2-3）。

所以，就其完整性而言，我们不妨把第一种知识固定在第三个称谓，即"先验的知识"上。比如我们探讨"时间""空间"，探讨各种范畴，如实体、因果性、可能性等，涉及的都是"先验的知识"。

第二种是"经验的知识"或"后天的知识"，意指"仅仅后天地、即通过经验才可能的知识"①。比如，当我们说"这朵花是红的"时，我们说出来的就是一种"经验的知识"。

第三种是"超验的知识"。在第三节的开头，康德写道："想说得比前面的一切都远为更多的，是这样一点，即某些知识甚至离开了一切可能经验的领域，并通过任何地方都不能为其提供经验中的相应对象的概念，而具有把我们的判断的范围扩展到超出经验的一切界限的外观。"②也就是说，当理性把先天直观的纯粹形式——时间和空间及先天知性范畴运用到超经验的对象，即作为理念的上帝、自由和灵魂不朽时，做成的知识就是"超验的知识"。

那么，这三种知识的关系究竟如何呢？从时间在先的角度来看，康德认为，"经验的知识"是在先的。他写道："我们的一切知识都以经验开始，这是无可置疑的；因为认识能力受到激发而行动，如果这不是由于对象激动我们的感官，一方面由自己造成表象，另一方面使我们的知性行动运作起来，对这些表象加以比较，把它们联结起来或分离开来，并这样把感性印象的原始材料加工成叫做经验的对象的知识，那又是由于什么呢？因此在时间上，我们没有任何知识先行于经验，一切知识都从经验开始。"③

但是，这种单纯的"经验的知识"还是杂乱的、混沌的、零碎的。它实际上只是知识的材料，还需要由另一种源自理性本身的知识，即"先验的知识"提供先天的形式，即时间、空间和 12 个知性范畴，把混沌的

---

① ［德］康德：《纯粹理性批判》，李秋零译，中国人民大学出版社 2004 年版，第 32 页（B3）。

② 同上书，第 34—35 页（B6）。

③ 同上书，第 31 页（A1/B1）。

"经验的知识"组织起来。所以，尽管从时间在先的角度看，"先验的知识"要晚于"经验的知识"，但从逻辑在先的角度看，它又先于"经验的知识"，因为这种知识既然内在于人的理性之中，所以人在感受任何经验对象的时候，这种"先验的知识"在逻辑上已经先行地在场了。

从时间在先的角度看，最后出现的是"超验的知识"，因为理性在其本性的驱使下，会自然而然地把仅仅适用于经验对象的"先验知识"应用到超经验的对象——理念上，于是，造成了这种"超验的知识"。

现在我们来看看，康德通过自己的知识理论究竟要强调什么？

第一，强调是否具有必然性和普遍性是区分"纯粹的知识"和"经验的知识"的标志。康德指出："这里，重要的是要有一种我们能够用来可靠地将一种纯粹知识与经验性知识区别开来的标志。经验虽然告诉我们某物是如此这般，但却没有告诉我们它不能是别的样子。因此首先，如果有一个命题与它的必然性一同被思维，那么它就是一个先天判断；此外，如果除了自身又是作为一个必然命题有效的命题之外，它也不是从任何命题派生出的，那么它就是绝对先天的。其次，经验永远不赋予自己的判断以真正的或严格的普遍性，而是只赋予它们以假定的、相对的普遍性（通过归纳），以至于原本就必须说：就我们迄今为止所觉察到的而言，这个或者那个规则还没有发生例外。因此，如果一个判断在严格的普遍性上被思维，也就是说，将不可能发生任何例外，那么，它就不是由经验派生的，而是绝对先天地有效的。因此，经验性的普遍性只是把有效性任意地从大多数场合适用的有效性提高到在所有场合适用的有效性，例如在'一切物体皆有重量'这个命题中；与此相反，当严格的普遍性在本质上属于一个判断的时候，这种普遍性就指示着该判断的一个特殊的知识来源，即一种先天的知识能力。因此，必然性和严格的普遍性是一种先天知识的可靠标志。"①

——————

① ［德］康德：《纯粹理性批判》，李秋零译，中国人民大学出版社 2004 年版，第32—33 页（B3-4）。

在这里，康德涉及三个重要的概念：一是"必然性"（Notwendigkeit），二是普遍性（Allgemeinheit），三是有效性（Gültigkeit）。必然性是就命题的性质来说的，即它陈述的东西必定如此。尽管康德没有说，实际上也存在着两种必然性：一是先天的必然性，二是经验意义上的主观的必然性（实质上是一个较高的概率）；普遍性是指在所有可能的场合下都不会出现例外。康德区分了"先天的普遍性"和"经验的普遍性"，后者奠基于归纳方法只是指大多数情况下是如此；有效性也就是适用性，事实上也有两种：一种是先天的有效性，即适用于一切可能的场合，另一种是经验的有效性，即适用于大部分场合。

第二，强调"纯粹的知识"或"先天的知识"总是渗透于"经验的知识"中。康德指出："人们甚至不需要诸如此类的实例来证明我们知识中纯粹的先天原理的现实性，就也可以阐明、从而是先天地阐明这些原理对于经验自身的可能性来说是不可或缺的。因为如果经验运行所遵循的所有规则都是经验性的，从而是偶然的，那么，经验又还想从哪里取得自己的确定性；因此，人们很难让这些规则来充当第一原理……这些先天原理中的一些的起源不仅表现在判断中，而是甚至在概念中就已表现出来。即使你们从自己关于一个物体的经验概念中将经验性的一切：颜色、硬或者软、重量、甚至不可入性，都逐一去掉，但毕竟还剩下它（它现在已经完全消失了）所占据的空间，空间是你们去不掉的。同样，即使你们从自己关于任何一个有形客体或者无形客体的经验性概念中去掉经验告诉你们的一切属性，你们也不能剥夺你们把它设想为实体或者依附一个实体所凭借的那种属性（虽然这个概念比一般客体的概念包含着更多的规定）。因此，为这一概念迫使你们接受它所凭借的必然性所引导，你们不得不承认，它在你们的先天认识能力中拥有自己的位置。"①按照这样的观点，"经验的知识"实际上是不可能独立存在的，

---

① ［德］康德：《纯粹理性批判》，李秋零译，中国人民大学出版社 2004 年版，第33—34 页（B5-6）。

"纯粹的知识"或"先天的知识"总会渗透在其中。

从严格的意义上来说，这三种知识各自都是无法存在的。就"先验的知识"而言，既然我们承认它在时间上不是最先的，那么它在起源上也有其依赖性，如印度的狼孩。另外，它总要应用到直观和经验中；就"经验的知识"而言，由于这种知识只能是人的知识，而有理性的人在感受外部经验时，其理性本性中蕴含的"先验的知识"已经渗透到"经验的知识"中。也就是说，这两种知识只有在被分析的时候才可能被拆开来，单独地加以考察，实际上它们是不可分离地结合在一起的。正如康德本人在第一版的导论中所指出的："如今表现出来极为值得注意的是，甚至在我们的经验中间都掺杂着必然有其先天起源、也许仅仅效力于给我们的感官表象带来联系的知识。因为如果人们从我们的经验中去掉凡是属于感官的东西，则尽管如此还剩下某些始源的概念以及由这些概念产生的判断，它们必须是完全先天地、不依赖于经验产生的，因为它们使人们关于显现给感官的对象能够说、至少是相信能够说多于纯然的经验教导的东西，而且使种种主张包含着真正的普遍性和严格的必然性，诸如此类的东西是纯然经验性的知识所不能提供的。"①

同样地，"超验的知识"也是人的知识，是由人把"先验的知识"用到超验的对象上的时候才形成的。在这个意义上可以说，康德提出的不是"三种知识"的理论，而是"三种知识要素"的理论，即"经验的""先验的"和"超验的"这三种不同的要素。当人们把这些要素按照不同的方式组合起来时，才形成三种不同的知识：第一种是数学知识，它是"先验的知识"中的"先验感性"与"经验的知识"中直观相结合的产物；第二种是自然科学的知识，它是"先验的知识"中的"先天知性范畴"与"经验的知识"相结合的产物；第三种是自然禀赋的形而上学的知识，它是把"先验的知识"运用到"超验的知识"中的超验的对象上的产物。

---

① ［德］康德：《纯粹理性批判》，李秋零译，中国人民大学出版社 2004 年版，第 35 页注（A2）。

第三，强调在三种知识中，最重要的是"超验的知识"，而这种知识也就是形而上学。康德启示我们："而恰恰是在后一种超出感官世界的知识中，在经验根本不能提供任何线索、也不能提供校正的地方，蕴含着对理性的研究；与知性在显象领域能够学到的一切相比，我们认为这种研究在重要性上要优越得多，其最终目的也要崇高得多，我们在这方面甚至冒着出错的危险宁可做一切，也不愿出自某种顾虑的理由或者出自蔑视和漠视而放弃如此令人关注的研究。纯粹理性自身的这些不可回避的课题就是上帝、自由和不死。但是，其最终目的及其所有准备都本来只是为了解决这些课题的科学，就叫做形而上学。"①而在通常的情况下，这种"超验的知识"，即形而上学具有独断论的性质，因为它在做成"超验的知识"时，从来没有预先对理性本身的能力做出批判性的反省。而假如这种"超越的知识"希望不停留在黑暗和矛盾中，而要发挥积极的作用，它就应该从思辨理性的领域转向实践领域，成为人们行为中的"信仰"。正如康德在第二版前言中所说的："因此，我不得不扬弃知识，以便为信念（应译为'信仰'——引者注）腾出地盘。"

第二节　康德提出了"先天综合判断"这一新概念

康德是从逻辑学的判断形式入手来提出纯粹理性批判的总问题的，因为判断是语言表达中的最常见的形态。

首先，他区分出"分析判断"（analytische Urteil）和"综合判断"（synthetische Urteil）。他认为，在判断中，主词（Subjekt）与谓词（Prädikat）之间的关系存在着两种不同的形式："要么谓词 B 属于主词 A，作为（以隐蔽的方式）包含在概念 A 中的某种东西；要么 B 虽然与概念 A 有关

---

① ［德］康德：《纯粹理性批判》，李秋零译，中国人民大学出版社 2004 年版，第35—36 页（A3/B7）。

联，但却完全在它之外。在第一种场合里，我把判断称为分析的，在第二种场合里我则把它称为综合的。因此，（肯定的）分析判断是其中借助同一性来思维谓词与主词的联结的判断，而其中不借助同一性来思维这种联结的判断则应当叫做综合判断。前一些判断也可以称为解释判断，后一些则也可以称为扩展判断，因为前者通过谓词未给主词的概念增添任何东西，而是只通过分析把它分解成它的在它里面已经（虽然是模糊地）思维过的分概念；与此相反，后者则给主词的概念增添一个在它里面根本未被思维过、且不能通过对它的任何分析得出的谓词。"①

为了说明分析判断和综合判断之间的区别，康德举了两个例子：一是"一切物体皆有广延"（Alle Körper sind ausgedehnt）是一个分析判断，因为"广延"的含义本来就作为本质的要素蕴含在"物体"的概念之中。在通常的"物体"概念中包含着"广延""不可入性"和"形状"等本质要素。二是"一切物体皆有重量"（Alle Körper sind schwer）是一个综合判断，因为"重量"这个要素来自经验，并不包含在"物体"的概念中。

其次，在通常的情况下，先天判断也就是分析判断，经验判断也就是综合判断。正如康德所说的："经验判断就其自身而言全部是综合的。把一个分析判断建立在经验之上是件荒唐的事情，因为我可以根本不超出我的概念来构成判断，所以谓词不需要经验的见证。说一个物体是有广延的，这是一个先天确定的命题，而不是一个经验判断。"②然而，分析判断并不能扩展我们的知识，要扩展知识，就得诉诸经验判断或综合判断。康德写道："我可以事先分析地通过广延、不可入性、形状等等所有在物体的概念中被思维的标志来认识物体的概念。但如今，我扩展我的知识，并通过回顾我从中抽象出物体的这个概念的经验，我发现还有重量也在任何时候都与上述标志联结在一起，因而综合地把重量作为谓词附加给那个概念。所以，重量的谓词与物体概念的综合所依据的是

---

① ［德］康德：《纯粹理性批判》，李秋零译，中国人民大学出版社 2004 年版，第 38 页（A6-7/B10-11）。

② 同上书，第 39 页（A7/B11）。

经验，因为两个概念虽然并非一个包含在另一个之中，但却作为一个整体、即自身是直观的一个综合性结合的经验的各个部分而互相隶属，虽然这种隶属采用的是偶然的方式。"①也就是说，任何一个判断要扩展知识，就必须诉诸经验。正如康德在第一版的导论中所说的："因此，经验就是处在概念 A 之外的那个 X，重量 B 的谓词与概念 A 的综合的可能性所依据的就是这个 X。"②

$$分析 \quad = \quad 先天的$$

$$/$$

$$综合 \quad = \quad 后天的（经验的）$$

再次，康德提出了"先天综合判断"（synthetische Urteil a Priori）这一新的判断形式。我们知道，凡是通过经验扩展的知识都是偶然的，缺乏普遍性和必然性。那么，能否做到在判断中既扩展了知识，又确保知识本身不是偶然的呢？康德发现了判断的一种新形式，他称之为"先天综合判断"。在这一判断的形式中，"先天"确保其普遍性和必然性，"综合"确保其扩展知识。为了说明先天综合判断是可能的，康德举了下面这个例子："凡是发生的事情，都有其原因。"（Alles, was geschieht, hat seine Ursache）我们知道，在"发生的事情"的概念中，原因是不可能蕴含在其中的，原因是在结果外面的一个表象。所以，这个命题具有综合的含义在里面，但它同时又具备了一种先天性，即普遍性和必然性。因此，康德指出："在这里，如果知性相信可以在 A 的概念之外发现一个与它异己、但尽管如此仍被视为与它相联结的谓词 B 的话，知性所依据的未知之物＝X 是什么呢？它不可能是经验，因为所援引的原理不仅以比经验能够提供的更大的普遍性，而且以必然性的表述，从而是完全先天地、仅仅从概念出发把第二种表象加在前面的表象之上的。如今我们先天的思辨知识的全部最终目的都是依据这样一些综合的、即扩展的原

---

① ［德］康德：《纯粹理性批判》，李秋零译，中国人民大学出版社 2004 年版，第 39 页（B12）。

② 同上书，第 40 页注①（A8）。

理的；因为分析的原理虽然极为重要而且必需，但却只是为了达到概念的清晰，这种清晰对于一种可靠而且广泛的综合，亦即对于一种确实新的收获来说，是必不可少的。"①这段话启示我们，在主词之外而又为主词增加新内容的"X"不一定是经验，而可能是一种源自理性和概念本身的先天的东西。正是这样的"X"，为先天综合判断的可能创造了条件。

首先，康德指出，理论数学的命题是由先天综合判断组成的。在讨论数学命题时，他的论述是按照两个不同的层次来展开的：

第一个层次是肯定数学命题是先天判断。康德写道："真正的数学命题在任何时候都是先天判断，而不是经验的，因为它们自身就有不能从经验取得的必然性。但是，如果人们不愿意承认这一点，那么好，我就把我的命题限制在纯粹数学上，它的概念自己就已经具有它不包含经验的、而只包含纯粹的先天知识的含义。"②

第二个层次是肯定数学是综合命题。长期以来，哲学家和数学家们普遍认为，数学命题是分析命题，比如，休谟就是这样看的。而康德则提出了相反的见解。他告诉我们："数学的判断全部是综合的。这一命题虽然具有不可辩驳的确定性并且就结果而言非常重要，但看来却迄今为止没有被人类理性的分析家们注意到，甚至与他们的猜测截然相反。"③康德举 $7+5=12$ 这个例子。人们一般认为，这是一个分析命题，"12"可以从"$7+5$"的概念中分析出来。康德认为，这是一个综合命题，"12"这个数字绝对不可能通过我们对"$7+5$"的思维而分析出来。我们必须超出概念，借助相应的直观，如用手指计数，才有可能得出"12"这个数。康德由此得出下面的结论："因此，算术命题在任何时候都是综合的，采用的数字越大一些，人们就越是清晰地意识到这一点，因为这样一来就清晰地显示出，无论我们怎样任意地把自己的概念颠来倒去，若

---

① ［德］康德：《纯粹理性批判》，李秋零译，中国人民大学出版社 2004 年版，第 41 页（A9-10/B13-14）。

② 同上书，第 42 页（B14-15）。

③ 同上书，第 41—42 页（B14）。

不求助于直观，仅凭分析我们的概念，我们绝不能发现这个和。"①康德认为："纯粹几何学的任何一个原理也都同样不是分析的。说两点之间直线最短，这是一个综合命题。因为我的直的概念并不包含关于大小的任何东西，而是只包含一种性质。因此，最短的概念完全是附加的，是不能通过分析从直线的概念中得出的。所以，在这里必须求助于直观，只有凭借直观，综合才是可能的。"②尽管几何学作为前提条件的少数几条原理，如 a＝a、a＋b＞a 等是分析判断，但这些判断并不充当原则，而只是起着链环的作用。在康德看来，"即便是这些原理，虽然仅就概念而言就是有效的，但在数学中之所以被允许，也仅仅是因为它们能够在直观中体现出来"③。

其次，康德指出，理论自然科学的命题也是由先天综合判断组成的。他举了两个命题为例。一个命题是："在形体世界的一切变化中，物质的量保持不变。"(in allen Veränderungen der köperlichen Welt die Quantität der Materie unverändert bleibe)另一个命题是："在运动的传递中，作用和反作用在任何时候都必然彼此相等。"(in aller Mitteilung der Bewegung, Wirkung and Gegenwirkung jederzeit einander gleich sich müssen)康德认为："就这两个命题而言，不仅必然性、从而其先天的起源，而且它们是综合的命题，这都是清楚明白的。"④因为就"物质"概念来说，人们设想的只是它如何在空间中在场，并没有考虑它是否是持久不变的；同样地，就"运动的传递"来说，人们设想的也只是一物的运动如何对另一物产生影响，但并没有考虑到它们之间的作用力和反作用力在任何时候都是同样大小的。

再次，康德指出，在传统的，即作为自然禀赋的形而上学中，人们

---

① ［德］康德：《纯粹理性批判》，李秋零译，中国人民大学出版社 2004 年版，第 43 页(B16)。

② 同上书，第 43 页(B16)。

③ 同上书，第 43 页(B17)。

④ 同上书，第 44 页(B17-18)。

实际上也不满足于分析判断，因为他们竭力要扩展自己的先天的知识，也采用了先天综合判断的形式，而这类判断构成了传统形而上学最基本的内容。所以，康德说："形而上学至少就其目的而言纯粹是由先天综合命题组成的。"①康德举的例子是"世界必须有一个最初的开端"（die Welt muss einen ersten Anfang haben）。显然，在"世界"这个概念中，人们也是无法分析出它是否"有一个最初的开端"的含义来的。

第三节　纯粹理性批判的总课题是 "先天综合判断何以可能？"

康德告诉我们，"先天综合判断何以可能？"（Wie sind synthetische Urteile a priori möglich?）这一问题不仅是所有理论科学的核心原则和问题，更是形而上学的总课题。他写道："形而上学迄今为止还停留在摇摆不定的不确定和矛盾的状态中，这只能归咎于一个原因，即人们没有让自己更早地思考这一课题，也许甚至没有思考分析的判断和综合的判断的区别。如今，形而上学的成败就基于这一课题的解决，或者基于令人满意地证明这一课题要求知道已得到说明的可能性实际上根本不存在。"②在所有的哲学家中，最接近这一课题的是休谟，但他还远远没有把自己的思维提升到对具有普遍意义的"先天综合判断"的思考上，而只停留在对因果关系这一特殊的综合命题的思考上，且对其采取了否定性的态度，从而也从根本上否定了形而上学的可能性。康德认为，像休谟这样一个天才的人物，如果他能够注意到先天综合判断在理论科学，尤其是数学中的普遍性的话，他就不会对纯粹哲学采取全盘否定的态度了。

---

① ［德］康德：《纯粹理性批判》，李秋零译，中国人民大学出版社 2004 年版，第 44 页（B18）。

② 同上书，第 44—45 页（B19）。

这样一来，"先天综合判断何以可能？"的问题，其普遍适用性可以概括在以下四个命题中：第一个问题是："纯粹数学何以可能？"（Wie ist reine Mathematik möglich?）第二个问题是："纯粹自然科学何以可能？"（Wie ist reine Naturwissenschaft möglich?）第三个问题是："作为自然禀赋的形而上学何以可能？"（Wie ist Metaphysik als Naturanlage möglich?）第四个问题是："作为科学的形而上学何以可能？"（Wie ist Metaphysik als Wissenschaft möglich?）

第一，"纯粹的"和"先天综合判断"中的"先天的"实际上是同一个意思，只是与"数学""自然科学"这样的名词连用时，"纯粹的"这个概念似乎更合适。

第二，为什么康德要以"何以可能？"（Wie ist möglich?）这样的方式来提问？康德是这样解答的："既然这些科学是现实地已被给予的，关于它们就可能恰如其分地提问道：它们是如何可能的；因为它们必定是可能的，这一点通过它们的现实性就得到了证明。"①他的意思是：数学和自然科学均已取得了辉煌的成就，这些成就本身就是由一系列的先天综合判断构成的。所以，不应该以"先天综合判断怎么可能？"的方式来提问，因为这一提问方式似乎暗示人们：先天综合判断还不存在，现在是要论证它怎么才能存在。事实上，在康德看来，先天综合判断已经现实地存在于各门理论科学中，现在所要做的只是证明：它们是何以可能的。提问方式十分重要，如"What is philosophy?"来自"What is this?"。

第三，在上面的四个问题中，前面两个问题与后面两个问题之间是存在着差异的。在康德看来，作为自然禀赋的形而上学与科学是不同的，它处于一片混乱之中，各种观点纵然杂陈，相互矛盾，根本无科学性可言，但是，它与科学的共同性在于，它也是现实地存在着的，只要人类存在着，人类理性就会在自己的本性的驱迫下，为扩展自己的知识

---

① ［德］康德：《纯粹理性批判》，李秋零译，中国人民大学出版社2004年版，第45页（B20-21）。

而陷入"作为自然禀赋的形而上学"之中。在这个意义上可以说，"作为自然禀赋的形而上学"的出现是不可避免的。然而，康德又指出："人们不能仅限于形而上学的自然禀赋，即纯粹的理性能力自身，哪怕从它总是能产生出某种形而上学（无论它是哪一种），相反，必须有可能使理性达到一种确定性：要么知晓对象，要么不知对象；也就是说，要么对自己的问题的对象作出裁定，要么对理性在形而上学方面有无能力判断某种东西作出裁定；因而要么可靠地扩展我们的纯粹理性，要么设置它的确定的和可靠的限制。从以上普遍的课题产生的这最后一个问题，有理由是这样一个问题：作为科学的形而上学是如何可能的？"①在康德看来，对理性的无批判的运用会导致形而上学研究中的独断论，而对理性和形而上学简单的否定又会导致怀疑论，只有对理性的批判，才有可能把形而上学从"自然禀赋"转变为"科学"。也就是说，在康德看来，存在着两种不同的形而上学：一种是"作为自然禀赋的形而上学"，另一种是"作为科学的形而上学"。显然，前者是传统形而上学的代名词，后者则是他自己的形而上学的代名词。两者的共同点是实际上都追求扩展知识的先天综合判断，但前者由于不清楚理性自身适用的范围而陷入错误的先天综合判断，而后者则确保了其引申出来的所有的先天综合判断的正确性或科学性。

第四，纯粹理性批判是纯粹理性学说的预科。康德写道："我们可以把纯然判断纯粹理性及其来源和界限的科学视为纯粹理性体系的预科。这样一门科学就不能叫做纯粹理性的学说，而是必须叫做纯粹理性的批判，而它的用途在思辨方面就确实只是消极的，不是用于扩展我们的理性，而是用于澄清我们的理性，使它避免失误，这已是收获颇丰了。"②为什么纯粹理性批判是纯粹理性学说的"预科"呢？因为它的任务是提出"先天综合判断何以可能？"的总问题，从而澄清理性使用的范围

---

① ［德］康德：《纯粹理性批判》，李秋零译，中国人民大学出版社 2004 年版，第 46 页（B22）。

② 同上书，第 48 页（A11/B25）。

第三章 导论与《纯粹理性批判》的总问题 · 207

和界限。也就是说，纯粹理性批判是为纯粹理性学说奠定基础的，只有通过纯粹理性批判这一"炼狱"，纯粹理性学说中的所有知识的可靠性才能得到充分的保证。

第五，康德阐述了纯粹理性批判与"先验哲学"（Transzendentale Philosophie）的关系。康德指出："我把一切不研究对象、而是一般地研究我们关于对象的认识方式——就这种方式是先天地可能的而言——的知识称为先验的。这样一些概念的体系可以叫做先验哲学。"[①]那么，先验哲学与纯粹理性批判之间的关系又是如何呢？康德的表述并不是十分明晰的。在第一版前言中，康德认为："先验哲学在这里只是纯粹理性批判以建筑术的方式亦即从原则出发为之设计出整个蓝图的一个理念。"[②]但在第二版前言中，他写道："先验哲学是纯粹理性批判以建筑术的方式亦即从原则出发为之设计出整个蓝图的一门科学的理念，要完全保证构成这一大厦的各个部分的完备性和可靠性。"[③]在后一个说法中，康德更多地强调先验哲学是"一门科学"，并强调了它的完备性。在他看来，纯粹理性批判的范围内提出的"先天综合判断何以可能？"的问题还只是初步性的，因而整个先验哲学的丰富内容还有待于进行深入的研究。

---

① ［德］康德：《纯粹理性批判》，李秋零译，中国人民大学出版社 2004 年版，第48—49 页（A11-12/B25）。

② 同上书，第 50 页注①（A13/B27）。

③ 同上书，第 50 页（A13/B27）。

第四章　先验感性论

从本章开始，我们将讲解康德《纯粹理性批判》一书的基本内容。本章包括以下六个大问题：一、感性与知性的区别和联系；二、先验感性论中涉及的基本概念；三、对两种错误时空观的批判；四、康德的空间观；五、康德的时间观；六、康德时空观的意义。

第一节　感性与知性的区别和联系

在开始讨论本章的内容之前，我们先对本章在康德的《纯粹理性批判》一书中的地位做一个简要的说明：

先验感性论(Transzendentale Ästhetik)

先验要素论(Transzendentale Elementarlehre)

先验逻辑(Transzedentale Logik)

纯粹理性批判(Kritik der reinen Vernunft)

先验方法论(Transzendentale Methodenlehre)

在探讨感性(Sinnlichkeit)与知性(Verstand)这两个术语之间的区别和联系之前，我们先得了解一下，它们来自何处。康德告诉我们："我们的知识产生自心灵的两个基本来源，其中第一个是接受表象的能力(印象的感受性)，第二个是通过这些表象认识一个对象的能力(概念的自发性)；通过前者，一个对象被给予我们，通过后者，该对象在与那个(仅仅作为心灵的规定的)表象的关系中被思维。"①显然，康德在这里说的"接受表象的能力"是指感性，而"通过这些表象认识一个对象的能力"是指知性，而感性和知性的共同来源则是"心灵"(Gemüt)。

其实，在康德哲学中，知、情、意都源自心灵，而感性和知性只是"心灵"在"知"中的两个能力，还有第三个能力是理性(Vernunft)，我们将在后面的"先验辩证论"部分进行讨论。在这里，我们需要掌握的是"感性"与"知性"概念之间的关系。康德指出："如果我们愿意把我们心灵在以某种方式受到刺激时接受表象的这种感受性称为感性的话，那么与此相反，自己产生表象的能力，或者知识的自发性，就是知性。我们的本性导致直观永远是感性的，也就是说，只包含我们被对象刺激的方式。与此相反，对感性直观的对象进行思维的能力是知性。这两种属性的任何一种都不应当比另一种更受优待。无感性就不会有对象被给予我们，无知性就不会有对象被思维。思想无内容则空，直观无概念则盲。因此，使其概念成为感性的(即把直观中的对象赋予概念)和使其直观成为知性的(即将它们置于概念之下)，是同样必要的。这两种能力或者性能也不能互换其功能。知性不能直观任何东西，而感官则不能思维任何东西。只有从它们的相互结合中才能产生知识。但人们毕竟不可因此就把二者的职分相互混淆，而是有重要的理由慎重地把每一个与另一个分离和区别开来。"②

把康德上面两段重要的论述综合起来，我们发现，感性与知性的联系在于：第一，它们都源自人类的心灵，是心灵的两种不同的能力；第二，它们是同等重要的，人类既不能没有感性，也不能没有知性。在另

----

① ［德］康德：《纯粹理性批判》，李秋零译，中国人民大学出版社2004年版，第83页(A50/B74)。

② 同上书，第83—84页(A51-52/B75-B76)。

一处，康德也明确地告诉我们："通过我们被对象刺激的方式获得表象的能力（感受性）叫做感性。因此，借助于感性，对象被给予我们，而且惟有感性才给我们提供直观；但直观通过知性被思维，从知性产生出概念。不过，一切思维，无论它是直截了当地（直接地），还是转弯抹角地（间接地），都必须借助于某些标志最终与直观、从而在我们这里与感性发生关系，因为对象不能以别的方式给予我们。"①第三，只有把感性与知性结合起来，才可能做成知识，"思想无内容则空，直观无概念则盲"。感性与知性的区别在于：第一，感性是被动的接受能力，而知性则是主动的，即自发的思维能力；第二，感性在接受刺激时产生表象，而知性则运用概念对表象进行思维；第三，感性，或确切些说，感官不能思维任何东西，而知性也不能直观任何东西。

在大致了解了感性与知性这两个术语的含义和关系后，我们再来探讨一下"感性"（Sinnlichkeit）与"感性论"（Ästhetik）这两个术语之间的关系。如前所述，康德已经告诉我们："通过我们被对象刺激的方式获得表象的能力（感受性）叫做感性。"那么，什么是"感性论"呢？康德这样写道："一门关于感性的一切先天原则的科学，我称为先验感性论。因此，必须有这样一门科学，它构成先验要素论的第一部分，与包含着纯思维的原则、被称为先验逻辑的学说相对照。"②也就是说，感性论本身就是一门关于感性的科学。当然，我们必须注意康德在表述其思想时的严格性。也就是说，康德在这里不是谈论一般意义上的"感性论"，如果涉及经验意义上的感性论的话，将会涉及具体的感觉经验，而康德在这里谈的是"先验感性论"，即它是"一门关于感性的一切先天原则的科学"。

为了把 Ästhetik 这个词用来命名《纯粹理性批判》中的一个部分，即"先验感性论"，康德还必须把这个词与当时德国流行的用法区分开来。康德在《先验感性论》的一个注中这样写道："惟有德国人如今在用感性

---

① ［德］康德：《纯粹理性批判》，李秋零译，中国人民大学出版社 2004 年版，第 56 页（A19/B33）。

② 同上书，第 57 页（A21/B35-36）。

论这个词来表示别人叫做鉴赏力批判的东西。在此，作为基础的是杰出的分析家鲍姆嘉登所持有的一种不恰当的希望，即把对美的批判性判断置于理性原则之下，并把这种判断的规则提升为科学。然而，这种努力是徒劳的。"①在这里，康德对鲍姆嘉登用 Ästhetik 这个词来称呼审美中的鉴赏力批判，提出了不同的意见：一是虽然认识和审美都涉及感性，但角度完全不同，认识是从"感觉"的角度，而审美是从"情感"的角度（即是否快乐或愉悦），因而不能把鉴赏力判断引入到认识论中间来。正如诺曼·康蒲·斯密所说的："康德把感觉（Empfindung）和感情（Gefühl）分辨开来。人们一向是把这两者作为同义词使用的。"②二是鲍姆嘉登在探讨鉴赏力原则时，主要停留在感觉经验的层面上，因而不可能引申出普遍有效的原则来，从而无法使审美学上升为一门真正的科学。

所以，康德决定在自己的语境中赋予 Ästhetik 这个词以特定的含义，并把它与鲍姆嘉登的使用方式区分开来。但后来，在《判断力批判》一书中，康德又向流行的术语屈服，使用了 Ästhetik 这个词，也包括它的形容词 ästhetisch。前者通常被译为"美学"或"审美学"，后者则被译为"审美的"。因此，我们应该弄清楚，在《纯粹理性批判》或认识论的语境中，康德使用的 Ästhetik 这个词必须被译为"感性论"，而在《判断力批判》或美学的语境中，Ästhetik 这个词必须被译为"美学"或"审美学"。中国人在翻译中常常犯的错误是在康德的认识论语境中把 Ästhetik 这个词译为"美学"。

---

① ［德］康德：《纯粹理性批判》，李秋零译，中国人民大学出版社 2004 年版，第 57 页注①（A21）。

② ［英］诺曼·康蒲·斯密：《康德〈纯粹理性批判〉解义》，绰然译，商务印书馆 1961 年版，第 123 页。

第二节　先验感性论中涉及的基本概念

第一组概念：直观（Anschauung）和概念（Begriff）。康德指出："直观和概念构成了我们一切知识的要素，以至于无论是概念没有以某些方式与它们相应的直观、还是直观没有概念，都不能提供知识。"①

众所周知，德语中的 Anschauung 这个词在译成中文的时候，通常有两种不同的译法：一是"直观"，二是"直觉"。诺曼·康蒲·斯密认为："从词源上讲，直觉（Anschauung）只适用于视觉。康德把它扩充到一切感官的感觉。其通用词原是感觉（德文 Empfindung）。康德之采用直觉这词以代替感觉，其理由显然是事实上感觉不能以之涵盖空间与时间。我们可以说到纯粹直觉，但不能说纯粹感觉。"②诺曼·康蒲·斯密解释了康德为什么要使用 Anschauung 这个概念。其实，在康德那里，直观具有以下三个不同的含义：一是感性直观或经验直观。在康德那里，直观主要是在感性直观或经验直观这一根本性的含义上被理解的。所以，康德以如下的方式叙述了他对直观的理解："无论一种知识以什么方式以及通过什么手段与对象发生关系，它与对象直接发生关系所凭借的以及一切思维当做手段所追求的，就是直观。但直观只是在对象被给予我们时才发生；而这对于我们人来说，又至少只是通过对象以某种方式刺激心灵才是可能的。"③比如，我观察一朵花，这朵花作为一个表象进入我的大脑，这个表象就是我对这朵花进行直观的结果。二是纯粹直观，或简称纯直观，即指先验感性论中的空间和时间。因为我在感受

---

①　[德]康德：《纯粹理性批判》，李秋零译，中国人民大学出版社 2004 年版，第 83 页（A50/B74）。

②　[英]诺曼·康蒲·斯密：《康德〈纯粹理性批判〉解义》，韦卓然译，商务印书馆 1961 年版，第 120 页。

③　[德]康德：《纯粹理性批判》，李秋零译，中国人民大学出版社 2004 年版，第 56 页（A19/B33）。

一切对象时，这些感受都是以先天的空间和时间作为主观条件的。当我抽去我关于某一个表象的一切属性之后，我发现我无法抽掉空间和时间，因此，我能意识到这种先天的、纯粹的空间和时间。在这个意义上，空间和时间就是纯直观。康德说："在先验感性论中，我们首先通过把知性在此凭借自己的概念所思维的一切都除去，来把感性孤立起来，以便仅仅留下经验性的直观。其次，我们将从经验性的直观中把属于感觉的一切都分离开来，以便只留下纯直观和显象的纯然形式，这是惟一能够提供先天感性的方法。在进行这一研究时，将发现两种作为先天知识原则的感性直观纯形式，即空间和时间。"①三是理智直观，即知性直接对物自体进行直观。在康德看来，人是不具备这种理智直观能力的，所以他反复强调："知性不能直观任何东西，而感官则不能思维任何东西。"②在他看来，只有上帝才具有理智直观的能力。康德说："作为理智直观它看来只属于元始存在者（Urwesen），而绝不属于一个无论就其存在来说还是就其直观（在与被给予的客体的关系中规定其存在的直观）来说都不独立的存在者；虽然对我们的感性论理论的这后一个说明只可算做解释，而不可算做证明。"③这里说的"元始存在者（Urwesen）"正是指上帝。在康德之后，费希特、谢林肯定人也具有理智直观的能力，到了胡塞尔，甚至提出了范畴直观、本质直观这样的新观念。如对"红"本身的直观。

那么，康德所说的"概念"又是什么意思呢？康德没有给概念下定义，但肯定了思维中"概念的自发性"，思维就是"使其概念成为感性的（即把直观中的对象赋予概念）和使其直观成为知性的（即将它们置于概念之下）"④。从这些论述可以看出，概念乃是思维的载体和手段。就载

---

① [德]康德：《纯粹理性批判》，李秋零译，中国人民大学出版社 2004 年版，第57—58 页（A21-22/B36）。

② 同上书，第 84 页（A51/B75-76）。

③ 同上书，第 80 页（B72）。

④ 同上书，第 83—84 页（A51/B75）。

体而言，思维没有概念是不可能的，就手段而言，思维是通过概念与直观所提供的表象之间的互动来实现的。实际上，在康德那里，概念也有两种不同的含义：一是指从经验中抽象出来的概念，如"花""树""兔子"等；二是指先天的、推理性的概念，它们是最普遍最抽象的概念，康德称之为"范畴"（Kategorie）。康德认为，知性具有 12 个范畴，即单一性、复多性、全体性、实在性、否定性、限定性、实体、因果性、相互作用、可能性、实存性、必然性。

有趣的是，康德常常在 Kategorie 的意义上使用 Begriff 这个词，这又表明，他有时候使用术语是不严格的。另外，在《先验感性论》中，康德甚至在诸多小标题中使用了"空间概念""时间概念"这样的表达方式，但在行文中却一再指出：空间和时间都不是概念。比如他说："空间不是一个从外部经验抽象得来的经验性概念。"①又说："空间不是一个关于一般事物的关系的推理概念，或者如人们所说是一个普遍概念，而是一个纯直观。"②还说："关于空间的始源表象是一个先天直观，而不是概念。"③在谈论时间时，康德也强调："时间不是以某种方式从经验抽象出来的经验性概念。"④又说："时间不是推理概念，或者如人们所说是普遍概念，而是感性直观的一种纯形式。"⑤

第二组概念：对象（Gegenstand）与表象（Vorstellung）。就对象而言，存在着两种不同的对象；一种是"物自体"（Ding an sich），可以作为思维的对象，但人们却无法认识它们，它们是不可知的；另一种是显象（Erscheinung）或现象（Phänomen）。前者只包含空间和时间这两个先天直观的纯粹形式。所以康德说："一个经验性直观的未被规定的对象就叫做

---

① ［德］康德：《纯粹理性批判》，李秋零译，中国人民大学出版社 2004 年版，第 59 页（A23/B38）。

② 同上书，第 60 页（A24/B39）。

③ 同上书，第 60 页（A25/B40）。

④ 同上书，第 64 页（A30/B46）。

⑤ 同上书，第 65 页（A31/B47）。

显象。"①后者则除了包含空间和时间外，还包含知性范畴。康德认为，在感性的范围内，我们谈论的对象只能指"显象"，只有到了知性的范围内，我们才能把对象称之为"现象"。至于"物自体"是不可能在感性或知性的范围内作为对象加以谈论的，作为理念，即理性的对象，它们只能在先验辩证论中被谈论。"物自体"可以作为思维的对象，但人们无法知道它们。

那么，什么是表象呢？尽管康德没有给表象下过明确的定义，但从其对表象的描述中可以看出，表象乃是对象通过对感官的刺激而留在心灵中的印象，而这里说的对象，在先验感性论的范围内，只能指显象，所以康德说："我们的一切直观无非是关于显象的表象。"②康德把表象按其来源分为两种：一种是来自经验的表象。比如，我观察一朵红花，当我闭上眼睛时，红花就作为一种表象出现在我的心灵（即大脑）中；另一种是先天的表象，它们在逻辑上是在先的，先于人们对任何经验对象的观察。比如，康德告诉我们："空间是作为一切外部直观的基础的一个必不可少的先天表象。人们虽然完全能够设想在空间中找不到任何对象，但却绝不能形成一个没有空间存在的表象。"③同样地，康德也告诉我们："时间是作为一切直观的基础的一个必不可少的表象。人们尽管完全可以从时间中除去显象，但就一般显象而言却不能取消时间自身。因此，时间是先天地被给予的。"④

第三组概念：质料（Materie）和形式（Form）。康德说："在显象中，我把与感觉相应的东西称为显象的质料，而把使得显象的杂多能够在某些关系中得到整理的东西称为显象的形式。由于感觉惟有在其中才能得到整理并被置于某种形式之中的东西，自身不可能又是感觉，所以，虽

---

① ［德］康德：《纯粹理性批判》，李秋零译，中国人民大学出版社 2004 年版，第 56 页（A20/B34）。

② 同上书，第 72 页（A42/B59）。

③ 同上书，第 59 页（A24/B38-39）。

④ 同上书，第 65 页（A31/B46）。

然一切显象的质料只是后天被给予我们的，但显象的形式却为了显象而必须全都已经先天地蕴含在心灵中，因而可以与一切感觉分离开来予以考察。"①在康德看来，质料也就是我们的感觉。他指出："如果我们被一个对象所刺激，则对象对表象能力的作用就是感觉。通过感觉与对象发生关系的那些直观就叫做经验性的。一个经验性直观的未被规定的对象就叫做显象。"②这就启示我们，显象的内容就是作为质料的感觉。那么，康德这里说的"形式"又是指什么呢？显然，这种先天地蕴含在心灵中，并在人们的感觉过程中被用来梳理杂乱的感觉或质料的正是空间和时间这两个先天直观的纯形式。也就是说，在任何显象中，空间和时间已经以逻辑在先的形式而存在了，没有无时空的赤裸裸的感觉经验。

诺曼·康蒲·斯密认为，在康德的哲学体系中，质料与形式的区别占据着中心的位置。他指出："在质料方面有杂多、所与、经验的、感官的偶性材料；在形式方面有统一的、先验的、综合的、感受性与思想的理性工具。依康德的看法，这些后者不过是抽象，可为心分辨出来的，其性质、功能、根源都与经验的质料不同。他的立场的强点和弱点都是依靠这样二元论的方式来看这两个因素。"③

第四组概念：外感官（der äussere Sinn）和内感官（der innere Sinn）。康德写道："借助于外感官（我们心灵的一种属性），我们把对象表象为外在于我们的，它们全都在空间之中。在空间中，它们的形状、大小和相互之间的关系得到规定，或者是可规定的。借助于内感官，心灵直观自己本身或者其内在状态；虽然内感官并不提供关于灵魂自身作为一个客体的任何直观，但毕竟有一种确定的形式，惟有在这形式下灵魂内部状态的直观才有可能，以至于一切属于内部规定的东西都在时间的关系

<hr/>

① ［德］康德：《纯粹理性批判》，李秋零译，中国人民大学出版社 2004 年版，第 56 页（A20/B34）。

② 同上书，第 56 页（A19-20/B33-34）。

③ ［英］诺曼·康蒲·斯密：《康德〈纯粹理性批判〉解义》，绰然译，商务印书馆 1961 年版，第 126 页。

中被表象出来。时间不能在外部被直观到，就像空间不能被直观为我们内部的某物一样。"①在康德看来，外感官对应的是空间，而内感官对应的则是时间。那么，这两种感官又处于什么样的关系中呢？康德认为，内感官是根本性的，即使是外感官获得的表象，最后仍然要以内感官作为基础。他告诉我们："作为一切外直观的纯形式的空间，作为先天条件仅仅局限于外部显象。与此相反，由于所有的表象，无论它们是否有外部事物作为对象，毕竟都就自身而言作为心灵的规定而属于内部状态；而这种内部状态却隶属在内直观的形式条件亦即时间之下：所以，时间是所有一般显象的先天条件，进而是内部的（我们灵魂的）显象的直接条件，正因为此间接地也是外部显象的条件。如果我能够先天地说：一切外部显象都在空间中并按照空间的关系被规定，那么，我也可以从内感官的原则出发完全普遍地说：所有一般显象，即感官的所有对象，都处在时间中，并以必然的方式处在时间的各种关系中。"②既然一切直观的表象都进入心灵内部，因而时间作为内感官是根本性的，以后我们要讲到康德的图像理论，他会进一步论证时间这种内感官的重要性。海德格尔受到了影响，所以他早期的代表作的名字叫 *Sein und Zeit*。

第五组概念：形而上学阐明（Metaphysische Erörterung）与先验阐明（Transzendentale Erörterung）。在论述空间和时间这两个纯直观时，康德都分别使用了"形而上学阐明"和"先验阐明"这两个用语。它们究竟是什么意思呢？要弄清楚这两个术语的意思，就先得弄明白，"阐明"（Erörterung）这个术语的意思。什么是阐明？康德写道："我把阐明（expositio）理解为清晰地（尽管并非详尽地）表象属于一个概念的东西；但是，如果阐明包含着把概念作为先天给予的来描述的东西，它就是形

---

① ［德］康德：《纯粹理性批判》，李秋零译，中国人民大学出版社 2004 年版，第 58 页（A22-23/B37）。

② 同上书，第 67 页（A34/B50-51）。

而上学的。"①也就是说，"阐明"的含义是把属于一个概念的表象清晰地表达出来。比如，属于"物体"这一概念的表象就是广延、不可入性、形状等。"阐明"的要求是清晰的表述，不一定是详尽的表述。什么是形而上学阐明呢？形而上学阐明的含义是，清楚地表明概念的来源不是经验的，而是先天的，即源于纯粹理性本身。比如，阐明空间和时间都不是源自经验，而是先天的，这也就是对空间和时间的形而上学阐明。

那么，究竟什么是先验阐明呢？康德告诉我们："我把一种先验阐明理解为将一个概念解释为一个原则，从这一原则出发就能够看出其他先天综合知识的可能性。为此目的就要求：1. 诸如此类的知识确实是从这个被给予的概念得来的；2. 这些知识惟有以这个概念的一种被给予的解释方式为前提条件才是可能的。"②比如，康德认为，几何学是一门先天的却又是综合地规定着空间属性的科学，为什么这门科学能够获得先天综合知识呢？因为空间的表象是直观，但这种直观不是感性直观或经验性的直观，而是先天的、纯粹的直观，它源于人们的心灵，但心灵为什么会拥有这种纯直观呢？康德指出："显然惟有当它作为主体受客体刺激并由此获得客体的直接表象即直观的形式性状，因而仅仅作为外感官的一般形式，而在主体中拥有自己的位置时，才是可能的。"③在康德看来，只有经过上面这样的阐明，才使得作为先天综合知识的几何学的可能性成为可理解的。康德的传记作家奥特弗里德·赫费认为："在形而上学的阐明中康德指出空间和时间是纯粹的直观形式，而在先验阐明中他则指出，空间和时间使先天综合认识成为可能。"④其实，在康德那里，这两种阐明的形式是密切地结合在一起的。康德总是先进行形而上学阐明，阐明对象的先天性，然后再进行先验阐明，表明其可能

---

① ［德］康德：《纯粹理性批判》，李秋零译，中国人民大学出版社 2004 年版，第 59 页（A23/B38）。

② 同上书，第 61 页（A25/B40）。

③ 同上书，第 61 页（A25/B41）。

④ ［德］奥特弗里德·赫费：《康德：生平、著作与影响》，郑伊清译，人民出版社 2007 年版，第 60 页。

产生出先天综合的知识。

第三节　对两种错误时空观的批判

在康德生活的时代，流行着两种不同的时空观。康德写道："主张空间和时间的绝对实在性的人，无论他们认为这种实在性是自存性的还是仅仅依存性的，都必然要与经验自身的原则相抵触。因为如果他们决定采用前者（这通常是数学的自然研究者一派），那么，他们就必须假定两种永恒的、无限的、独立存在的不合情理之物，它们存在着（毕竟不是某种现实的东西），只是为了把一切现实的东西包含在自身之内。如果他们采用第二派的观点（一些形而上学的自然学者就持这种观点），把空间和时间视为从经验中抽象出来的、尽管在分离中被混乱地表象的、各种显象的关系（并列或相继），那么，他们就必须否定先天的数学学说就现实的事物（例如空间中的事物）而言具有效力，至少是否定它具有无可争辩的确定性，因为这种确定性根本不是后天地发生的，而空间和时间的先天概念在他们看来只不过是想象力的创造物，其来源必须现实地到经验中寻找，想象用经验的抽象关系构造出某种虽然包含着这些关系的共相、但没有自然加给他们的约束就不能成立的东西。"[1]

第一种错误的时空观实际上是以牛顿为代表的，即把空间和时间理解为独立存在的东西，理解为一个其大无比的框架，所有的事物，包括人在内，都在这个框架中被度量。作为这种观点的略有差异的表现形式的观点是：不把空间和时间理解为独立存在的东西，而是把它们理解为依存于客观事物的东西，即客观事物的属性，它们是在人的感性之外，是独立于人的感性的。康德驳斥了这种错误的观点。在谈到空间时他指

---

[1] ［德］奥特弗里德·赫费：《康德：生平、著作与影响》，郑伊清译，人民出版社2007年版，第71页。

出："空间根本不表象任何一些物自身的属性，或者在它们的相互关系之中表象它们，也就是说，并不是那些依附于对象自身、即使人们抽掉直观的所有主观条件也依然留存的属性的规定，因为无论是绝对的规定还是相对的规定，都不能先于它们所属的那些事物的存在、从而先天地被直观。"①在康德看来，假如把空间理解为独立存在的事物，那就无法解释我们的空间表象在我们的感觉经验中的变化（如现在父母们的空间观就是畸形的）；假如把空间理解为事物的属性或规定，那么空间就不可能先于事物而存在，它只能与事物一起存在，这也与我们的感觉经验发生冲突，因为即使我们抽掉了感觉经验的一切内容，却无法抽掉空间。也就是说，空间具有先天性。与此同时，康德在谈到时间时说："时间不是某种独立存在的东西，或者不是作为客观的规定依附于事物、从而即使人们抽掉事物的直观的所有主观条件也依然留存的东西：因为在第一种场合，时间就会是某种没有现实的对象也依然现实地存在的东西。但就第二种场合而言，时间作为一个依附于事物本身的规定或者秩序也不能作为对象的条件先于对象，先天地通过综合命题被认识和直观。"②在康德看来，假如人们把时间理解为独立存在的东西，那就会出现这样的结果，即使没有任何现实的对象被涉及，时间也实在地存在着，而这与我们的感觉经验也会发生冲突，因为在我们的感觉经验中，时间节奏的快慢也会因人因事因地而出现变化的（爱因斯坦的相对论的假设）；假如人们把时间理解为事物的规定或属性，它就只能与事物一起存在，不能先于事物，以先天的方式存在，而这同样与我们的感觉经验发生矛盾。

第二种错误的时空观实际上是以休谟为代表的，即把空间和时间理解为从感觉经验中概括出来的东西。与第一种时空观比较起来，这种时空观承认时空与人的感性，与感觉经验是有关的，这是时空观发展史上

---

① ［德］康德：《纯粹理性批判》，李秋零译，中国人民大学出版社 2004 年版，第 62 页（A26/B42）。

② 同上书，第 66—67 页（A32-33/B49）。

的一个重要的进步，但持有这种时空观的人还没有正确地认识到时空与感觉经验之间的关系。康德认为，空间作为表象与关于美味、颜色等表象是有差别的。在第一版中谈到空间问题时康德曾经写道："一种葡萄酒的美味并不属于葡萄酒的客观规定，因而不属于一个客体的客观规定，即便它被当做显象来考察，而是属于品尝葡萄酒的主体的感官的特殊性状。颜色也不是它们依附于其直观的物体的性状而仅仅是被光以某种方式所刺激的视觉感官的变状。与此相反，空间作为外部客观的条件，必然属于客体的显象或者直观。滋味与颜色根本不是对象惟有在其下才能对我们来说成为感官的客体的必要条件。它们只是作为特殊的组织偶尔附加的作用而与显象相结合的。因此，它们也不是先天表象，而是建立在感觉之上的，而美味甚至是建立在作为感觉之结果的情感（快乐与不快）之上的。也没有人能够先天地有一种颜色以及任何一种滋味的表象；但是，空间只涉及直观的纯粹形式，因而根本不包含任何感觉（不包含任何经验性的东西）。如果要有形状以及关系的概念产生，空间的一切种类和规定就能够并且必须甚至先天地被表象。惟有通过空间，事物才有可能对于我们来说成为外部对象。"①在康德看来：第一，滋味和颜色完全属于主体的感觉，是显象中的质料，而空间表象则是直观，是显象中的形式，两者是有差别的；第二，滋味和颜色完全是感觉经验性的、后天的，但空间表象则可以脱离一切感觉经验，因而是先天的。在第一版中，康德也说过一段重要的话："如果空间的这种表象是一个后天获得的、从普遍的外部经验得来的概念，那么，数学规定的最初原理就会无非是知觉。因此，这些原理就会具有知觉的一切偶然性，'两点之间只有一条直线'就会同样不是必然的，而是经验任何时候都如此教导我们的。从经验借来的东西，也只有比较的普遍性，亦即通过归纳。因此，人们就会只能够说，就目前所注意到的而言，还没有发现具

---

① ［德］康德：《纯粹理性批判》，李秋零译，中国人民大学出版社 2004 年版，第 63 页注③（A28-29/B44）。

有多于三个维度的空间。"①在康德看来，如果空间来自感觉经验，那么数学就根本不可能获得先天综合知识。空间只是在逻辑在先的意义上先于感觉经验，而成为感觉经验得以可能的主观条件。

同样地，康德认为，人们也应该把时间与滋味、颜色等表象区别开来："时间不是以某种方式从经验抽象出的经验性概念。因为如果时间的表象不先天地作为基础，则同时或者相继都甚至不会进入知觉。惟有以时间的表象为前提条件，人们才能表象：一些东西存在于同一个时间中（同时）或者存在于不同的时间中（相继）。"②和空间一样，时间也是先天的纯直观，它完全可以与一切感觉经验相分离。如果它出现在显象中的话，那是因为它仅仅是显象中的形式，而不是像滋味和颜色一样，仅仅是感觉或质料。

正是在批判上面两种错误的时空观的基础上，康德在先验感性论里提出了第三种时空观。他指出："我们惟有从一个人的立场出发才能谈论空间，谈论有广延的存在物等等。如果我们离开惟一使我们能够按照我们可能受对象所刺激的方式拥有外部直观的主观条件，那么，空间的表象就毫无意义。"③同样地，康德也指出："时间仅仅是我们（人的）直观（它在任何时候都是感性的，也就是说，如果我们被对象刺激的话）的主观条件，在客体之外就其自身而言什么也不是。"④

一方面，康德与第一种错误观点一样，承认时空具有实在性，但这里说的"实在性"又不是像第一种错误观点所主张的，是独立存在或依存于外部事物意义上的实在性，而只是显象意义上的、经验意义上的实在性；另一方面，康德又与第二种错误观点一样，承认时空有观念性，但这种观念性又不像第二种错误观点所主张的，是经验上的观念性，而是

①　［德］康德：《纯粹理性批判》，李秋零译，中国人民大学出版社 2004 年版，第 59 页注④（A24/B39）。

②　同上书，第 64—65 页（A30/B46）。

③　同上书，第 62 页（A26/B42）。

④　同上书，第 68 页（A35/B51）。

先验的观念性。所以，在谈到空间表象时，康德说："我们（就一切可能的外部经验而言）主张空间的经验性的实在性，虽然也主张空间的先验的观念性，也就是说，一旦我们除去一切经验的可能性的条件，假定它是作为物自身的基础的某种东西，空间就什么也不是了。"①康德的机智在于，他肯定的只是空间在经验意义上的实在性，而要做成经验，就离不开人、离不开人的感性；同时，他也肯定空间在先验意义上的观念性，也就是阐明，空间无时无刻不与感觉经验纠缠在一起，但它不是来源于经验，而是一切经验得以可能的、主观方面的、先天的条件。这样一来，康德把上述两种错误观点所蕴含的合理的部分都提取出来了，并通过对概念的分辨，做成了自己的独特的观点。

康德也以同样的方式阐明了时间在经验上的实在性和在观念上的先验性。他写道："据此，我们的主张说明了时间的经验性的实在性，即就每次能够被给予我们感官的所有对象而言的客观有效性。而既然我们的直观在任何时候都是感性的，所以，在经验中绝不可能有不隶属于时间条件的对象被给予我们。与此相反，我们反对时间对绝对实在性的一切要求，因为即使不考虑我们感性直观的形式，这种实在性也绝对地作为条件或者属性依附于事物。这样一些属于物自身的属性也永远不能通过感官被给予我们。因此，时间的先验的观念性就在于此，按照这种观念性，如果人们抽掉感性直观的主观条件，时间就根本什么也不是，既不能自存性地也不能依存性地归之于对象自身（与我们的直观没有关系的对象）。不过，这种观念性与空间的观念性一样，毕竟不能与感觉的蒙骗相比，因为人们此时就这些谓词所依存的显象而言，毕竟预先设定它具有客观的现实性；在这里，除了它仅仅是经验性的以外，即除了它把对象本身仅仅看做是显象之外，这种实在性就会完全丧失。"②

于是，康德从批判哲学的视角出发，建立了自己的独特的时空观。

----

① ［德］康德：《纯粹理性批判》，李秋零译，中国人民大学出版社2004年版，第63页（A28/B44）。

② 同上书，第68—69页（A35-36/B52-53）。

第四节　康德的空间观

　　下面，我们先来考察康德的空间观。康德认为，空间涉及外感官：
"借助于外感官（我们心灵的一种属性），我们把对象表象为外在于我们
的，它们全都在空间之中。在空间中，它们的形状、大小和相互之间的
关系得到规定，或者是可规定的。"①在康德看来，空间是三维的，即具
有长、宽、高三个不同的维度。在"空间概念的形而上学阐明"一节中，
康德论述了以下四层意思，以论证空间的先天性。第一层意思是：空间
不是从外部经验抽象和概括出来的经验性的概念。也就是说，空间不是
经验的，而是先天的，不是显象中的质料，而是显象中的形式："空间
的表象不能通过经验从外部显象的关系借来，相反，这种外部经验自身
只有通过上述表象才是可能的。"②康德强调这层意思，主要是把空间与
颜色、滋味、温度这样的经验性概念区分开来。第二层意思是：空间是
作为一切外部直观的基础的一个必不可少的先天的表象。康德写道：
"人们虽然完全能够设想在空间中找不到任何对象，但却绝不能形成一
个没有空间存在的表象。因此，空间被视为显象可能性的条件，而不是
依赖于显象的规定，是一个以必然的方式作为外部显象之基础的先天表
象。"③第三层意思是：空间不是一个关于一般事物的关系的推理概念，
或者如人们所说是一个普遍的概念，而是一个纯直观。一方面，人们只
能表象一个惟一的空间，即使人们谈论多个空间，实际上也只是把它们
理解为它的组成部分。这也不等于说，它们先行于它，而是它先行于它
们，它们只能在它里面才能被设想。另一方面，它也是关于空间的一切

---

　　①　［德］康德：《纯粹理性批判》，李秋零译，中国人民大学出版社 2004 年版，第 58
页（A22/B37）。
　　②　同上书，第 59 页（A23/B38）。
　　③　同上书，第 59 页（A24/B39）。

其他概念的基础。"就连所有的几何学原理也是如此，例如在一个三角形中两边之和大于第三边，就绝不是从关于线和三角形的普遍概念中，而是从直观中，并且是先天地以无可争辩的确定性引申出来的。"①第四层意思是：空间被表象为一个无限的被给予的大小。通常的概念会包括无限多的表象，如"树叶"这个概念可以指称无限多的对象，尽管这些对象形状各异，性质也不同，但它们都可以隶属于"树叶"这个概念，而空间则与这类概括同类对象的概念不同，它把所有的对象都包含在自身之内。正如康德所说的："没有一个如此这般的概念能够被设想成好像把无限多的表象都包含在自身当中。尽管如此，空间就是这样被设想的（因为空间无限多的所有部分都是同时存在的）。因此，关于空间的源始表象是一个先天的直观，而不是概念。"②

在"空间概念的形而上学阐明"的基础上，康德又进行了"空间概念的先验阐明"。事实上，他既已阐明了空间作为先天表象是一切感觉经验的基础，也就证明了，任何其他先天综合知识的构成都是以空间这一先天的表象为基础的。在两种阐明的基础上，康德引申出如下的结论：

第一，康德指出："空间根本不表象任何一些物自身的属性，或者在它们的相互关系之中表象它们，也就是说，并不是那些依附于对象自身、即使人们抽掉直观的所有主观条件也依然留存的属性的规定。因为无论是绝对的规定还是相对的规定，都不能先于它们所属的那些事物的存在、从而不能先天地被直观。"③也就是说，空间作为源于心灵的纯直观，它只是显象的形式，而不可能成为物自身的属性。假如它成了物自身的属性，而与人的心灵及感性完全无关，那它与物自身就是不可分离的，它不可能先于它所属的事物而存在，从而也不可能先天地被直观。我们必须记住，空间只与显象有关，而与物自身无关。比如，黑色的衣

---

① ［德］康德：《纯粹理性批判》，李秋零译，中国人民大学出版社 2004 年版，第 60 页（A24/B39）。

② 同上书，第 60 页（A25/B40）。

③ 同上书，第 62 页（A26/B42）。

服不容易脏，我的身体很好等，都试图对物自身进行判断，其实，我们只对物自身向我们显现的现象做判断。比如，康德自己也举了彩虹和雨的例子。① 他的意思是：从物理学的角度看，我们不妨把"彩虹"理解为显象，把"这场雨"理解为物自身。但从哲学的角度来看，不光彩虹是显象，而且这场雨也不过是显象："如果我们一般地对待这种经验性的东西，并且不顾及这种东西与每一种人类感官的一致，而追问这种东西是否也表象了一个对象自身（不是雨滴，因为雨滴在这种情况下已经作为显象是经验性的客体了），那么，关于表象与对象的关系就是先验的，不仅这些雨滴是纯然的显象，而且就连它们圆的形状、甚至它们在其中下落的空间，都不是什么就自身而言的东西，而仅仅是我们的感性直观的一些变形或者基础，而先验的客体依然不为我们所知。"②也就是说，康德这里所说的物自身或物自体归根到底是指超验的对象，即灵魂、世界和上帝，既不是上面列举的具体事物，也不是空间或时间。有趣的是，康德也举了玫瑰花的例子，他这样写道："那原初只是显象的东西，例如一朵玫瑰花，在经验性的意义上就被视为一个物自身，这个物自身却可能对每个人眼睛来说在颜色上显得不同。与此相反，空间中显象的先验概念却是一个批判性的提醒：一般说来，在空间中被直观的任何东西都不是事物自身，空间也不是事物自身固有的形式，相反，对象自身根本不为我们所知，而我们称为外部对象的东西，无非是我们感性的纯然表象，其形式就是空间，而其真正的相关物亦即物自身，由此却根本没有被认识，也不能被认识，但在经验中也从来不被追问。"③在康德看来，人们在感觉中的真正的相关物不是物自体，而是显象，因为物自体不在经验的范围内，它是超验的，因而是不可知的。

第二，康德指出："空间无非是外感官的一切显象的形式，也就是

---

① ［德］康德：《纯粹理性批判》，李秋零译，中国人民大学出版社 2004 年版，第 74 页（A45/B63）。

② 同上书，第 74—75 页（A46/B63）。

③ 同上书，第 64 页（A29-30/B45）。

说，是感性的主观条件，惟有在这一条件下外部直观对我们来说才是可能的。如今，由于主体的被对象刺激的感受性以必然的方式先行于这些客体的所有直观，因此可以理解，一切显象的形式如何能够在一切现实的知觉之前、从而先天地在心灵中被给予，以及它如何能够作为一切对象都必须在其中被规定的纯直观在一切经验之前就包含着对象诸般关系的原则。"①在这里，康德再度强调，空间既不是自身独立存在的物自体，也不是依附于物自体的属性或规定，而是以人类心灵和感性为前提的。在人类感官受刺激时产生了显象，质料（即感觉）构成了显象的内容，而空间则构成了显象的形式。正是在这个意义上，康德进一步指出："这种我们称之为感性的感受性的恒定形式，是对象在其中被直观为在我们之外的各种关系的一个必要条件，而如果人们抽掉这些对象，它就是一个拥有空间之名的纯直观。由于我们并不能使感性的这些特殊条件成为事物的可能性的条件，而只能使之成为事物的显象的可能性的条件，所以我们完全可以说，空间包括可能外在地向我们显现的一切事物，但不包括一切物自身，不管它们是否被直观到，或者也不管它们被什么样的主体所直观。"②

总之，空间是不可能脱离人类的感性而存在的，它源于心灵，是人类做成任何知识的主观条件之一。也就是说，空间既体现出经验的实在性（即它不是与人相脱离的物自体意义上的绝对的实在性），也体现出先验的观念性（即它不是像气味、颜色、声音一样的感觉，而是先于一切感觉的先天的表象）。正如康德所说的："除了空间之外，也不存在其他任何主观的、与某种外物相关的、能够称之为先天客观的表象。因为人们不能从这些表象中的任何一个，像从空间中的直观那样，推导出先天综合命题（参见第 3 节）。因此，精确地说，它们根本没有观念性，虽然它们与空间的表象在这一点上是一致的，即它们仅仅属于感觉方式的主

---

① ［德］康德：《纯粹理性批判》，李秋零译，中国人民大学出版社 2004 年版，第 62 页（A26/B42）。

② 同上书，第 62 页（A27/B42-43）。

观性状，例如属于凭借颜色、声音和温度的感觉的视、听、触的主要性状，但由于这些都仅仅是感觉而不是直观，它们就自身而言都不使人认识、至少是先天地认识任何客体。"①在这里，康德既表明了空间观念属于人的感性，又表明了它作为先天表象在外感官中的唯一性，即感官的其他性状，如颜色、声音、温度都不是先天的，都无法像空间那样引申出先天综合知识来。

第五节　康德的时间观

现在，我们来考察康德的时间观。康德认为："借助于内感官……心灵直观自己本身或者其内在状态；虽然内感官并不提供关于灵魂自身作为一个客体的任何直观，但毕竟有一种确定的形式，惟有在这形式下灵魂内部状态的直观才有可能，以至于一切属于内部规定的东西都在时间的关系中被表象出来。时间不能在外部被直观到，就像空间不能被直观为我们内部的某物一样。"②在康德看来，与空间的三维不同，时间是一维的。他指出："时间只有惟一的维度：不同的时间不是同时的，而是相继的（就像不同的空间不是相继的，而是同时的一样）。"③当然，康德在这里没有强调时间的不可逆性。与空间观的论证一样，康德也先做了"时间概念的形而上学阐明"。第一层意思是：时间不是以某种方式从经验中抽象出来的经验性的概念。"因为如果时间的表象不先天地作为基础，则同时或者相继都甚至不会进入知觉。惟有以时间的表象为前提条件，人们才能表象：一些东西存在于同一时间中（同时）或者存在于不

---

①　[德]康德：《纯粹理性批判》，李秋零译，中国人民大学出版社 2004 年版，第63—64 页（A28-29/B44）。

②　同上书，第 58 页（A22-23/B37）。

③　同上书，第 65 页（A31/B47）。

同的时间中（相继）。"①在这里，康德强调，正是因为时间作为先天的表象去梳理感觉，知觉中才可能出现"同时"或"相继"这样的感受。否则，这样的感受是无法进入人们的知觉中的。此外，正是时间的先天性决定了时间原理的先天必然性，"这些原理不可能从经验中得出，因为经验既不会提供严格的普遍性，也不会提供不可争辩的确定性。我们将只能说：通常的知觉告诉我们是这样的；但不能说：它必定是这样的。这些原理被视为在根本上使经验成为可能的规则，并且在经验之前，而不是通过经验教导我们"②。第二层意思是：时间是作为一切直观之基础的一个必不可少的表象。康德认为，时间与空间一样，是构成任何显象的主观条件之一。他提醒我们："人们尽管完全可以从时间中除去显象，但就一般显象而言却不能取消时间自身。因此，时间是先天地被给予的。惟有在时间中，显象的一切现实性才是可能的。这些显象全都可以去掉，但时间自身（作为显象的可能性的普遍条件）却不能被取消。"③其实，康德在这里的表述也不是严格的，因为时间作为纯形式，包含在任何显象中，而且是任何显象得以构成的主观方面的、形式方面的条件。也就是说，如果抽掉显象，时间也就被抽掉了。正确的表述是，抽掉显象中的质料（即感觉），时间作为先天的形式会留存下来，它是抽不掉的。第三层意思是：时间不是推理概念，或者如人们所说是普遍概念，而是感性直观的纯形式。康德指出："即便'不同的时间不能是同时的'这个命题，也不能从一个普遍的概念推导出来。该命题是综合的，不能仅仅从概念产生。因此，它是直接地包含在时间的直观和表象之中的。"④也就是说，只有把时间理解为纯直观，"同时"和"相继"这些属性的综合性才能获得理解。第四层意思是：时间的无限性无非意味着：时

---

① ［德］康德：《纯粹理性批判》，李秋零译，中国人民大学出版社 2004 年版，第 64—65 页（A30/B46）。

② 同上书，第 65 页（A31/B47）。

③ 同上书，第 65 页（A31/B46）。

④ 同上书，第 65 页（A32/B47）。

间一切确定的长短（似应译为：一切确定的长短的时间——俞）都唯有通过对唯一的作为基础的一个时间的限制才是可能的。康德指出："因此，时间这一源始的表象必须不受限制地被给予。但由此，一个对象的各个部分自身和每一大小都惟有通过限制才能确定地被表象，所以，整个表象肯定不是通过概念被给予的（因为概念只包含部分的表象），相反，必须有直接的直观作为概念的基础。"①总之，作为感性直观的纯形式，时间和空间一样不根源于经验，而是根源于心灵，它是一切经验知识得以可能的主观条件之一。

在"时间概念的先验阐明"中，康德也没有做更多的论证。既已证明时间是先天的表象，是一切后天的感觉经验的基础，也就证明了由时间这种纯直观推导出来的一定是先天综合知识。但康德做了如下的补充："变化的概念亦即随之运动（作为位置的变化）的概念惟有通过并在时间表象之中才是可能的；如果这一表象不是先天的（内）直观，那么，任何概念，无论它是什么概念，都不能使一种变化的可能性、亦即把矛盾对立着的各谓词（例如同一事物在某处存在又在该处不存在）结合进同一个客体的可能性成为可理解的。惟有在时间中，才能在一个事物中，即相继地发现两个对立着的规定。因此，我们的时间概念解释了像富有成果的普遍运动学说所阐述的那么多的先天综合知识的可能性。"②在康德看来，关于变化和运动的大量先天综合知识实际上都是以时间这一先天表象为前提的。在两种阐明的基础上，康德引申出如下的结论：

第一，时间不是某种独立存在的东西，也不是作为客观的规定依附于事物，从而即使人们抽掉事物的直观的所有主观条件也依然留存的东西。因为在第一种场合下，时间就会是某种没有现实的对象也依然现实地存在的东西；在第二种场合，时间作为依附于事物本身的规定或秩序也不能作为对象的条件先行于对象，先天地通过综合命题被认识和直

① ［德］康德：《纯粹理性批判》，李秋零译，中国人民大学出版社 2004 年版，第 65—66 页（A32/B47-48）。

② 同上书，第 66 页（A32/B48-49）。

观。在康德看来，时间作为先天直观的纯粹形式，源于人类心灵，从属于感性，是一切显象得以构成的先天表象。正如康德所说的："时间仅仅是我们（人的）直观（它在任何时候都是感性的，也就是说，如果我们被对象刺激的话）的主观条件，在客体之外就其自身而言什么也不是。尽管如此，就所有显象而言，因而也就所有能够在经验中呈现给我们的事物而言，它仍然以必然的方式是客观的。"①在康德看来，时间从属于人的感性，但在显象范围内它作为先天表象具有普遍必然性。

第二，时间无非是内感官的形式，即直观我们自己和我们的内部状态的形式。在康德看来，时间与空间不同，它既不涉及形状，也不涉及位置，只涉及表象在我们内部状态中的关系。所以，康德说："如果我们抽掉我们在内部直观我们自己并借助这种直观也把一切外直观包括进表象力的方式，从而按照对象就自身而言可能存在的样子来对待它们，那么，时间就什么也不是。"②

第三，时间是所有显象的先天形式条件。康德认为，作为外直观的纯粹形式的空间，作为先天条件仅仅局限于外部显象。与此相反，由于所有的表象，无论它们是否有外部事物作为对象，毕竟都就自身而言作为心灵的规定而属于内部状态，而这种内部状态则隶属于内直观的形式——时间之下。时间直接地是内直观的形式，又间接地是外直观的形式。正如康德所说的："如果我能够先天地说：一切外部显象都在空间中并按照空间的关系被规定，那么，我也可以从内感官的原则出发完全普遍地说：所有一般显象，即感官的所有对象，都处在时间中，并以必然的方式处在时间的各种关系中。"③

与空间同样的是，时间也具有经验的实在性，即它只与人的感性有关，根本不存在绝对的实在性，时间也具有先验的观念性，因而是先天

---

① ［德］康德：《纯粹理性批判》，李秋零译，中国人民大学出版社 2004 年版，第 68 页（A35/B51）。

② 同上书，第 67—68 页（A34/B51）。

③ 同上书，第 67 页（A34/B50-51）。

的，不是经验的，而是一切经验得以可能的先天的条件。

第六节 康德时空观的意义

正如我们在前面已经指出过的那样，康德的时空观既不同意把时空理解为绝对实在的东西，而只承认它们的经验的实在性；又不同意把它们理解为经验上的观念性，而主张它们只具有先验的观念性。这样一来，与其先验哲学相应的独特的时空观产生了。显然，这一新的时空观具有十分重要的理论意义：

第一，这种时空观否定了以牛顿为代表的自然神学的观点。牛顿认为，整个天体的运动是因为上帝踢了一脚，这是典型的自然神学的观点。康德说："在自然的神学中，由于人们设想一个对象，它不仅对于我们来说根本不可能是直观的对象，而且它对自己来说也绝对不能是感性直观的对象，所以，人们就小心翼翼地考虑，从它的直观（因为它的所有知识都是诸如此类的东西，而不是在任何时候都表现出局限的思维）中去掉时间空间的条件。但是，既然人们事先已经使这二者成为物自身的形式，而且是这样的形式，即使人们去掉事物本身，它们作为事物实存的先天条件也依然存留，人们现在有什么权利做上述事情呢？因为作为所有一般存在的条件，它们必定也是上帝存在的条件。"①也就是说，一旦人们抽去时间和空间，上帝也就不复存在了，所以，时间和空间只能从人的感性的角度加以理解，它们只具有经验的实在性，而不具有绝对的实在性。

第二，这种时空观超越了以休谟为代表的经验论的时空观。经验论时空观的特点是，没有在感性论的范围内把时空与其他的感觉经验（如

---

① ［德］康德：《纯粹理性批判》，李秋零译，中国人民大学出版社 2004 年版，第 79—80 页（B71）。

声音、滋味、颜色等)分离开来，揭示出时空的先天性。康德的贡献在于强调时空构成了先验感性论的全部内容。也就是说，正是康德，把时间和空间作为先天直观的纯形式，而与其他的感性分离开来。康德指出："至于先验感性论除时间和空间这两种要素之外不可能包含更多的要素，这一点是清楚明白的，因为所有其他属于感性的概念，甚至把两者结合起来的运动的概念，都以某种经验性的东西为前提条件。运动以对某种运动的东西的知觉为前提条件。但在空间中，就其自身来看，没有任何运动的东西：因此运动的东西必须是某种仅仅由经验在空间中发现的东西，从而是一个经验性的材料。同样，先验感性论不能把变化的概念列入其先天材料，因为时间本身并不变化，而是某种存在于时间中的东西在变化。所以，为此就要求有对某种存在及其各种规定的演替的知觉，因而就要求有经验。"①也就是说，在先验感性论中，康德只承认时间和空间是先天的表象，它们不与其他感性的东西并列，相反，是其他一切感觉经验得以可能的主观条件。显然，康德把时空从感觉经验中分离出来，并把它们理解为一切显象的形式，乃是时空观发展史上的伟大的创举。马克思的社会必要劳动时间和社会空间，海氏的时间性概念。

第三，这种时空观使先天综合知识得以可能。康德指出："在这里，为解决先验哲学的普遍任务，即先天综合命题如何可能，所要求的东西我们已经有了一个，这就是先天的纯直观，亦即空间和时间。在它们里面，当我们在先天判断中想超出被给予的概念时，我们发现了不是在概念中、但却是在与概念相应的直观中能够先天地揭示并综合地与概念结合的东西。但由于这一理由，这样的判断绝不能超出感官的对象，而是只能对可能经验的客体有效。"②也就是说，时间和空间是所有感性直观的纯形式，并由此而使先天综合命题成为可能，但是，这两个先天的知

---

① ［德］康德：《纯粹理性批判》，李秋零译，中国人民大学出版社 2004 年版，第71—72 页(A41/B58)。

② 同上书，第 80—81 页(B73)。

识来源也为自己划定了界限，即它们仅仅涉及作为显象来考察的对象，但并不表现物自体。唯有前者才是它们的有效性的领域，如果超出这个领域，就不再有它们的客观运用了。

第四，在这种时空观中显现的对象不是幻相。康德认为："如果我说：在空间和时间中，无论是外部客体的直观，还是心灵的自我直观，都是像二者刺激我们的感官、亦即像它们显现的样子表象它们的，那么，这并不是想说这些对象都只是一种幻相。因为在显象中，客体，甚至我们赋予它们的性状，任何时候都被视为某种现实地被给予的东西，只不过如果这种性状在被给予的对象与主体的关系中仅仅取决于主体的直观方式，那么，这个作为显象的对象就被与作为客体自身的对象区分开来了。"①康德认为，这种以时空作为主观条件而获得的显象并不是幻相，而是关于现象的普遍有效的知识。相反，以为通过时空可以获得物自体或物自身的知识，或者把时空理解为独立存在的东西、理解为物自身的属性，才可能导致真正的幻相，从而为建立科学的形而上学奠定了基础。

---

① [德]康德：《纯粹理性批判》，李秋零译，中国人民大学出版社 2004 年版，第 78 页（B69）。

第五章　先验逻辑论

本章作为第六章先验分析论和第七章先验辩证论①的引导，在内容上比较简单，但读者对它的理解并不容易。正如诺曼·康蒲·斯密所指出的："关于普遍逻辑——这个导言分为四部分，是极其散漫的，除只是'建筑术'价值外，本无多大贡献。它只是本书总导言与感性论开始几段的重述，但又不考虑到那两处所下的定义。以时期论，大概不像写在紧接着感性论之后，可能迟于分析论的主要部分。无论怎样看，它是不问内容而附加上去的；正如阿的凯斯（Adiokes）所曾提出，在分析论的开始一节里，是完全无视它的。"②这个批评并不是没有道理的，因为作为《先验逻辑论》导言的"先验逻辑的理念"虽然由四节内容构成，篇幅也不大，但康德就"逻辑"使用了一系列概念，而对这些概念之间的关系又说得语焉不详。为了便于理解，我们在本章中讲以下三个问题：一、形式逻辑中的普遍逻辑；二、先验逻辑；三、先验逻辑与普遍逻辑的关系。

---

① 第七章空缺。——编者注

② ［英］诺曼·康蒲·斯密：《康德〈纯粹理性批判〉解义》，绰然译，商务印书馆1961年版，第200页。

第一节　形式逻辑中的普遍逻辑

在《先验逻辑论》中，康德所使用的以下六个概念——"逻辑"（die Logik）、"一般逻辑"（die Logik überhaupt）、"普遍逻辑"（die allgemeine Logik）、"特殊逻辑"（die besondere Logik）、"纯粹逻辑"（die reine Logik）、"应用逻辑"（die angewandte Logik）都是在传统的形式逻辑（die formale Logik）的背景下表述出来的。在《道德形而上学原理》一书中，康德指出："人们可以把全部经验为依据的哲学称为经验哲学，而把完全从先天原则来制订自己学说的哲学称为纯粹哲学。单纯是形式的纯粹哲学，称为逻辑学；当它限制在知性的一定对象上的时候，就称为形而上学。"①我们注意到，康德把逻辑学理解为"单纯是形式的纯粹哲学"，实际上，康德在这里说的"逻辑学"也就是形式逻辑。在《逻辑学讲义》（1800）中，康德说得更为明确："这种关于一般知性或理性的必然法则的科学，或者说——这是一样的——，这种关于一般思维的单纯形式的科学，我们称之为逻辑。"②这段话也表明，康德通常是在传统的形式逻辑的含义上来使用"逻辑"概念的。而且在康德看来，传统的形式逻辑几乎达到了完善的程度。正如戈特劳布·本亚明·耶舍在康德的《逻辑学讲义》的"编者前言"中谈到康德时说："他多次坚定而明确地声明：逻辑被认为是一种抽象的、独立的、在自身中建立的科学，它从发生和由亚里士多德首创以来，直到我们的时代，在科学论证方面，实际上无所增益。"③在《先验逻辑论》中，"逻辑"与"一般逻辑"这两个概念在含义上是完全相同的。那么，什么是逻辑呢？康德告诉我们："我们把一般感性

---

① ［德］康德：《道德形而上学原理》，苗力田译，上海人民出版社 1986 年版，第 36 页。
② ［德］康德：《逻辑学讲义》，许景行译，商务印书馆 1991 年版，第 2—3 页。
③ 同上书，编者前言第 5 页。

规则的科学亦即感性论与一般知性规则的科学亦即逻辑区分开来。"①在这里，康德把逻辑或一般逻辑理解为"一般知性规则的科学"。

逻辑或一般逻辑又可以被区分为"普遍逻辑"和"特殊逻辑"。正是在这个意义上，康德指出："逻辑又可以以双重的观点来探讨，要么是作为普遍的知性应用的逻辑，要么是作为特殊的知性应用的逻辑。前者包含思维的绝对必然的规则，没有这些规则就根本没有知性的任何应用，因此它涉及这种应用，不顾及这种应用可能针对的对象的不同。特殊的知性应用的逻辑则包含正确地思维某类对象的规则。人们可以把前者称为要素的逻辑(die elementarl Logik，实际上此处应译为原理的逻辑，因为它不区别对象，强调自己的普遍有效性——引者注)，但把后者称为这门或者那门科学的工具论。"②普遍逻辑体现为对知性的普遍规则的运用，在运用时却"不顾及这种应用可能针对的对象的不同"，也就是说，普遍逻辑作为形式逻辑不区分对象是显象/现象，还是物自体。至于特殊逻辑，在其应用中只涉及某类对象，因而它实际上成了某类科学的"工具论"，其目的是展示这些学科的特殊的思维方法和规则。

就普遍逻辑而言，康德认为又可进一步做出区分："如今，普遍的逻辑要么是纯粹的逻辑，要么是应用的逻辑。在前者中，我们抽掉我们的知性得以实施的所有的经验性条件，例如感官的影响、想象的游戏、记忆的规律、习惯的力量、偏好等等，从而也抽掉了成见的来源，甚至完全抽掉了使得某些知识可能由我们产生、或者被强加给我们的一切原因，因为它们只是在运用知性的某些情况下才与知性相关，而要认识这些情况就需经验。所以，一种普遍的、但又纯粹的逻辑只与先天的原则打交道，它是知性的法规，亦是理性的法规，但只是就其运用的形式因素而言，内容则不管它是什么样的(是经验性的还是先验的)。但一种普遍的逻辑，当它针对心理学告诉我们的那些主观经验性条件下的知性应

---

① [德]康德：《纯粹理性批判》，李秋零译，中国人民大学出版社 2004 年版，第 84 页(A52/B76)。

② 同上书，第 84 页(A52/B76)。

用规则的时候，就叫做应用的。所以，它拥有经验性的原则，尽管就它对对象不加区别地涉及知性应用而言，它是普遍的。"①在康德看来，在普遍逻辑中，应当加以肯定的是"纯粹的逻辑"，而不是"应用的逻辑"，因为前者涉及的是与后天的经验完全脱离的先天的原则，从而其科学性得到了保证。因此，在谈到普遍逻辑时，康德写道："在这种逻辑中，逻辑学家必须在任何时候都牢记两条规则：1. 作为普遍的逻辑，它抽掉了知性知识的一切内容及其对象的不同，仅仅与思维的形式打交道。2. 作为纯粹的逻辑，它不具有经验性的原则，从而它不(像人们有时说服自己的那样)从心理学汲取任何东西，因而心理学对于知性的法规没有任何影响。它是一种经过证明的学说，在它里面一切都必须是完全先天地确定的。"②康德认为，"应用的逻辑"探讨心理学中关于注意的障碍和后果、谬误的起源、怀疑以及确信的状态等，它常常使普遍的逻辑法则屈从于情感、偏好和欲望，因而缺乏科学性。

此外，从亚里士多德以来，普遍逻辑也被区分为"分析论"和"辩证论"。前者讨论思维中的推论形式和规则，亚氏在《分析前篇》和《分析后篇》中做了充分的论述；后者讨论认识真理的方法并对概念之间的关系做出辨析，亚氏在《正位篇》和《论智者的驳辩》中也做了相关的论述。康德沿用了亚氏的逻辑观点，也把"普遍逻辑"划分为"分析论"和"辩证论"。康德指出："如今，普遍的逻辑把知性和理性的全部形式工作分解成它的各种要素，并将它们描述成为对我们的知识作出逻辑评判的原则。因此，逻辑的这一部分可以叫做分析论，并正因为此是真理的至少消极的试金石，因为人们在根据其内容研究一切知识，以便弄清楚它们就对象而言是否包含着积极的真理之前，首先必须根据其形式按照这些

---

① ［德］康德：《纯粹理性批判》，李秋零译，中国人民大学出版社 2004 年版，第84—85 页(A52-53/B77)。

② 同上书，第 85 页(A54/B78)。

规则来检验和估价它们。"①也就是说，分析论关心的只是知识的形式而不是它的内容，它考察的是思维是否遵守那些普遍的逻辑法则，思维的不同和表达式之间是否存在矛盾等。

然而，不管知识的形式与普遍的逻辑法则如何相一致，也远远不足以使知识成为具有质料性的、客观的真理，所以没有人仅仅凭借逻辑就敢于对对象做出判断。这样就产生一种诱惑，即人们试图把只关注思维形式的普遍逻辑作为工具论，对知识的内容进行断言，于是就导致了辩证论。正如康德所说的："在对一种赋予我们一切知识以知性形式的如此明显的艺术的拥有中，虽然人们在这些知识的内容方面还可能非常空洞贫乏，却还是蕴含着某种诱人的东西，使得那种仅仅是评判之法规的普遍逻辑仿佛是一种现实创造的工具论，至少被用来导致有关客观主张的假象，从而事实上由此被误用。如今，被当做工具论的普遍逻辑就叫做辩证论。"②康德认为，其实古人已经把这种"辩证论"理解为一种"幻相逻辑"（die Logik des Scheins），因为它的作用就是模仿形式逻辑的缜密方法，给自己的无知和空洞的思想涂上真理的色彩。为此，康德引申出如下的结论："普遍的逻辑，作为工具论来看，在任何时候都是一种幻相的逻辑，也就是说，是辩证的。因为既然它根本不告诉我们有关知识的内容的任何东西，而是仅仅告诉我们与知性一致的形式条件，这些条件除此之外在对象方面是完全无所谓的，那么，把它当作一种工具（工具论）来使用，以便至少按照那种假定来传播和扩展自己的知识，这种无理要求的结果只能是废话连篇，只要愿意就用一些幻相来维护一切，或者随意地攻击它们。"③康德认为，这种"辩证论"是不符合哲学的尊严的，因此，应该以批判的方式来论述"辩证论"。必须注意，在康德那里，"辩证"乃是一个消极的、否定性的概念，与我们现在的语境下对

---

① ［德］康德：《纯粹理性批判》，李秋零译，中国人民大学出版社 2004 年版，第 88 页（A60/B84-85）。

② 同上书，第 89 页（A60-61/B85）。

③ 同上书，第 89 页（A61-62/B86）。

这个概念的理解完全不同。

　　总之，虽然康德是在传统的形式逻辑的背景下使用上述概念的，但与传统的形式逻辑比较起来，康德更注重的是普遍逻辑中的"纯粹的逻辑"，而不是与心理学有关的"应用的逻辑"；同样地，康德肯定的也是普遍逻辑中的"分析论"，而对"辩证论"则取批判的态度。我们可以把上述逻辑方面的表达式概括为下面的图：

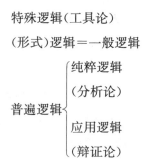

特殊逻辑(工具论)

(形式)逻辑＝一般逻辑

普遍逻辑 $\begin{cases} \text{纯粹逻辑} \\ (\text{分析论}) \\ \text{应用逻辑} \\ (\text{辩证论}) \end{cases}$

第二节　先验逻辑

　　先验逻辑是康德独创的逻辑。它与传统的形式逻辑以及隶属于形式逻辑的普遍逻辑是完全不同的。这种差异我们将在下面一个部分中讨论。我们先来考察，在康德那里，先验逻辑究竟是什么意思。康德首先强调了他对"先验的"这个概念的理解以及这种理解的重要性："在这里，我要作一个说明，它影响到后面所有的考察，人们应当把它牢记在心，这就是：并非任何一种先天知识，而是惟有使我们认识到某些表象(直观或者概念)仅仅先天地被应用或者仅仅先天地可能以及何以如此的知识，才必须被称为先验的(即知识的先天可能性或者知识的先天应用)。因此，无论是空间还是空间的某个几何学的先天规定，都不是一种先验的表象，而惟有关于这些表象根本不具有经验性的起源的知识，和它们尽管如此依然能够先天地与经验的对象发生关系的可能性，才可以叫做先验的。"①正如我们在前面已经指出过的那样，在康德的语境中，"先天的"（a priori）与"先验的"（transzendental）这两个概念是有差别的，"先天的"只是强调完全脱离经验；而"先验的"则探讨先天的东西如何能应用于先天的对象（如纯粹数学）或经验的对象，从而使人的认识和知识的产生成为可能。这也可以从我们在导论中引证过的康德的另一段话中得到印证："我把一切不研究对象、而是一般地研究我们关于对象的认识方式——就这种方式是先天地可能的而言——的知识称为先验的。"②同时，康德也把"先验的"与"经验（性）的"（empirisch）这两个概念区分开来。在他看来，如果把空间这个先天的表象用于一般的对象（即完全与感觉经验分离的对象，就像在纯粹数学中所做的那样），那么空间的这种应用就是先验的；但如果这种应用仅限于感官的对象，它就是经验（性）的。"先验的"和"经验的"这两个概念之间的差别不涉及知识与对象之间的关系，而仅仅属于对知识的批判，即确定这种知识究竟是普遍必然的，还是偶然的。

正是基于这样的理解，康德提出了先验逻辑的概念："由于期望也许会有一些概念，它们能够先天地与对象发生关系，不是纯粹的或者感性的直观，而仅仅是纯思维的行动，因而是既无经验性起源也无感性论起源的概念，所以我们预先为自己形成了一门纯粹知性和理性知识之科学的理念，用来完全先天地思维对象。这样一门规定这样一些知识的起源、范围和客观有效性的科学，就会必须叫做先验逻辑，因为它仅仅与知性和理性的规律打交道，但只是就它们先天地与对象相关而言，不像普遍的逻辑不加区别地既与经验性的理性知识也与纯粹的理性知识相关。"③在康德看来，先验逻辑只与知性和理性打交道，只是就它们先天地与对象的相关性上来探讨由此而形成的知识的起源、范围和客观有效

---

① ［德］康德：《纯粹理性批判》，李秋零译，中国人民大学出版社 2004 年版，第 86 页（A56/B80-81）。

② 同上书，第 48 页（A11-12/B25）。

③ 同上书，第 87 页（A57/B81-82）。

性的科学。

康德进一步指出，先验逻辑也可以被划分为"先验分析论"和"先验辩证论"。什么是先验分析论呢？康德指出："在一种先验逻辑中，我们把知性孤立起来（就像我们在上面先验感性论中把感性孤立起来一样），从我们的知识中只突出思维仅仅在知性中有其起源的部分。但是，这种纯粹知识的应用作为其条件所依据的是：它可以应用其上的对象是在直观中被给予我们的。因为没有直观，我们的一切知识都缺乏客体，在这种情况下它们就还是完全空洞的。因此，先验逻辑陈述纯粹知性知识的各种要素和在任何地方要能够思维对象就不可或缺的原则的部分，就是先验分析论，同时也是真理的逻辑。"①显然，这里所说的"真理的逻辑"是针对"幻相的逻辑"而言的。于是，我们就明白了，在先验逻辑中，先验分析论的主要任务就是探讨纯粹知性概念之所以能够思维对象所必须遵循的各种规则。然而，由于单独地，甚至超出经验的界限利用这些纯粹概念和原理是非常诱人和引人入胜的，而经验又是唯一能够向我们提供那些纯粹知性概念能够运用于其上的对象，这样一来，知性就陷入了一种危险，即凭借空洞的玄想，对纯粹知性单纯形式的原则作一种质料上的应用，并对超经验的、不可知的对象——物自体做出判断。"因此，在这种情况下，纯粹知性的应用就会是辩证的了。所以，先验逻辑的第二部分必须是对这种辩证幻相的一种批判，叫做先验辩证论，不是作为独断地激起诸如此类的幻相的一种艺术（各种各样的形而上学戏法的一种令人遗憾地非常流行的艺术），而是作为对知性和理性在其超自然的应用方面的批判，为的是揭露理性的无根据的僭妄的错误幻相，并将理性以为单凭先验的原理就可以做到发明和扩展的要求降低到仅仅评判和保护纯粹知识免受诡辩的假象之害的程度。"②由此，康德证明了"先验分析论"和"先验辩证论"的必要性。从中也可以看出，这种对先验逻辑

---

① ［德］康德：《纯粹理性批判》，李秋零译，中国人民大学出版社 2004 年版，第 90 页（A62/B87）。

② 同上书，第 90—91 页（A63-64/B88）。

的划分深受形式逻辑中的普遍逻辑划分的影响，即源于普遍逻辑之划分为"分析论"和"辩证论"。先验逻辑也可以图示如下：

$$
先验逻辑\begin{cases} 先验分析论 \\ 先验辩证论 \end{cases}
$$

第三节　先验逻辑与普遍逻辑的关系

康德认为，这两种逻辑的区别如下：

第一，"普遍的逻辑抽掉了知识的一切内容，也就是说，抽掉了知识与客体的一切关系，仅仅在知识的相互关系中考察逻辑形式，即一般的思维形式"①。正如我们在前面已经指出过的那样，普遍逻辑是隶属于形式逻辑的，它只考察一般思维的形式，而从不关心对象是什么。也就是说，不对对象本身进行严格的区分，即不像康德的先验哲学一样，把对象区分为"显象/现象"与"物自体"，所以普遍逻辑在应用的过程中必定会导致"辩证论"。相反，先验逻辑则关涉对象，即强调逻辑只能在"显象/现象"这一对象上进行应用，并自觉地指出，如果把先验逻辑应用到超验的对象——"物自体"上，就会导致"先验辩证论"。正如康德所指出的："先验逻辑既然被限制在一定的内容上，即被限制在仅仅纯粹先天知识的内容上，在这种划分上就不能效法普遍逻辑。因为显而易见：理性的先验应用根本不是客观有效的，因而不属于真理的逻辑，也就是说，不属于分析论，而是作为一种幻相的逻辑以先验辩证论的名义要求经院学术体系的一个特殊部分。"②"先验辩证论"的存在表明，不管人们的理性是否自觉地意识到，理性的本性都会驱使人们的思维陷入这

---

①　［德］康德：《纯粹理性批判》，李秋零译，中国人民大学出版社 2004 年版，第 86 页（A55/B79）。

②　同上书，第 160 页（A131/B170）。

种"辩证论"。

第二,康德指出:"普遍的逻辑根本不考虑知识的这种起源,而是仅仅按照知性在思维时在相对关系中使用表象所遵循的规律来考察表象,不管它们是原初先天地在我们里面的,还是仅仅经验性地被给予的,所以,它仅仅探讨可以为表象找到的知性形式,不管这些表象通常来自于何方。"①与此不同的是,先验逻辑则考察知识的来源,特别强调作为纯直观的时空和知性的十二个纯粹的概念都源自理性、源自心灵,而不是来源于经验。正如诺曼·康蒲·斯密所指出的:"据先验这词所表示,这门新逻辑是以对象的先验的有效知识之起源、范围、条件,和可能性为其中心问题的。这些问题都不是普通逻辑里面处理的,普通逻辑只处理悟性本身。"②

第三,普遍逻辑只处理分析的思维,而先验逻辑则处理综合性的思维。康德指出:"对综合判断的可能性作出解释,是普遍逻辑与之毫无关系的课题,它甚至可以就连这个课题的名称也不知道。但是,这个课题在先验逻辑中却是一切工作中最重要的工作,在谈到先天综合判断的可能性、此外谈到它们的有效性的条件和范围时,它甚至是惟一的工作。因为在完成这一工作之后,先验逻辑就可以完全实现自己的目的,即规定纯粹知性的范围和界限了。"③因为先验逻辑关注的核心问题是"先天综合判断何以可能?"的问题,所以,"综合性知识"构成先验逻辑的关键性内容,这与普遍逻辑对单纯思维形式的关注存在着重大原差异。诺曼·康蒲·斯密也告诉我们:"康德在这里没有考虑的还有一点是必须注意的,那就是,普通逻辑所处理的悟性之活动不过是它的论证的活动,即辨别和比较的那些活动;而先验逻辑所处理的活动乃是有创

①　[德]康德:《纯粹理性批判》,李秋零译,中国人民大学出版社 2004 年版,第 86 页(A56/B80)。

②　[英]诺曼·康蒲·斯密:《康德〈纯粹理性批判〉解义》,绰然译,商务印书馆 1961 年版,第 204 页。这里"普遍逻辑"又被译为"普通逻辑",下同。——编者注

③　[德]康德:《纯粹理性批判》,李秋零译,中国人民大学出版社 2004 年版,第 173 页(A154/B193)。

造力的活动，通过这种活动它就从自己里面产生先验的概念，而且独立于经验而得到对象的一种先验的确定。换言之，普通逻辑只处理分析的思维，而先验逻辑处理综合性的活动，这些活动是包含在形成分析手续的题材的复杂内容的产生里面的。"①因为先验逻辑关注的中心问题是："先天综合判断何以可能?"其中的"综合"就具有扩展知识的含义，而不像形式逻辑中的普遍逻辑一样，只关心思维的形式和形式上的规则。

　　总之，康德提出先验逻辑是逻辑学发展史上的一个划时代的事件。康德意识到，在形式逻辑的范围内对逻辑进行改造基本上是不可能的，因此，他在形式逻辑的系统之外创制了先验逻辑，以便使自己的先验哲学成为可能。其实，康德没有发现，传统的、由亚氏开创的形式逻辑仍然有广阔的改造和推进的可能性。我们知道，当代的数理逻辑(实际上源于康德的前辈莱布尼茨)进一步完善了传统形式逻辑的研究。我们对上面涉及的全部逻辑概念图示如下，但我们必须对"逻辑"的概念获得新的理解。

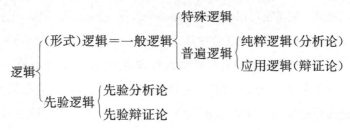

　　① [英]诺曼·康蒲·斯密:《康德〈纯粹理性批判〉解义》，韦然译，商务印书馆1961年版，第204页。

第六章　先验分析论

正如我们在前面已经指出过的那样，先验逻辑论是由先验分析论和先验辩证论这两大部分构成的。先验分析论涉及知性概念和原理在经验范围内的应用，而先验辩证论则涉及理性为追求最高的、统一的知识，而把知性概念和原理应用到超经验的领域里，从而陷入了一系列的先验幻相之中。由于这两大部分的内容都非常丰富，所以我们各用一章的篇幅加以论述。本章主要讨论先验分析论。什么是先验分析论呢？康德没有正面回答这个问题，或者说，他只是以描述性的方式回答了这个问题："这一分析论是把我们全部的先天知识分解成为纯粹知性知识的各种要素，这里重要的是以下几点：1. 概念是纯粹的概念，不是经验性的概念。2. 这些概念不属于直观，不属于感性，而是属于思维和知性。3. 这些概念都是基本概念，与派生的或者由它们复合的概念明显有别。4. 概念表是完备的，完全显示出纯粹知性的整个领域。"①从这段论述可以看出，先验分析论主要探讨"纯粹知性知识的各种要素"。在此基础上，康德进一步把先验分析论分

---

① ［德］康德：《纯粹理性批判》，李秋零译，中国人民大学出版社 2004 年版，第 92 页（A64/B89）。

解为"概念分析论"和"原理分析论"。所以，本章主要探讨以下两个问题：一、概念分析论；二、原理分析论。

第一节　概念分析论

什么是概念分析呢？康德强调，他所说的概念分析不是指通常的哲学研究中的概念分析，即通过分析的方法使一个概念的内涵和外延明确化，"而是还很少尝试过的知性能力本身的分析，为的是通过我们仅仅在知性亦即先天概念的诞生地中探求这些概念并分析知性的一般纯粹应用，来研究先天概念的可能性……因此，我们将把纯粹概念一直追溯到它们在人类知性中的最初萌芽和禀赋，它们蕴含在这些萌芽和禀赋中已经作好准备，直到终于借经验之机得到发展，并凭借同一种知性摆脱依附于它们的经验性条件，在其纯粹性中得到展现"①。也就是说，康德试图通过概念分析，对纯粹知性概念的来源、本质和应用做出系统的探讨。

一、知性在判断中的逻辑功能

如前所述，先验分析论只是先验逻辑的一个组成部分，所以，康德的探讨总是以逻辑作为切入点的。他认为："我们可以把知性的所有的行动归结为判断，以至于一般的知性可以被表象为一种判断的能力。因为如上所述，它是一种思维的能力。思维是凭借概念的知识。但概念作为可能判断的谓词，所关涉的是一个尚未确定的对象的某个表象。"②在康德看来，知性是运用概念进行思维的能力，而运用概念进行思维的过程也就是下判断的过程。在这个意义上，也可以把知性理解为"一种判断的能力"。如医生、政治家、从事股票交易的人，关键都在于对信息

---

① ［德］康德：《纯粹理性批判》，李秋零译，中国人民大学出版社 2004 年版，第 93 页（A65-66/B90-91）。

② 同上书，第 95 页（A69/B94）。

做出正确的判断。康德认为："如果我们抽掉一个一般判断的所有内容，只关注其中的纯然知性形式，那么我们将发现，思维在判断中的功能可以归于四个标题之下，其中每一个又包含着三个环节。"①

其一是"判断的量"（Quantität der Urteile）：全称的（allgemein）/特称的（besonder）/单称的（einzeln）。其实，判断的量涉及的只是主词的外延，即修饰主词的量词是什么。这里"全称的"指"一切的"或"所有的"；"特称的"指"一些"或"一类"；"单称的"指"这个"或"某个"。如"一切（或所有）金属都是导电的"是全称判断；"一些天鹅是白的"是特称判断；"这朵花是红的"则是单称判断。在形式逻辑中，单称判断由于缺乏外延而被归入到全称判断中，康德提出了不同的意见，他说："如果我对一个单称判断（judicium singulare）不仅仅按照其内在的有效性，而且还作为一般知识按照它与其他知识相比所拥有的量来作出估价，那么，它当然与普遍有效的判断（judicia communia）有区别，并且理应在一般思维的一个完备的环节表中（尽管当然不是在仅仅局限于各种判断相互之间的应用上的逻辑中）占有一个特殊的位置。"②在康德看来，在判断的量上保留"单称的"，并使之与"特称的"和"全称的"区分开来，从知识的完备性的角度来看是必要的。

其二是"判断的质"（Qualität der Urteile）：肯定的（bejahend）/否定的（negativ）/无限的（unendlich）。其实，判断的质涉及的是谓词对主词的性质的判定。当人们说"这朵花是红的"时，他们做的就是肯定判断；而当人们说"这朵花不是红的"时，他们做的就是否定判断。那么，什么是"无限判断"呢？当人们说"这个人不是张三，不是李四，不是王五"时，我们发现，这种判断处于无限扩展的可能性中，就像数学中的 $1/3 \approx 0.3333\cdots\cdots$ 可以无限地写下去。也就是说，在这类判断中，谓词实际上与主词是没有什么实质性的关系的，甚至是完全无关的。诺曼·

---

① ［德］康德：《纯粹理性批判》，李秋零译，中国人民大学出版社 2004 年版，第 95 页（A70/B95）。

② 同上书，第 96 页（A71/B96-97）。

康蒲·斯密把康德所说的无限判断写成"A是非B"这样的形式，并写道，康德把"A是非B这命题看作既不是肯定，又不是否定，因为述项的内容包括无定数非B的东西，这判断便是无定的"①。

其三是"判断的关系"（Relation der Urteile）：定言的（Kategorische）/假言的（Hypothetische）/选言的（Disjunktive）。康德写道："思维在判断中的所有关系是：a. 谓词与主词的关系；b. 根据与结果的关系；c. 被划分的知识与划分的全部分支相互之间的关系。"②所谓"定言判断"，表明主词和谓词的关系是十分明确的，如"枫树的叶子是红色的"；所谓"假言判断"，也就是"条件判断"，实际上是有条件地做出判断，它表明了一个判断（作为根据）与另一个判断（作为结果）之间的关系，如"假如他每天坚持锻炼身体，他的身体就会很好"；所谓"选言判断"，表明了不同分支判断之间的关系，如"要么张三说谎，要么李四说谎"。

其四是"判断的模态"（Modalität der Urteile）：或然的（problematisch）/实然的（assertorisch）/必然的（apodiktisch）。康德认为："判断的模态是判断的一种极为特殊的功能，它自身具有的特别之处就在于，它对判断的内容毫无贡献（因为除了量、质和关系之外，再也没有什么构成一个判断的内容了），而是仅仅涉及系词一般来说与思维相关时的值。或然判断是人们在其中认为肯定或者否定都仅仅可能（随意的）判断；实然判断是肯定或者否定被视为现实（真实）的判断；必然判断则是人们在其中把肯定或者否定视为必然的判断。"③也就是说，"判断的模态"涉及的乃是做判断者的主观态度。"或然的判断"表明判断者做出的判断具有不确定性，如"这个人或者是德国人，或者是法国人"；"实然的判断"表明判断者做出的判断是确定性的，如"他是一个学生"；"必然的判断"则

---

① ［英］诺曼·康蒲·斯密：《康德〈纯粹理性批判〉解义》，缂然译，商务印书馆1961年版，第225—226页。

② ［德］康德：《纯粹理性批判》，李秋零译，中国人民大学出版社2004年版，第97页（A73/B98）。

③ 同上书，第98页（A74-75/B99-100）。

表明判断者不但确定一个事实，而且强调它必定是如此的，如"他必定会去赌钱"。①

我们发现，康德把"判断的量""判断的质""判断的关系"和"判断的模态"全部都确定为三个环节。这不但表明，康德在表述自己的思想时十分重视外在形式，即他所说的所谓"建筑术"，而且也是他对辩证法思想的卓越贡献。当然，正如我们一再地指出过的那样，在他那里，"辩证的"仍然是一个否定性、消极的概念。黑格尔对康德的判断表做出了如下的评价："虽说康德根据他的范畴表的架格，提出了一种对于判断的分类，把判断分为质的判断，量的判断，关系的判断和样式的判断，但这个分类不能令人满意，一方面由于他仅是形式地运用这些范畴架格，一方面也是由于这些范畴的内容〔是空疏的〕。但他这种划分确系基于真实的直观，确实认识到我们借以规定各种不同的判断的原则，即逻辑理念的普遍形式本身。"②在黑格尔的评论中，我们注意到一个有趣的现象，即他把"质的判断"置于"量的判断"之前，这是因为黑格尔意识到，"质"比"量"更重要。在其逻辑学的"存在论"中，他依次讨论了"质""量""度"的关系，把"质"置于最前面，因为在他看来，一事物之为一事物首先取决于它的质："质首先就具有与存在相同一的性质，两者的性质相同到这样程度，如果某物失掉它的质，则这物便失其所以为这物的存在。反之，量的性质便与存在相外在，量之多少并不影响到存在。譬如，一所房子仍然是一所房子，无论大一点或小一点。同样，红色仍然是红色，无论深一点或浅一点。"③黑格尔对康德判断表的调整启示我们，"质"与"量"相比，具有更为重要的位置；当然，量的变化达到一定的程度，也会引起事物的质的变化。也就是说，"质"与"量"的关系统一在"度"中。

---

① 〔德〕康德：《纯粹理性批判》，李秋零译，中国人民大学出版社 2004 年版，第 96 页（A70/B95 判断表）。
② 〔德〕黑格尔：《小逻辑》，贺麟译，商务印书馆 1980 年版，第 343—344 页。
③ 同上书，第 188 页。

二、纯粹知性概念(范畴)表

正如康德在前面指出过的那样，感性涉及直观，而知性则涉及思维。康德写道："我们的思维的自发性要求这种杂多首先以某种方式被审视、接受和结合，以便用它构成一种知识。这种行动我称为综合。"①康德认为，这种思维中的综合是通过"纯粹知性概念"来完成的。那么，究竟什么是"纯粹知性概念"(reine verstandesbegriffe)呢？康德告诉我们："为一个判断中的各种不同表象提供统一性的同一种功能，也为一个直观中的各种不同表象的纯然综合提供统一性，用一般的方法来表达这种功能就叫做纯粹知性概念。"②也就是说，纯粹知性概念起着两种不同的综合作用：一方面，把直观中的杂多的表象综合起来；另一方面，也为判断中各种不同的表象的综合和统一提供了载体。康德进一步按照亚里士多德的先例，把"纯粹知性概念"称作"范畴"(die katergorien)。康德写道："以这样的方式产生出先天地关涉一般直观的对象的纯粹知性概念，它们与前表中所有可能判断中的逻辑功能一样多，因为知性已被上述功能所穷尽，其能力也由此得到完全的测定。我们想依据亚里士多德把这些概念称为范畴，因为我们的意图原本与他的意图是一回事，尽管这意图在实施中与他的意图相去甚远。"③

那么，康德所说的"范畴"与亚氏所说的"范畴"究竟有什么关系呢？众所周知，亚氏在其《范畴篇》中提出了十个范畴——实体、量、质、关系、位置、时间、姿势、状况、动作、遭受。此外，他还提出了五个副范畴——对立、先于、同时、运动、所有。显然，亚氏挑选出上面的十五个概念作为范畴具有某种任意性，同时也把属于感性范围内的概念，如位置、时间、同时、先于、姿势、状况等，与属于知性范围内的概念混在一起了。为此，康德评论道："搜寻这些基本概念，曾是亚里士多

---

① [德]康德：《纯粹理性批判》，李秋零译，中国人民大学出版社 2004 年版，第 100 页(A77/B102)。

② 同上书，第 101 页(A79/B104-105)。

③ 同上书，第 101(A79-80/B105)。

德的一项工作，这项工作是值得一位敏锐的人士去做的。但是，由于亚里士多德没有任何原则，所以他像偶然遇到它们那样把它们捡拾起来，最初找到了十个，他称这为范畴(陈述词)。后来，他认为自己还搜寻到了五个。他用后陈述词的名义把它们附加上去。不过，他的范畴表始终还是有欠缺的。此外，也有一些纯粹感性的样式存在于其中(quando, ubi, situs[何时、何地、状态]，以及 prius, simul[在先、同时])，还有一个经验性的样式(motus[运动])，它们都根本不属于知性的这一基本名册，或者还有派生的概念也一起被算进源始的概念之中了(actio, passio[行动、承受])，而基本概念中的一些则完全阙如。"① 与亚氏不同，康德则从知性在判断中的逻辑功能这一角度出发，列出了自己的"范畴表"，它由以下十二个范畴构成：

其一是"量的范畴"：单一性、复多性、全体性；

其二是"质的范畴"：实在性、否定性、限定性；

其三是"关系的范畴"：依存性与自存性(substantia et accidens[实体与偶性])、因果性与隶属性(原因与结果)、共联性(行动者与承受者之间的交互作用)；

其四是"模态的范畴"：可能性——不可能性、存在——不存在、必然性——偶然性。②

紧接着这张范畴表，康德写道："这就是知性先天地包含在自身的所有源始纯粹的综合概念的一览表，知性也只是由于这些概念才是一种纯粹的知性，因为知性惟有通过它们才能够就直观的杂多而言理解某种东西，也就是说，思维直观的一个客体。这种划分是系统地从一个共同的原则、亦即从判断的能力(这种能力与思维的能力相同)产生的，不是漫游诗人般地从对纯粹概念的一种碰运气完成的搜寻产生的，这种搜寻的完备性人们永远不能确知，因为它只是通过归纳完成的，

---

① [德]康德：《纯粹理性批判》，李秋零译，中国人民大学出版社 2004 年版，第102—103 页(A81/B107)。

② 同上书，第 102 页(A80/B106 范畴表)。

而不考虑人们以后一种方式永远也看不出，为什么恰恰是这些而不是另一些概念寓于纯粹的知性之中。"①康德还强调，这些纯粹知性概念也拥有其同样纯粹的派生概念，在一个完备的先验哲学的体系中，这些派生的纯粹的概念也是不容忽视的。然而，在纯粹理性批判中，只要把握这十二个知性范畴也就可以了。最后，康德又对上述范畴表做了三个说明：

"第一个说明：这个表包含四组知性概念，首先可以分为两类，其中第一类针对直观（既包括纯直观也包括经验性直观）的对象，第二类针对这些对象的实存（要么在彼此的关系中，要么在与知性的关系中）。"②康德把第一组范畴称为"数学性的范畴"，把第二组范畴称为"力学性的范畴"。

"第二个说明：每一组的范畴处处都是同一个数字，即三，这同样要求深思，因为通常凭借概念进行的先天划分都必然是二分法。此外还有，第三个范畴每处都是出自该组第二个范畴与第一个范畴的结合。"③比如，在量的范畴中，全体性就是作为单一性的复多性；在质的范畴中，限定性无非是与否定性相结合的实在性；在关系范畴中，共联性则是一个实体在与另一个实体的交互规定中的因果性；在模态范畴中，必然性则是通过可能性被给予的实存性。正如我们在前面已经指出过的那样，这种通常由三个环节构成的概念的辩证运动对黑格尔产生了重大的影响，黑格尔甚至把"正题—反题—合题"理解为他的辩证法思想的一般表现形式。

"第三个说明：惟有一个范畴，即处于第三个标题下的共联性范畴，它与逻辑功能表中与它相应的一种选言判断的形式的一致并不像在其他

---

① ［德］康德：《纯粹理性批判》，李秋零译，中国人民大学出版社 2004 年版，第 102 页（A80-81/B106-107）。

② 同上书，第 104—105 页（A83/B110）。

③ 同上书，第 105 页（A83/B110）。

范畴那里那样引人注目。"①为了确保这种一致性，康德主张，选言判断中的各个选言肢应该"被设想为彼此并列的，而不是从属的，以至于它们不是像在一个序列中那样单向地互相规定，而是像在一个集合体中那样交互地互相规定（如果划分的一个分支被设定，则其余的都被排除，反之亦然）"②。这种互为因果的交互性（或相互作用，都是同一个德文名词 Wechselwirkung）在黑格尔的逻辑学中得到了充分的肯定。黑格尔在逻辑学本质论中的"现实篇"中的三个环节正是：实体关系—因果关系—相互作用。显然，"交互作用"或"相互作用"这一概念蕴含着极为深刻的辩证法思想，正如黑格尔所说的："在相互作用里，因果关系虽说尚未达到它的真实规定，但那种由因到果和由果到因向外伸展直线式的无穷进程，已得到真正的扬弃，而绕回转变为圆圈式的过程，因而返回到自身来了。"③斯宾诺莎的"自因"起点就是终点，车站。

三、纯粹知性概念的演绎

关于纯粹知性概念的演绎问题，乃是康德在《纯粹理性批判》中用力最多的地方。第一版中的这一部分注重对认识过程做心理学上的分析，阐明感性杂多如何在人的认识过程中被梳理、加工成综合性的知识。第一版问世后，这一部分遭到不少人的误解，认为它具有贝克莱的主观唯心主义的倾向。于是，康德在第二版中对这部分内容做了大幅度的改写。第二版突出了"先验演绎"的重要性，但与第一版比较起来，整个论证过程并不是明晰的。正如奥特弗里德·赫费所指出的："通过范畴的先验演绎康德设计了一个完全新的、但也是极其难的理论创作。花费了很大精力他才成功地做到了比较令人满意的表达。除了先验辩证论中的误谬推理部分以外，范畴的先验演绎是康德为第二版完全作了修改的唯一篇章。虽然我们可能承认新版本不仅包含了证明的主导理念，而且也

---

① ［德］康德：《纯粹理性批判》，李秋零译，中国人民大学出版社 2004 年版，第 105—106 页（B111-112）。

② 同上书，第 106 页（A83/B111-112）。

③ ［德］黑格尔：《小逻辑》，贺麟译，商务印书馆 1980 年版，第 319 页。

包含了证明的基本要素，但还依然缺少使人们能够一步一步地去展开基本思想，跟踪论证的脉络，辩驳明显的误解和反对意见的那种胜券在握的清晰性。在第二版中内在的任务的杂多连同重复和前后倒叙导致了思想交错纷乱，这就要求解释者具有高超的解释技巧。卓著的哲学家和康德研究专家诸如海德格尔偏爱演绎的第一稿。"①下面，我们分三点对这部分的内容进行讲解。

我们先来看，什么是"演绎"（Deduktion）？康德指出："法学家在谈到权限和僭越时，在一桩诉讼中把有关权利的问题（quid iuris[有何权利]）与涉及事实的问题（quid facti[有何事实]）区分开来，而由于他们对两者都要求证明，他们就把应当阐明权限或者也阐明合法要求的前一种证明称为演绎。"②有趣的是，康德是从法学的角度出发引申出"演绎"概念的，当然，他这样做是有充分理由的，因为法律涉及对具体的涉案人的处置，因而必须依据法律条文，对处置的结论做出明确的阐明。然而，康德认为，在日常生活中，人们总是随意地使用经验性的概念，不经演绎就认为自己有权赋予它们以意义。"不过，也有一些僭越的概念，例如幸福、命运，它们虽然凭借几乎普遍的宽容而流行，但毕竟有时需要回答 quid iuris[有何权利]的问题；此时，人们在这种情况下就陷入不小的麻烦，因为人们无论是从经验出发还是从理性出发都举不出清晰的合法根据来澄清使用这些概念的权限。"③这也启示我们，人们在日常语言中的许多表述都是不严格的。但是，康德认为，在严格的哲学研究中，尤其是在先验哲学的研究中，其基本概念在来源和应用上的合法性必须通过演绎得到明确的说明。

在肯定"演绎"必要性的前提下，康德一方面把"先验演绎"与"形而

_____

① ［德］奥特弗里德·赫费：《康德：生平、著作与影响》，郑伊清译，人民出版社2007年版，第83—84页。

② ［德］康德：《纯粹理性批判》，李秋零译，中国人民大学出版社2004年版，第108页（A84/B116）。

③ 同上书，第109页（A84-85/B117）。

上学演绎"区分开来。他写道："在形而上学的演绎中，通过一般先天范畴与思维的普遍逻辑功能的完全一致阐明了这些范畴的起源；而在先验的演绎中，则阐明了这些范畴作为一般直观对象的先天知识的可能性（参见第 20、21 节）。"①在他看来，形而上学演绎的使命是阐明知性概念的起源，即它们不是从经验中推导出来的，而是源自人类的心灵和理性；先验演绎的使命则是阐明知性范畴在做成先天综合知识中的前提性的、不可或缺的作用。这就像《先验感性论》中对时间、空间表象的"形而上学阐明"和"先验阐明"，前者的任务是指出时间、空间表象的起源，即它们也是源自人类的心灵和理性的；而后者的任务则是指出时间、空间对于做成先天综合知识的前提性和必要性。由于"形而上学演绎"是为"先验演绎"做准备的，我们也可把它理解为"先验演绎"的基础。

另一方面，他又把"先验演绎"与"经验性的演绎"区分开来。他写道："我把对先天概念能够与对象发生关系的方式的解释称为它们的先验演绎，并把它与经验性的演绎区别开来，后者表明的是通过经验和对经验的反思获得一个概念的方式，因而不涉及拥有得以产生的合法性，而是涉及其事实。"②在康德看来，前一种演绎是以自上而下、自内向外、自先天向后天的方式展开的；而后一种演绎则是以自下而上、自外而内、自后天向先天的方式展开的。显然，后一种演绎方式是奠基于后天的感觉经验的，是缺乏普遍的有效性的，从而也是不合法的。康德在谈到先天直观的纯粹形式——时间和空间以及知性概念时说："要想尝试对它们作出一种经验性的演绎，将是一件完全徒劳的工作，因为它们的本性的特征恰恰在于，它们与自己的对象发生关系，并不为了表象这些对象而从经验中借取某种东西。因此，如果需要对它们作出一种演

---

① ［德］康德：《纯粹理性批判》，李秋零译，中国人民大学出版社 2004 年版，第 133 页（B159）。

② 同上书，第 109 页（A85/B117）。

绎，则这演绎在任何时候都必须是先验的。"①

尽管"经验性的演绎"在理论上是不严格的，但康德认为，其存在仍然有某种合理性，因为经验本身包含着两种不同来源的要素，即来自感官的知识质料和来自纯粹直观及思维内在源泉的某种整理这些质料的形式，纯粹直观和思维借感官印象的机缘才首先运行起来并产生概念。所以，"对我们的认识能力为了从个别的知觉上升到普遍的概念所做的最初努力进行这样一种探究，毫无疑问有其巨大的好处，而且人们应当感谢著名的洛克，是他率先为此开辟了道路。然而，对纯粹先天概念的一种演绎却绝不能由此实现，它根本不处在这条道路上，因为就这些概念今后应该完全独立于经验的应用而言，它们必须出示一个与出身自经验截然不同的出生证。这种尝试过的自然学的推导本来根本不能叫做演绎，因为它所涉及的乃是一个 quaestionem facti[事实的问题]，所以我想把它称为对一种纯粹知识的拥有所做的解释。因此显而易见，对这些概念只能有一种先验的演绎，而绝不能有一种经验性的演绎，后者对纯粹先天概念来说无非是一些无用的尝试，只是没有理解这种知识的全部独特本性的人才会干这种事情"②。细心的读者一定会发现，康德实际上区分出两种不同的概念：一种是先天的或纯粹的概念，如十二个知性概念，它们源自人的心灵和理性；另一种是后天的或经验性的概念，如"运动""变化""树""兔子"，它们源自经验，是从感觉经验中概括总结出来的。就前一种概念，即先天的或纯粹的概念而言，只能通过先验演绎的方式来论证其运用于经验的有效性和合法性。

康德进一步把先天的或纯粹的知识要素分为两种：一种是在《先验感性论》中已经提及的时间和空间。康德认为，通过"形而上学阐明"和"先验阐明"，我们已经认识到，"既然只有凭借感性的这样一些纯形式，一个对象才能够向我们显现，也就是说，才能够成为经验性直观

---

① [德]康德：《纯粹理性批判》，李秋零译，中国人民大学出版社 2004 年版，第 109 页（A85-86/B118）。

① [德]康德：《纯粹理性批判》，李秋零译，中国人民大学出版社 2004 年版，第 109 页（A85-86/B118）。

② 同上书，第 110 页（A86-87/B119）。

的一个客体，所以空间和时间是先天地包含着作为显象的对象之可能性的条件的纯直观，而且在它们里面的综合具有客观有效性"①。另一种是知性概念。这些概念并不向我们表现出使对象在直观中被给予的那些条件，因而对象也就无须借助于知性的功能才向我们显现，"因此，这里就出现了一种我们在感性的领域里不曾遇到的困难，这就是思维的主观条件如何应当具有客观有效性，也就是说，提供对象的所有知识之可能性的条件"②。在康德看来，感性直观的对象必须符合先天地蕴含在心灵中的形式条件，这一点是清楚明白的，否则它们就不会成为我们的对象；但是，除此之外，这些对象也必须符合知性为了思维的综合统一所需要的条件，对这一点就不容易看出来了。因为很可能作为对象的显象具有这样的性状，即知性发现它们根本不符合其统一性的条件，换言之，在杂乱的显象中，任何一种综合的规则都无法发挥作用，以至于这些知性概念是完全空洞的、毫无价值的、没有意义的。然而，显象依然会在我们的直观中显现出来，因为直观并不需要知性的功能。

鉴于这样的原因，康德非常重视知性概念的演绎问题。在第一版和第二版中，他都花了不少的篇幅来探讨这个问题，但从读者理解的角度看，第一版的叙述似乎更为明晰，且没有把感性与知性完全分离开来进行论述。第一版的演绎也是由以下两个部分组成的：

第一部分：知性概念的形而上学演绎。这一部分的宗旨是阐明知性概念不是源自经验的，而是先天的，即源自心灵和理性自身的。康德写道："如果有先天的纯粹概念，则这些概念固然不能包含任何经验性的东西，但尽管如此，它们却必须全然是一个可能经验的先天条件，它们

---

① ［德］康德：《纯粹理性批判》，李秋零译，中国人民大学出版社 2004 年版，第 111 页（A89/B121-122）。

② 同上书，第 112 页（A89/B121-122）。

的客观实在性只能以此为依据。"①也就是说，如果概念是先天的，它就完全可以脱离任何经验性的东西，但它如果永远处于这种与任何经验的东西相分离的状态下，它便失去了自己的客观实在性，而它的客观实在性正表现在它是一切可能经验的形式条件或先天条件上。基于这样的思考，康德进一步指出："因此，如果要知道纯粹概念是如何可能的，人们就必须研究经验的可能性所取决的、即使人们抽掉显象的一切经验性的东西也依然是经验之基础的先天条件。一个普遍且充分地表述经验的这种形式的和客观的条件的概念，就可以叫做一个纯粹的知性概念。"②既然纯粹的知性概念是做成一切可能经验的先天的条件，当然，它不可能源自经验，而只可能源自心灵和理性。

康德举纯粹知性概念中的"因果性"为例。如果人们试图像洛克和休谟一样，通过经验中的种种实例的列举来论证这一概念的客观有效性，"那么，人们就没有发觉，以这种方式根本不可能产生原因概念，相反，它必须要么完全先天地建立在知性中，要么被当做一个纯然的幻影而完全放弃。因为这个概念绝对要求某物 A 具有这样的性质，即必然地并且按照一条绝对的规则从它里面得出另一个某物 B。显象完全可以提供各种场合，从中有可能得出某物循例发生所遵从的规则，但却永远不可能得出后果是必然的。因此，原因与结果的综合还固有一种尊严，人们根本不能经验性地予以表达，也就是说，结果不仅是附加在原因上的，而且是通过原因被设定，并从原因产生出来的"③。而康德所说的作为知性概念的"因果性"的尊严正是通过它的先天性，即源自人类的心灵和理性这一点而得到确保的。也就是说，康德完全不同意洛克和休谟把经验看作因果性概念的起源的观点。康德告诉我们："范畴作为先天概念的客观有效性的依据是：惟有通过它们，经验（就思维的形式而言）才是可

---

① ［德］康德：《纯粹理性批判》，李秋零译，中国人民大学出版社 2004 年版，第 139 页（A95/B169）。

② 同上书，第 140 页（A95-96）。

③ 同上书，第 112—113 页（A91/B123-124）。

能的。在这种情况下，范畴就以必然的方式并且先天地与经验的对象相关，因为一般而言只有凭借范畴，经验的某个对象才能够被思维。"①

第二部分：知性概念的先验演绎。正如我们在前面已经指出过的那样，这一部分的宗旨是阐明主体如何通过先天的知性范畴，把最初作为杂多的表象一步步地综合起来，从而做成先天综合知识。作为这种演绎的基础，康德预先已经告诉我们："有三种源始的来源（灵魂的三种性能或能力），包含着一切经验之可能性的条件，本身不能从心灵的任何其他能力派生出来，这就是感官、想象力和统觉。据此而有：1. 先天杂多通过感官的概观；2. 这种杂多通过想象力的综合；最后，3. 这种综合通过源始统觉的统一。"②按照这三种先验的能力，康德把知性范畴的这一先验的演绎概括为以下三个具体的步骤：

（一）论直观中把握的综合

什么是"直观中把握的综合"（die Synthesis der Anschauung）呢？当人们的感官受到外来刺激的时候，各种杂多的表象进入心灵，"要从这种杂多中产生出直观的统一体（如同在空间的表象中那样），首先就必须通观杂多，然后合并之；我把这样的活动称为把握的综合，因为它是径直指向直观的，直观虽然呈现杂多，但若没有一种此际出现的综合，就永远不能使这种杂多成为这样的杂多而被包含在一个表象中"③。在康德看来，当人们运用时空这样的纯直观去梳理后天的感觉质料时，最初的综合已经发生了。尽管这种直观中的综合并不属于知性概念的范围，却为知性概念的进一步的综合提供了前提。在康德看来，这种综合也不是经验性的，而是先天性的。他写道："这种把握的综合必须也是先天地、亦即就非经验性的表象而言实施的。因为如果没有这种把握的综合，我们就会既不能先天地有空间的表象，也不能先天地有时间的表

---

① ［德］康德：《纯粹理性批判》，李秋零译，中国人民大学出版社2004年版，第114页（A93/B125-126）。

② 同上书，第114—115页注①②（A94-95/B127）。

③ 同上书，第142页（A99）。

象；因为空间和时间的表象只能通过感性在其源始的接受性中呈现的杂多之综合才能产生。因此，我们就有了一种纯粹的把握的综合。"①

(二)论想象中再生的综合

当先天直观的纯形式——时间和空间与后天的感觉质料一起构成显象时，感性杂多只是得到了初步的梳理，真正的知识尚未形成。这时，想象力就会发挥积极的作用，把经验中某些经常相伴的或相继出现的表象理解为规律，并按照这一规律对显象做进一步的综合。正如康德所指出的："但这条规律却预设：显象本身确实服从这样一条规则，而且在它们的表象的杂多中有一种符合某些规则的相伴或者相继发生；因为若不然，我们的经验性的想象力就会永远得不到某种与其能力相符的东西来处理，因而就像是一种死的、我们自己也不认识的能力隐藏在心灵内部。"②假如朱砂时而是红的，时而是黑的，那人们的想象力在见到红色的东西时，就不一定会联想到朱砂。"因此，必定有某种东西，本身由于是显象的一种必然的综合统一的先天根据而使显象的这种再生成为可能。如果想一想显象不是物自身，而是我们最终归结为内感官的种种规定的表象的纯然活动，人们马上就会想到这一点。如果我们此时能够阐明，即使我们最纯粹的先天直观也不造成任何知识，除非它们包含着杂多的这样一种使得普遍的再生的综合成为可能的结合，那么，想象力的这种综合就也先于一切经验而以先天的原则为根据，而且人们必须假定想象力的一种纯粹的先验综合，它本身就是一切经验之可能性的基础（一切经验都必然以显象的可再生性为前提条件）。"③

在洛克、休谟等经验主义哲学家看来，想象力始终是与经验的东西纠缠在一起的，因此，它完全是经验性的，甚至是主观心理上的一种联想能力，而康德则认为，想象力是源自心灵的一种先验的能力。康德写

———————

① ［德］康德：《纯粹理性批判》，李秋零译，中国人民大学出版社 2004 年版，第 142 页（A99-100）。

② 同上书，第 142 页（A100）。

③ 同上书，第 143 页（A101-102）。

道："把握的综合是与再生的综合不可分割地结合在一起的。而既然前者构成一切一般知识（不仅仅是经验性的知识，而且还是纯粹的先天知识）的可能性的先验根据，所以想象力的再生综合就属于心灵的先验活动，而鉴于这些活动，我们要把这种能力也称为想象力的先验能力。"[①]

（三）论概念中认知的综合

在思维中，如果人们意识不到，他们现在所思维的东西与他们在一个瞬间前所思维的东西是同一个东西，那么，在表象序列中的一切再生就都是徒劳的了，因为杂多永远无法构成一个整体，它缺乏唯有意识才能给它带来的那种统一性，而意识是以概念作为自己的载体的，正如康德所说："一切知识都要求有一个概念，不管这个概念如何不完善或者如何隐晦；但是，这个概念就其形式而言任何时候都是某种普遍的东西，是用做规则的东西。"[②]显然，作为意识或思维的载体，概念是不可或缺的，但如果只有这些概念以散漫的状态存在着，先天综合知识也是做不出来的，康德认为，在人们所有的思维过程中，都有一个"我思"(Ich denke)对一切表象（包括概念）起着综合统一的作用。康德写道："'我思'必须能够伴随我的一切表象；因为如若不然，在我里面就会有某种根本不能被思维的东西被表象，这就等于是说，表象要么是不可能的，要么至少对我来说什么也不是。这种能够先于一切思维被给予的表象就叫做直观。所以，直观的一切杂多在这种杂多被遇到的那个主体中与我思有一种必然的关系。但是，这个表象是自发性的一个行动，也就是说，它不能被视为属于感性的。我把它称为纯粹的统觉，以便把它与经验性的统觉区别开来，或者也称为源始的统觉，因为它就是那个通过产生出必然能够伴随所有其他表象并在一切意识中都是同一个东西的'我思'表象而不能再被别的表象伴随的自我意识。我也把统觉的统一性

---

① ［德］康德：《纯粹理性批判》，李秋零译，中国人民大学出版社 2004 年版，第 143 页(A102)。

② 同上书，第 145 页(A106)。

称为自我意识的先验的统一性，以便表示从它产生的先天知识的可能性。"①这就表明，全部认识和思维过程都是由"我思"，即统觉伴随着的，而在统觉中，康德不赞成"经验性的统觉"，而主张"纯粹的统觉"或"源始的统觉"，因为由这种统觉构成的知识才具有普遍必然性，才可能做成先天综合知识，而从经验性的统觉中只能引申出一些偶然的结论来。

康德进一步强调："直观的杂多的综合统一作为先天地被给予的东西，是统觉本身的同一性的根据，而统觉是先天地先行于我的一切确定的思维的。但是，联结并不在对象之中，也不能通过知觉从它们获取，并由此才接受到知性中，相反，它只是知性的一件工作，知性本身无非是先天地进行联结并把被给予的表象的杂多置于统觉的同一性之下的能力，这一原理乃是全部人类知识中的至上原理。"②综上所述，在知性概念的先验演绎中，"直观中把握的综合"是在感性中完成的，而"想象中再生的综合"和"概念中认知的综合"（die Synthesis der Rekognition）则是在知性的思维中完成的。这三种综合也反映出知性与感性的内在联系。也就是说，如果没有感性提供的、经过时间和空间梳理过的显象，知性思维也就失去了基础，反之，没有知性，任何真正的先天综合知识都无法做出来，而在整个先验演绎的过程中，先验统觉起着核心的作用。

第二节　原理分析论

康德认为，形式逻辑中的普遍逻辑涉及人的高级认识能力——知性、判断力和理性，在普遍逻辑中，与上述三种认识能力相对应的是概

---

① ［德］康德：《纯粹理性批判》，李秋零译，中国人民大学出版社 2004 年版，第 118 页（B132）。
② 同上书，第 119 页（B134-135）。

264　·　遗作集

念、判断和推理。与普遍逻辑不同，先验逻辑只肯定知性和判断力具有客观有效性，从属于先验逻辑的分析部分；而当理性试图运用知性的范畴做出超经验的应用或推理时，就会成为辩证的，因而陷入幻相逻辑之中。正是基于先验逻辑的这一特征，康德指出："原理分析论将只是判断力的一部法规，它教导判断力把包含着先天规则的条件的知性概念运用于显象。出自这一理由，在把真正的知性原理作为主题时，我使用一种判断力的学说这个称谓，来更确切地表明这项工作。"①

那么，什么是"判断力"（Urteilskraft）呢？康德告诉我们："如果一般而言的知性被解释为规则的能力，那么，判断力就是在把某物归摄在规则之下的能力，也就是说，是分辨某物是否从属于某个被给予的规则（casus datae legis［被给予的规则的事例］）的能力。"②在康德看来，判断力是天赋的特殊的才能，是无法传授给别人的，人们只能通过不断的练习来提高自己的判断力。康德指出："判断力的缺乏本来是人们称为愚笨的东西，而且这样一种缺乏是根本不能补救的。一个迟钝或者有局限性的大脑，缺乏的无非是应有的知性程度和特有的知性概念，则完全可以通过学习来装备它，甚至达到博学的程度。但是，既然通常在这种情况也会缺乏判断力（彼得的第二能力），所以遇到一些博学之士在应用其科学时经常暴露出那种永远无法改变的缺陷来，就不是什么不同寻常的事情了。"③提高判断力的方式是通过实例不断地进行练习。在"原理分析论"中我们主要讲以下三个问题：

一、范畴（纯粹知性概念）的图型

康德提出了这样的问题，即范畴（纯粹知性概念）是源于心灵的，是主观的，为什么它能够被运用于显象呢？如前所述，显象是由以下两个方面构成的：一是同样是源于心灵的、作为形式的先天纯直观——时间

---

① ［德］康德：《纯粹理性批判》，李秋零译，中国人民大学出版社2004年版，第161页（A132/B171）。

② 同上书，第161页（A132/B171）。

③ 同上书，第162页注①（A134/B172）。

和空间；二是来自后天的、作为质料的感觉经验。既然显象不是物自体，它是在源于心灵的纯直观的基础上做成的，这就为同样是源于心灵的知性概念应用于显象提供了基础。但在康德看来，知性范畴如何应用于显象这一点还是不明确的。所以，他指出："如今显而易见的是，必须有一个第三者，它一方面必然与范畴同类，另一方面必须与显象同类，并使前者运用于后者成为可能。这个中介性的表象必须是纯粹的（没有任何经验性的东西），并且毕竟一方面是理智的，另一方面是感性的。这样一个表象就是先验的图型。"①康德把这个介于范畴与显象之间的"第三者"称作"先验的图型"（简称"图型"）。

那么，究竟什么是"图型"呢？康德这样进行解答："我们想把知性概念在其应用中被限制于其上的感性的这种形式的和纯粹的条件称为该知性概念的图型，把知性使用这些图型的做法称为纯粹知性的图型法。"②康德提出的"图型"之谜到底是什么呢？他写道："知性概念包含着一般杂多的纯粹综合统一。时间作为内感官的杂多的形式条件，从而作为所有表象的联结的条件，包含着纯直观中的一种先天杂多。于是，一种先验的时间规定就它是普遍的并且依据一种先天规则而言，与范畴（构成时间规定的统一性的范畴）是同类的。但另一方面，就杂多的任何经验性直观都包含时间而言，时间规定又与显象是同类的。因此，范畴应用于显象凭借时间规定就成为可能，时间规定作为知性概念的图型促成后者被归摄在前者之下。"③正如康德已经在《先验感性论》中所指明的那样，空间是外直观的形式，时间是内直观的形式。这两种纯直观比较起来，作为内直观的时间始终处于基础性的地位上。所以，时间与范畴具有同样的普遍性，它既与范畴同类，又与显象同类，因而可以充当这个"第三者"的重要角色。

---

① ［德］康德：《纯粹理性批判》，李秋零译，中国人民大学出版社 2004 年版，第 164 页（A138/B177）。

② 同上书，第 165 页（A140/B179）。

③ 同上书，第 164 页（A138-139/B177-178）。

康德进一步指出，"图型"(Schema)与"图像"(das Bild)是有差别的："事实上，我们的纯粹知性概念的基础不是对象的图像，而是图型。对于一个一般而言的三角形的概念，根本不会有一个三角形的图像与其相符。因为图像达不到概念那种使得该概念适用于直角的或者锐角的等等一切三角形的普遍性，而是始终仅仅局限于这个领域的一个部分。三角形的图型永远不能实存于别处，而是只能实存于思想中，它意味着想象力的综合就空间中的纯粹形状而言的一条规则。一个经验的对象或者该对象的图像就更谈不上在某个时候达到经验性的概念了，相反，经验性的概念在任何时候都是按照某个普遍的概念直接与作为规定我们直观的规则的想象力的图型发生关系。"①也就是说，图型是先天的，是一般的，而图像则是经验的或后天的，是特殊的。换言之，图型是一般的图像，而图像则是特殊的图型。康德认为，它们源于两种不同的想象力："我们知性就显象及其纯然形式而言的这种图型法是人类灵魂深处的一种隐秘的技艺，我们很难在某个时候从自然中猜测出它的真正操作技巧，并将它毫无遮蔽地展现在我们眼前。我们只能够说：图像是生产的想象力的经验性能力的一个产物，感性概念(作为空间中的图形)的图型则是纯粹先天想象力的一个产物，仿佛是它一个符号，种种图像是通过它并且根据它才成为可能的，但种种图像永远必须凭借它们所标示的图型才与概念相结合，就其自身而言并不与概念完全相应。与此相反，一个纯粹知性概念的图型是某种根本不能带入任何图像之中的东西，它只是根据统一性的规则按照范畴所表达的一般概念所进行的纯粹综合，是想象力的先验产物，这个产物就所有应当根据统觉的统一性而在一个概念中联系起来的表象而言，按照一般而言内感官的形式(时间)的种种条件而与内感官的规定相关。"②在康德看来，经验性的图像是"生产的想象力"(die produktive Einbildungskraft)的产物，而

---

① [德]康德：《纯粹理性批判》，李秋零译，中国人民大学出版社 2004 年版，第 165—166 页(A140-141/B180)。

② 同上书，第 166 页(A141-142//B180-181)。

先验性的图型则是"纯粹先天想象力"(die reine Einbildungskraft a priori)的产物。后者是始源性的，而前者则是从后者派生出来的。

最后，康德探索了量的范畴、质的范畴、关系范畴和模态范畴与图型之间的对应关系。他写道："每一个范畴的图型，作为量的图型就包含和表现着在对一个对象的相继把握中时间本身的产生(综合)，作为质的图型就包含和表现着感觉(知觉)与时间表象的综合或者时间的充实，作为关系的图型就包含和表现着种种知觉在一切时间中(即根据时间规定的一条规则)的相互关系，最后，作为模态及其各范畴的图型就包含和表现着作为一个对象是否以及如何属于时间的规定的相关物的时间本身。因此，图型无非就是按照规则的先天时间规定，这些规则按照范畴的顺序，关涉到就一切可能对象而言的时间序列、时间内容、时间顺序，最后还有时间概念(Zeit inbegriff，应译为'时间总和'——引者注)。"①

二、纯粹知性的原理体系

首先，康德论述了一切分析判断的至上原理，肯定这一原理是矛盾律："如果判断是分析的，则不论它是否定的还是肯定的，它的真理性在任何时候都必然可以按照矛盾律得到充分的认识。"②那么，什么是矛盾律呢？康德回答道："'一个与某事物相矛盾的谓词不属于该事物'这个命题，就叫做矛盾律，它是一切真理的一个普遍的、尽管纯然否定的标准，但之所以仅仅属于逻辑，也是因为它所适用的知识纯然是一般的知识而不论其内容，并断言矛盾将完全毁掉和取消知识。"③其实，从否定的方面看，如果分析判断可以容许矛盾律，它也就不再是分析判断了。

其次，康德论述了一切综合判断的至上原理："一切综合判断的至

---

① ［德］康德：《纯粹理性批判》，李秋零译，中国人民大学出版社2004年版，第168页(A145/B184-185)。

② 同上书，第171—172页(A151/B190)。

③ 同上书，第171页(A151/B190)

上原则就是：每一个对象都服从可能经验中直观杂多的综合统一的必要条件。"①康德这里说的"必要条件"也就是在《概念分析论》中所说的感官（时间和空间的纯粹形式）、想象力和统觉对直观杂多所说的逐步的综合统一工作。康德指出："以这样的方式，如果我们使先天直观的形式条件、想象力的综合及其一种先验统觉的必然统一与可能的一般经验知识发生关系，并且说：一般经验的可能性的种种条件同时就是经验对象的可能性的种种条件，因而在一个先天综合判断中具有客观有效性，那么，先天综合判断就是可能的。"②

最后，康德论述了纯粹知性的一切综合原理，并把它们归纳为以下四项：

其一，直观的公理。

其二，知觉的预先推定。

其三，经验的类比。

其四，一般经验性思维的公设。③

这四种原理也大致对应于前面提到的四种范畴。在康德看来，"前两条原理所能具有的是一种直观的确定性，而后两条原理所能具有的则纯然是一种推论的确定性。因此，我将把前两者称为数学性的原理，把后两者称为力学性的原理"④。下面，我们对这四条原理逐一进行考察。

其一，直观的公理。其原则是：一切直观都是广延的量（extensive Grössen）。那么，什么是"广延的量"呢？康德写道："我把各个部分的表象在其中使整体的表象成为可能（因而必然先行于整体的表象）的那种量称为一种广延的量。"⑤比如，当我们从思想中划出一条线时，总是从一个点出发，逐步划出它的整个长度。即使是时间，也只能一部分一部

---

① ［德］康德：《纯粹理性批判》，李秋零译，中国人民大学出版社 2004 年版，第 175 页（A158/B197）。

② 同上书，第 175 页（A158/B197）。

③ 同上书，第 177 页（A161/B200）。

④ 同上书，第 177—178 页（A162/B201）。

⑤ 同上书，第 179 页（A162/B203）。

分地被设想。所以，一切直观都体现为广延的量。正如康德所说："据此，一切显象都已经被直观为集合体（被先行给予的各个部分的集合），但并不是任何种类的量都是这种情况，而是只有被我们从广延上表象和把握为量的那种量才是这种情况。"①

其二，知觉的预先推定。其原则是：在一切显象中，作为感觉对象的实在的东西都有强度的量，即一种程度。我们先来看，康德这里说的"预先推定"是什么意思？康德说："我能够用来先天地认识和规定属于经验性认识的东西的一切知识，人们都可以称之为一种预先推定。"②比如，人们把时间和空间运用于经验就是一种预先推定。那么，康德所说的"一种强度的量"（eine intensive Grösse）又是指什么呢？康德认为，知觉是经验性的意识，因而其中有感觉的意识，而"感觉虽然没有一种广延的量，但却毕竟有一种量（而且是通过对感觉的把握，在这种把握中，经验性意识能够在某个时间里从等于零的无增长到感觉被给予的分量），因而有一种强度的量。与感觉的这种强度的量相应，就知觉包含感觉而言，必须赋予知觉的一切客体以强度的量，即对感官的影响的程度"③。比如，颜色、重量、热量等，都显现为一种强度的量，这是可以在任何知觉之前就预先推定的。

其三，经验的类比。其原则是：经验唯有通过知觉的一种必然结合的表象才是可能的。什么是"经验"呢？康德认为："经验是一种经验性的知识，也就是说，是一种通过知觉规定一个客体的知识。"④而对客体在时间中的实存的规定唯有通过它们在一般时间中的联结，从而唯有通过先天地结合起来的概念才能够发生，而既然这些概念在任何时候都带有必然性，所以经验就唯有通过知觉的必然结合的表象才是可能的。康

---

① ［德］康德：《纯粹理性批判》，李秋零译，中国人民大学出版社 2004 年版，第 179 页（A163/B204）。

② 同上书，第 182 页（A166/B208）。

③ 同上书，第 182 页（A166/B208）。

④ 同上书，第 188—189 页（A176-177/B218）。

德认为："时间的三种模式是持久、相继和并存。因此，就有显象的一切时间关系的三条规则先行于一切经验并使得经验成为可能，显象的任何存在就一切时间的统一性而言都能够根据它们而得到规定。"①那么，什么是"经验的类比"呢？康德认为："经验的类比将只不过是经验的统一性(不像作为一般而言的经验性直观的知觉本身那样)从知觉中产生所应当遵循的一个规则，而且作为原理不是建构性地、而是范导性地适用于对象(显象)。"②在经验的类比中，又可以区分出以下三种具体的形式：

第一类比：实体的持久性原理，即无论显象如何变易，实体(Substanz)的量在自然中既不增多也不减少。什么是"实体"呢？康德指出："一切实在东西的基底，即属于事物的实存的东西，就是实体；在实体那里，一切属于存在的东西都惟有作为规定才能被思维。因此，显象的一切时间关系都惟有在与持久的东西的关系中才能被规定，这持久的东西就是显象中的实体，也就是说，是显象的实在的东西，它作为一切变易的基底永远是同一种东西。因此，既然实体在存在中不会发生变化，所以它的量在自然中也既不能增多也不能减少。"③在康德看来，持久的东西乃是时间本身的经验性表现的基底，一切时间规定惟有借助它才是可能的。持久性作为显象的一切存在、一切变易、一切伴随的恒常的相关物，一般地表现出时间。当然，时间本身并不变易，变易的只是时间中的显象。正因为实体是持久的，所以，康德强调："事实上，'实体是持久的'这个命题是同义反复。因为惟有这种持久性是我们把实体范畴运用于显象的根据，而人们本来必须证明，在一切显象中有某种持久的东西，在它那里可变的东西无非是它的存在的规定而已。"④而实体的规

① [德]康德：《纯粹理性批判》，李秋零译，中国人民大学出版社 2004 年版，第 189 页(A177/B219)。
② 同上书，第 191 页(A180/B222)。
③ 同上书，第 192—193 页(A182/B225)。
④ 同上书，第 194 页(A184/B227-228)。

定性也就是它的偶性。

第二类比：根据因果性规律的时间相继的原理，即一切变化都按照原因与结果相联结的规律发生。康德认为，经验性知识只有通过因果性规律才是可能的。他写道："只有通过我们使显象的相继以及一切变化从属于因果性的规律，经验亦即显象的经验性的知识才是可能的；所以，显象本身作为经验的对象惟有按照同一个规律才是可能的。"①

第三类比：根据交互作用或者共联性规律并存的原理，即一切实体，就其在空间中能被知觉为同时的而言，都处在无一例外的交互作用之中。什么是"同时的"（zugleich）？康德认为："如果在经验性的直观中一事物的知觉能够与另一事物的知觉交互迭起（这在显象的时间继起中，如第二条原理中所指明，是不可能发生的），这些事物就是同时的。"②在康德看来，种种实体在空间中的同时存在，唯有以它们相互之间的交互作用为前提，才能在经验中被认识。在这个意义上可以说，这种交互作用也是作为经验对象的事物的可能性的条件。如果实体都是孤立的，它们不但不可能成为我们经验的对象，而且关于在实体的基础上形成的世界整体的观念也是不可能的。

其四，一般经验性思维的公设。康德指出了以下三条原理：1. 凡是与经验的形式条件（按照直观和概念）一致的，就是可能的。2. 凡是与经验的质料条件（感觉）相关联的，就是现实的。3. 凡是其与现实的东西的关联被按照经验的普遍条件规定的，就是必然的（必然实存的）。③

三、对象之区分为现象和本体

关于这方面的论述，比较起来，第一版似乎说得更清楚。康德指出："种种显象，就它们作为对象按照范畴的统一性被思维而言，就叫

---

① ［德］康德：《纯粹理性批判》，李秋零译，中国人民大学出版社 2004 年版，第 198 页（A189/B234）。

② 同上书，第 211 页（A211/B256-257）。

③ 同上书，第 217 页（A218/B265-266）。

做现象。但是，如果我假定的事物纯然是知性的对象，尽管如此作为的对象能够被给予一种直观，虽然不是被给予感性直观（因而是 coram intuitu intellectuali[面对理智直观]），那么，这样的事物就叫做本体（intelligibilia[理知的事物]）。"①如前所述，"显象"（Erscheinung）和"现象"（Phänomen）之间的差别是十分明显的，即前者只被时间和空间梳理过，而后者则不但被时间空间梳理过，而且也被知性范畴梳理过；至于"本体"（Noumenon），实际上也就是物自体。康德自己是这么解释的："一个本体的概念，亦即一个根本不应当作为感官的对象、而是应当作为物自身（仅仅通过纯粹知性）被思维的事物的概念，这是根本不自相矛盾的；因为关于感性人们毕竟不能断言，它就是惟一可能的直观方式。此外，为了不使感性直观一直扩展到物自身之上，从而为了限制感性知识的客观有效性，这个概念又是必要的（因为感性直观达不到的其他东西之所以叫做本体，恰恰是为了借此表明，那些知识不能把自己的领域扩展到知性所思维的一切之上）。但最终，这样一些本体的可能性毕竟是根本看不出来的，显象领域之外的范围（对我们来说）是空的，也就是说，我们有一种以或然的方式扩展到比显象领域更远的地方的知性，但却没有直观，甚至就连能够使对象在感性领域之外被给予我们，并使知性超出感性之外而被实然地应用的一种可能的直观的概念也没有。因此，本体的概念纯然是一个界限概念，为的是限制感性的僭妄，所以只有消极的应用。"②总之，康德认为，本体是一个消极意义上的概念，它表明，知性不愿意受制于感性，但它只是消极意义上的扩展，而不能成为积极意义上的扩展。

在探讨对象问题的时候，康德论述了"无"（Nichts）这一对象，并把它区分为以下四种情况：

其一是"没有对象的空概念"，即思维对象之"无"，如"本体"。

---

① ［德］康德：《纯粹理性批判》，李秋零译，中国人民大学出版社 2004 年版，第 243 页（A248-249/B309）。

② 同上书，第 247 页（A224-225/B310）。

其二是"一个概念的空对象"，即实存事物匮乏之"无"。康德强调，实在性是某物，而否定性是无，这里说的"无"乃是对象缺乏的意思，如"阴影"是阳光的缺乏，"冷"是热的缺乏等。

其三是"没有对象的空直观"，即经验之"无"。没有实体的直观的纯然形式自身不是对象，而是对象（作为显象）的纯然形式的条件，比如时间和空间这两个纯直观就是"没有对象的空直观"。

其四是"没有概念的空对象"，即对象之不可能意义上的"无"，如两条边构成的直线图形、方的圆等。

参考书目

1. 李泽厚：《批判哲学的批判》(再修订本)，安徽文艺出版社 1994 年版。

2. 杨祖陶、邓晓芒：《康德〈纯粹理性批判〉指要》，湖南教育出版社 1996 年版。

3. 俞吾金：《从康德到马克思》，广西师范大学出版社 2004 年版。

4. 俞吾金等：《德国古典哲学》，人民出版社 2009 年版。

5. 俞吾金：《康德两种因果性概念探析》，《中国社会科学》2007 年第 6 期。

6. 俞吾金：《马克思对德国古典哲学的扬弃》，《中国社会科学》2006 年第 2 期。

7. 俞吾金：《马克思对西方哲学传统的扬弃：兼论马克思的实践、自由概念与康德的差别》，《中国社会科学》2001 年第 3 期。

8. 俞吾金：《形而上学发展史上的三次翻转——海德格尔形而上学之思的启迪》，《中国社会科学》2009 年第 6 期。

9. 张世英等：《康德的〈纯粹理性批判〉》，北京大学出版社 1987 年版。

10. 郑昕：《康德学述》，商务印书馆 1984 年版。

11. [德]奥特弗里德·赫费：《康德的〈纯粹理性批判〉——现代哲学的基石》，郭大为译，人民出版社 2008 年版。

12. [德]奥特弗里德·赫费：《康德：生平、著作与影响》，郑伊倩译，人民出版社 2007 年版。

13. [德]卡尔·福尔伦德：《康德生平》，商章孙、罗章龙合译，商务印书馆 1986 年版。

14. [德]H. M. Baumgartner：《康德〈纯粹理性批判〉导读》，李明辉译，联经出版事业股份有限公司 1988 年版。

15. [德]康德：《纯粹理性批判》，邓晓芒译，人民出版社 2004 年版。

16. [德]康德：《纯粹理性批判》，李秋零译，中国人民大学出版社 2004 年版。

17. [德]康德：《任何一种能够作为科学出现的未来形而上学导论》，庞景仁译，商务印书馆 1982 年版。

18. [德]文德尔班：《哲学史教程》上下卷，罗达仁译，商务印书馆 1996 年版。

19. [美]亨利·E·阿利森：《康德的自由理论》，陈虎平译，辽宁教育出版社 2001 年版。

20. [美]曼弗雷德·库恩：《康德传》，黄添盛译，上海人民出版社 2008 年版。

21. [美]梯利：《西方哲学史》，葛力译，商务印书馆，上册 1975 年版，下册 1979 年版。

22. [苏]阿尔森·古留加：《康德传》，贾泽林等译，商务印书馆 1981 年版。

23. [苏]瓦·费·阿斯穆斯：《康德》，孙鼎国译，北京大学出版社 1987 年版。

24. [英]S. Gardner：《康德与〈纯粹理性批判〉》，刘育兆译，五南图书出版股份有限公司 2009 年版。

25. [英]诺曼·康蒲·斯密：《康德〈纯粹理性批判〉解义》，绰然译，商务印书馆 1961 年版。

26. *I. Kant, Kritik der reinen vernunft*, Frankfurt an Main：Suhrkamp Verlag, 1988.

27. I. Kant, *Critique of Pure Reason*, translated and edited by Paul Guyer and Allen W. Wood, Cambridge：Cambridge University, 1997.

28. *I. Kant's Critique of Pure reason*, translated by Norman Kemp Smith, New York：The Humanities Press, 1933.

29. I. Kant, *Opus postumum*, translated by Eckart Foerster and Michael Rosen, Cambridge: Cambridge University, 1993.

30. Paul Guyer edited, *The Cambridge Companion to Kant*, Cambridge: Cambridge University Press, 1998.

31. Ernst Cassirer, *Kant's Life and Thought*, translated by James Haden, New Haven: Yale University Press, 1981.

附　录

从日常思维到哲学思维(2011 年版)①

一、从自在意识到自为意识

自在意识的基本特征如下:

自在意识 A:何谓"自在"(an sich),何谓"自为"(fuer sich)?自在:你在做什么时,并没有意识到自己在做什么(走楼梯、找眼镜、随波逐流、漫不经心、对自杀者的分析、习惯、量身高、奢侈品);自为:你在做什么时,同时也意识到自己正在做什么(文化、费孝通和文化自觉、喜欢悲剧与悲剧意识)。

自在意识 B:意识的不确定性和含混性(未经认真反思,维氏论信念):河流、自行车、助动车、人车分离、不许抽烟、Don't lean against the door、老鸭汤、深海鱼油。

自在意识 C:塞尔(John R. Searle),默认点(default positions)。

a. 有一个实在世界,它不依赖于我们,不依赖于我们的经验、我们的思想和我们的语言而独立存在。

b. 我们通过感官,特别是通过触觉和视觉,获得了直接进入那个实在世界的感知途径。

---

① 此文为作者 2011 年 12 月 12 日于中山大学珠海校区所做学术讲座。——编者注

c. 我们的语言中的语词，如兔子、树之类的语词，一般都具有可被理解的清楚意义。由于它们具有这些意义，我们才能够使用它们来指称和谈论实在世界中的真实对象。

d. 我们的陈述为真或为假一般地取决于它们是否与事物本来的样子相符合，也就是取决于是否与世界上的事实相符合。

e. 因果性是世界上的对象之间、事件之间的真实关系。

意识(consciousness)、前意识(pre-)、无意识(un-)。

自为意识的基本特征是确立自觉的反思(reflection)意识：

自为意识 A：反思自己如何待人处世。曾子：吾日三省吾身、三思而后行，尤其是克服情绪化的状态："小不忍则乱大谋""制怒"。

自为意识 B：反思自己置身于其中的传统文化，明了其得失。

自为意识 C：反思人生的意义和人类的命运。自私的欢乐/高尚的欢乐。米兰·昆德拉：人类一思考，上帝就发笑。马克思的职业观：为人类工作。

二、从轻信状态到怀疑状态

轻信状态 A：把对对象的意识当作被意识的对象。颜色、时间、身体。

轻信状态 B：熟知非真知。"自然"概念分析。

轻信状态 C：人云亦云、人与动物的区别。

如果怀疑，立即去求证(奥古斯丁)、怀疑一切(马克思)，怀疑的目的是引申出自己独立的见解。

怀疑状态 A：在学术上怀疑前人、同时代的人(包括自己的导师、同事和朋友)。亚里士多德：吾爱吾师，吾更爱真理；马克思：从批判黑格尔到布·鲍威尔、费尔巴哈、施蒂纳等。

怀疑状态 B：在学术上怀疑、超越自我。达尔文"适者生存"的两个方面；我的最大的敌人是自我；汤因比："两次创造论"；维特根斯坦、邓小平。

怀疑状态 C：对自己置身于其中的"意识形态"(ideology)的"问题框

架"(problematic)的反思；原创性思想的来源、复旦大学博士论文封三的所谓"原创性声明"。

三、从观念碎片到整体运思

观念碎片：普通人的大脑中装满了一堆相互矛盾的观念，这些观念处于"无政府主义"状态下。牛顿：上帝踢了一脚。

观念碎片 A：家庭和受教育的限制：柏拉图与洞穴之喻/井底之蛙。

观念碎片 B：专业限制。

观念碎片 C：本土文化的限制。

整体运思：确立自觉的哲学观，形成对宇宙、社会和人生的自洽的"信念"(Belief)。

整体运思 A：观念的融贯性。孟子、基督教的原罪说和救赎说。

整体运思 B：观念与行为的融贯性。知行合一、叔本华。

整体运思 C：个人与社会、宇宙的融贯性：道同/道不同。

四、从自然境界到天地境界

冯友兰：自然境界/功利境界/道德境界/天地境界。

1. 自然境界：吃喝拉撒(直立行走、劳动和语言的发展)、司芬克斯形象的哲学含义。

2. 功利境界：从天下为公到天下为私。司马迁："天下熙熙，皆为利来，天下攘攘，皆为利往。"interest 兴趣/interests 利益。

3. 道德境界：超越自身的功利进行思考。康德的星空/道德观念；雨果笔下的冉·阿让。

4. 天地境界：庄子：天地与我并生，而万物与我为一；佛教的"万物唯心"；克尔凯郭尔之三阶段说；康德的问题；高更的思索。小我与大我的沟通。

谈谈科学精神与人文精神的关系[①]

三点说明

一、"科学"含义的界定。science（英）、science（法）、Wissenschaft（德）。在这个讲座中，"科学"主要指自然科学。

二、医学的两种类型：1. 传统医学：它是纯生物学、生理学模式的，它借助解剖学研究人体组织、器官和功能，研究人体疾病的病理、病因和治疗方法。2. 现代医学：既不是自然科学，也不是人文学科，它与社会学、心理学、伦理学、美学、生态学等学科相互渗透，是一个综合性的学科，它更应关注科学精神与人文精神的关系。

三、如何看待中医？有人质疑中医的科学性和合法性，我认为是缺乏理由的：第一，中医源远流长；第二，其实践（尤其是慢性病、调养）行之有效；第三，辨证施治充满哲学意蕴；第四，中西医结合将为现代医学的发展提供新的动力。

一、何谓科学精神？

1. 科学（science）与技术（technology）：

A. 先有技术，还是先有科学？

---

① 此文为作者 2012 年 10 月 24 日于上海医学院所做学术讲座。——编者注

B. 生命之流（élan vital）/学科分类；to put something into the nature/discovery；

C. 技术之区分：hand work technology/modern technology（海德格尔在 *Question concerning technology* 中做出的区分）。

D. 现代技术：座架（Gestell）；控制论（cybernetics）：人对自然/人对人；从"双刃剑"到"否定性的概念"。

2. 科学精神（scientific spirit）：尊重事实，尊重客观规律，追求和坚持真理。伽利略/布鲁诺；拉普拉斯的《天体力学》/拿破仑；拉瓦锡/革命法庭副庭长；政治家、军事家与科学家。

3. 科学主义（scientism）：把只适用于数学、自然科学和工程学的观念、方法应用到人文社会科学和日常生活中去：量化的评价体系；希望工程；人类灵魂的工程师；TOFEL/GRE 考试形式的泛滥；效率（validity）/公平（fairness）；物的中心化/人的边缘化（尤涅斯科的《秃头歌女》）；推理/非理性思维；五四：科学/民主；1923 年关于"科学与人生观"的大讨论：胡适、丁文江 VS 张君劢：科学能不能解决所有的问题；近代中国的两次"思想循环"。

二、何谓人文精神？

1. 人文学科（humanities）主要包括语言学、文学、历史学、哲学、艺术、宗教学。为什么称"学科"（discipline）而不称"科学"（science）？

2. 人文精神（humanist spirit）：A. 珍重生命（医学上的救死扶伤、病人/患者）。B. 确立自觉的法权人格（康德：人是目的；成为人并尊重他人为人、黑格尔论精神病人；个别医生：患者的隐私/小病大治/粗心大意（左腿与右腿、手术残留物）/收受红包等。C. 确立道德实践主体（莫泊桑的《项链》、Schuld 之两义：债务/罪责）。D. 在社会生活中确立正义感与公共参与意识（对自然科学家来说，如果人文精神只表现为人文修养是不够的，应该上升到对社会正义的关切。一个只关心自己和家庭的人是自私的。向爱因斯坦这样的科学家学习）。

3. 人文主义（humanism）：

一是 14—16 世纪意大利的文艺复兴思潮，以理性对抗信仰，以人性对抗神性，以个性对抗封建暴政。海涅：维纳斯的腰肢。

二是泛指一切以人文关怀为核心的社会思潮。中国古代人文精神（如孔子的人文主义）与当代中国人文主义的差异：男女平等（从 chairman 到 chairperson；门外汉、英雄等分析）。

三、两种精神的融合

1. 人文精神的奠基：A. 不是点缀，也不只是修养，而是安身立命的出发点。孟子说："先立乎其大者，则其小者不能夺也。"人先得安顿灵魂（soul），才会有范仲淹的"先天下之忧而忧，后天下之乐而乐"的胸襟，张载的"为天地立心，为生民立命，为往圣继绝学，为万世开太平"的思想境界，才可能把医学理解为"仁术"。B. 自然科学注重事实（fact）/人文科学注重价值（value，critical science）。只有确立正确的价值观，所从事的一切科学研究活动才会对人类有益（8 小时内外）。试管婴儿；人体克隆；转基因；是否参与生化武器的研制等。

2. 科学精神的弘扬。科学精神同样不可或缺。现状：A. 迷信（手相、面相、风水）；B. 宗派主义：1996 年的索卡尔事件；C. 缺乏精湛的专业知识，如医学：诊断（避免误诊）、判断和哲学；预防医学的发展。

3. 独立人格的形成：人（Mensch）与个人（Individuum）；个人在素质（quality）上的全面发展和能力（ability）上的片面发展。能力的全面发展只有在整个人类中才能实现。

从日常思维到哲学思维(2013年版)①

一、从自在到自为

1. 何谓"自在"？你在做什么时，并没有意识到自己正在做什么。马克思的名言：他们这样做了，但他们并没有意识到。其具体表现形式是：

A. 对自己的思想和行为漫不经心：恐高症、不许抽烟、四季如春、近水楼台先得月、太阳之喻；走楼梯、追求光明(纯粹光明和纯粹黑暗)、对自杀者(60%)的分析。

B. 对自己思想和行为的出发点漫不经心：维特根斯坦的名言：有牢固基础的信念的基础是没有基础的信念。"从学校走向社会"；幸福、命运这类概念(康德)；对某个研究生自杀行为的分析。

C. 对周围的环境乃至整个世界漫不经心：高更的问题；自然科学的问题——宇宙、生命的来源。塞尔(John R. Searle)提出的默认点(default positions)：

a. 有一个实在世界，它不依赖于我们，不依赖于我们的经验、我们的思想和我们的语言而独立存在。

---

① 此文为作者 2013 年 11 月 25 日于山东大学所做学术讲座。——编者注

b. 我们通过感官，特别是通过触觉和视觉，获得了直接进入那个实在世界的感知途径。

c. 我们的语言中的语词，如兔子、树之类的语词，一般都具有可被理解的清楚意义。由于它们具有这些意义，我们才能够使用它们来指称和谈论实在世界中的真实对象。

d. 我们的陈述为真或为假一般地取决于它们是否与事物本来的样子相符合，也就是取决于是否与世界上的事实相符合。

e. 因果性是世界上的对象之间、事件之间的真实关系。哲学的发展源于对默认点的反思。

2. 何谓自为？你在做什么时，同时也自觉地意识到自己正在做什么，这是一种自觉的向内的反思（reflection）意识，如曾子所说：吾日三省吾身。其具体表现形式是：

A. 反思自己的思维和行为：我的最大的敌人是自我（鹰之喻）、汤因比的"两次创造"理论、毛泽东和邓小平。

B. 反思日常行为和思维：侍者的提问：coffee or tea、日出和日落、自行车和助动车、高速公路、快车和慢车。

C. 反思自己置身于其中的传统文化，明了其得失。费孝通所谓的"文化自觉"："自然"概念分析、"西游记"解读；自由贸易区：complete free trade zone/incomplete free trade zone。

二、从混沌到明晰

1. 含混性构成日常思维的特点，其具体表现是：

A. 日常语言单数、复数区分不明晰：粉丝：fan(s)；法国哲学家德里达的两部著作：*Positions*；*Specters of Marx*；美国人类学家本尼边特克的著作：*Patterns of Culture*；纽约地铁上的标语：Don't lean against the door。

B. 主动/被动状态不明确：我不要照相；李医生/患者正在做截肢手术。

C. 指称不明确：人一次也不能走进同一条河流；人车分离，各行其道；老鸭汤、深海鱼油；除了脚印，什么也不要留下；人与动物的根本区别在于……

D. 含义不明确：小老大（young captain）、中青年、前途无量、无期徒刑、黄鼠狼、熊猫、非遗、类人猿、女英雄（女汉子、先生）、developing countries/ developed countries。

E. 同义反复：新闻报（newspaper）、严密的逻辑、面向未来的选择。

2. 明晰性构成哲学语言的特征。表达可以区分为两个领域：说得清楚的/说不清楚的。要求我们把说得清楚的说清楚。

A. 说不清楚的东西可以分为以下三类：

a. 要求说话人不明晰地表达思想：something/somebody。

b. 目前说不清楚，今后可能说得清楚。

c. 永远也说不清楚的：康德（幸福、命运等）；维特根斯坦（世界的整体意义、句子的逻辑结构、美丑、善恶等）。

B. 明晰表达思想的条件：

a. 区分能指（signifier）和所指（signified）：一杯水和这杯水、大学生和马加爵、"原汁原味"的农家菜是什么。

b. 语词的意义在语境中显现出来：离家/出家/离家出走；男女/雌雄；狐狸（fox）/狡猾的人。

c. 在形成"共识"（consensus）的基础上进行交流：从抽象的"统一思想"到"在反对国际恐怖主义这一点上统一思想"。

三、从轻信到怀疑

关于轻信：马克思的女儿问她父亲：你最可原谅的缺点是什么？马克思回答：轻信。轻信的具体表现形式是：

A. 人云亦云，缺乏独立思考：三人成虎；谣言止于智者。

B. 崇拜名家、权威：其实，名家、权威是在一定的语境中表述自己的思想，不能抽去其语境，把他们的思想普遍化。不然，就会重蹈刻舟求剑的覆辙。德国诗人海涅评论莎士比亚和歌德。另外，一旦发现了新材料，传统的结论就可能修改。细胞与生物学、大爆炸与宇宙学（霍金对牛顿的批评)。

C. 对已经接受的知识缺乏批判的反思意识：只有一个地球、保护绿色、反全球化(anti-globalization)。

关于怀疑：怀疑的两种状态——积极的怀疑(positive doubt)/消极的怀疑(negative doubt)。

A. 学习笛卡尔、休谟、康德、马克思、胡塞尔的怀疑精神。奥古斯丁和弗洛伊德：如果怀疑，立即去求证；马克思的座右铭是：怀疑一切。

B. 前提性反思：新加坡辩论中对方辩友说：因为人性本善，人随时可以放下屠刀，立地成佛；爱迪生和一位青年发明家(一种能够溶解任何固体的溶液)；小和尚和老和尚的对话；苏格拉底：我知道我什么也不知道；笛卡尔：我思故我在。

C. 把"对对象的理解"与"被理解的对象"区分开来：颜色、时间、身体；关于某人的印象/某人本身；"康德哲学"，还是"对康德哲学的一种理解"。

D. 对文本融贯性的考察：孟子：人性之善也，犹水之就下也；人与禽兽的差异"几希"，逸居而无教，则近于禽兽。文本融贯/与思想家思想的发展。

E. 在学术上怀疑前人、同时代的人(包括自己的导师、同事和朋友)。亚里士多德：吾爱吾师，吾更爱真理；马克思：从批判黑格尔到布·鲍威尔、费尔巴哈、施蒂纳等。孤独与原创。

F. 对自己置身于其中的"意识形态"(ideology)的"问题框架"(problematic)的反思；马克思的《德意志意识形态》；阿尔都塞：人是意识形态的动物，我们飘浮在意识形态中。

四、从熟知到真知

黑格尔的名言是：熟知非真知，即你非常熟悉的东西恰恰是你所不知道的。所以，雅斯贝尔斯说：真正的哲学思维应该从你想当然的东西开始。

1. 我们通过教育接受了许多东西，而且习以为常了。然而，这些我们熟悉的东西并不一定是我们真正知道的：了如指掌；无理由退货、零距离采访；报告文学/纪实文学；人与社会；政府与市场等。

2. 真正的知识的获得：

A. 学习哲学大师/解构性的阅读。

B. 紧靠生活(希腊神话中的安泰)。

C. 逆向思维方法：你的文字真美、你的领带真漂亮、请慢走、请不要忘了随身携带的东西。

希腊神话及其启示①

一、希腊神话的来龙去脉

(一)何谓希腊神话？

希腊神话即口头或文字上一切有关希腊人的神、英雄、自然和宇宙历史的神话，它是原始氏族社会及其解体过程的精神产物，也是欧洲最早的文学形式。大约产生于公元前8世纪以前，它在希腊原始初民长期口头相传的基础上形成基本规模，后来在《荷马史诗》和赫西俄德的《神谱》及古希腊的诗歌、戏剧、寓言（如伊索寓言）、历史、哲学等著作中记录下来。后人将它们整理成系统化的古希腊神话故事，主要包括神的传说和英雄的故事两个部分，而在叙述方式上，神和人始终处于混杂的状态中，但这种状态是不对称的，尽管人可以刺伤或射伤神，却无法杀死神，因为神是永生的，但神却可以杀死人，甚至英雄人物，如太阳神阿波罗用看不见的金箭射死了希腊英雄阿喀琉斯。

(二)诸神的谱系

赫西俄德作为与荷马大致同时代的人，在其作品《神谱》中全面地记录了关于世界的形成、众

---

① 本文的电子文档最终修改时间为2013年12月。本文作为未竟稿，有很多需要修改、补充、完善的地方，这里基本保留原貌。——编者注

神、提坦和巨人的起源的早期希腊神话以及详细的族谱，成为我们今天了解奥林匹斯山上错综复杂的诸神关系的一把钥匙。

1. 黄金时代。这个时代的神祇可以理解为创世神或第一代神祇，按诞生的先后顺序排序为：在希腊神话中，一切皆从混沌（Chaos）开始。卡俄斯（Khaos/Chaos）就是混沌之神。在宇宙诞生之初，只有卡俄斯，他是一个无边无际、一无所有的空间。随后诞生了大地之母盖亚（Gaea，地母）、地狱深渊神塔耳塔洛斯（Tartarus，深渊）、黑暗神厄瑞波斯（Er-ebus，幽冥）、黑夜女神尼克斯（Nyx，暗夜）和爱神厄洛斯（Eros，爱欲）。世界由此开始。

盖亚是卡俄斯之女，大地之母，也是众神之母，她诞生了天空乌拉诺斯（Uranos，天之神，盖亚的长子和丈夫，第一任神王）、海洋蓬托斯（Pontus，盖亚之子和情人，最早的海神）和山脉乌瑞亚（Ourea）等。接着，盖亚又和乌拉诺斯生了提坦（Titans），分别代表了世界最初的一些事物（日、月、天、时间、正义、记忆等）；和蓬托斯生了五个孩子，分别代表了不同的海。

塔耳塔洛斯是地狱深渊神，卡俄斯之子。五大创世神之一，是地狱冥土的创造者。他出生在盖亚之后，又和盖亚生了怪物提丰（Typhon）。他是一个无形的深渊，位于世界的最底端，此后他是关押妖魔怪物和一些神祇的地方。宙斯就把一些提坦神关押在塔耳塔洛斯。

厄瑞波斯是幽冥神，卡俄斯之子。五大创世神之一，位于大地（盖亚）与冥土之间。他和她妹妹黑夜女神尼克斯生了三位古老的神祇：太空之神埃忒耳（Aether）、白昼之神赫莫拉（Hemera）和冥河的渡神卡戎（Charon）。

尼克斯是黑夜女神，卡俄斯之女。五大创世神之一，在大地（盖亚）之上诞生。她是黑夜的化身和本体，不但同他哥哥厄瑞波斯生了三个孩子，还独自一人生了一大批神。

厄洛斯：或称爱洛斯。爱神，卡俄斯之子。五大创世神之一，诞生在黑暗和黑夜之后。他是一切爱欲的化身（包括同性、异性）。

2. 白银时代。这个时代的神被称为提坦神，由以下两代组成。第一代是"十二提坦"：俄刻阿诺斯(十二提坦最长者，大洋河的河神，生育了地球上所有的河流及三千海洋女神)、科俄斯(智力)、克利俄斯(生长)、许珀里翁(太阳)、伊阿珀托斯(灵魂，阿特拉斯、普罗米修斯和厄庇墨透斯之父)、谟涅摩叙涅(记忆，缪斯之母，宙斯第五位妻子)、福柏(月之女神勒托与阿斯特瑞亚之母)、忒堤斯(所有海神的祖母，沧海女神，俄刻阿诺斯之妻)、忒亚(太阳神、月亮女神、黎明女神之母，许珀里翁之妻)、忒弥斯(主司法律与正义，宙斯第二位妻子，时序三女神之母)、克洛诺斯(十二提坦中最年幼者，天、空间神，推翻父神而成为第二任神王)、瑞亚(时光女神，克洛诺斯的妻子，第二任神后)。

第二代的提坦如下：赫利俄斯(许珀里翁与忒亚之子，塞勒涅和厄俄斯之兄)、厄俄斯(黎明女神，许珀里翁与忒亚的女儿，赫利俄斯和塞勒涅的姐姐)、阿斯特赖俄斯(星辰之神，克利俄斯与欧律比亚的儿子)、勒托(暗夜女神，克俄斯与福柏之女，宙斯第六位妻子及表姐，阿尔忒弥斯与阿波罗之母)、珀耳塞斯(克利俄斯与欧律比亚之子)、阿特拉斯(普罗米修斯的兄弟，最高大强壮的神之一，因反抗宙斯失败而被罚顶天)、普罗米修斯(最有智慧的神之一，被称为"先知"，人类的创造者和保护者，因触怒宙斯被锁在高加索山上，每日有一只鹰啄食其肝脏，然后又长好，周而复始，后被赫拉克勒斯救出)、厄庇墨透斯(普罗米修斯的兄弟，最愚笨的神之一，被称为"后知者"，因接收了宙斯的礼物——潘多拉为妻，结果从"潘多拉之盒"中飞出了疾病、罪恶等各种灾难降临人间)、塞勒涅(月亮女神，许珀里翁与忒亚之女，太阳神赫利俄斯与曙光女神厄俄斯之妹)、阿斯忒里亚(科俄斯与福柏的女儿)、墨诺提俄斯(普罗米修斯的兄弟，暴力愤怒之神，被宙斯用雷电劈中)、墨勒忒(深思女神)、阿俄伊得(歌唱女神)、艾泰(西西里火山女神)、狄俄涅(冰海女神，她是俄克阿诺斯和泰西斯之女)、阿得努斯(裁决之神)、厄斯塔廆斯(替换之神)、安得斯(安第斯山神)、奥利博若斯(奥林匹斯圣山的化身)、墨提斯(智慧女神，俄克阿诺斯之女，宙斯的第一位妻子，雅典娜的母亲）、欧律诺墨（海洋女神，俄克阿诺斯之女，宙斯第三位妻子，美惠三女神之母，及三个独眼巨人和三个百臂巨人之母）。

3. 青铜时代。这个时代的神因为都居于奥林匹斯山上，所以被称为奥林匹斯神。以下是十二主神：

第一个是宙斯（Zeus）：克洛诺斯最小的儿子，在他母亲瑞亚的支持下，推翻了父亲克洛诺斯，成为第三代神王。他极为好色，常背着妻子赫拉与其他女神和凡人私通，私生子无数。据说，宙斯出生时，正值他父亲克洛诺斯当权，母亲瑞亚害怕宙斯被其父吞掉（克洛诺斯推翻自己的父亲乌拉诺斯才得到众神之王的王位，所以他的父亲诅咒他注定被自己的孩子推翻，就像他推翻他的父亲一样，因而克诺诺斯对此感到害怕，自己的孩子刚出生就将其吞入腹中），宙斯刚出生就用一块石头代替，将他藏到克里特岛交给三位女仙抚养。在岛上，一只母山羊为他提供神圣的乳汁，一只雄鹰则给他带来仙酒；每当他哭叫时，瑞亚的仆人们就到摇篮边为宙斯跳舞，并用短剑敲击铜盾掩盖他的哭声，因此克洛诺斯一直未发现这一秘密。宙斯在岛上一天天茁壮成长。宙斯成年之后，用呕吐药救出了被父亲吞下的五个兄弟姐妹，并合力推翻了父亲克洛诺斯，最后登上王位。

第二个是赫拉（Hera）：克洛诺斯和瑞亚的女儿，宙斯的姐姐和夫人；神圣的婚姻女神，掌管婚姻，捍卫家庭，是妇女的保护神；赫拉不仅容颜美丽，而且有着女王的优雅和尊荣，对伴侣忠贞不渝，无愧于天后的地位，但她的善妒亦闻名于世，因此，赫拉和宙斯经常发生激烈争吵。不过，通常宙斯的花言巧语又总能让他们和好如初。

第三个是波塞冬（Poseidon）：海洋中最高神明，宙斯的二哥，安菲特里特的丈夫，手持巨大三叉戟，统领海中所有生物。他被描写为半人半鱼的模样，能呼风唤雨，是仅次于宙斯的强大掌权者，性格凶暴残忍，而且头脑简单。

第四个是哈迪斯（Hades）：宙斯和波塞冬的兄长，主管冥界，力量很强，但性格平和，众神中最神秘的神。他令人想到死亡，往往也作为财富的象征。人们很少称呼他的真名，因为他始终穿着大衣，遮住脸和全身。因为被阿佛洛狄忒与阿瑞斯的儿子丘比特的箭射中，抢夺丰收女神得墨忒尔与宙斯的私生女春之女神珀耳塞福涅为妻外，无他恶行。

第五个是雅典娜（Athena）：智慧及战争女神，是宙斯与墨提斯的女儿。如果说，她的兄长战神阿瑞斯象征战争残酷冲动的一面，作为她的对立面，雅典娜代表着军事策略，象征着在计谋和智慧上胜一筹。她勇敢、强大而又善良、仁慈。她出生时宙斯头部剧烈疼痛，之后赫淮斯托斯将宙斯的头部用大斧劈开后，雅典娜手持长枪，身披战甲从中跳出，并从母亲墨提斯继承到了高度的智慧和实践技能，因此成了艺术和手工业的保护神。橄榄枝是她的代表，在与波塞冬争夺雅典守护神时，就是因为她抛出橄榄枝，打败波塞冬，成为雅典守护神。

第六个是阿波罗（Apollo）：射术、艺术、科学的保护神，公正的惩罚神，光明之神，宙斯和勒托之子，弯月之女神、狩猎女神阿尔忒弥斯的孪生弟弟或哥哥，希腊十二大神祇之一，代表着光明。他快乐聪明，永远年轻，拥有着阳光般的气质，美貌、英俊、和谐和沉静，掌管医药、文学、诗歌、音乐等，是十二大神中最俊美的男神。

第七个是阿耳忒弥斯（Artemis）：贞洁的狩猎女神，弯月之女神，弯月是她的弓，阿尔忒弥斯是阿波罗的孪生姐姐（或妹妹），三位处女神之一，所以也被称为处女的保护神，代表女性美及贞洁。她还是野生物的主人，与阿波罗同为出色的弓箭手、神界的主要猎手。她的另一大喜好就是舞蹈，因此是位热爱唱歌跳舞的音乐女神。

第八个是阿瑞斯（Ares）：宙斯和赫拉的儿子。从小就娇生惯养，拥有凶残、狡诈、冲动、非理性的个性，有勇无谋，为战争而战争的神。曾与工匠之神的妻子阿佛洛狄忒私通，被装进一张工匠之神特制大网中而无法脱身。

第九个是赫淮斯托斯（Hephaestus）：火神及手艺异常高超的铁匠之神，宙斯和赫拉的长子。因为长得丑陋，一出生就被赫拉踢下奥林匹斯山。不同于其他美丽的神，他长相奇丑、跛足。但性情温和、热爱和平，在天庭人间都很受欢迎。相传火山是他为众神打造神兵和神器的工匠炉。他是诸神的工匠，具有高超的技巧，制造了许多著名的神兵、神器。传说阿波罗驾驶的日车、厄洛斯的金箭银箭、宙斯的神盾都是他铸制的。

第十个是赫尔墨斯（Hermes）：众神的使者，向人间传递神谕的传令官。

宙斯与阿特拉斯之女迈亚所生的儿子，是奥林匹斯山上最机灵的神。脚生双翼，速度如飞，成为天界众神传令的使者，后为旅人、商人、盗贼的保护神，经常化为凡人下界帮助保护者，是最聪明狡猾的神。传说，他是一位天才的雄辩家，所以他还是雄辩术之神。动作敏捷优雅，脚穿带翼凉鞋，头戴有翅膀的低冠帽，手握双蛇盘绕的金魔杖（为其特殊标志）。

第十一个是狄俄尼索斯（Dionysus）：好客的酒与狂欢之神，宙斯与一名凡间女子塞墨勒的儿子，唯一有凡人血统的正式神祇，众神中最接近人类的一位。他象征着非理性、放纵和激情；发明了葡萄酒，并推广了葡萄的种植。本身具有双重性格，他能给人带来欢乐和迷醉，但同时又残忍，易怒——正像酒一样。

第十二个是阿佛洛狄忒（Aphrodite，罗马又称维纳斯）：爱情女神。她的忠实随从小爱神爱罗斯 Eros（罗马又称丘比特）手持弓箭，被其金箭射中者即与随后见到的第一个人坠入情网，而被其铅箭射中者会对另一个人产生莫名的仇恨。

半人半神的英雄：阿喀琉斯、赫拉克勒斯、忒修斯、珀修斯、伊阿宋、赫克托耳（特洛伊的英雄）、阿迦门农、奥德赛等。

妖兽主要指：梅杜莎（Medusa），蛇发女妖，见到她面目的人都会变成石像。许德拉（Hydra），九头蛇，为赫拉克勒斯所杀。弥诺陶诺斯（Minotaur），克里特岛上的牛头人身怪物。

（三）考古发掘的印证

一百多年前，人们还普遍地认为，古代希腊的神话传说（包括荷马史诗）不过是美丽的、富有诗意的幻想，是没有实际历史根据的美妙的故事。可是，始于19世纪末的考古发掘在几千年来堆积起来的沙土层下，发现了古城、柱廊、水池和彩色壁画，这些在人们面前展现出一个曾经存在过的华丽宏伟的世界。在迈锡尼考古发掘还发现了豪华的国王陵墓，考古学家认为它是特洛伊战争中阿该亚军队的统帅阿伽门农和他的家属的墓。在特洛伊遗址上考古学家甚至发掘出一个藏有许多黄金饰物的宝库，显然它是属于当时的国王普利安的。正如奥林匹斯山上的众神与古代人生活在同一个世界中一样，希腊神话也与古代的现实生活交织在一起，到了难分难舍的地步。

我们不是考古学家，我们完全从不同的角度来认识希腊神话。在我们看来，希腊神话充满了种种富有哲理的隐喻。这些隐喻显示出古代人对人的生存状况的不倦的思索。这些思索在今天看来虽然显得幼稚、天真，却是值得玩味的，在某些方面甚至是高不可及的范本。

正如马克思所说的："希腊神话不只是希腊艺术的武库，而且是它的土壤。成为希腊人的幻想的基础、从而成为希腊［艺术］的基础的那种对自然的观点和对社会关系的观点，能够同走锭精纺机、铁道、机车和电报并存吗？在罗伯茨公司面前，武尔坎（相当于赫淮斯托斯——引者注）又在哪里？在避雷针面前，丘必特（相当于宙斯——引者注）又在哪里？在动产信用公司面前，海尔梅斯（相当于赫耳墨斯——引者注）又在哪里？任何神话都是用想象和借助想象以征服自然力，支配自然力，把自然力加以形象化；因而，随着这些自然力在实际上被支配，神话也就消失了。在印刷所广场旁边，法玛（相当于希腊传闻女神俄萨——引者注）还成什么？希腊艺术的前提是希腊神话，也就是已经通过人民的幻想用一种不自觉的艺术方式加工过的自然和社会形式本身……但是，困难不在于理解希腊艺术和史诗同一定社会发展形式结合在一起。困难的是，它们何以仍然能够给我们以艺术享受，而且就某方面说还是一种规范和高不可及的范本。"①

---

① 《马克思恩格斯选集》第2卷，人民出版社1995年版，第28—29页。

二、人类由来的不同解释

在希腊神话中，关于人类的创生有诸多不同的说法，其中最引人注目的是以下三种说法：

1. 人类是由被宙斯放逐的神祇的后裔普洛米修斯所创造的。普洛米修斯知道天神的种子隐藏在泥土里，所以他撮起一些泥土，按照神祇的形象，捏出一些泥块，为给这些泥块以生命，他又从各种动物的心中取出善和恶，使之封闭在人的胸膛里，智能女神雅典娜惊异于这些创造物，又把灵魂和神圣的呼吸吹送给他们，于是，最初的人类就被创造出来了。不久以后，他们就充满了大地。据说，最初的人类什么也不懂，正是普洛米修斯教会他们观察星辰的升起和降落；教会他们用符号进行计算并交流思想；教会他们制造车、船，驾驭牲畜，使之分担人类的劳动；教会他们解释梦和异象，预见未来等。普洛米修斯创造人类的故事也可以在《伊索寓言》中读到，但在那里又增添了新的内容：

第一，普洛米修斯和人。普洛米修斯奉宙斯之命造人和野兽。宙斯见野兽太多了，就命令普洛米修斯毁掉一些，改作成人。普洛米修斯执行了命令。结果，这样造出来的人却是人面兽心。这故事适用于愚蠢而野蛮的人。

第二，两只口袋。普洛米修斯造人，给每个人挂上两只口袋，一只装别人的恶行，另一只装自己的恶行。他把那只装别人恶行的口袋挂在前面，把另一只挂在后面。因此人们老远就看见了别人的恶行，自己的却瞧不见。这故事适用于好管闲事的人，这种人对于自己的事视而不见，却去管不相干的事。

如果说，在希腊神话中，最初被创生的人类是无知无识、无忧无虑的话，那么，在伊索的寓言中，他们从被创生的时候起，就是"人面兽心"的，就是某种"恶"的东西。要说明这个差异并不是很困难的。众所周知，希腊神话主要反映的是希腊氏族社会的不同发展阶段（包括它的解体），正如恩格斯所说的："从古代雅利安人传统的对自然的崇拜而来的全部希腊神话，其发展本身，实质上也是由氏族及胞族所制约并在它们内部进行的。"而伊索则生活在公元前6世纪，他本身是萨摩斯岛的雅德蒙家的奴隶。其时，希腊氏族社会已经解体，奴隶制城邦的发展正方兴未艾，所以，伊索寓言虽然讲的是普洛米修斯创造人类的老故事，但却把奴隶社会形成过程中人性"恶"的一面融入到最初的人类中。

2. 人类是由神祇，特别是众神之王宙斯创造的。神祇创造的第一纪人类是黄金的人类。这时，人类无忧无虑地生活着，大地为他们长出丰富的果实，神祇们对他们也倍加爱护，他们的生活十分幸福；神祇创造的第二纪人类是白银的人类。他们的生命是短暂的，因为他们不能节制自己的感情，他们粗野而傲慢，不再对神祇表示敬意。这时，宙斯已放逐他的父亲克洛诺斯而成为天国的最高统治者，他恼怒第二纪人类对神的不敬而把他们消灭了；于是，宙斯创造了第三纪人类，即青铜的人类。他们穿着青铜的甲胄，住着青铜的房间，使用着青铜的刀剑和工具，他们的性格残忍而粗暴，战争乃是他们的嗜好；当这一纪的人类完全死灭之后，宙斯又创造了第四纪人类，他们依靠大地上的出产来生活，比起以前各纪的人类来，他们显得更高贵和公正，他们乃是古代的半神的英雄，但最后他们也陷于战争和仇杀，在战争和灾祸中结束了生存；宙斯创造的第五纪人类，是黑铁的人类。这时的人类全然是罪恶的，父子反目，宾主仇恨，朋友敌视，正如古代诗人赫西俄德所叹息的：啊，无情的人类哟！难道你们忘记了神祇将给与的裁判，敢于辜负高年父母的抚育之恩么？处处都是强权者得势，人们毁灭他们邻近的城市。守约、良善、公正的人得不到好报应，而为恶和硬心肠的渎神者则倍加光荣。善和文雅不再被人尊敬。恶人被许可伤害善良，说谎话，赌假咒。这就是这些人所以不幸福的原因。不睦和恶意的嫉妒追袭着他们，并使他们双眉紧锁。直到此时还常来地上的至善和尊严的女神们，如今也悲哀地以白袍遮盖着她们的美丽的肢体，回到永恒的神祇中去。留给人类的除了悲惨以外没有别的，而这种悲惨且是看不见边际的。

这种说法与第一种说法的差异在于引入了早期人类发展的某种历史

感，但各个世纪的人类之间似乎没有什么内在联系，他们的诞生与灭亡都服从于宙斯的神奇的权杖。

3. 欧罗巴受到宙斯的引诱而出走①，她的哥哥卡德摩斯寻找她未果，杀死了毒龙。按照雅典娜女神的命令，他在地上种下了龙牙，于是，从地下长出了成队的武装的战士，他们相互残杀，最后只剩下五个人，按照雅典娜的吩咐放下武器，成了忒拜人的祖先。（汉语中的"我"字）

法国艺术哲学家泰纳对希腊神话的解读，达尔文的《人类的由来》（1871），恩格斯对家庭、私有制和国家起源的分析。希腊神话反映出氏族社会解体时的剧烈的社会变动。由于特洛伊王子帕里斯诱拐了斯巴达国王墨涅拉俄斯的妻子海伦，引发了 10 年特洛伊战争，而希腊方面的统帅则是墨涅拉俄斯的哥哥阿伽门农。特洛伊陷落以后，阿伽门农的舰队返回本乡，但遭遇到大风暴。

作为坦坦罗斯家的后裔，传到珀罗普斯时，他有两个儿子：哥哥阿特柔斯和弟弟堤厄斯忒斯。他们杀死同父异母兄克律西波斯之后，被驱逐到迈锡尼避难。在那里，堤厄斯忒斯与嫂嫂阿厄洛珀勾搭成奸。由于嫂嫂的帮助，堤厄斯忒斯得到阿特柔斯的金羊毛。从此，兄弟间的仇恨越结越深。堤厄斯忒斯的私生子埃葵斯托斯假装不满自己的父亲，并试图去刺杀堤厄斯忒斯，此行为得到了阿特柔斯的支持。结果，埃葵斯托斯却乘机刺杀了他的叔父阿特柔斯。阿伽门农作为阿特柔斯的长子又刺杀了他的叔叔堤厄斯忒斯，但赦免了埃葵斯托斯，让他去统治阿尔戈斯南部。当阿伽门农远征特洛伊时，他的妻子克吕泰涅斯特拉与埃葵斯托斯同居，准备在阿伽门农回来时谋杀他。

阿伽门农居然丝毫没有觉察到危险。他的妻子表现得非常热情，骗他进入浴室，埃葵斯托斯用剑刺杀了他。阿伽门农有三个女儿——伊菲革涅亚、爱兰克特拉、克吕索忒弥斯和幼小的儿子俄瑞斯忒斯。爱兰克

---

① 原稿缺少引出下文希腊神话及悲剧故事的主题句。——编者注

特拉怕她的母亲伤害小弟弟俄瑞斯忒斯，偷偷地把他送到外面去。后来，俄瑞斯忒斯伪装成捎来口信之人，借机杀死了他的母亲克吕泰涅斯特拉与埃葵斯托斯。

尽管俄瑞斯忒斯刺杀自己的母亲得到了阿波罗的鼓励，但三位复仇女神却因为他谋杀自己的母亲而紧追不舍，俄瑞斯忒斯离开了自己的家乡密刻奈，到处狂奔，几近疯狂。他躲进阿波罗神庙中，复仇女神无法进入，但仍然守护在神庙外。阿波罗只能委托赫耳墨斯，把他带到雅典的雅典娜神庙。复仇女神也赶到了雅典娜神庙。雅典娜听了双方的叙述后，组成了一个法庭，进行黑、白石子投票，结果相等，最后雅典娜投了白石子，宣告俄瑞斯忒斯无罪。

俄瑞斯忒斯又到阿波罗神庙求神谕，女祭司告诉他，他的姐姐伊菲革涅亚目前正在陶里刻半岛的阿耳忒弥斯（阿波罗的妹妹，狩猎女神）神庙做女祭司，要他把阿耳忒弥斯的神像带回到雅典来，因为阿耳忒弥斯对野蛮人的供奉已经感到厌倦，希望回到雅典来。

三、社会变动的真实记录

于是，俄瑞斯忒斯和他的朋友皮拉得斯一起赶到陶里刻岛，但当地有个习惯，凡是外乡人到这个岛上，就会被抓起来杀害，作为对阿耳忒弥斯女神的祭礼而具体执行祭祀的正是俄瑞斯忒斯的姐姐伊菲革涅亚。两人上岛后就被抓了起来，通过对话，伊菲革涅亚发现俄瑞斯忒斯是她的弟弟，于是，三人设法一起逃走，并带走了阿耳忒弥斯的神像。

最后，雅典建立了阿耳忒弥斯的神庙，伊菲革涅亚仍然是神庙的女祭司，俄瑞斯忒斯回到密刻奈，继承了他父亲的王位，并与墨涅拉俄斯和海伦的唯一的女儿赫尔墨涅结婚。他活到 90 岁时，一条毒蛇咬伤了他的脚，他中毒死亡。

弗洛伊德的"爱兰克特拉情结"和"俄狄浦斯情结"。从这些故事可以联想到中国春秋战国时期为争夺王位而展开的激烈冲突和斗争。尽管神话的叙述充满了神秘的色彩，但归根到底，它们反映的是现实生活。

四、冒险精神的生动体现

这是一个崇尚冒险和勇敢的时代。希腊神话中的无数故事都贯穿着这种精神。其中最脍炙人口的是伊阿宋和其他阿耳戈英雄们获取金羊毛的故事。

克瑞透斯在希腊某地建立了自己的王国，他有两个儿子——长子是埃松，幼子是珀利阿斯。他将王国传给了长子，但幼子却篡夺了王位。埃松死后，他的儿子伊阿宋逃到喀戎（一个半人半马的人物）那里，他曾教育过许多孩子成为英雄。20年过去了，伊阿宋长大成人，而晚年的珀利阿斯为一个神谕所苦，即叫他提防穿着一只鞋子的人。

有一次，珀利阿斯正在祭典海神波塞冬，伊阿宋回来了，赫拉变形为一个老太太要他背着过河，结果他的一只鞋子陷入河泥中。见到他，国王害怕了，而伊阿宋也亮明了自己的身份，表明自己是为父亲的王位而来的。珀利阿斯表明，如果伊阿宋能够旅行到科尔喀斯的埃厄忒斯国王那里，把金羊毛取来，自己就把王位让给他。而埃厄忒斯已经把金羊毛转赠给战神阿瑞斯，战神把它钉在树林里的一棵树上，由毒龙看守着。于是，伊阿宋招募英雄，赫拉克勒斯、珀琉斯（阿喀琉斯的父亲）和忒拉蒙（大埃阿斯的父亲）都参加了冒险的队伍。

第一个遭遇是楞诺斯岛。由于这个岛上的妇女恼恨丈夫们从外地带回宠姬，把丈夫们全都杀了，她们非常喜欢希腊英雄，而英雄们也在温柔乡里忘记了自己的使命。正是在赫拉克勒斯（不近女色）的督促下，他们才重新上路。

第二个遭遇是在多利俄涅人居住的岛上。好客的国王受神谕的暗示，很好地招待他们，但岛上也住着长有六臂的巨人，试图追杀他们，被他们用箭射死了。然而，他们起锚后，风暴又把他们吹回到同一个岛上，结果在黑暗中与国王的队伍发生冲突，伊阿宋把国王刺杀了，他的妻子也随之而自杀。英雄们知道发生了误会，接连三天进行悼念，扯下自己的头发，并以竞技和举行葬礼的饮宴来表示悔恨。

第三个遭遇是在比堤尼亚海湾。当赫拉克勒斯独自到树林里去削制一根更好的桨时，他的年轻的朋友许拉斯在月光下到泉水边取水，结果被美丽的水仙拉入水中。悲伤的赫拉克勒斯决定暂时留在这个岛上，伊阿宋他们继续前进。

第四个遭遇是在柏布列西亚人的岛上。这个岛上的国王阿密科斯制定了一条奇怪的法律，没有和他们比过拳的人不许离开他们的国土。波吕丢刻斯是希腊的拳手，他将国王的头骨击碎了。于是，冲突发生了，英雄们击败了土著人，并抢走了他们的牛羊作为战利品。

第五个遭遇是在老人菲纽斯居住的岛上。他原来是国王，由于滥用阿波罗给他的预言的本领，复仇女神使他晚年双目失明，又使美人鸟不让他安静地饮食，他衰弱得几乎只剩下一个影子。果然，英雄们刚为他准备好食品，美人鸟就成群结队地飞来，吃完东西后留下恶臭飞去。他们赶走了这些鸟，使老人得以享用正餐，恢复健康。

第六个遭遇是撞岩。据说，一只鸽子飞过去时尾羽给截断了，在雅典娜的帮助下，他们的船过了撞岩，只有船尾被擦伤了。

第七个遭遇是鸟岛，这些名为斯廷法利得斯的鸟能够射出自己的羽毛，像箭一样刺入人的身体。英雄们用盾牌围起来防止这些鸟的进攻。

经过各种磨难，他们终于来到了目的地。国王埃厄忒斯有个女儿叫美狄亚，她被爱神厄洛斯的金箭射中，从而恋上了伊阿宋。埃厄忒斯显然不愿将金羊毛给他们，他提出的苛刻条件是：他有两只神牛，每天他都驾着它们耕地，并在田沟里种下毒龙的牙齿，他们会长出来变成人并相互厮杀，得把他们全部加以消灭。如果英雄们能够完成这样的任务，就可以取走金羊毛。伊阿宋答应下来了，美狄亚去找伊阿宋，把自己炼制的一种普洛米修斯的魔药让伊阿宋涂在自己身上，才能控制住神牛，而当毒龙的牙齿从土中长出来变为人时，应该扔一块大石头过去，让他们相互争夺。这时，伊阿宋再乘机去解决他们。果然，按照美狄亚的方式，第二天伊阿宋顺利地完成了国王布置的任务。国王知道自己的女儿帮助了他们，美狄亚也干脆帮他们用歌声和魔药催眠了毒龙，帮助伊阿宋他们取到了金羊毛，然后一起逃走。国王马上派出自己的舰队去追赶他们，他们截住希腊人的归途时，试图让希腊人取走金羊毛，留下美狄亚。伊阿宋让一个公正的国王来判定美狄亚的归属。这显示出伊阿宋性格中的软弱的一面，即他有可能出卖自己的朋友。美狄亚与他一起策划了一条毒计，即假装诱骗他弟弟阿布绪耳托斯参加宴饮，并让伊阿宋从背后袭击并杀害了他，以便自己可以继续逃亡。

由于刺杀了美狄亚的弟弟，雅典娜表示，宙斯十分震怒，要他们去找女巫师喀尔刻，让她替他们消除罪恶并做祷告。在回程中：

第一个遭遇是半鸟半女人的塞壬，她们的歌声把一个英雄吸引下水。

第二个遭遇是卡律布狄斯大漩涡，得到众多海洋女神的帮助才顺利通过。

第三个遭遇是在国王阿尔喀诺俄斯的岛上又遭遇到科尔喀斯人的追兵。国王表示，如果美狄亚和伊阿宋已经结婚，那么就可以不交出去。于是，他们马上举行了婚礼。

第四个遭遇是漂向非洲陆地，那里"没有泉水，没有道路，没有荫蔽，死寂的沉默笼罩着一切"。在海洋女神的指引下，他们找到了泉水，脱离了困境。

第五个遭遇是克瑞忒岛上的巨人塔罗斯，他全身是青铜的，只有脚上一块地方是肉做的，不让任何人靠近这个岛。美狄亚用神咒催眠了他，他被催眠后，被岩石割破了自己的脚，死了。

伊阿宋和美狄亚历尽艰难，终于回到了伊阿宋的家乡。由于谋杀了美狄亚的弟弟阿布绪耳托斯，受到宙斯的谴责，他把王位让给了珀利阿斯的儿子。他和美狄亚一起生活了 10 年，生了三个儿子。后来，他瞒住美狄亚，试图与一个年轻的女子结婚。美狄亚假装同意了，给新娘献上了长袍，但长袍浸透了毒液，因而毒死了新娘。她又杀死了自己的三个儿子，坐在用魔法招来的龙车上逃走了，伊阿宋拿出剑来自杀了。其实，这种悲剧性的结果已经隐藏在伊阿宋和美狄亚的性格中，而美狄亚的复仇也是极其残酷的。

五、人物个性的细致刻画

1. 宙斯和伊俄的故事：宙斯常常背着赫拉，对半神或凡人的女儿滥施爱情。赫拉不得不嫉妒地监视他的一切行为。伊那科斯国王的女儿伊俄正在草地上牧羊，宙斯变形为一个男人来引诱她："那是如何的幸福呀，当一个人有一天可以称呼你为他自己的！但没有人类配爱你，你只适宜于做万神之王的新妇。我便是他，我是宙斯。"伊俄拼命逃跑。这时，赫拉来找宙斯，宙斯把伊俄变成了一头可爱的、白色的小母牛。赫拉假装不知，要求宙斯把小母牛送给她，她当然要看紧这个情敌。她让百眼怪物阿耳戈斯看着她，他每次睡觉只闭两只眼睛。有一次，阿耳戈斯把伊俄放牧在她家乡的草地上，她用蹄子写字，使她父亲知道了真相。阿耳戈斯又把小母牛放牧到其他地方。宙斯派赫耳墨斯吹笛给阿耳戈斯听，使他入睡，然后杀了他，伊俄获得了自由。但赫拉又用牛蝇来追逐她，她只好狂奔，一直跑到尼罗河边，她跪下前腿，昂首向宙斯表示怨恨。宙斯只好请求赫拉原谅伊俄，赫拉听到她的悲鸣，心软了，宙斯恢复了伊俄的原型，她为宙斯生了一个小孩。

2. 法厄同的故事：法厄同是太阳神阿波罗的儿子，他到太阳神殿来找他的父亲。法厄同表示，人们都不相信他是太阳神的儿子。阿波罗的回答是："我的儿子，我永远不会在世人面前否认你是我的儿子。为了永远消除你的怀疑，你向我要求一件礼物吧。你的愿望将得到满足，无论你的愿望是什么。"法厄同回答："那么，让我最狂妄的梦想实现吧。让我有一整天驾驶着太阳车吧。"太阳神的脸突然变得阴暗了。他一次次地表示这太危险了，但法厄同执意如此。阿波罗叮嘱他不要飞得太高，会烧毁天堂，也不要飞得太低，会使大地燃烧。然后，法厄同上车后不久，就控制不住马匹了。大火烧毁了大地，连海水也烧干了。埃塞俄比亚人成了黑人。最后大火烧灼他的脚心，他跌了下去，淹死在海中。太阳神痛苦万分，据说这一天没有阳光，只有大火。

3. 代达罗斯和伊卡洛斯的故事：代达罗斯是建筑家和雕刻家，但他嫉妒而自负，他的姐姐的儿子塔罗斯到他这里学习技术，天分更高，他竟然杀害了自己的侄子，并把他的尸体扔下了雅典卫城。他逃到克里特岛，弥诺斯国王尊他为艺术家，他为牛首人身的怪物弥诺陶诺斯设计了迷宫。这个牛怪每9年吞食7个童男和童女。代达罗斯不愿意一直生活在这里，他决定从空中逃出克里特岛。于是，他动手把鸟的羽毛编成双翼，并用蜜蜡黏合起来，他的儿子伊卡洛斯也参与了这方面的工作。起飞前，他叮嘱自己的儿子：假使飞得太低，你的翼会触到海水，会掉进大海；飞得太高，你的羽毛会因接近太阳着火。所以要飞在大海和太阳之间，并紧跟在我的身后。但伊卡洛斯飞得太高了，太阳光线熔解了蜜蜡，羽毛掉下来了，他也掉进了大海。代达罗斯在悲痛中逃到西西里岛，科卡罗斯国王接受了他，但弥诺斯国王追来了。科卡罗斯假装热情接待，在弥诺斯洗澡时蒸死了他。代达罗斯后来一直居住在西西里，但自从他的儿子死后，他从未露出过笑容。

4. 希腊英雄阿喀琉斯的故事：

A. 阿喀琉斯和伊菲革涅亚。当特洛伊王子帕里斯诱拐了海伦，海伦丈夫墨涅拉俄斯的哥哥阿伽门农集合希腊舰队在奥利斯港准备出发时，阿伽门农以狩猎作为消遣，把一只人们献给狩猎女神阿耳忒弥斯的赤牝鹿给射死了，并吹嘘自己的射箭本领超过了阿耳忒弥斯。女神在愤怒之余，使奥利斯港平静得没有一丝微风，整个舰队无法启航。参加远征的预言家卡尔卡斯表示：如果阿伽门农将他和他的妻子克吕泰涅斯特拉的爱女伊菲革涅亚献祭给阿耳忒弥斯，这女神的愤怒就可以平息。那时将吹起一阵顺风，神不会再阻挠远征军。阿伽门农写信给自己的妻子，要她送伊菲革涅亚过来，并骗妻子说是让女儿与阿喀琉斯订婚，但信使刚出发，他又派出另一个信使，叫他妻子不要把女儿送来。但墨涅拉俄斯截住了第二个使者，并与他哥哥发生了争吵。最后，他们和解了，而他的妻子已把女儿送来了。阿伽门农陷入了绝望，他对自己的兄弟说："我的命运已经注定。伊菲革涅亚必得牺牲，全希腊都要求这样做。"

当克吕泰涅斯特拉在军营中遇到阿喀琉斯，以为他和自己的女儿订婚，因而对他非常热情，但实际上他也是受骗者。了解真相后，克吕泰涅斯特拉请求阿喀琉斯救救自己的女儿，他同意了。他准备在祭台边上用武力拯救伊菲革涅亚，但这时，伊菲革涅亚的想法改变了，她决定为希腊牺牲自己的生命：我已经考虑好了，我准备去死。牺牲我而征服特洛伊——这便是我的纪念碑，这便是我的结婚的盛宴。在这样的情况下，阿喀琉斯无法再救她了。当献祭开始，卡尔卡斯用刀刺杀伊菲革涅亚时，伊菲革涅亚和其他祭品突然消失了，在血泊中挣扎的却是一只赤牝鹿，因为阿耳忒弥斯已经赦免了伊菲革涅亚，把她摄到陶里刻半岛，使之成为自己神庙的祭司。

B. 阿喀琉斯愤怒的故事。远征军到特洛伊后，阿喀琉斯征服了特洛伊周边的一些国家，并劫走了当地的阿波罗祭司克律塞斯的女儿，把她献给了阿伽门农。克律塞斯决定用大量的赎金向阿伽门农赎回自己的女儿，但阿伽门农不肯。

于是，阿波罗降疾病于希腊军营，引起了希腊人的恐慌。预言家卡尔卡斯认为，阿伽门农必须无条件地把克律塞斯的女儿送回她的父亲。阿伽门农表示同意，但却要求阿喀琉斯把自己的战利品转赠给他，并表示："无论你怎么愤怒，我都满不在乎。"阿喀琉斯愤怒了："我征服一城又一城，但我所分得的战利品总是不如你多！我一向拼死战斗，但当分战利品的时候，你却取得最好的一部分，而我战斗得精疲力竭回到船上，只能得到很少的一点点。但现在我要回家乡佛提亚去，不愿再为你增添堆积如山的财富了。"阿伽门农回答："我准备将克律塞斯的女儿归还她的父亲，但我同时要从你的屋里取得布里塞伊斯作为补偿，并以此教训你，让你知道我比你伟大，也警告别人再也不要像你这样来违抗我的命令。"阿喀琉斯气得要拔剑，但雅典娜制止了他，于是，他表示："我指着这支杖对你发誓，正如这杖之不能再像树枝发芽抽叶一样，从这时起，你也休想珀琉斯的儿子会重新回到战场上。当凶狠的赫克托耳如割草一样地屠杀阿耳戈人时，你也休想得到我的援助。"从这场著名的争吵中，我们可以发现阿伽门农作为一个统帅的自私、偏狭，阿喀琉斯之正义凛然。

C. 帕特洛克罗斯与阿喀琉斯的故事。阿喀琉斯最亲密的朋友、替他驾驭战车的帕特洛克罗斯穿着阿喀琉斯的铠甲在特洛伊城下战死，而特洛伊的英雄赫克托耳则剥走了他身上的铠甲。双方还为争夺他的尸体发生了激烈的冲突。阿喀琉斯获悉，悲痛欲绝。他呼唤自己的母亲——海神忒提斯，让他请求赫淮斯托斯替自己重新打制铠甲，而阿伽门农也已经认识到自己的错误，愿意赔偿他的损失并对他表示歉意，于是他重新武装起来，杀死了特洛伊的英雄赫克托耳，扭转了战局，但最后他死于阿波罗的神箭(阿喀琉斯之踵)。

5. 奥德赛的故事。他也是希腊神话和荷马史诗重点加以刻画的人物。他起先曾以装疯的方式逃避参与远征军；在特洛伊战争的第10个年头他设想出"特洛伊木马计"；在误入巨人波吕斐摩斯(海神波塞冬的儿子)的山洞后，自称"无人"，在用酒把巨人灌醉后，用烧热的木棍刺瞎了他的眼睛；回到家乡后又装扮乞丐，用计谋杀死了所有向他的妻子求婚的人。

总之，希腊神话创造了一大批栩栩如生的人物，成为以后文学和艺术发展的典范。

六、半神英雄的丰功伟绩

赫拉克勒斯是宙斯与阿尔克墨涅所生的儿子，而赫拉则嫉恨自己的情敌阿尔克墨涅。当阿尔克墨涅生下赫拉克勒斯时，为防止赫拉的谋害，怕宫中不安全，把他放在田野里。正好雅典娜和赫拉经过这里，见到这个可爱的小孩，雅典娜建议赫拉用乳汁哺育他，但赫拉克勒斯咬了赫拉的乳头，赫拉又把他放回到地上。后经雅典娜的建议，把这个弃儿带到王宫里去给阿尔克墨涅抚养。阿尔克墨涅发现他正是自己的儿子，欣喜万分，被赫拉所觉察。晚上，赫拉克勒斯睡着了，赫拉派两条毒蛇绕在他的脖子上，他竟然用双手各握着一条蛇的脖子，把它们捏死了。据说，他的超人的力量正来自赫拉的乳汁。他的母亲请了许多有名望的人做他的教师。有个教师请他弹奏竖琴，对他要求十分苛刻，他抓起竖琴摔到教师的头上，把他杀死了，但法庭判他无罪，认为他是出于自卫。18岁时，有一丈多高，成为希腊最强壮、最俊美的男子。

他的第一个遭遇是在十字路口放牧时，见到了幸福女神和美德女神。前者对他说："假使你选择我做你的朋友，我将引导你走最平坦最安适的路。那里没有你尝不到的快乐，也没有你不能避免的不幸，你将不用心思，只是享受丰盛的饮食和美酒，极耳目视听之乐，极身体和肉感的满足，睡着柔软的床榻，凡这些享受都不需要费时也不需要费力。"后者则对他说："如果你选择我指示给你的路，你将成为一切善良与伟大的事业中的卓越人物。但我没有怠情的快乐来贿赂你。假使你愿意全希腊都赞美你的美德，你必须成为全希腊的恩人。假使你愿意收获，你必须耕种。"他决定走美德女神显示给他的道路。

第一个冒险是杀死喀泰戎山上凶猛的狮子，把它的皮披在自己身上，把它的巨鄂做自己的战盔。赫尔墨斯赠给他一口剑，阿波罗赠给他神箭，赫淮斯托斯赠给他黄金的箭袋，雅典娜赠给他青铜的盾。

第二个冒险是与巨人战斗。盖亚与她的儿子乌拉诺斯生下了好多龙足恶面的巨人，在他们母亲的鼓励下试图反抗宙斯，摧毁奥林匹斯山。宙斯报之以雷霆，而盖亚以地震回应他，激烈的战斗开始了。有一个神谕告诉神祇们，除非有一个人类与他们共同战斗，否则他们无法杀死巨人们。由于赫拉克勒斯的参与，这些巨人被消灭了。宙斯本来想让赫拉克勒斯诞生后成为密刻奈的国王，但嫉妒的赫拉安排欧律斯透斯先诞生，成为密刻奈的国王，从而使赫拉克勒斯成为他的臣民，不得不听命于他。赫拉克勒斯（伊俄拉俄斯是他的驾车人）必须完成欧律斯透斯交给他办的12件事情，他才能升格为神。由于郁闷，赫拉致使赫拉克勒斯发疯，他在疯狂状态中毒杀了自己的三个孩子，悲痛减轻后他才接受欧律斯透斯给予他的工作。

第一件工作是杀死墨涅亚的狮子，把它的皮带回来。赫拉克勒斯在树林中遭遇到这头狮子时，箭无法射伤它，他用木棒击伤了它，然后从后面抱住它，竟然把它活活地掐死了。然后，利用狮子的爪剥下了它的皮，欧律斯透斯害怕得躲进大铜锅里。

第二件工作是杀死9个脑袋的水蛇许德拉，许德拉的助手是一只巨蟹，它咬住赫拉克勒斯的脚，被赫拉克勒斯用木棒击打，但赫拉克勒斯砍下许德拉的一个脑袋，它马上就长出两个新的来。他让伊俄拉俄斯点着火把烧灼新长出来的脑袋，使它们无法成长。他杀死许德拉后，把自己的箭放在里面浸了浸。从此，中了赫拉克勒斯的箭就会被毒死。

第三件工作是生擒刻律涅亚山上的赤牝鹿，它有金的角和青铜的蹄，是狩猎女神阿耳忒弥斯练习射击的动物之一，他追了整整一年，射伤了它的脚，才把它抓住。此举引起了阿耳忒弥斯的愤怒，但赫拉克勒斯解释了自己的无奈，得到了女神的宽容。

第四件工作是捕捉厄律曼托斯山上的野猪，这也是献祭给阿耳忒弥斯的圣物。赫拉克勒斯做了一个活套，把它抓住了。

第五件工作是要他在一天内打扫干净奥吉亚斯的牛圈。奥吉亚斯是厄利斯的国王，他在宫殿前的围墙里养着3000头牛，牛粪堆积如山。国王表示，赫拉克勒斯如能在一天内打扫干净，他将把牛群的十分之一送给他，国王的儿子费留斯在旁作证。赫拉克勒斯把一条河流引进来清除牛粪便，获得了成功，但国王竟然否认了自己做出的承诺，并将赫拉克勒斯和他自己的儿子都赶了出去。

第六件工作是赶走斯廷法罗斯湖的怪鸟，它们有铁嘴、铁翼和铁爪，投掷的羽毛可以射穿青铜的盾。它们躲在树林里，怎么引它们出来都不成功。雅典娜把赫淮斯托斯制作的铜钹敲响，迫使它们从树木中飞出来，被赫拉克勒斯逐一射杀。

第七件工作是驯服克里特岛上的一头发疯的牡牛。赫拉克勒斯骑在它上面返回到欧律斯透斯那里，但欧律斯透斯把它放走了，它又重新发疯，后来被另一位英雄忒修斯所驯服。

第八件工作是把战神阿瑞斯的儿子——特拉克的狄俄墨得斯的牝马带到密刻奈来。国王狄俄墨得斯十分残暴，把外乡人丢在马槽里让牝马吃。赫拉克勒斯杀死了国王，把他的尸体丢在马槽里让牝马吃，并制服了这些马，带它们回来。据说后来亚历山大的马就是这些马的后代。

第九件工作是获取阿玛宗妇人国皇帝希波吕忒的腰带。在冲突中赫拉克勒斯杀死了妇人国的不少人，希波吕忒只好献出了自己的腰带。

第十件工作是捕捉革律翁的牛群。革律翁是一个巨人，他雇了另一个巨人——有三头六臂、三个身体和六只脚，又有一条双头狗帮他看守牛群，没有一个人敢与他争锋。赫拉克勒斯先用木棒杀死双头狗，又杀死了那个三头六臂的巨人，带着牛群离开，革律翁追来了。赫拉克勒斯拉帮助革律翁，赫拉克勒斯射伤了她的胸部，她仓皇逃走，赫拉克勒斯又射中革律翁腹部，致他死亡。

第十一件工作是杀死百头巨龙拉冬，赫拉克勒斯从他看守的金苹果树上摘取了三个金苹果，带了回来……

第十二件工作是从冥王哈迪斯那里，把他的看门狗刻耳柏洛斯（三个头，龙尾、背上和头上全是毒蛇）带回来。哈迪斯同意赫拉克勒斯带走刻耳柏洛斯，但他不能使用自己的武器，赫拉克勒斯用自己的双腿夹住它三个脑袋，扼住它的喉管迫使它屈服，并带它回来，欧律斯透斯才知自己是无法使这位英雄屈服的。于是，又让赫拉克勒斯把它送回地府去。

脱离了欧律斯透斯对他的束缚后，他又冒了许多险，疯病也经常发作。后来到了吕卡冬，与国王俄纽斯的女儿德伊阿尼拉结婚，生了儿子许罗斯。有一次，赫拉克勒斯带着妻子渡河，他的妻子由马人涅索斯背过去，但在河中，迷惑于德伊阿尼拉的美丽，马人开始拥抱她，她叫起来，赫拉克勒斯用箭射伤了涅索斯。涅索斯在临死前骗德伊阿尼拉，建议她收集自己的血液（赫拉克勒斯的毒箭中有许德拉的毒液），涂在紧身衣上，可以防止赫拉克勒斯变心。德伊阿尼拉瞒着她的丈夫收藏了涅索斯的血液。赫拉克勒斯最后一次冒险是远征国王欧律托斯，俘虏了他的美丽的女儿伊俄勒，德伊阿尼拉在赫拉克勒斯的紧身衣上洒上了涅索斯的血液，赫拉克勒斯穿上后被毒死，德伊阿尼拉在悔恨中自杀。赫拉克勒斯被火化时没有骸骨，升到奥林匹斯山上，成为神。

在至今保留下来的希腊三大悲剧诗人——埃斯科罗斯、索福克勒斯和欧里庇得斯的 31 部悲剧中，除埃斯科罗斯的《波斯人》外，其余均取材于希腊神话。我们这里介绍一下索福克勒斯的两部代表作：

一是《俄狄浦斯王》：拉伊俄斯是忒拜的国王，渴求子嗣，德尔斐神庙的神谕是：你将得到儿子，但命运之神规定你将死在他的手里。拉伊俄斯在年轻时曾逃离本国，去投奔另一位国王，却以怨报德，杀死了他的儿子，现在，报应落到了他自己的身上。不久他的妻子伊俄卡斯忒生下了一个儿子，但想起了神谕，他们刺穿了婴儿的脚踝，让一个牧羊人把他丢弃在喀泰戎的山地上。但他把婴儿给了另一个牧羊人，那个牧羊人见他脚踝肿着，便取名"俄狄浦斯"，并送给国王任托斯抚养。他成长为年轻的王子后，有一次与另一个人发生冲突，那人说他不是国王的亲生儿子。他非常苦恼，去求德尔斐神谕，神谕告诉他：你将杀害你的父亲，你将娶你的生母为妻，并生下可恶的子孙留传在世上。俄狄浦斯吓得不敢回家。他走到十字路口，见马车上的老人正在驱赶路上的行人，他和老人发生冲突，杀死了老人，其实这正是赶到神庙去的他的生父——拉伊俄斯。接着，是遭遇司芬克斯，后来，俄狄浦斯成了忒拜的国王，娶了他的母亲。因灾异的出现，由他的内弟克瑞翁去求德尔斐神谕，神谕表示，国内有一宗大罪，是无法赦免的，导致了灾难的发生。俄狄浦斯又请来了预言家忒瑞西阿斯，但他不肯说出真相："啊国王呀，背负你的重担，让我也背负着我自己的！"俄狄浦斯逼着他说出真相，他只好说："俄狄浦斯呀，服从你自己所宣布的命令，别再和我说话，别再和人民说话，那正是你呀，你的罪恶使全城遭殃！"王后也不相信，说她的前夫是在十字路口被一个强盗杀死的，她讥笑神谕的可靠性，但俄狄浦斯却害怕起来，叫来当时逃回的那个使者叙述过程，而使者也正是丢掉婴儿的牧羊人。俄狄浦斯不禁叫道："忒瑞西阿斯没有盲目，他看到一切，他知道一切！"他的妻子兼母亲在明了一切后，回到卧室上吊自杀，俄狄浦斯疯狂地奔回卧室，从她的外衣上摘下金钩子，刺瞎了自己的双眼。由于他的两个儿子尚小，他让内弟克瑞翁做摄政王，并让他保护自己的两个女儿，然后离开了皇宫，成了到处流浪的乞丐。最后，他流浪到复仇女神那里，自己走入了地狱，解脱了痛苦。

二是《安提戈涅》：安提戈涅是俄狄浦斯的长女，曾陪着盲目的父亲到处流浪。父亲死后，安提戈涅回去了，她的舅舅克瑞翁和她的兄弟厄忒俄克勒斯（已成为新的国王）统治着忒拜，由于争夺王位，她的另一个兄弟波吕尼克斯被逼离开了忒拜，动员阿耳戈人来攻打忒拜。当两军对阵时，厄忒俄克勒斯决定通过他和自己的哥哥波吕尼克斯单独决斗来避免战争。在决斗中，厄忒俄克勒斯先刺中了哥哥的腹部，但当他俯身去摘取他的武器时，他哥哥的剑又刺入了他的腹部。两个人双双死去。战争结束后，克瑞翁成了新的国王，他为厄忒俄克勒斯举行了隆重的葬礼，但波吕尼克斯的尸体却被弃置，让野兽去吃。如有人违抗命令去埋葬他，将被石头砸死。安提戈涅勇敢地埋葬了她哥哥波吕尼克斯。克瑞翁把她囚禁在坟墓中，他的儿子海蒙是安提戈涅的情人，也向他父亲求情，但克瑞翁仍然不许："我十分清楚，对于罪犯的盲目的爱情将你的精神束缚住了。但是只要她活着你就不能向她求爱。这是我的决定：在最遥远的地方，没有人迹可到的地方，她得囚禁在一个石头的坟墓里，只给她以必要的粮食，免使杀戮的血污来玷污忒拜城。在那里她可以向地府的神祇们乞求自由。她会知道，与其听从死人，不如听从活人。但这对于她已经太晚了。"他也不听预言家忒瑞西阿斯的警告："除非你为这两个死者牺牲掉你的一个亲骨肉，否则太阳将不会沉落。你犯了两重罪过：既不让死者归于地府，又阻止应该活在光天化日之下的生者留在世上。"克瑞翁陷入恐惧中，当他赶到坟墓那里去时，安提戈涅已经在墓中上吊自杀，海蒙也抱着她的双脚而伏剑自杀。而当克瑞翁在绝望中回到宫殿时，发现自己的妻子欧律狄刻也已经用短剑自杀，倒在血泊之中。

叔本华对悲剧的理论贡献，尼采对叔本华悲剧理论的批判（超人的理论），黑格尔的悲剧-喜剧理论（对阿里斯托芬和米南德的回顾）。

七、希腊神话的永恒魅力

马克思说过："一个成人不能再变成儿童，否则就变得稚气了。但是，儿童的天真不使成人感到愉快吗？他自己不该努力在一个更高的阶梯上把儿童的真实再现出来吗？在每一个时代，它固有的性格不是以其纯真性又活跃在儿童的天性中吗？为什么历史上的人类童年时代，在它发展得最完美的地方，不该作为永不复返的阶段而显示出永久的魅力呢？"①

其一，神话是一个民族文化的家园和根基。正如尼采所说的：今天，人被剥去了神话，因此，在他整个过去历史中，他现出一种饥饿的样子而必须发狂似的刨根究底，即使在最遥远的古代人物中也好。如果不是因为丧失了神话，丧失了神话的家园，丧失了孕育神话的处所，那么，我们伟大的历史饥渴有什么意义呢？我们四周无数其他的文化有什么意义？我们饥渴的求知欲又有什么意义呢？

其二，神话是一个民族的创造力的不竭的来源。正如尼采所指出的："所有失去了神话的文化，同时也失去了其自然而健康的创造力。"

其三，现代文化几乎淹没在科学、理性和逻辑中，然而，人类不能生活在这样的氛围中。正如黑格尔早已告诉我们的："在纯粹的光明中，就像在纯粹黑暗中一样，什么也看不见。"人类的精神世界永远需要由神话、传说、宗教来补充、来均衡。否则，人类就会像赫拉克勒斯一样，陷入疯狂之中。尤其是神话，不是可有可无的，它也是现代文化的要素之一。由于现代文明已经失去了创造神话的丰富的想象力，所以光辉灿烂的希腊神话便成了高不可及的范本，成为人类艺术中的瑰宝。

正如尼采所强调的：实际上，西方文明的每一个时期都在企图摆脱希腊人的影响，但是都感到深深失望，因为他们所完成的任何东西，尽管表面上看来完全属于原创性而的确值得称赞，然后当与希腊的典型比较时，就失去了光彩和生命，并且都变为弄巧成拙的摹本，也就是变为一种可笑的东西。

---

① 《马克思恩格斯选集》第 2 卷，人民出版社 1995 年版，第 29 页。

医学：站在十字路口的思索^①

一、医患关系的白热化

医患关系是当今最敏感的话题之一。据中华医院管理学会统计，自 2002 年 9 月《医疗事故处理条例》实施以来，中国医疗纠纷的发生率平均每年上升 22.9%。中国医院协会的一项调查显示，2012 年，中国每所医院年平均发生暴力伤医事件约 27 次。据统计，2013 年全国医疗机构门诊量 73 亿次，医患纠纷 7 万例，从相对发生率来看，不及十万分之一，但从绝对发生量来看，不失为一个庞大的数字，而且恶性事件的数量有增加的趋势。

如果查阅网上的资料，发现相当一部分医患冲突发生在地方性的、资质比较差的医院或卫生所内，但以 2013 年的媒体报道为例，28 起医患冲突中有 21 起发生在三甲医院内，而从 2000 年至 2014 年 2 月的 177 篇关于医患冲突的报道中，所涉科室排名前三位的是急诊、外科和内科。温岭杀医案（2013）、齐齐哈尔杀医案（2014）发生后，耳鼻喉科也渐成高危科室。

那么，医患关系的紧张的直接原因究竟是什

---

① 此文为作者 2014 年 5 月 12 日于华山医院所做学术讲座。——编者注

么？2012 年 12 月至 2013 年 7 月间，中国医院协会展开"医院场所暴力伤医情况调查"，受访对象为全国三级、二级医院医务人员和患者，回收有效问卷 16908 份，调查分析指出，导致暴力伤医事件的直接原因是诊疗结果与患者期待落差大、医患沟通不到位、医务人员服务态度不好、诊疗费用偏高等。

在我看来，关键是医患之间的沟通不及时，也不到位。医患之间缺乏公正的调解机构，假如诉诸法律，不但取证有难度，而且旷日持久，难有定论。于是，有的患者便铤而走险，诉诸暴力，甚至杀害医生。比如温岭杀医案，导致耳鼻咽喉科主任死亡，另两位医生重伤。凶手连恩青作为患者，在该院做鼻腔微创手术后一直感到鼻子不舒服，呼吸不畅，脑袋里有声音，每次呼吸右侧头部、胸、咽喉都疼一次。他不得不靠自制的工具来缓解这种疼痛。他多次投诉医院，40 次寻找主治医生，而医院也曾组织专家会诊，出具的检查数据均显示手术成功，但连恩青并不认同。2013 年 8 月他义到复旦大学附属眼耳鼻喉科医院就诊 7 次，诊断结果均为慢性鼻窦炎，CT 检查结果也未见异常。但他认为，这是医生联合起来骗他。这里涉及此案第一个沟通上的困难，类似于庄子和惠施的濠梁之辩或维特根斯坦对疼痛的讨论。在反复求医过程中，连恩青的情绪越来越暴躁，甚至殴打自己的母亲和妹妹。后被家人强行送到上海市精神卫生中心，被诊断为持久的妄想性障碍，但连坚信只是自己的鼻子出了问题。治疗了 2 个月，出院 10 天后就发生了连恩青杀害医生的血案(主任医生身中 7 刀)。在法庭上，他称自己的思维是清楚的，结果最后他被判处死刑。这里又涉及此案第二个沟通上的困难，如果他确有"持久的妄想性障碍"，就无法承担法律责任(黑格尔对精神病曾做精彩的解读)；反之，如果他的思维是清楚的，那么上海市精神卫生中心的诊断就是误诊了。总之，我在思索这样一个问题：从连恩青做微创手术到杀害医生，前后历时 1 年，这样的悲剧有否有可能在沟通中化解？我的看法是，通过与患者的积极沟通，某些暴力事件或可避免，但要绝对避免是不可能的(如同交通事故)。

事实上，从医患关系扩大到整个人类社会，迄今为止人类社会的运作还没有超越下面两句话。第一句话是：政治（沟通）是经济的集中表现；第二句话是：军事（暴力）是流血的政治。

"道"是中国哲学文化的核心概念，甲骨文中无此字，金文写作𡬺，小篆写作𢔶，其原始含义是"路"，即畅行、通达的意思，而最能表达路之通达含义的是十字路口，而十字路口就是汉语中的"行"，在甲骨文中写作𮩍，在金文中写作𱵕，在小篆中写作𢕒。其实，道的最重要的当代意义就是"沟通"，当代德国哲学家哈贝马斯（Habermas，1929——）称之为"沟通理论"（theory of communication），这是当代最重要的哲学理论之一。

二、冷静下来后的思索

为什么我这里要提出"冷静下来"？因为如果人们的思索处于怨恨或愤怒的支配下，非但不可能理智地、公正地去解读医患关系，反而可能感情用事，使这一关系变得更加紧张。

医闹事件中，除了故意挑起事端，通常还会受大众传媒报道的影响，对医院和医生产生以下的先入之见：一是医疗资源分配不均衡；二是医院以药养医，获取高额回扣，过度检查和过度治疗，医疗费用昂贵；三是三甲医院人满为患，医生看病马虎，极少数医生拿红包等。在就医过程中，如遭遇到一些事情，就会更加容易情绪化。

从医生角度来看，尤其是三甲医院的医生，也会有先入之见：一是学医成本高，但医生收入不高；二是整天被患者包围，工作压力大，十分辛苦，甚至危险。如据《南方都市报》报道，4岁幼儿因脑外伤入院治疗，准备手术时验血查出是艾滋病患者，但他的母亲刻意隐瞒了这一点，以致参与抢救人员均身着普通防护装置，包扎、处理伤口时与患儿血液有直接接触。这个意外发现引起6位医务人员的恐慌，所幸深圳儿童医院为全体医护人员进行了HIV检查显示阴性，医生职业的风险由此可见一斑；三是晋升职称和评价体系的误区（SCI论文）。

2012年12月，同济大学附属东方医院的张强辞去血管外科主任一职，宣布开始自由职业。离开体制，意味着放弃事业单位的编制，放弃约 40 万元的合法年收入……但这一切都会值得，因为于国、于民、于医都是一条必经之路，于其则是重新探索自我之旅。2013 年 6 月，北京协和医院急诊科女超人于莺宣布辞职；7 月末，该院妇产科副主任医师龚晓明也决定离开协和，表示"要下河摸石头"。张强认为，医患矛盾日益向公立三甲医院集中，医院的定位和运营出了问题，认定自由执业是中国医改的必然趋势。于莺辞职的根本原因是对现有医师的评定、评价体系，还有 SCI 文章、科研指标的不满；并表示，她愿意尝试改变，用国外现成的、成熟的模式来改变我们的医疗体制。龚晓明建议：建立全国性的住院医培训制度，开放多点执业，还建议取消医院级别评审，取消手术级别分类等限制医院发展的制度。

然而，值得思考的是，向西方医院体制学习能否引导我们避免医患关系的冲突呢？比如，奥巴马试图推行自己的医改法案。按照这个法案，从 2014 年起，所有美国人必须购买医保，雇主必须为雇员提供保险，医保将被覆盖到全美 3200 多万目前没有医保的人。显然，这个方案一经实施，主要受益人是目前仍然游离于医保体系外的 5000 万低收入群体，这却令中产阶层和高收入阶层担心他们目前享有的医保水平会因此下降。于是，华盛顿万人集会抗议奥巴马，其口号是：支持奥巴马的医改方案就等于自杀！我不是你的提款机！据说，美国医疗开支目前约占国内生产总值的 17％，是一块巨大的利益蛋糕。长期以来，保险公司、制药商、医护人员、医院等特殊群体从美国医疗体系当中受益，形成实力雄厚的利益集团。医改必然会引起这些利益集团的对抗，甚至威胁到奥巴马总统的地位。

此外，医患冲突并不是中国才有的事情，不管奥巴马的医改方案是否成功，医患冲突依然会是目前西方国家社会生活的一个重要的现象。据统计，2013 年，英国兰开夏郡 4 家医院的员工共受到 273 次肢体袭击；如果加上辱骂和吐口水，共遭遇到 1338 起患者攻击。由此，一些医院已为一线医务人员开设了自卫课程。2012 年，美国一家公司对 762 名护士进行了问卷调查，发现 76％的护士曾受到过肢体或言语攻击，但其中只有 2％的受害者向医院报告，20％的受访者则把被侮辱看作自己工作的一部分。目前美国已有 30 多个州从法律上规定了袭击医护人员罪，对医生或护士动手可能被判处 14 天徒刑。据法国医师协会统计，过去 5 年中，袭医事件增加了 80％，医患纠纷正在翻番增长：2011 年有 5760 起暴力医患纠纷，2012 年增加到了 11344 起，其中急诊室、内科和精神科是重灾区。2013 年 8 月 18 日，4 名法国年轻人因街头斗殴被送入马赛公共医院。他们进入急诊室后因不能立刻得到治疗而大吵大嚷，恰逢一名男护士向他们确认身份，一名斗殴者捅了他一刀，所幸这名护士受的不是致命伤。

从媒体报道角度看，主要考虑的是报道的"轰动效应"，既缺乏理性的分析，也缺乏相应的法律意识，从而忽略了"文以载道"的根本职责。在这个意义上，媒体也处于情绪化的状态中。

上述三个方面的情绪化，使医患之间的沟通变得困难。事实上，我们必须清醒地意识到，我们正处于从计划经济向市场经济转型的过程中。计划经济把人变成螺丝钉，使之处于完全无主体意识、无自我意识、无权利意识的状态下。而自上而下的市场经济则带着空洞的许诺把个人抛入市场之中。于是，主体和自我意识空前膨胀，既无外在法律和规范的约束，又没有形成自觉的法权人格和道德实践主体。在这个意义上，医患冲突正是整个社会处于失范状态的一种表现形式。这就深刻地启示我们，怨恨和逃避都是没有用的，当务之急是，在市场经济的导向下，深化整个医疗制度的改革，重建新的医患关系和协调机制。

三、医学与市场的关系

改革开放前医患之间的淳朴关系正是以双方都缺乏主体意识、自我意识和权利意识为前提的。有一段时间曾讨论过这样的问题：离婚率上升究竟是社会变得文明，还是野蛮的标志？同样地，从一个角度看，医患关系白热化表明社会矛盾加剧；但从另一个角度看，也表明了主体意识、自我意识和权利意识的普遍觉醒。而医患矛盾的加剧是与市场经济的发展同步的，因此，医学与市场的关系就成了无法回避的核心问题。

这里涉及一个传统观念：社会主义＝计划经济、资本主义＝市场经济，这个观念的基础是：资本主义的自由竞争会导致无政府主义和危机，因此，社会主义只能搞计划经济。正是邓小平打破了这个传统的观念：一方面，自由竞争与政府的有限干预的结合缓解了资本主义的矛盾和危机；另一方面，社会主义的市场经济如果排斥市场机制，也会导致更严重的无政府主义和危机。

20世纪的两大"社会主义"思潮，中国的所谓"穷过渡的社会主义"。中国市场经济的起步，对"理想型市场经济"与"中国式市场经济"（行政权力高度参与下的经济形式，政府与市场，浦东的"自由贸易区"free trade zone）的区分。

医学如何去面对市场经济？一方面，必须适应理想型的市场经济的运作机制。这种机制迄今仍是最有活力的经济形式（人的需要构成市场的动力，德国人的厨房用具）。整个医疗制度，包括医学分支学科的建设和发展、医院的建制都应该通过改革而去适应理想型的市场经济体制（蕴含着政府的合理的、有限的宏观调控）。另一方面，必须意识到，市场原则在现实生活中起作用的范围是有界限的。如爱情、婚姻、友谊、学科，包括医学自身的发展；"人民医院""人民币医院"（医院经费的来源，医院应该搞创收吗？）；美国20世纪80年代以来设置的"人文医学"课。医学是人学；邓小平的"尊重人才，尊重知识"的口号；人是目的（康德）、成为人并尊重他人为人（黑格尔）。"病人"还是"患者"？如何尊重病人的隐私？如何确保一定的问诊时间？坚决抵制中国式市场经济中普遍存在的权力寻租现象，即腐败现象。

四、危机向机遇的转化

危机（crisis）、挑战（challenge）和机遇（chance）这三个英语名词都是c打头的。

从长远看，市场经济乃是一种文化：一方面，要加强人文教育，培育普遍的法权人格和道德实践主体（莫泊桑的《项链》）；另一方面，加紧制定处理医患关系的法律条文，推动医学伦理学的建设，通过医疗改革，使现行的医疗体制变得更合理、更便利。

从当前和就近阶段看，建议采取如下的对策：

第一，建立警务室和调解机构。打击医闹，公正地解决医患纠纷。如广州市公安局已对全市二级以上医院纳入立体化巡控体系，并专门下发通知要求三级医院全部配备警务室。

第二，要在全社会形成尊重医务人员的风气，提高薪酬，缩短工作时间；严格审定就医资格，改革职称晋升制度；坚决清除极少数害群之马（如山西富平产科副主任张淑侠 6 次拐卖婴儿案）。

第三，全面改革现行医疗制度：一方面，给患者就医提供便利和合理的治疗；另一方面，合理配置医疗资源，充分发挥所有的医疗机构的积极性。如三甲医院人满为患的问题：一是分析就医者的动机，如针对慢性病患者（高血压的普通患者考虑医疗费总额的限定两周来医院一次，而差一点的医院又没有相应的药物），使就医分流。二是大力研究和发展预防医学（如感冒），尽可能地阻止流行病的蔓延。三是改被动为主动，面对社会老龄化趋势，主动建立相配套的治疗体系。综合三级医院和单位医务室的力量，建立区域性医疗档案，推动家庭出诊，发展老年护理医院和临终关怀医院（减少医院急诊室压力，还涉及住院转院、救护车和交通、直升机等）。四是提高医务人员素质，减少误诊率，对患者进行合理检查（包括转院不重复检查）、治疗中合理用药，医院应杜绝乱收费。中国人说：魔高一尺，道高一丈。只要我们正视医患冲突，并采取合理的措施，这个"坎"是一定能跨过去的。正如拿破仑在率领法国军队越过阿尔卑斯山圣伯纳隘口时所说的："我比阿尔卑斯山高。"

生命与边缘状态[①]
——医学与文学

引　言

生命的起源：

1. 自然发生说：亚里士多德认为鱼从淤泥中产生，中国古人认为"腐肉生蛆"。

2. 化学起源说：法国微生物学家巴斯德(1821—1895)用肉汤实验否定了自然发生说。这一假说认为，地球上的生命是在地球温度逐步下降以后，在极其漫长的时间内，由非生命物质经过极其复杂的化学过程，一步一步地演变而成的。这一过程发生在原始海洋中，即氨基酸、核苷酸等有机小分子物质，经过长期积累，通过聚合作用形成了作为生命基础的原始蛋白质分子和核酸分子。

3. 外来星球说：这一假说认为，地球上最初的生命来自宇宙间的其他星球，宇宙太空中的"生命胚种"可以随着陨石或其他途径跌落在地球表面，即成为最初的生命起点。1969 年 9 月 28

[①]　作者 2014 年春季学期于复旦大学基础医学院，与中国工程院院士闻玉梅教授、克卿书院院长彭裕文教授共同开设课程"人文医学导论"，此文为课程的课件之一。——编者注

日，科学家发现，坠落在澳大利亚麦启逊镇的一颗炭质陨石中就含有 18 种氨基酸，其中 6 种是构成生物的蛋白质分子所必需的。

4. **热泉生态说**：20 世纪 70 年代末，科学家在东太平洋的加拉帕戈斯群岛附近发现了几处深海热泉，在这些热泉里生活着众多的生物，包括管栖蠕虫、蛤类和细菌等生物群落。这些生物群落生活在一个高温（热泉喷口附近的温度达到 300℃以上）、高压、缺氧、含硫、偏酸和无光的环境中，与地球形成时的早期环境相似。

人类的由来：

达尔文(1809—1882)在《人类的由来》(1871)中提出，猿猴有两种类型：一是狭鼻类或旧世界猿猴类；二是广鼻类或新世界猿猴类。他认为：我们可以几乎全无疑问地认为，人是旧世界猿猴类这一支上的一个旁支，而从谱系学的观点来看，在分类关系上，人必须和狭鼻类的猿猴放在一起。又说：这样一个结论是大大地触犯我们的尊严的，但无论如何触犯，这结论是无可避免的。法国生物学家雅克·莫诺(1910—1976)在《偶然性和必然性》(1970)中认为人类的诞生是偶然的：宇宙间并不是处处都是生命，生物界也不全都是人类。我们人类是在蒙特卡洛赌窟里中签得彩的一个号码。德国哲学家海德格尔(1889—1976)认为人一出生就处于"被抛状态"(Geworfenheit)，是父母爱情游戏的偶然的产物。比较《红楼梦》所说的"赤条条来去无牵挂"。

生命的宏观类型：

一是植物。主要保护对象是有文化含义的古树（崇祯皇帝朱由检由于李自成 1644 年攻入北京而在煤山一棵槐树上自缢身亡。这棵树在"文革"中也遭到毁坏，现在的树是移植过来的）；或濒临灭绝的珍稀树种。

二是人以外的其他动物。日本人和澳大利亚人对鲸鱼的捕杀；黑熊、胆汁；金山卫飞驶的卡车和过路的鸭群（联想起西方的一幅宣传画）。

三是人。各国关于堕胎问题的争论和方法；弃婴岛折射的社会问题；如何尊重并维护残疾人的人格和利益（受教育和工作的权利，残疾人电话、电梯、厕所、通道、停车位等）；对未成年人的抚养（西方国家的学监和领养家庭的排序；家暴和虐待现象的存在）和对老年人的赡养（"常回家看看"是法律义务；疾病的治疗；安乐死与人的尊严）。

对待生命的基本态度：

一是珍惜人的生命。二是尽管人为了生存下去，不得不取用于自然界（植物和人以外的其他动物），但人应该以尊重生命的方式来对待这些对象。佛教的放生和对"荤"菜（韭菜、洋葱、大蒜等乱性的植物）的理解。三是确立生态意识："砍树如杀人"，保护好环境。

一、文学作品中的医学要素

据统计，《红楼梦》120 回中，涉及疾病与医药的有 66 回，涉及中医描写的有 290 多处，5 万余字，约占总篇幅的十八分之一。其中使用医学术语达 161 条，各类医疗人员 14 人，描写了 114 个病例，详细的中医病案有 13 个，方剂 45 个，中药 127 种。书中人物生过病的有 50 多人，共计 100 多人次。而所提及的 110 多种病种，涉及内、外、妇、儿、五官、皮肤、精神科范畴。所涉及的疾病既有风寒感冒、肠胃病等常见病、多发病，也有黛玉的痨症即现代医学所指的肺结核，贾瑞的精神病等重症。

鲁迅的小说《药》（1919）：华老栓为了给自己的儿子小栓治肺病，到刽子手那里买人血馒头："喂！一手交钱，一手交货！"一个浑身黑色的人，站在老栓面前，眼光正像两把刀，刺得老栓缩小了一半。那人一只大手，向他摊着；一只手却撮着一个鲜红的馒头，那红的还是一点一点地往下滴。

陀思妥耶夫斯基（1821—1881）的《白痴》（1868）的主角是梅什金公爵，他是个患有癫痫病的年轻人，对人类有着基督一样的深沉的爱，但是在这个肮脏的世界上处处碰壁。梅什金公爵是陀思妥耶夫斯基心目中的理想人物，在某种意义上也是他自己的化身。他幼年患癫痫，针对世人对癫痫的偏见，创作了以癫痫患者为主人公的世界名著《白痴》，让世人对癫痫患者有了更为清晰的认识。

事实上，从历史上看，不少名人患有癫痫病：哲学家苏格拉底（公元前 469—公元前 399)、罗马帝国的恺撒大帝(公元前 102—公元前 44)、圣女贞德(1412—1431)、作曲家亨德尔(1685—1759)、军事家拿破仑(1769—1821)、诺贝尔奖的创立者诺贝尔(1833—1896)、英国诗人拜伦(1788—1824)、英国小说家狄更斯(1812—1870)、荷兰后期印象派画家凡·高(1853—1890)等。

二、生命现象的本质特征

吴承恩《西游记》中的怪圈:天宫中的神或走兽(已经处于长生不老的状态下)逃到人间做妖怪,又千方百计地要抓住唐僧,吃他的肉,以便长生不老。既然如此,为什么又要从天宫中逃出来呢?

秦始皇、汉武帝、唐太宗。

波伏娃(1908—1986)的小说《人都是要死的》(1946):福斯卡是长生不老的:我活着,但是没有生命。我永远不会死,但是没有未来。我什么人都不是。我没有历史,也没有面貌。但和雷吉娜产生爱情:雷吉娜苦恼地望了他一眼。她爱他,因为他不会死;福斯卡爱她,是希望恢复做个会死的人。"我们永远成不了一对。"福斯卡的感慨:死的死去,活的活着,世界照样满满的。空中照耀的还是同一个太阳,无人需要惋惜,无物值得遗憾。我在这个世界上,像再没有其他事可做,除了一动不动地站着,前额贴在玻璃上,窥视着一条空空荡荡的大路。

生命的本质特征:对于普通人来说,他们出生,他们生活,他们死亡。("有姓名的匿名状态")福斯卡对生命本质的理解:建成的东西总要崩溃的,我知道。人从出生的那一刻起,就开始走向死亡,但是在出生与死亡之间是生命。福斯卡意识到,生命的价值就在于它是短暂的,永生非但不是对生命的奖励,反而是对生命的惩罚。

人生苦短。对酒当歌,人生几何?假定一个人 16 岁以前被父母抚养、60 岁以后被子女赡养,中间也只有 44 年时间,其中三分之一时间在床上睡觉,三分之二时间则要做许多事情:完成学业、获得学位、找到工作、建立社会联系、恋爱、结婚、生儿育女等。在这么短暂的时间里,如果他还想在某个领域中做出成就,就更是"难于上青天了"。何况，人生充满了偶然性——疾病、灾祸、离异、丧子、伤残、战争等。所有这些因素都必须花大量时间去处理或弥合。生命在时间中悄悄地展开，也在时间中悄悄消失。

三、人类生存的边缘状态

作为一个生命体，人类在自己的生存活动中必定会遭遇到德国哲学家海德格尔和雅斯贝尔斯(1883—1969)所说的"边缘状态"(Grenzsituation，即生存中的裂缝，如疾病、瘟疫、罪过、失恋、忧郁、孤独、疯狂、绝望、灾祸、战争、死亡等)。海氏对"烦"(Sorge)、"畏"(Angst)和"死"(Tod)的分析；人作为"向死之存在"(das Sein zum Tod)。

德国诗人歌德(1749—1832)的《少年维特之烦恼》(1774)、美国作家塞林格(1919—2010)的《麦田里的守望者》(1951)和欣克利谋杀美国总统里根；荷兰后期印象派画家凡·高的精神病，他割下自己的耳朵，送给在妓院作女仆的一位农夫的女儿，并于 37 岁时在麦田自杀；弗洛伊德的学生、瑞士心理学家荣格(1875—1961)对西班牙画家毕加索(1881—1973)绘画的评论；作为同性恋者的奥地利哲学家维特根斯坦(1889—1951)和法国哲学家福柯(1926—1984)。

边缘状态不仅是伟大人物会遭遇到的，也是每个普通人必定会程度不同、方式不同地遭遇到的。

比如，某人快到 60 岁了，他身体状况也不错，他正在筹划退休后到世界各地去旅游，但突然发生的中风却使他半身不遂，他不得不放弃原来的愿望。

又如，某人从事的事业正当兴旺发达的时候，在例行的体检中突然发现自己得了致命的疾病，如肝癌晚期。这个结论对他来说无疑是晴天霹雳。在这样的情景下，他又会做出什么样的思考和行动来呢？

再如，某个家庭本来十分幸福，但在一场突如其来的车祸中，家庭成员死的死、伤的伤，生活突然变得面目全非、无法忍受，甚至完全失去了原来的气氛和质量。在这样的情况下，活着的人又如何找回继续活下去的信心？

四、司芬克斯之谜的启示

在希腊神话中，司芬克斯是一个带双翼的狮身人面的怪物，他向每个过路人提出的问题是："早晨四只脚、中午两只脚、晚上三只脚行走的动物是什么？"黑格尔的分析：人具有从自然界里昂起自己高贵头颅的强烈愿望，正是这种愿望使人直立行走，并成为万物之尊。

正因为人生是短暂的，才值得每个人珍惜。黑格尔曾经说过：转瞬即逝的玫瑰并不逊于万古长存的山岭。虽然玫瑰生存的时间非常短促，但它火一般的生命和鲜艳亮丽的色彩与冷漠的山岭比较起来，更令我们羡慕。在这个网络和信息化的时代，如何摆脱"有姓名的匿名状态"，使短促的人生绽放出美丽的火花？如何在历史上留下自己的痕迹，让同时代人和后人牢牢地记住自己的名字？这正是每个人都应该思索的问题。在某种意义上，无所事事的人生乃是对生命的亵渎。既然我们来到了这个世界上，就应该干出一番惊天动地的事业来。

实际上，人生不但是短促的，而且也是由一系列三岔路口构成的，每个路口都需要行路者做出准确的选择，而准确的选择需要眼光，这种眼光则来自哲学。

对于涉世未深的青年人来说，首先要确立的是正确的人生观。孟子曰："先立乎其大者，则其小者弗能夺也。"孟子所谓"大者"，就是一个人在世界上安身立命的根本，也就是我们所说的人生观。事实上，一个人只有确立了正确的人生观，才能做到富贵不能淫、贫贱不能移、威武不能屈，不但在重大事情上坚持正确的人生态度，而且在日常琐事上也能做到坦荡慎独。在孟子看来，是否坚持正确的做人原则，正是君子与小人（或乡愿）的分界线。在德国哲学家康德的墓碑上，刻着下面两句话：

在这里，伟大导师将流芳百世，

青年人啊，要想想怎样使自己英名永存！

樊嘉(1958—　)，留学美国匹兹堡大学，现为中山医院院长，全国劳模。他从医 20 余年，个人主刀完成 6000 余例肝肿瘤手术及 1000 余例肝移植。他最忙时一周工作 100 小时，一天做 20 台手术。常常是他的助手在 8 个手术室同时替患者开腹，而他一路小跑着替患者开刀。面对社会上的赞誉，他说："我面对的都是生命，我必须再给他们一次机会。"

思考题

1. 生命体和非生命的根本区别在哪里？

2. 人生的意义是什么？

3. 应该以什么样的态度去面对人生的边缘状态？

自我与心理需求①
——医学与心理学

引 言

目前医患关系之所以处于十分紧张的状态，是"医"和"患"双方在心理上的隔膜，而媒体的某些未经深思的报道又进一步扩大了医、患之间在心理上的隔膜。因而双方都需要冷静下来，尤其从医方的角度看，相当一部分疾病是心理上的或精神性的；何况，对任何疾病的治疗都蕴含着心理上的治疗维度。

我们不妨举一些例子来说明心理问题的重要性：

一是中国古代的寓言故事《疑人偷斧》。

二是社会转型中的心理落差和精神忧郁症成为流行病。

三是电影《飞越疯人院》（由米洛什·福尔曼执导，男主角是杰克·尼柯尔，女主角是路易斯·弗莱彻，囊括了1975年奥斯卡五项最高奖）。该电影取材于肯·凯西的小说，它是在一

---

① 作者2014年春季学期于复旦大学基础医学院，与中国工程院院士闻玉梅教授、克卿书院院长彭裕文教授共同开设课程"人文医学导论"，此文为课程的课件之一。——编者注

家精神病院实地拍摄的，主要情节如下：墨菲（尼柯尔饰）是监狱农场的犯人，生性好动，为逃避严酷的劳动，他假装发疯，被送进了疯人院。护士赖琪（弗莱彻饰）是个虐待狂，强制病人服用镇静剂，使他们变得僵硬、麻木。墨菲教他们玩纸牌游戏，出去郊游，打篮球，举行晚会等。一次，晚会后，墨菲带回来两位姑娘，患者比尔与其中一位姑娘发生了性关系，第二天被赖琪（与比尔的母亲是熟人）发现了，威胁要将此事告诉他母亲，结果比尔割断自己的颈动脉自杀了。墨菲对赖琪的做法十分愤怒，他试图勒死赖琪，结果被发现了，疯人院里的医生居然切除了他的胸前额叶，使他成了植物人。另一个患者大个子印第安人布洛姆酋长也是为了逃避现实，假装发疯来到疯人院的，在认识墨菲之前，他已经12年没有开口说话了。他不忍目睹墨菲生不如死的惨状，将他闷死了。然后，他来到浴室，搬起一台热水器，砸开墙壁，走上了自由之路。

一、心理需求的五个层次

美国心理学家马斯洛（A. H. Maslow，1908—1970）于1943年提出了"需求层次"（hierarchy of needs）理论，揭示出一个普通人在日常生活中需求的五个层次：

第一层：生理需求（physiological needs）。级别最低，但最具优势的需求，就是马克思所说的首先要解决吃、喝、住、穿的问题，核心是获得食品，生存在这个世界上。

第二层：安全需求（safety needs）。同样属于低级别的需要，其中包括对人身安全、生活稳定以及免遭痛苦、威胁或疾病等，核心是人身安全。

第三层：爱和归属的需求（love and belonging needs）。属于较高层次的需求，如友谊、爱情、对某个群体的认同等，基础和核心部分是爱情和性关系，因为人类作为种族要繁衍、延续下去。

第四层：尊重需求（esteem needs）。属于较高层次的需求，如：成就、名声、地位和晋升机会等，其基础和核心是在群体生活中得到他人的尊重。

第五层：自我实现需求（self-actualization）。最高层次的需求，只有在前面四项需求都得到满足的情况下，最高层次的需求才能产生。它是一种衍生性需求，其核心是使自我的潜能发挥出来，即自我实现。（对卡拉OK的解释。江青的诗：江上有奇峰，锁在云雾中；寻常看不见，偶尔露峥嵘。）

从医患关系看，了解患者需求的第二层（涉及人身安全，尤其是患者得了恶性的、致命的病症时，他求生的愿望是十分强烈的，他希望得到优质的治疗，从而对医生有很高的期望值）、第四层（患者希望得到医生的尊重，希望医生能够认真地给他诊断并治疗）具有特别重要的意义。

二、人格理论的三个要素

奥地利心理学家弗洛伊德（Sigmund Freud，1856—1939）通过对精神病学和人类心理的深入研究，提出了著名的"人格理论"（theory of personality），这一理论由以下三个要素构成：

一是"本我"（id）。从本我的心理内容看，它包含了个体的一切原始的冲动和本能欲望。弗氏认为，最重要的是性欲。从作用来看，本我是一切心理能量之源，因为本我从生物本能中获取能量，从而推动机体活动；从活动方式看，本我遵循的唯一原则是"快乐原则"（the pleasure principle）。《简·爱》中的疯女人，本我就像一匹野马。

二是"超我"（superego）。人格结构中代表理想的部分。它是在个体成长过程中，通过内化道德规范、社会要求而形成的。在儿童与父母的互动中，需要控制自己的追求快乐的某些冲动，他最终不得不把父母的外在权威内化为自己心中的内在权威，即超我。超我就像控制野马的缰绳。爱尔兰小说家伏尼契（E. L. Voynich，1864—1960）的《牛虻》（主角亚瑟、女友琼玛、神父蒙泰里尼：超我之化身）。

三是"自我"（ego）。虽然本我是欲望的化身，但它自己却无法实现这些欲望，只有作为理性的化身的自我能够实现它。按照弗氏的观点，自我是"一仆三主"，既要努力实现本我的欲望，又要考虑到外部世界的现实状况，还要考虑到超我对自我的约束。自我遵循的唯一原则是"现实原则"(the reality principle)。自我好比一个骑手，通过超我这条缰绳，控制本我这匹野马。

在本我所包含的所有的欲望中，性欲起着核心的作用。按照赫尔姆霍茨的能量守恒定量，弗氏提出了"力比多"(libido)，即性能的概念，性能是守恒的，受到压抑时，不会消失，而会转化为其他形式：一是正常婚姻和性生活；二是梦(愿望的达成)；三是性变态(如自恋、恋物癖等)；四是精神病(心理上的创伤)；五是口误和笔误；六是升华(sublimation)，即对艺术、宗教、科学的追求。其实，人类文明是以性压抑和升华为基础的。

弗氏倡导了"心理分析方法"(method of psychological analysis)：一方面，结合催眠术、谈话疗法，对有心理或精神障碍的患者进行治疗；另一方面，用于分析文化作品(如对达芬奇和陀思妥耶夫斯基作品的分析)。俄狄浦斯情结(Oedipus Complex)和伊莱克特拉情结(Electra Complex)。

阿尔弗莱德·阿德勒(Alfred Adler，1870—1937)，作为弗氏大弟子，创立了自己的人格理论，他反对弗氏的泛性论，提出了个性心理学(individual psychology)，核心范畴是自卑(inferiority)和补偿(compensation)，肯定每个人都程度不同地存在着自卑情结，而补偿就是对自卑的积极的抗衡。荣格(C. G. Jung，1875—1961)建立了分析心理学(analytical psychology)，核心概念是集体无意识(collective unconsciousness)、原型(archetype)，用以分析、解读人类的文化作品。

三、探索心理世界的奥秘

一是德国哲学家叔本华(A. Schopenhauer，1788—1860)的探索。关于"痛苦"(Leid)、"满足"(Zufriedenheit)和"无聊"(Langweile)的探索；关于"他人"(Anderer)(关于箭猪的比喻；人与人之间的距离感)的探索。索福克勒斯(约公元前496—前406)的《俄狄浦斯王》，悲剧不光是王公贵族的命运，也是每个普通人的命运。

二是法国哲学家加缪(Albert Camus，1913—1960)通过《鼠疫》

（1947）对瘟疫与集体死亡的反思（从老鼠的大量死亡到封城），加缪写道："我们中间每天有一部分人的尸体被投入焚尸炉的巨口中，最后化成一股浓烟，而另一部分人则每天在无可奈何和惊恐万状的枷锁下等待着死神的召唤。"又说："他们已进入鼠疫的境界，这境界越是平淡无奇，对他们的影响也越大。没有一个人还有什么崇高的情感，大家的情感都同样平凡单调。"

处于鼠疫的背景下，人们失去了对过去的回忆，失去了对未来的希望，他们已置身于当前的现实之中……鼠疫从大家身上带走了爱情，甚至友谊，因为爱情总得有一些未来的含义，但这时对大家来说，除了当下此刻，其余一无所有。

三是法国哲学家福柯（Michel Foucault，1926—1984）对疯狂史（history of madness，15 世纪的愚人船和 17 世纪的监狱）、圆形监狱（Panopticon）、规训和惩罚（discipline and punish，不光是对心理的，也是对身体的）、诊所的诞生（the birth of the clinic）、性史（the history of sexuality）等进行了一系列社会心理病理学的解读。福柯不仅对个人做了心理病理学意义上的分析，而且对社会、国家和各种治理机构也做了同样的考察。这使人们联想起索尔仁尼琴（1918—2008）的《古拉格群岛》（1974），希特勒（1889—1945）的法西斯主义（谣言重复三次＝真理），等等。

思考题

1. 我们每天都使用"我"这个术语，你怎么理解它的含义？

甲骨文，金文，小篆

2. 你怎么看待古希腊德尔斐阿波罗神庙的神谕："认识你自己"（Know yourself）？

3. 你能否举例说明，心理因素在疾病治疗中的作用？

人权与主体意识①

引言

　　无论是患者在生病治疗时，还是健康时；无论是医生在医院里工作时，还是在外休闲时，作为公民（citizen），他们都拥有自己的人权（human rights），如生命权、隐私权、知情权等，而只有当这些权利被神圣化，并得到普遍尊重时，每个人才拥有自己的尊严（dignity）。而人权作为主体际性（inter-subjectivity），只能以相互尊重的方式存在。当某人以犯罪的方式侵犯他人权利时，不但赋予法律以惩处自己的理由，也赋予他人以侵犯自己人权的理由。于是，人权在相互侵犯中荡然无存。在这个意义上，尊重他人的人权，同时也就是尊重自己的人权；维护他人的尊严也就是维护自己的尊严。在《法哲学原理》中，黑格尔提出了著名的"成为人并尊重他人为人"的口号。这里所说的"成为人"，就是从不懂法律的自然人成为具有强烈法律意识、严格遵守并按照法律办事的法权人格。

---

① 作者 2014 年春季学期于复旦大学基础医学院，与中国工程院院士闻玉梅教授、克卿书院院长彭裕文教授共同开设课程"人文医学导论"，此文为课程的课件之一。——编者注

对普通人来说，"无罪推定"(presumption of innocence)体现出对他的尊严的重视，意指"未经审判证明有罪确定前，推定被告无罪"。无罪推定原则是现代法治国家刑事司法通行的一项重要原则，是国际公约确认和保护的一项基本人权，也是联合国在刑事司法领域制定和推行的最低限度标准之一。

对未成年人来说，"合法的"(legal)，还是"非法的"(illegal)是对他们行为的正确与否进行区分的首要标准。尽管儿童作为未成年人，还没有达到公民的年龄，但儿童所拥有的权利也应得到成人的充分尊重。事实上，只要任何一个家庭出现虐待儿童的，西方国家有一整套法律制度和操作程序，如学监制度、调查取证、寄养家庭、法庭诉讼等，来遏制这一现象的蔓延。

医疗涉及人权中最基本的部分，与法律和伦理的关系最近。

一、法权人格、医学法学和法医学

1. 法权人格(right personality)，就是作为理性存在物的人具有强烈的法律意识，并自觉地运用法律来约束自己的行为，包括自己对权力的运用。法权人格是一个具有良好秩序的法治社会的基础。先举反例：2014 年 5 月 9 日，68 岁的华裔老人阮文辉在回家路上突然被一个 20 岁的非裔青年暴打致死，多人从旁经过，无人施救。再举正例：法国作家雨果《悲惨世界》(1862)中的警察沙威或许可以视为这样的法权人格。他毕生追捕的对象是冉·阿让，他的犯罪编号为 24601。其实，冉·阿让因家人饥饿，偷了一块面包，他不断地逃跑并被加刑，共被判了 19 年。后来，他跳海逃跑，流浪街头。有一次，笛涅的主教米里哀收留他在家中过夜。他离开时偷走了一只银烛台，不料半途被抓，警方把他带到主教那里对质，主教非但没有揭发他，反倒为他圆谎，说烛台是他赠送给冉·阿让的。警方走后，冉·阿让跪求原谅，主教要他宣誓将灵魂交付上帝，重新做人，并把另一只烛台也送给了他。冉·阿让感受到慈悲的伟大力量，决定余生向善。8 年过去了，冉·阿让的确履行了自己的誓言，不但易名为麦道临，而且成了蒙特里市受人爱戴的市长兼工厂厂长，以慈善闻名。这时，沙威升职为蒙特里市的警长。冉·阿让厂里的女工芳汀受男友的抛弃，生下女孩珂赛特后，把她寄养在另一个城市里，但那个家庭以珂赛特生病为由，不断诈取芳汀的钱财。于是，芳汀沦为妓女，有一次被沙威拘留，冉·阿让下令沙威释放她。沙威怀疑市长就是24601，但发现他行为高尚，又坦诚地说出自己的怀疑，并向市长致歉，转而拘留了另一位铁匠。冉·阿让不愿无辜者替自己受罚，到法庭坦承自己就是24601，当沙威试图拘捕他时，他打昏了沙威，去医院里看望临终的芳汀，到另一个城市的寄养家庭里救出了珂赛特，两人回到巴黎后相依为命。后来，珂赛特爱上了革命青年马利尤斯，革命者们在起义时抓住了沙威，但冉·阿让释放了他。最后，冉·阿让在救护受伤的马利尤斯时，又被沙威抓住，沙威被他的高尚的人格所感动，放走了冉·阿让，自己信念崩溃，跳到河里自杀。（黑格尔对法律与精神病人关系的分析）

2. 医学法学（medical jurisprudence），亦称"医理法学"，主要涉及与医疗有关的一系列法律，如国境卫生检疫法、母婴保健法、献血法、红十字法、执业医师法、药品管理法、职业病防治法、人口与计划生育法、传染病防治法等。试以1994年通过的《中华人民共和国母婴保健法》为例，它主要包括母婴保健的科普宣传、教育和咨询；婚前医学检查、产前诊断和遗传病诊断及助产技术；实施医学上需要的节育手术、新生儿疾病检查；有关生育、节育、不育的其他生殖保健服务等。此法的实施有效地保护了母婴的健康，从而提高了人口出生的素质。案例分析：2007年11月21日，孕妇李丽云因难产被肖志军送进北京朝阳医院京西分院，肖志军自称是孕妇的丈夫，而面对生命垂危的孕妇，肖却拒绝在剖宫产手术上签字，医生、护士束手无策。在抢救3个小时后，孕妇死亡。按照《医疗机构管理条例》第33条，手术必须由家属签字，由于肖不肯签字，医生只能眼睁睁看着患者死亡。这个案例可以引起我们对医学和法学关系的深入思索。

3. 法医学（forensic medicine），主要是通过对尸体和死亡现象，包括早期尸体现象（肌肉弛缓、尸冷、局部干燥、尸僵、尸斑、组织自溶）和晚期尸体现象（尸体腐败、干尸、尸蜡、泥炭鞣尸、霉尸、白骨化）以及昆虫对尸体的毁坏等的分析，确定死亡的种类、死亡的时间和死亡的原因等。

二、道德实践主体与医学伦理学

1. 道德实践主体（subject of moral practice），道德是分层的，当处于不同层面上的人自觉地用相应的道德观念和规范来指导自己的行为，包括自己对权力的运用时，这样的人就成了道德实践主体的化身。这方面的反例很多，比如，在中国式市场经济中，不少人欠了债务，成了"老赖"，甚至逃之夭夭。其实，"债"字是由"人"和"责"构成的，表明人有责任偿还自己欠下的债务；在德语中，Schuld 这个词有双重含义，即"债务"和"罪责"，意即欠债不还本身就是一种罪责。这方面的正例也很多，我这里举法国短篇小说之王莫泊桑的《项链》（1884）为例：教育部小科员的妻子玛蒂尔德为参加一次晚会，向朋友借了一串钻石项链，炫耀自己的美丽。不料，项链在回家途中丢失。她只得借钱买了新项链（共36000 法郎）还给朋友。为了偿还债务，她节衣缩食，为别人打短工，整整劳苦了十年。最后，得知所借的项链原是一串假钻石项链，至多只值500 法郎。许多人批评玛蒂尔德是一个爱好虚荣的女性，我认为她是最伟大的法国女性之一。

2. 医学伦理学（medical ethics），涉及医务工作者在与患者打交道的过程中应当遵守的道德观念，其中最基本的有两条：一是医生应根据自己的"能力和判断"，采取有利于病人的措施；二是保守病人的秘密。这两条伦理规则都源自古希腊的医学之父希波克拉底。1948 年，世界医学联合会通过了著名的《日内瓦宣言》。1949 年，又通过了《医学伦理学法典》，明确指出，对于医务人员来说，患者的健康是首先需要关心、具有头等重要地位的问题；医务人员应无例外地保守病人的秘密，坚持医业的光荣而崇高的传统。

由于生物医学技术的广泛应用和迅速发展，医疗费用的飞涨，以及价值的多元化，现代医学伦理学更多地涉及患者、医务人员与社会价值的交叉或冲突，以及由此引起的各种伦理学难题。但现代医学伦理学仍然肯定以下三条基本原则：病人利益第一；尊重病人；公正。

案例分析：从 1932 年到 1972 年，美国研究人员随访 400 名贫穷的患了梅毒的非裔美国黑人，以观察他们的疾病是怎样发展的。在 20 世纪 50 年代，青霉素已经普遍使用，而且价钱并不昂贵，但是研究人员也不对他们采用青霉素治疗，而是给予安慰剂。这样做的最大好处是，能观察到不用药物梅毒会怎样发展。该项研究揭示了梅毒发病、发展、病理机理和预后的一些本质问题，为后来的梅毒治疗提供了不可多得的临床第一手材料。

然而，依据《赫尔辛基宣言》，这是一项严重违背人体实验的伦理原则的实验，应该受到谴责。主要理由是：第一，在有有效物的条件下，为了得到梅毒发展的客观发展资料而牺牲受试者的身体健康；第二，违背了知情同意权，没有告知受试者实验的全部信息。

三、人的尊严与责任伦理学

1. 人的尊严（human dignity），指个人作为公民拥有的基本权利（如生命权、隐私权、名誉权、劳动权、财产权、言论自由权等，即我们前面提到的"人权"），应该得到充分的尊重，禁止用任何方法对公民进行侮辱、诽谤和诬告陷害等。按照《中华人民共和国未成年人保护法》第 5 条的规定，未成年人的人格尊严也应得到相应的尊重。

案例分析：患者李某，40 岁，因患肝癌转移在家接受一般性治疗。由于患者疼痛难忍，多次恳求妻子王某帮他结束生命。夫妇俩平日感情深厚，王某不忍丈夫在生命的晚期再经受这些痛苦，含泪给丈夫服了农药，丈夫不久死亡。事后，李某的弟弟向法院起诉王某，结果王某被判处有期徒刑 3 年。

患者在癌症晚期疼痛难忍的情况下请求妻子结束其生命，这确是令妻子为难的事情，但妻子因在医学和法律上的无知而做出错误的决定。目前，我国对安乐死的定义为：患不治之症的病人在垂危状态下，由于精神和躯体的极端痛苦，在病人和其亲友的要求下，经医生认可，用人道方法使病人在无痛苦状态中结束生命过程。患者寻求安乐死需至少满足以下条件：患者疼痛难忍、疾病晚期、有诚挚解脱之意愿、家属一致同意。在这个案例中，家属中成员未达成一致意见，而且死亡方式上也不舒适，患者很痛苦，所以不符合安乐死的条件。

2. 责任伦理学(ethics of responsibility)的概念最初由德国社会学家马克斯·韦伯(Max Weber，1864—1920)于20世纪初提出，德国学者汉斯·约纳斯(Hans Jonas，1903—1993)出版了《责任原理：技术文明时代的伦理学探索》(1979)后上升为应用伦理学的一个重要的分支。责任伦理学对传统责任意识的扩展提供了一个新的视野。由于行为者履行责任的行为在时间上是一个过程，因此它要求行为人在行为发生之前就能预见行为完成之后可能产生的结果，并努力克服其中负面的东西。

案例分析：患者陈某，男，19岁，大二学生。他到医院泌尿科就诊，请求为他进行输精管结扎术，并说这是经仔细考虑后决定的，而且还在当地的精子库留下了精子。医生听后非常震惊，拒绝为其进行手术，并解释：你年纪很轻又没有结婚，以后可能要后悔的。患者对医生的拒绝极为不满。但医生的做法显然是符合责任伦理学的，因为绝育是用手术终止男性或女性的生育能力，它直接关系到受术者切身利益和身体健康。

3. 忏悔意识(consciousness of confession)，即真诚地反思过去、面对过去的意识，充分体现出责任伦理学的深度。罗马哲学家奥古斯丁(Augustinus，354—430)的《忏悔录》(394—400)、法国哲学家卢梭(Jean-Jacques Rousseau，1712—1778)的《忏悔录》(1782)和列夫·托尔斯泰的《忏悔录》(1879—1882)。

托尔斯泰的《复活》(1889—1999)：一位名叫玛斯洛娃的妓女因被控偷钱而遭到4年苦役刑的判罚，作为陪审员，涅赫留多夫公爵发现，她原来竟是姑妈家的婢女卡秋莎。7年前涅赫留多夫诱奸了她，她被姑妈赶出家门，沦为妓女。他的良心受到了谴责，决定为被诬告的玛斯洛娃奔走申冤，但上诉失败了。他毅然决然地抛弃了优越的贵族生活，陪玛斯洛娃去西伯利亚流放。途中，他又竭尽所能地帮助那些原本无罪的囚犯，感动了玛斯洛娃，使之戒掉了抽烟、酗酒的恶习。但为了不损害他的名誉地位，她最终拒绝了他的求婚，而同深爱她的"革命者"西蒙松结合，从而使得男女主人公都达到了精神上和道德上的"复活"。

综上所述，作为医务工作者，责任伦理学尤为重要。"人"字一撇一捺，应该顶天立地地站立在世界上，对自己的行为有责任意识，对自己行为的结果有担当意识。既应该不遗余力地维护自己的基本权利，也应该不遗余力地履行自己应尽的义务和责任。

思考题

1. 试叙述法律与伦理（道德）的差异与联系。

2. 谈谈你对肖志军案例（即不肯在自己妻子剖宫产表格上签字的案例）的看法。

3. 如何理解医学伦理学与责任伦理学的关系？

人性与终极关怀①

引言

医学、宗教(religion，不同于宗教学 science of religion)和哲学都是围绕着人的灵魂 soul/肉体 body、生老病死来展开的。虽然这三门学科互有差异，但在人类的生存和发展中却是缺一不可的。因而理解这三者之间的内在关系，尤其是把医术理解为"仁术"，做出跨学科的考察是绝对必要的，而宗教学与哲学，也将通过与医学的深入对话，获得新的灵感和发展的空间。

一、基督教的"原罪"与"救赎"

作为世界上最有影响的三大宗教之一，基督教的学说主要是由"原罪"(original sin)和"救赎"(redemption)这两个学说构成的。按照教父哲学家奥古斯丁(Augustinus，354—430)在《忏悔录》(394—400)中的说法，婴儿生下来第一天就是有罪的。原罪的另一种表达方式就是所谓"人性本恶"，在西方占主导地位的是原罪说，即人性本恶说。

① 作者 2014 年春季学期于复旦大学基础医学院，与中国工程院院士闻玉梅教授、克卿书院院长彭裕文教授共同开设课程"人文医学导论"，此文为课程的课件之一。——编者注

在中国的哲学和宗教意识中，有四种不同的人性理论：告子的"人性无善无恶"（Human nature is neither good nor evil）、孟子的"人性本善"（the good of human nature）、世硕的"人性有善有恶"（Human nature have good and evil）和荀子的"人性本恶"（the evil of human nature）。在中国占主导地位的是以孟子为代表的人性本善说。

东西宗教文化的比较：西方重视作为外在强制的法律和分权政治（立法权、司法权和行政权的分离和制衡），但基督教陷入了前所未有的困境中。既然人性本恶，救赎就是不可能的，事实上上帝一再失败，显示出他的无能和多余，但他同时又是无所不知（即全知全能）的"证人"（witness），因而他的命运就是被谋杀。鉴此，尼采提出了"上帝已死"（Gott ist tot）的口号，表明基督教已陷入无法解脱的危机：要么坚持原罪、听任人们谋杀上帝；要么保住上帝，但必须放弃原罪说。蒂利希（P. Tillich，1886-1965）的"终极关怀"（ultimate concern），上帝已经蜕变为西方人常常忘带的雨伞或小刀。

反之，中国占主导地位的性善论的优点是：肯定人身上有优点可以发挥出来、强调对理想人格的培养；但其缺点是：分权政治和现代政治意义上的权力制衡发展不起来，流行的是幼稚的"好人政治""贤人政治"和"圣人政治"，因而导致权力的大面积的腐败。另外，中国人不重视法律，主张道德治国、伦理本位，这就为商品经济的兴起和市场意识的发展设置了障碍。在某种意义上，中国宗教文化也陷入了危机中：要么放弃现代分权政治，从而无法走出权力腐败的困境；要么放弃人性本善的理论，对传统文化进行根本性的改造。

二、外与内：肉体与灵魂的互动

乍看起来，医学主要关注的是患者的肉体，即外在的部分，事实上，医学中的精神病学、医学心理学等也涉及对人的心灵（mind）即宗教所说的灵魂、人类的精神状态的研究，因而也涉及对内在的部分的探讨。或许可以说，医学是侧重于"外"（out）而兼治"内"（inner），并意识到内与外是统一的。

与此相反，宗教更注重的是"内"，即努力使人的灵魂得到救赎，却把内与外尖锐地对立起来，因为宗教倾向于把具有欲望的肉体理解并阐释为灵魂的对立面，也就是说，灵魂的堕落正是肉体的欲望引起的。如果说，在基督教的信徒中存在着苦行派，即用非常残暴的手段来折磨自己的肉体（他们把肉体视为囚禁灵魂的监狱），那么，在印度的佛教徒中，同样存在着苦行僧，他们把自己的肉体放在冷水里浸、钉板上滚，希望通过虐待肉体的方式来求得精神上的解放。忏悔（confession），外化与治疗。

德国小说家黑塞（Hermann Hesse，1877—1962）的小说《内与外》的启示：从前有一个名叫弗里德利希的人，他从事于精神工作，知识极为渊博。他喜爱和崇拜的是逻辑学和数学，敌视一切神秘主义的思想。有一次，他去看望过去经常合作的老朋友艾尔文，但艾尔文深受东方神秘主义的影响，墙上挂着诺斯替教派的名言：无物在外，无物在内，因在外者，也即在内。在弗里德利希的逼问下，艾尔文对这段话做了如下的解释：无物在外，无物在内。你懂得这句话在宗教上的意义，上帝是无所不在的。他在精神里，也在自然中。万物都是神圣的，因为上帝就是万物。我们过去把这个叫作泛神论。下面我再讲这句话在哲学上的意义：我们思考时习惯于把外与内区别开；但这是不必要的。我们的精神有可能引退到我们为它设立的边界后面去，引退到外面去。在构成我们的世界的这一对对立物之外，开始了一种全新的、不同的认识……他随手从壁炉架上拿下一只小小的涂釉的双面陶土小塑像交给弗里德利希。这个陶土小像制作相当粗糙，表面上涂了一层烧过的、略带裂纹的釉彩。它的小面孔做得既粗糙又拙劣，肯定不会是罗马人或者希腊人的手艺，大概是非洲或者南太平洋某个小岛上的落后原始民族的制品。两张面孔完全一模一样，带着一种空洞的、懒洋洋的、略显狰狞的微笑——这个小妖怪永远展现着愚蠢的笑容，简直是丑极了。回家后他先把它放在书架的顶层，第二天放到壁炉上，过了几天又放到书柜上。半个月或者三星期之后，他把它挪到前厅里，放在意大利风景照和一些不值钱的小纪念品之间，这些东西散放在那里；从来没有人光顾。现在他总算只有在出门或回家的时候才看见这个妖魔,并且总是从它面前匆匆而过,不必再在近处端详了。但是这件东西即使在这里也仍然打扰他,虽然他自己并不承认。痛苦和烦恼随同这件废物、这个两面怪物一起进入了他的生活。几个月后,有一天他经过一次短程旅行后回到家里,坐下来阅读那些等待着他处理的信件,但感到烦躁不安,好像忘了什么重要事情似的。没有一本书吸引他,没有一把椅子使他舒服。他开始苦苦思索:他疏忽了什么?有什么烦恼吗?吃了什么有损健康的东西吗?他寻思着,突然想起这种不安之感是他进入寓所后在前厅时产生的。他飞跑进前厅,不由自主地把目光直射放陶土塑像的地方。他没有看见那个小妖怪,一阵奇异的恐惧穿透了他的全身。它失踪了。它不见了。难道它用自己小小的泥腿跑掉了吗?他问了女仆,才知被她整理东西时摔碎了。这个怪物现在没有了,他可以安宁无事了,要是他第一天就把这东西砸碎了那该多好!他在这段时间里受了多少折磨!那个妖魔曾经对着他笑,笑得何等呆板、古怪、狡诈、邪恶,活像个魔鬼!现在它已经不在了,他可以向自己承认,他怕它,真的怕它,这个泥塑的神像!它不正是弗里德利希认为可憎而且不能容忍的一切东西的象征和标志吗?然而,对于弗里德利希来说,不好过的白天和更不好过的黑夜开始了。他穿过前厅时不能不想到那个两张脸的偶像,因它的失踪而惆怅,感到自己的思想无法不与它拴在一起。这一切对于他是一个痛苦的压迫,而且远远不止是他穿过那个房间的瞬间才感到的那种压迫。啊,不,正如空虚和寂寞的感觉是来自桌子上那块现在已经空出来的地方一样,这种受压迫的思想也是从他的体内迸发出来的,它们逐渐挤走了其他一切,啃啮着他,使他充满了空虚和陌生感。他突然意识到,他当时轻蔑地拿在手里的那个塑像,现在已经不再在他的外边,而在他的里边了!"因在外者,也即在内"。当他忍不住午夜再去拜望艾尔文时,艾尔文对他说:它就是你自己啊!不要再恨它,不要害怕它,不要折磨它——你曾经何等折磨这个可怜的妖魔,可它正是你自己呀!你把自己折磨得多么苦啊!

黑塞的《内与外》深刻地展示出如下的真理,即内、外的一致性。医学应该牢牢地记住这个真理，而宗教也决不应该把灵魂与肉体对立起来。合起来是生命，分开来是死亡(安顿灵魂与安顿肉体)。

三、此刻与永恒：诊断与治疗

医学与哲学有许多相近之处：一是医学十分重视患者表现出来的现象，并试图通过望闻问切来全面地把握这些现象；哲学也十分重视现象，德国哲学家康德(I. Kant，1724—1804)区分了"现象"(Phänomen)和"物自体"(Ding an sich)这两个概念，认为人们获得的全部知识都停留在现象的范围内。当代德国哲学家胡塞尔(Husserl，1859—1938)乃是"现象学"(Phänomenologie)的创始人，并强调哲学只能以现象学的方式显现自身。二是医学重视诊断(diagnosis)，即准确地断定患者得了什么毛病；哲学则重视判断(judgment)，即把个案准确无误地归并到普遍原理之下，而准确的判断正是智慧(wisdom)的集中表现。三是医学重视治疗(cure)，哲学则重视对心灵的启迪(edification)。医学中的心理分析和哲学中的心灵启迪有许多相近之处。自古以来，就有哲学家强调哲学的治疗功能。罗马哲学家塞涅加(Seneca)撰写的一本书是 *Philosophical Therapy*(《哲学的治疗》)：人类的各种本体性的精神疾病在罗马时期已经困扰着人的心灵至深，这不是一般的药物可以治疗的，必须从哲学的根本上进行治疗。作为一个深陷现实政治-经济行动旋涡中的斯多葛派哲学家，塞涅卡公开承认自己也患有各种"疾病"，他对自己和他人的诊断及精神上的治疗和安慰，体现出他对人生、人心和人性的深刻洞察。

哲学的治疗主要体现在以下双重关系上：一是取 get 与舍 give up(或拿起与放下)的关系。熊瞎子掰苞米，全都要，结果是全部掉在地下。二是此刻 moment 与永恒 forever(或有限与无限的关系)。对人类来说，既不可能变得长生不老，也不可能拥有离开此刻的永恒。抓住每个此刻，也就进入了真正的永恒之中。合起来就是从容(calm)，出世与入世的张力。

思考题

1. 你如何看待人性？

2. 谈谈你对医学的治疗、宗教的忏悔和哲学的从容的看法。

表达是一门学问①

　　人类是欲望、感受和思想的凝聚体，而所有这些内在的东西都有其自然的意向，即把自己表达出来，让周围的人了解。人类的表达方式是极其多样的，如姿势的变化、肩膀的耸动、脸部的表情、说话、喊叫、书写、发呆、哭和笑等。当然，随着文明的发展，对于当代人来说，运用语言说话或书写（包括电子文本或纸质文本），已经成了最常见的表达方式。毋庸置疑，表达，尤其是语言表达，是一门学问，值得我们认真地加以探索。

　　首先，只要任何人试图通过语言来表达自己的欲望、感受或思想，就先得正确地理解自己所运用的语词、短语和句子的含义。事实上，许多语词、短语或句子的含义，是不能以望文生义的方式加以确定的。换言之，在它们的"字面含义"与"实际含义"之间常常存在着重要的差异，隐藏着语法或逻辑上的谬误。

　　我们先来看语词。比如，在当代中国人的日常谈话中，"粉丝"这个词出现的频率非常高。人们经常会说："我是你的粉丝"或"张三是李四的

---

　　① 摘录于复旦大学当代国外马克思主义研究中心网站：https：//wmarxism. fudan. edu. cn/4d/ac/c14831a150956/page. htm.——编者注

粉丝"等。这就表明，他们是多么不了解"粉丝"这个词的实际含义。在英语中，fan 的主要含义是"迷"，a movie fan 就是"影迷"。人所共知，fan 的复数形式是 fans，而它在汉语中的谐音就是"粉丝"，然而，很少有人意识到，"粉丝"是复数。由于前面提到的"我"或"张三"都是单数人称，因而说"我是你的粉丝"或"张三是李四的粉丝"，在语法上都是错误的。正确的说法应该是："我是你的粉（fan）"或"张三是李四的粉丝之一（one of fans）"。又如，在中国古典文献中，经常会出现"致仕"这个术语。众所周知，"仕"本身就有"做官"的含义，而"致"又有"成为""达到"的含义，因此，有些做学问不够踏实的人便认定，"致仕"就是出来做官的意思。其实，在中国古代文化的语境中，"致仕"非但不是出来做官，反而是官员退休的意思。也就是说，它的实际含义与它的表面含义恰好相反。

我们再来看短语。比如，当人们谈到昆明的气候时，常常会用"四季如春"这个短语形容之。其实，仔细推敲起来，立即就会发现，这个短语在逻辑上是自我矛盾的。为什么？因为"四季"包含春季，说春季如春季，难道不是逻辑上的同义反复吗？因此，我们应该说"三季（夏、秋、冬）如春"或"四季皆春"。又如，在英语文本中，人们经常可以读到 in the last analysis 这个短语。不用说，这个短语的字面含义是"在最后的分析中"，但细心的读者只要查阅一下英语词典，就会发现，这个短语的实际含义是"归根到底"。把它的实际含义与字面含义做比较，很容易发现，望文生义是多么不负责任！然而，遗憾的是，在阅读中文翻译著作时，我们却经常遭遇到"在最后的分析中"这种可笑的表达方式。再如，中国古人和今人都喜欢使用下面这个短语"人非圣贤，孰能无过"（语出《左传》）。假如一个同事或一位朋友犯了什么过失，大家都习惯于用这个短语去开导他。毋庸置疑，这个短语的字面意思是：普通人不是圣人或贤人，犯错误是难免的。然而，很少有人会注意到，隐藏在这个短语中的相反的意思却是：圣人和贤人是不会犯错误的。这层意思恰恰成了现代迷信制造者们的一个重要的思想资源。事实上，圣人和贤人并不具有不犯过失的豁免权。作为圣人，孔子本人就说过："丘也幸，苟有过，人必知之。"(《论语·述而》)可见，某些短语的实际含义并不像人们想象得那么简单。

我们再来看句子。显而易见，人们在表达自己的欲望、感受和思想时，用得最多的是句子，但他们对某些句子的实际含义也缺乏深入的探究，因而常常使自己的表达陷入悖谬之中。比如，马路上经常挂着这样的标语："人车分离，各行其道。"从字面上看，就是"人和车辆各走各的道"的意思。但深入地分析下去，这个句子内含的悖谬性就显现出来了。比如，一个司机正驾驶着一辆货车，"人车分离"是不是意味着他必须从货车上跳下来？同样地，坐在一辆公共汽车中的乘客是否也须离开这辆汽车？显然，这个句子没有把"马路上的行人"与"车辆中的人"严格地区分开来，它应该表达为："行人与车辆分离，各行其道。"但即使这样表达，仍然是不严格的。假定一个行人推着一辆脚踏车、另一个行人(作为母亲)推着一辆婴儿车，他们也必须与自己推着的车辆分离吗？可见，即使是"行人与车辆分离，各行其道"这个句子，在表达上也是有漏洞的。又如，人们常说"近水楼台先得月"。不用说，这个句子的字面意思是：靠近利益关系的个人能够得到真实的好处。但他们并不了解这句话的真实含义，因为他们没有区分两种不同的月亮：一种是空中的月亮，即真实的月亮，它只有一个；另一种是水中的月亮，即虚假的月亮，地面上有多少条河，就有多少个水中的月亮。毋庸置疑，所谓"近水楼台先得月"，得到的只能是水中的月亮，即虚假的月亮。于是，这句话的字面含义就被其实际含义——靠近利益关系的人反而得不到真实的好处——所取代。可见，我们对句子的含义也必须做出具体的分析，不能拿来就用。

其次，假如人们希望自己的表达变得富有成效，他们就必须先行领悟当下情景对表达的客观诉求。谁都不会否认，在日常生活中存在着大量"无效的表达"。所谓"无效的表达"，就是在需要深思熟虑的基础上表达意见的场合，随心所欲地发表自己的见解，或在需要以直接的、自然流露的方式表达情感的场合，却热衷于矫揉造作的思索。与此相反，"有效的表达"力图自觉地使自己的表达适合于当下情景对表达的客观需求。比如，同学 A 约定朋友 B 明天上午 10 点整在复旦大学校门口见面。在同学 A 的表达中，尽管时间观念是十分明确的，但空间观念却十分含糊，因为复旦大学有四个校区，光邯郸路校区就有五扇大门。究竟在哪个校门口见面？由于表达上的含混与理解上的差异，第二天他们没能见上面。这就倒过来证明，同学 A 的表达是无效的，因为它没有满足明天与 B 见面这个情景对应该表达出来的具体信息的客观诉求。又如，当人们走进咖啡馆时，侍者总是这样询问他们：coffee or tea?（您要咖啡还是要茶?）乍看起来，这种表达方式很正规，实际上却常常是无效的。因为顾客们对咖啡馆可以有各种不同的诉求：既不要咖啡，也不要茶，但要一杯牛奶；既要咖啡，也喝茶，再加一盘水果等。这种诉求可以以无限多样的方式表达出来，何必用茶或咖啡的选择去限定顾客的消费思路呢？不用说，侍者的思维和表达方式之所以常常是无效的，因为它不能适应顾客进入咖啡馆这个当下情景所蕴含的消费上的无限的可能性。从上面的考察可以看出，只有认真领悟当下情景对表达的客观诉求的人，才能做出富有成效的表达。

最后，任何人要使自己的表达充满原创性和无坚不摧的精神力量，就必须拥有深厚的批判意识，而这种批判意识的根本特征是直奔被批判者的理论前提。在 1993 年于新加坡举行的首届国际华语大专辩论赛的决赛中，我们复旦大学辩论队的对手是台湾大学辩论队。对方抽签得到的立场是"人性本善"，而我们的立场则是"人性本恶"。当对方队员说："因为人性本善，所以人都能放下屠刀，立地成佛"时，我方队员马上进行反驳："请问对方辩友，既然人性本善，屠刀是怎么拿起来的?"我方的质问马上在听众中引发了热烈而持久的掌声，对方无言以对，因为放下屠刀的前提是拿起屠刀，既然人性本善，为什么要把屠刀拿在自己手中？辩论结束后，我对队员们说，其实还可以向对方提出两个问题：既然人性本善，屠刀是怎么生产出来的？既然人性本善，屠刀又是怎么设计出来的？正是这种前提性的批判意识使表达充满了无坚不摧的力量。当有个青年人向发明家爱迪生吹嘘，说他发现了一种可以溶解任何固体的溶液，并准备带给爱迪生看时，爱迪生马上反唇相讥："那你把这种溶液盛放在什么固体器皿中带过来呢？"也就是说，既然这种溶液可以溶解一切固体，那你又怎么把它带过来呢？

通过上面简要的考察，就会发现，人是地球上最善于表达自己意向的动物，正如普希金在《叶甫盖尼·奥涅金》一书中所写的：

> 奥涅金到处都不知不觉地
> 用这些符号来表现自己。

何况，从哲学上看，我们正处于"语言学转向"（linguistic turn）的伟大历史潮流中，诚如维特根斯坦所告诫的：

> 我们正在与语言搏斗，
> 我们已卷入与语言的搏斗中。

这就启示我们，把表达作为一门学问加以探究，正是当代人无法逃避的历史命运。

俞吾金教授著述年表

1970 年

俞吾金：《英雄劈地战严寒》（笔名"宇岑文"，俞吾金和金文备合撰），载上海"一二五"工人写作组著：《"一二五"赞歌》，上海人民出版社 1970 年版

1976 年

俞吾金：《任务》，载上海石油化工总厂小说、散文创作学习班：《海底激流》，上海人民出版社 1976 年版

1979 年

俞吾金：《牡丹夜话》，《大学生》1979 年第 2 期

俞吾金：《光线与精力》，《宝钢战报》1979 年 7 月 13 日

俞吾金：《走楼梯的启示》，《宝钢战报》1979 年 8 月 10 日

俞吾金：《学习与条件》，《宝钢战报》1979 年 9 月 20 日

俞吾金：《读书要讲方法》，《宝钢战报》1979 年 11 月 9 日

1980 年

俞吾金：《复旦大学哲学系部分师生开展社会调查，深入探讨哲学、社会学中出现的新问题》，《国内哲学动态》1980 年第 1 期

俞吾金：《"蜡块说"小考》，《国内哲学动态》1980 年第 9 期

1981 年

俞吾金：《克拉底鲁是智者派哲学家吗?》，《复旦学报(社会科学版)》1981 年第 1 期

俞吾金：《复旦哲学系七七级学生积极撰写学年论文》，《国内哲学动态》1981 年第 2 期

俞吾金：《亚里士多德的"蜡块说"辨》，《社会科学》1981 年第 3 期

俞吾金：《对"一切规定都是否定"命题的一点理解》，《哲学研究》1981 年第 5 期，转载于《社会科学》1983 年第 3 期

俞吾金：《新西兰维凯图大学孔宪中博士应邀来复旦大学讲学》，《国内哲学动态》1981 年第 5 期

俞吾金：《亚里士多德认识论探讨》，《复旦学报(社会科学版)》1981 年第 3 期

俞吾金：《实践是认识论中的一个环节》，《江淮论坛》1981 年第 3 期，载《江淮论坛》编辑部编：《大学生论文集》，安徽人民出版社 1983 年版

俞吾金：《黑格尔哲学史思想——系统方法探要》，《学术月刊》1981 年第 11 期

1982 年

俞吾金：《略谈将思维与存在的关系作为哲学基本问题的认识过程》，《南京大学学报(哲学·社会科学版)》1982 年第 1 期

俞吾金：《试论柏拉图哲学的基本特征》，《复旦学报(社会科学版)》1982 年第 2 期

俞吾金：《飞跃是渐进过程的中断吗?》，《江海学刊》1982 年第 2 期，《新华文摘》1982 年第 12 期全文转载

俞吾金：《简评皮亚杰的〈发生认识论原理〉》，《社会科学》1982 年第 6 期

俞吾金：《"发生认识论"的启示》，《书林》1982 年第 4 期

俞吾金(笔名"宇文"):《纠正一个理论错误——德谟克利特和伊壁鸠鲁的原子论不应混同》,《学术月刊》1982 年第 9 期

俞吾金:《发生认识论初探》,《复旦学报(社会科学版)》1982 年第 5 期

俞吾金:《个人的道德实践也是一种社会实践》,《社联通讯》1982 年第 11 期

俞吾金:《"两种否定因素说"质疑》,《社联通讯》1982 年第 12 期

1983 年

俞吾金:《"设置对立面"考释》,《解放新论(未定文稿)》1983 年 11 月 23 日

李继宗、俞吾金等:《要重视对"发生认识论"的研究》,《复旦学报(社会科学版)》1983 年第 1 期

俞吾金:《论智者哲学的历史地位》,《江淮论坛》1983 年第 1 期

俞吾金:《〈辞海〉"理性认识"条目存疑》,《社联通讯》1983 年第 4 期

俞吾金:《否定之否定规律新释》,《复旦学报(社会科学版)》1983 年第 3 期,《新华文摘》1983 年第 7 期全文转载

俞吾金:《应当把道德实践的概念引入伦理学》,《伦理学与精神文明》1983 年第 3 期

俞吾金:《美国哲学教授亨利·罗思文在复旦大学开设现代西方哲学课程》,《国内哲学动态》1983 年第 6 期,《复旦学报(社会科学版)》1983 年第 3 期

俞吾金、周义澄:《现代自然科学与马克思主义认识论讨论会在桂林举行》,《哲学研究》1983 年第 7 期

俞吾金:《黑格尔、海涅、费尔巴哈与哲学基本问题的理论》,《社联通讯》1983 年第 7 期

俞吾金:《全面生产理论的意义》,《社联通讯》1983 年第 8 期

俞吾金:《要善于限制自己》,载上海高等教育局研究室编:《大学

生谈学习方法》，华东师范大学出版社 1983 年版

1984 年

俞吾金：《黑格尔对面相学和头盖骨相学的批判》，《解放新论（未定文稿）》1984 年 3 月

俞吾金：《对黑格尔一句"名言"的质疑》，《解放新论（未定文稿）》1984 年 7 月

俞吾金：《谈谈哲学的现代化问题》，《解放新论（未定文稿）》1984 年 10 月

俞吾金：《要重视研究马克思关于精神生产的理论》，《复旦（未定稿）》1984 年第 1 期

俞吾金、欧阳光伟：《运用系统方法研究现代西方哲学——兼与陶济同志商榷》，《学术月刊》1984 年第 3 期，《中国社会科学》1984 年第 4 期转载

俞吾金：《黑格尔建立包罗万象的哲学体系的积极意义》，《社联通讯》1984 年第 5 期

俞吾金（笔名"于文"）：《哲学革命的"纲要"——读康德〈导论〉有感》，《读书》1984 年第 7 期

俞吾金：《略论黑格尔哲学体系的范围》，《复旦学报（社会科学版）》1984 年第 4 期

俞吾金：《应当重视辩证法三大规律在伦理学研究中的作用》，《伦理学与精神文明》1984 年第 4 期

俞吾金：《道德实践应列为社会实践的基本内容之一》，《求索》1984 年第 4 期

俞吾金：《我国的黑格尔研究评述》，《复旦学报（社会科学版）》1984 年第 5 期

俞吾金：《皮亚杰的主体—客体观及其认识论意义》，《江海学刊》1984 年第 5 期

俞吾金：《读〈形而上学〉断想》，《书林》1984 年第 5 期

1985 年

吴晓明、俞吾金等：《论学术自由》，《解放日报》1985 年 1 月 23 日，《新华文摘》1985 年第 3 期全文转载

吴晓明、俞吾金等：《破除"观念崇拜"》，《文汇报》1985 年 1 月 25 日，《新华文摘》1985 年第 4 期全文转载

俞吾金等：《真理存在于各派学说之中》，《解放日报》1985 年 2 月 12 日，《新华文摘》1985 年第 4 期全文转载

周义澄、俞吾金等：《学术论战应当遵守对等规则》，《解放日报》1985 年 3 月 20 日，《人民日报》1985 年 4 月 15 日全文转载

俞吾金：《哲学研究要提倡发散式思维》，《文汇报》1985 年 6 月 6 日，《新华文摘》1985 年第 8 期全文转载

俞吾金：《谈谈两代人思维的融合》，《文汇报》1985 年 8 月 28 日

俞吾金：《建议建立无定向研究室》，《文汇报》1985 年 9 月 9 日

俞吾金：《开创比较马克思主义的研究》，《解放新论（未定文稿）》1985 年 9 月 18 日

俞吾金：《名牌大学要开设名牌课》，《文汇报》1985 年 10 月 15 日，《中国教育报》2011 年 11 月 14 日

俞吾金（笔名"吾金"）：《视野的多维性与选择的一维性》，《文汇报》1985 年 10 月 21 日

俞吾金：《西哲史研究的新结晶——推荐〈西方哲学史〉》，《解放日报》1985 年 10 月 30 日

俞吾金：《从"圣贤无过"、"教皇无谬误"谈开去》，《长江日报》1985 年 12 月 20 日，《文汇理论探讨（内稿）》1986 年第 3 期转载

谢遐龄、俞吾金等：《我们赞成开展上海城市文化发展战略的研讨》，《思想研究内参》第 3 期

谢遐龄、俞吾金等：《略论哲学改革中的若干问题》，《复旦学报（社

会科学版)》1985 年第 2 期

俞吾金：《谈谈学术自由问题》,《社联通讯》1985 年第 2 期

俞吾金：《读胡适的〈先秦名学史〉》,《书林》1985 年第 2 期

俞吾金：《"团体恐惧症"是学派形成的主要心理障碍》,《文汇理论探讨(内稿)》1985 年第 2 期

俞吾金：《开创哲学发生学的研究》,《学术月刊》1985 年第 4 期

俞吾金：《黑格尔辩证法主要思想简介》,《政治教育》1985 年第 4 期

俞吾金：《黑格尔：一个再思考》,《复旦学报(社会科学版)》1985 年第 3 期

俞吾金：《略论新黑格尔主义的非理性主义倾向》,《江淮论坛》1985 年第 3 期

俞吾金：《我们要使哲学讲汉语——谈改革与哲学的使命》,《书林》1985 年第 3 期

俞吾金：《哲学的超越性新解》,《文汇理论探讨(内稿)》1985 年第 6 期

俞吾金：《从"文不如其人"说起》,《文汇理论探讨(内稿)》1985 年第 7 期

俞吾金：《略论道德评价与历史评价的关系》,《文汇理论探讨(内稿)》1985 年第 7 期

俞吾金：《哲学的常识化和常识的哲学化》,《学术月刊》1985 年第 9 期

俞吾金(笔名"于文")：《朝着太阳奋进——从库诺·菲舍尔的笔底看青年黑格尔》,《读书》1985 年第 9 期

1986 年

俞吾金(笔名"于文")：《哲学应用化研究的新尝试》,《解放日报》1986 年 1 月 15 日

俞吾金(笔名"于文")：《从"标新理，立异议"谈起》,《文汇报》1986

年1月28日

俞吾金：《具体分析和一刀切探微》，《文汇报》1986年2月21日

胡景钟、俞吾金：《改革中的协调问题》，《解放新论（未定文稿）》1986年3月17日

俞吾金、吴晓明：《略论人物评价问题》，《人民日报》1986年3月31日

俞吾金：《学习马克思的谦逊观》，《长江日报》1986年4月25日

俞吾金：《重视对哲学发生学的研究》，《光明日报》1986年5月12日

俞吾金：《改革与破除心理上的"稳态症"》，《人民日报》1986年5月12日，载龚义编：《观念更新杂谈》，春秋出版社1987年版

周义澄、俞吾金等：《论"双百"方针的理论基础》，《解放日报》1986年5月28日

俞吾金：《阅读的拆解意识》，《解放日报》1986年7月18日

俞吾金：《破除心理上的"无谬误症"》，《人民日报》1986年8月1日，载龚义编：《观念更新杂谈》，春秋出版社1987年版

俞吾金：《书名里的"述"字》，《北京日报》1986年8月22日

俞吾金：《文化讨论之我见》，《解放新论（未定文稿）》1986年9月10日

俞吾金：《对经济建设与精神文明建设关系的再认识》，《文汇报》1986年9月26日，载上海市委宣传部编：《一件关系社会主义兴衰成败的大事》，上海人民出版社1986年版

俞吾金：《我们对传统的选择》，《文汇报》1986年9月30日

俞吾金：《略论精神文明建设的历史条件》，《解放日报》1986年12月3日，《人民日报》1986年12月26日全文转载

吴晓明、俞吾金等：《哲学基本问题所蕴含的方法论问题》，《中国社会科学》1986年第1期

俞吾金：《论哲学发生学》，《复旦学报（社会科学版）》1986年第1期

俞吾金(笔名"于文")：《思考与超越》，《书林》1986年第1期

俞吾金：《思想史上的多米诺效应》，《书林》1986年第1期

俞吾金，吴晓明：《中国和第三世界》，译文，《毛泽东哲学思想研究动态》1986年第2期

俞吾金：《"一切历史都是当代史"——克罗齐的史学研究方法》，《书林》1986年第2期

俞吾金：《潜意识的投射——弗洛伊德的精神分析方法》，《书林》1986年第3期

俞吾金：《理解的多样性和学派的众多性》，《文汇理论探讨(内稿)》1986年第3期

俞吾金(笔名"吾金")：《析"人非圣贤，孰能无过"》，《文汇理论探讨(内稿)》1986年第3期

俞吾金：《葛兰西的文化观及其启示》，《复旦学报(社会科学版)》1986年第4期，又载《复旦》编辑部编：《断裂与继承——青年学者论传统文化与现代化》，上海人民出版社1987年版

俞吾金：《存在先于本质——萨特前期的人学研究方法》，《书林》1986年第4期

俞吾金：《人的世界与球的世界》，《上海电视周刊》1986年第4期·

俞吾金：《前进与逆溯——萨特后期的人学研究方法》，《书林》1986年第5期

俞吾金：《"症候阅读法"——阿尔都塞释读经典著作的方法》，《书林》1986年第6期

俞吾金(笔名"于文")：《"选择你自己"——一个孤独者的生活道路》，《书林》1986年第6期

俞吾金(笔名"于文")：《从罗马帝国的"大逆法"说起》，《杂家》1986年第6期

俞吾金：《非此即彼——克尔凯郭尔的存在的辩证法》，《书林》1986年第7期

俞吾金：《朝着视界的溶合——伽达默尔的哲学释义学方法》，《书林》1986 年第 8 期

俞吾金：《对界限的超越——雅斯贝尔斯的生存哲学的方法》，《书林》1986 年第 9 期

俞吾金：《渴望总体性——卢卡奇的哲学研究方法》，《书林》1986 年第 10 期

俞吾金：《追问"在"的意义——海德格尔的基本本体论方法》，《书林》1986 年第 11 期

俞吾金：《寻找认识上的阿基米德点——胡塞尔的现象学方法》，《书林》1986 年第 12 期

俞吾金：《试论斯宾诺莎哲学的深层结构——范畴辩证法体系》，《上海社会科学院学术季刊》1986 年第 4 期，又载安徽大学学报增刊：《全国中青年哲学工作者最新成果交流会论文文摘》1986 年

俞吾金：《皮亚杰的发生认识论》，载复旦大学现代西方哲学教研室编：《现代西方哲学概说》，复旦大学出版社 1986 年版

俞吾金(笔名"字文")：《弗洛伊德学说述略》，载复旦大学现代西方哲学教研室编：《现代西方哲学概说》，复旦大学出版社 1986 年版

俞吾金：《黑格尔理性观的发展》，载《康德黑格尔研究》第 2 辑，上海人民出版社 1986 年版

俞吾金：《哲学改革的思考》，载上海市委宣传部编：《改革时代的理论探索》，上海人民出版社 1986 年版

俞吾金：《思考与超越——哲学对话录》，上海人民出版社 1986 年版；人民出版社 2015 年再版

1987 年

俞吾金：《提倡和发扬研究新生活的热情》，《解放日报》1987 年 2 月 11 日

俞吾金：《如何评价中国古代社会的性质和特征》，《文汇报》1987 年

7 月 21 日

俞吾金：《江山代有才人出——访青年学者俞吾金》，《中国社会科学报》1987 年 9 月 24 日

俞吾金：《用哲学眼光审视生活》，《文汇电影视时报》1987 年 11 月 7 日

俞吾金：《在新的历史条件下发展马克思主义》，《社会科学报》1987 年 11 月 12 日

俞吾金：《划清科学社会主义与空想的界限》，《文汇报》1987 年 12 月 17 日

俞吾金：《实践标准的深化》，《学术月刊》1988 年第 1 期

俞吾金：《论马克思的社会人类学思想》，《复旦学报（社会科学版）》1987 年第 1 期，《新华文摘》1987 年第 5 期全文转载

俞吾金：《从哲学的元问题谈起》，《探索与争鸣》1987 年第 2 期，《光明日报》1988 年 7 月 25 日转载

俞吾金：《文明思维的彼岸》，《书林》1987 年第 2 期

俞吾金：《原始人的两重性》，《书林》1987 年第 3 期

俞吾金：《也谈黑格尔哲学的"秘密"》，《复旦学报（社会科学版）》1987 年第 6 期

俞吾金：《衡量我的计算尺是将来——谈谈〈思考与超越——哲学对话录〉一书的写作》，《书林》1987 年第 6 期，又载《书林》编辑部编：《历史：经由我们的眼睛》，知识出版社 1989 年版

俞吾金（笔名"于文"）：《野蛮人的心理冲突——弗洛伊德的〈图腾与禁忌〉》，《书林》1987 年第 7 期

复旦大学哲学系现代哲学研究所编：《英汉哲学辞汇》（主要编者之一），江西人民出版社 1987 年版

1988 年

俞吾金（笔名"于文"）：《〈西方学术思潮〉简介》，《光明日报》1988 年

1月7日

　　俞吾金：《贯穿胡曲园学术论著的主线：辩证法》，《社会科学报》1988年2月18日

　　俞吾金：《社会主义是在改革中前进的社会》，《人民日报》1988年2月26日

　　俞吾金：《论改革开放与民族精神的转换》，《人民日报》1988年5月2日，《新华文摘》1988年第6期全文转载，节选转载于《哲学动态》1988年第6期

　　俞吾金：《论两种不同的自由观》，《光明日报》1988年5月2日

　　俞吾金：《你到哪里去？》，《解放日报》1988年5月18日

　　俞吾金：《做一颗螺丝钉》，《解放日报》1988年6月1日

　　俞吾金：《一叶知秋》，《解放日报》1988年6月8日

　　俞吾金：《杞人忧天》，《解放日报》1988年6月22日

　　俞吾金：《人类灵魂工程师》，《解放日报》1988年6月29日

　　俞吾金：《德才兼备》，《解放日报》1988年7月6日

　　俞吾金：《无事不登三宝殿》，《解放日报》1988年7月13日

　　俞吾金：《当代国外马克思主义哲学研究的新动向》，《文汇报》1988年7月14日

　　俞吾金：《安全为了生产》，《解放日报》1988年7月20日

　　俞吾金：《从哲学的元问题谈起》，《光明日报》1988年7月25日

　　俞吾金：《违心》，《解放日报》1988年8月17日

　　俞吾金：《论当代中国文化的几种悖论》，《人民日报》1988年8月22日

　　俞吾金：《述而不作》，《解放日报》1988年8月24日

　　俞吾金：《思考的一代》，《解放日报》1988年8月31日

　　俞吾金：《落叶归根》，《解放日报》1988年9月7日

　　俞吾金：《标新立异》，《解放日报》1988年9月14日

　　俞吾金：《不理解的也要执行》，《解放日报》1988年9月28日

俞吾金：《满招损，谦受益》，《解放日报》1988 年 10 月 5 日

俞吾金：《心理积淀》，《解放日报》1988 年 10 月 12 日

俞吾金：《实践标准的深化》，《学术月刊》1988 年第 1 期

俞吾金：《论历史唯物主义中的"个人"概念》，《文汇理论探讨（内稿）》1988 年第 1 期

俞吾金（笔名"宇文"）：《"西方马克思主义"概念的由来》，《探索与争鸣》1988 年第 1 期

俞吾金：《现代西方哲学中的非理性主义思潮》，《文汇之友》1988 年第 2 期

俞吾金：《论当代中国文化的内在冲突》，《复旦学报（社会科学版）》1988 年第 3 期，《新华文摘》1988 年第 7 期全文转载

俞吾金：《寻求马克思哲学主义哲学之根——访中年学者俞吾金》，《国内哲学动态》1988 年第 10 期

俞吾金：《问题域外的问题：现代西方哲学方法论探要》，上海人民出版社 1988 年版

1989 年

俞吾金：《超越知识论——论西方哲学主导精神的根本转向》，《复旦学报（社会科学版）》1989 年第 4 期

俞吾金：《黑格尔论理性》，载《外国哲学》第 10 辑，商务印书馆 1989 年版

黄颂杰主编：《弗洛姆著作精选》（主要译、校者之一），上海人民出版社 1989 年版

1990 年

俞吾金、陈学明：《国外马克思主义哲学流派》，复旦大学出版社 1990 年版

1991 年

俞吾金：《永葆开放的心态》，《解放日报》1991 年 1 月 30 日

俞吾金：《在探讨中对话，在对话中探讨》，《文汇报》1991 年 2 月 23 日

俞吾金(笔名"天灵")：《〈国外马克思主义哲学流派〉出版》，《解放日报》1991 年 3 月 27 日

俞吾金：《发扬乐于奉献的精神》，《解放日报》1991 年 5 月 11 日

俞吾金：《建设有中国特色的社会主义文化》，《解放日报》1991 年 10 月 30 日

俞吾金：《在德国逛书市》，《复旦校刊》1991 年 11 月 23 日

程伟礼，佘碧平：《"马克思主义与现代西方哲学"学术讨论述要》，其中俞吾金发言标题为"发展马克思主义哲学的当代意义"，《学术月刊》1991 年第 3 期

俞吾金：《现在：过去与未来的交汇点》，《复旦学报(社会科学版)》1991 年第 2 期

俞吾金：《〈围城〉与喜剧精神的兴起》，《复旦学报(社会科学版)》1991 年第 3 期

俞吾金：《马克思哲学本体论思路历程》，《学术月刊》1991 年第 11 期

俞吾金：《访德散记》，载上海中西哲学与文化比较研究会编：《时代与思潮》第 5 辑，学林出版社 1991 年版

1992 年

俞吾金：《潇洒：上海人追求新的生活观念》，《文汇报》1992 年 1 月 10 日

俞吾金、高瑞泉等：《再谈"红太阳"现象》，《文汇报》1992 年 2 月 18 日

俞吾金：《翻开中国文化的另一面——俞吾金博士谈中国传统文化

研究的新思路》，《文汇报》1992 年 2 月 25 日

俞吾金：《存在的未必就是合理的》，《文汇报》1992 年 2 月 29 日

俞吾金：《论历史评价与道德评价的关系》，《文汇报》1992 年 4 月 10 日

俞吾金：《根本的出路在于改革》，《文汇报》1992 年 4 月 12 日

俞吾金：《由呼拉圈而说"圆"》，《文汇报》1992 年 4 月 15 日

俞吾金：《重视对市民文化的研究》，《文汇报》1992 年 6 月 17 日

俞吾金：《谈谈审美中的批评意识》，《文汇报》1992 年 8 月 5 日

俞吾金：《自由意志、规律与法律》，《社联通讯》1992 年 8 月 15 日

俞吾金：《用市场经济标尺看上海人》，《文汇报》1992 年 9 月 7 日

俞吾金：《从"白兔"到"雪豹"》，《解放日报》1992 年 9 月 24 日

俞吾金：《生命高于财富，还是财富高于生命》，《文汇报》1992 年 10 月 3 日

俞吾金：《改革是经济、政治、文化变革的系统工程》，《天津日报》1992 年 10 月 6 日

俞吾金：《慕尼黑的"啤酒节"》，《复旦校刊》1992 年 10 月 14 日

俞吾金：《从"……勿要太……"的口头禅说起》，《文汇报》1992 年 11 月 14 日

俞吾金：《从经纪人说"道"》，《文汇报》1992 年 11 月 28 日

俞吾金：《服装与观念》，《文汇报》1992 年 12 月 19 日

俞吾金：《迈向意义的世界——本世纪西方哲学发展的一个基本倾向》，《天津社会科学》1992 年第 2 期

俞吾金：《葛兰西的意识形态学说》，《毛泽东邓小平理论研究》1992 年第 4 期

俞吾金：《马克思的意识考古学方法》，《探索与争鸣》1992 年第 3 期

俞吾金：《曼海姆与霍克海默关于新意识形态概念的论战》，《学术月刊》1992 年第 6 期

俞吾金：《喜剧精神的兴起》，《艺术世界》1992 年第 6 期

俞吾金、吴晓明:《掣鲸鱼于碧海,纳须弥于芥子——〈胡曲园哲学论集〉读后》,《复旦学报(社会科学版)》1992 年第 4 期

俞吾金:《关于发展问题的哲学思考》,《天津社会科学》1992 年第 4 期

俞吾金:《马尔库塞和哈贝马斯的意识形态学说剖析》,《社会科学》1992 年第 9 期

俞吾金:《现代性瓦解了传统伦理》,台湾《大国民》1992 年第 11 期

俞吾金:《阿尔都塞的意识形态学说》,《江苏社会科学》1992 年第 6 期

俞吾金:《精神现象学:哲学对常识的扬弃》,《复旦学报(社会科学版)》1992 年第 6 期

俞吾金(笔名"于文"):《黑格尔为〈精神现象学〉所写的一则广告》,译文,《复旦学报(社会科学版)》1992 年第 6 期

俞吾金:《论马克思的人化自然辩证法》,《学术月刊》1992 年第 12 期

1993 年

俞吾金:《"阴盛阳衰"小议》,《文汇报》1993 年 1 月 3 日

俞吾金:《析"相敬如宾"》,《天津日报》1993 年 1 月 12 日

俞吾金:《全方位地确立环境意识》,《南京日报》1993 年 1 月 20 日

俞吾金:《权威崇拜的移位》,《文汇报》1993 年 1 月 31 日

俞吾金:《"定位意识"的确立》,《文汇报》1993 年 2 月 7 日

俞吾金:《"感觉是不可靠的"》,《天津日报》1993 年 2 月 9 日

俞吾金:《商品经济与商业头脑》,《文汇报》1993 年 2 月 21 日

俞吾金:《从"宋明心态"到"汉唐精神"》,《文汇报》1993 年 3 月 7 日

俞吾金:《从"旁观"到"参与"》,《文汇报》1993 年 3 月 14 日

俞吾金:《邓小平:唯物史观的第四个里程碑》,《山西发展导报》1993 年 3 月 26 日

俞吾金：《心理世界的嬗变》，《文汇报》1993 年 4 月 4 日

俞吾金：《发展才是硬道理——邓小平的发展理论初探》，《解放日报》1993 年 4 月 14 日

俞吾金：《广告的环境化与环境的广告化》，《文汇报》1993 年 4 月 25 日

俞吾金：《价值取向的多元化》，《文汇报》1993 年 6 月 20 日

俞吾金：《不尽的思念》，《文汇报》1993 年 6 月 14 日

俞吾金(笔名"岑文")：《一部值得一读的新著》，《文汇报》1993 年 7 月 9 日

王元化、俞吾金等：《市场经济与文化建设》，《文汇报》1993 年 7 月 10 日

俞吾金：《房地产开发中的文化效应》，《宝吉房产》1993 年 8 月 1 日

俞吾金：《军事意识与日常生活》，《文汇报》1993 年 8 月 7 日

俞吾金(笔名"天灵")：《一部研究毛泽东思想的新著》，《解放日报》1993 年 8 月 11 日，《复旦学报(社会科学版)》1993 年第 3 期

俞吾金：《雄辩在狮城——复旦大学辩论队参加国际大专辩论赛纪实》，《解放日报》1993 年 9 月 14 日

俞吾金(笔名"天灵")：《简评〈意识形态论〉》，《文汇报》1993 年 10 月 1 日

俞吾金：《鲁迅批评"雷峰夕照"的启示》，《文汇报》1993 年 10 月 17 日

俞吾金：《教师应不断提高教育水平》，《上海教育报》1993 年 11 月 16 日

李君如，俞吾金等：《解放思想实事求是——学习〈邓小平文选〉第 3 卷畅谈录》，《社会科学报》1993 年 11 月 25 日

俞吾金：《辩论的魅力——写在〈狮城舌战〉出版之际》，《解放日报》1993 年 12 月 5 日

俞吾金：《读书益心智》，《解放日报》1993 年 12 月 16 日

俞吾金：《邓小平：开拓马克思主义的新境界》，《文汇报》1993 年
12 月 20 日，《思想理论教育》1994 年第 1 期

俞吾金：《去蔽与求知》，《书城》1993 年第 1 期

俞吾金：《哲学是对人生意义的探究》，《哲学杂志》1993 年第 1 期

俞吾金：《唯物史观的四个里程碑——从马克思到邓小平》，《复旦
学报(社会科学版)》1993 年第 1 期

俞吾金：《意识意识形态》，《求是学刊》1993 年第 1 期

俞吾金：《哲学研究中约定主义的兴起》，《社会科学战线》1993 年第
1 期

俞吾金：《关键在于调动两方面的积极性》，《上海高教研究》1993 年
第 2 期

俞吾金：《邓小平与中国当代文化范式的转变》，《复旦学报(社会科
学版)》1993 年第 3 期

俞吾金：《面向时代，弘扬学术——面向世界，在国际学术界确立
自己的新形象》，《学术月刊》1993 年第 8 期

俞吾金：《马克思主义的第四个来源和第四个组成部分——纪念马
克思逝世 110 周年》，《学术月刊》1993 年第 8 期

俞吾金：《旅德两章》，载何建华主编：《出国途中的泪与笑——海
外来鸿》，上海人民出版社 1993 年版

俞吾金：《改革与社会交往结构的变化》，《大潮文丛》第 1 辑，复旦
大学出版社 1993 年版

俞吾金：《毛泽东智慧》，上海人民出版社 1993 年版；时代国际出
版有限公司 2005 年再版

俞吾金：《意识形态论》，上海人民出版社 1993 年版；人民出版社
2009 年再版

俞吾金：《生存的困惑——西方哲学文化精神探要》，上海文化出版
社 1993 年版

王沪宁、俞吾金主编：《狮城舌战》，复旦大学出版社 1993 年版

1994 年

俞吾金：《著名哲学家胡曲园逝世》，《文汇报》1994 年 1 月 5 日

俞吾金：《走出黑格尔迷宫的领路人》，《文汇报》1994 年 2 月 27 日

俞吾金(笔名"岑文")：《推荐〈生存的困惑〉》，《解放日报》1994 年 3 月 30 日

俞吾金：《上海城雕的现状与发展——对上海城市雕塑的建议和期待》，《文汇报》1994 年 4 月 17 日

俞吾金：《悄然变化的社会交往结构——访复旦大学哲学博士俞吾金教授》，卜宇、陈华风采访，《南京日报》1994 年 5 月 3 日

俞吾金：《教学改革中迈出的重要一步》，《复旦校刊》1994 年 6 月 28 日

俞吾金：《邓小平：是务实派更是卓越的理论家》，《山西发展导报》1994 年 8 月 19 日

俞吾金：《邓小平与当代中国社会最重大的转折》，《山西发展导报》1994 年 8 月 26 日

俞吾金：《作为一个学者》，周斌采访，《复旦大学南区人报》1994 年 11 月 18 日

俞吾金：《舌战狮城——访复旦大学辩论队领队兼教练俞吾金教授》，周斌采访，《交际与口才》1994 年第 1 期

俞吾金：《立论要合乎情理——写在首届国际大专辩论赛决赛之后》，《演讲与口才》1994 年第 2 期

俞吾金：《市场经济导向下的社会科学》，《学术月刊》1994 年第 4 期

俞吾金：《我们正处在第三次大转变中》，《思想理论教育》1994 年第 4 期

俞吾金：《从顾城之死说开去》，《书城》1994 年第 4 期

俞吾金(笔名"天灵")：《打开西方文化研究的新领域》，《复旦学报(社会科学版)》1994 年第 3 期

俞吾金：《评文化研究中的三种倾向》，《复旦学报(社会科学版)》

1994 年第 3 期，《新华文摘》1994 年第 8 期全文转载

俞吾金：《充分发挥哲学的前瞻功能——〈求是学刊〉百期感言》，《求是学刊》1994 年第 3 期

俞吾金：《"发展"与"显示"》，《科技与发展》1994 年第 3 期

萧功秦、俞吾金等：《中国发展笔谈》，《科技与发展》1994 年第 3 期

俞吾金：《关于唯物史观及其历史命运的思考》，《学术月刊》1994 年第 7 期

俞吾金：《评新儒家的"道"和"道统"》，《书城》1994 年第 8 期

俞吾金：《功利主义道德规范对中国市场经济的发展具有积极的范导作用》，《探索与争鸣》1994 年第 11 期

俞吾金：《走向历史与现实的纵深处——俞吾金教授访谈录》，薛晓源采访，《马克思主义与现实》1994 年第 4 期

李建中：《辩者无言——俞吾金印象记》，《今日名流》1994 年第 12 期

俞吾金：《现实促使我研究邓小平思想》，《书城》1994 年第 12 期

俞吾金：《艺术家与悟道》，《上海艺术家》1994 年文化专号

刘放桐、俞吾金：《〈休谟思想研究〉推荐序》，载闫吉达：《休谟思想研究》，上海远东出版社 1994 年版

俞吾金：《认识论之元批判》，载韩民青等编：《我的哲学思想：当代中国部分哲学家的学术自述》，广西人民出版社 1994 年版

俞吾金：《教育是创造人的事业——用哲学的眼光看教育》，载《教育：跨世纪工程的思考》，广西教育出版社 1994 年版

俞吾金：《比较文化研究与社会形态时间》，载吴立昌主编《大潮文丛》第 2 辑，复旦大学出版社 1994 年版

复旦大学发展研究院编：《1993 年中国发展报告》（文化篇主笔），1994 年版

俞吾金：《邓小平：在历史的天平上》，上海人民出版社 1994 年版

罗素：《西方的智慧》，（主要译者之一），上海人民出版社 1994

年版

王沪宁、俞吾金主编:《狮城舌战启示录》,上海人民出版社 1994 年版

1995 年

俞吾金:《从"工程"概念说开去》,《社会科学报》1995 年 1 月 26 日

俞吾金:《实现精神状态的第三次转折》,《文汇报》1995 年 2 月 3 日

俞吾金:《哲学研究与哲学学科分类》,《光明日报》1995 年 5 月 4 日

俞吾金:《路与道》,《文汇报》1995 年 5 月 13 日

俞吾金:《对激进主义思潮的反思》,《文汇报》1995 年 6 月 4 日

俞吾金:《如何把握道德建设的适度性》,《文汇报》1995 年 6 月 10 日

俞吾金:《文化发展的三种类型》,《人民日报》1995 年 6 月 13 日

俞吾金:《教育发展中的四大关系》,《湖北教育报》1995 年 7 月 10 日

俞吾金:《历史主义和历史性》,《光明日报》1995 年 9 月 7 日

俞吾金:《重视人生观方面的教育》,《文汇报》1995 年 9 月 20 日

俞吾金:《杨福家的人生哲学——读〈追求卓越〉一书有感》,《新民晚报》1995 年 9 月 13 日

俞吾金:《从历史题材作品谈传统文化的精华与糟粕》,《文汇报》1995 年 10 月 8 日

俞吾金:《克服思维方式的简单化》,《文汇报》1995 年 10 月 14 日

俞吾金:《以改革开放的大思路促进哲学系的大发展》,《复旦校刊》1995 年 11 月 1 日

俞吾金:《寻找新的价值坐标》,《上海教育报》1995 年 11 月 13 日

俞吾金:《马克思哲学是历史哲学吗?》,《光明日报》1995 年 12 月 7 日

俞吾金:《机智灵活巧应对》,《新民晚报》1995 年 12 月 25 日

俞吾金：《再论马克思的哲学本体论》，《哲学杂志》1995 年第 1 期

俞吾金：《涉世和成功——复旦大学教授俞吾金访谈录》，苏军采访，《涉世之初》1995 年第 1 期

俞吾金：《古尔德〈马克思的社会本体论〉评析》，《马克思主义与现实》1995 年第 1 期

俞吾金：《为功利主义伦理观辩护》，《探索与争鸣》1995 年第 2 期

俞吾金：《向经典马克思主义回归》，《马克思主义与现实》1995 年第 2 期

俞吾金：《重新认识马克思的哲学和黑格尔哲学的关系》，《哲学研究》1995 年第 3 期

俞吾金：《科学技术、科学精神与科学主义》，《探索与争鸣》1995 年第 3 期

王沪宁、俞吾金等：《上海发展与青年战略》，《青年学报》1995 年第 1 期

俞吾金：《主体迷失与价值错位——对当前文化研究的批判性反思》，《社会科学战线》1995 年第 2 期

邓伟志、俞吾金等：《理工科院校如何创建人文社会科学学院》，《上海交通大学学报(哲学社会科学版)》1995 年第 2 期

俞吾金：《我谈电视》，《上海电视周刊》1995 年第 4 期

俞吾金：《从抽象认识论到意识形态批判》，《天津社会科学》1995 年第 5 期，《新华文摘》1995 年第 12 期全文转载

俞吾金：《论两种不同的历史唯物主义概念》，《中国社会科学》1995 年第 6 期

俞吾金：《马克思的实践释义学初探》，《复旦学报(社会科学版)》1995 年第 3 期，《光明日报》1997 年 7 月 26 日转载

俞吾金：《十八岁：人生的第二次诞生》，选自《上海十八岁成人仪式理论研讨会实录》，《青年学报》1995 年第 3 期

俞吾金：《语文教学的形式化倾向》，《初中教育研究》1995 年第 6

期，《新民晚报》1995 年 9 月 11 日

俞吾金：《理性地思考社会——访复旦大学博士生导师俞吾金教授》，汤勤、陆健采访，《社会》1995 年第 6 期

俞吾金：《重建核心价值观——俞吾金谈市场经济与道德》，石久化采访，《前进》1995 年第 7 期

俞吾金：《谈谈哲学研究中的自然主义态度》，《社会科学战线》1995 年第 4 期

俞吾金：《再谈哲学的元问题》，《学术月刊》1995 年第 10 期

俞吾金：《中国社会协调发展的理论前提》，《探索与争鸣》1995 年第 10 期

俞吾金：《邓小平的坦诚与幽默》，摘编于《领导文萃》1995 年第 10 期

俞吾金：《马克思物质观新探》，《复旦学报（社会科学版）》1995 年第 6 期，《新华文摘》1996 年第 2 期全义转载

俞吾金：《做真理的追求者》，载梁玉玲编：《影响我一生的一句话》，上海三联书店 1995 年版

俞吾金：《〈马克思主义社会理论〉推荐序》，载瞿铁鹏：《马克思主义社会理论》，上海社科院出版社 1995 年版

上海人民出版社编：《1994 图录上海大趋势》（教育篇主笔），上海人民出版社 1995 年版

复旦大学发展研究院编：《1994 年中国发展报告》（文化篇主笔），1995 年版

俞吾金编选：《疑古与开新：胡适文选》，上海远东出版社 1995 年版

俞吾金：《寻找新的价值坐标：世纪之交的哲学沉思》，复旦大学出版社 1995 年版

俞吾金：《文化密码破译》，上海远东出版社 1995 年版

俞吾金：《俞吾金集》，黑龙江教育出版社 1995 年版

1996 年

俞吾金：《站在世纪的交汇点上》，《解放日报》1996 年 1 月 17 日

俞吾金：《辩论中的想象力》，《新民晚报》1996 年 1 月 17 日

俞吾金：《确立自觉的历史意识》，《文汇报》1996 年 2 月 17 日

俞吾金：《对哲学元问题的反思——访俞吾金》，李瑞英采访，《光明日报》1996 年 3 月 9 日

俞吾金：《反映复旦人生活的一面忠实的镜子》，《复旦校刊》1996 年 3 月 12 日

朱立元、俞吾金：《话说高雅文化的回潮》，《上海教育报》1996 年 4 月 1 日

俞吾金：《现代化的文化内涵和文化的现代化指向》，《文汇报》1996 年 4 月 10 日，《新华文摘》1996 年第 7 期全文转载

俞吾金(笔名"于文")：《不能抽象地谈论现代化》，《光明日报》1996 年 4 月 13 日

俞吾金：《解忧帮困与人文关怀》，《文汇报》1996 年 4 月 20 日

俞吾金：《世纪之交的哲学文化问题》，《解放日报》1996 年 5 月 1 日

俞吾金：《哲学能够被通俗化吗？——读〈苏菲的世界〉有感》，《文汇读书周报》1996 年 5 月 4 日

Yu Wujin："Cultural Concepts to be examined"，*China Daily*，May 15，1996

俞吾金：《哲学：从方法论研究转向本体论研究》，《文汇报》1996 年 5 月 29 日

俞吾金：《寻找精神文明建设的坐标》，《杭州日报》1996 年 6 月 17 日

俞吾金：《价值观：全球哲学文化的焦点》，《山西发展导报》1996 年 6 月 18 日、6 月 25 日、7 月 2 日、7 月 9 日

俞吾金：《不能放弃"批评"和"倡导"》，《文汇报》1996 年 7 月 5 日

俞吾金：《形体语言与城市文明》，《文汇报》1996 年 8 月 5 日，《人民日报》1996 年 8 月 31 日转载

俞吾金：《关于"道德"的几种说法的分析》，《解放日报》1996 年 8 月 22 日

俞吾金：《树立新的道德标准——俞吾金教授谈道德建设》，邓建胜采访，《人民日报》1996 年 10 月 11 日

俞吾金：《研究西方哲学史必读的十本书》，《福州晚报》1996 年 10 月 20 日

俞吾金：《精神文明建设中的三大关系》，《文汇报》1996 年 10 月 27 日

俞吾金：《爱情、性欲与道德》，《文学报》1996 年 11 月 26 日

俞吾金：《从历史到现实：中西文化关系谈丛——评亨廷顿的"文明冲突论"》，《文汇报》1996 年 12 月 7 日

俞吾金：《科学精神与人文精神必须协调发展》，《探索与争鸣》1996 年第 1 期

俞吾金：《当代中国学人思维方式之检讨——文化研究的前提性思考之一》，《学习与探索》1996 年第 1 期

俞吾金：《让马克思从费尔巴哈的阴影中走出来》，《南京社会科学》1996 年第 1 期

俞吾金：《论当代中国文化的内在冲突》，《经济与文化》1996 年第 1 期

俞吾金：《哲学的"世界"概念》，《长白论丛》1996 年第 1 期，又载山东大学哲学与社会发展学院编：《思想者》2000 年第 1、2 期

俞吾金：《重新理解马克思哲学和费尔巴哈哲学的关系》，《马克思主义与现实》1996 年第 1 期

俞吾金：《马克思时空观新论》，《哲学研究》1996 年第 3 期

俞吾金：《独立人格是当代中国人伦关系的基础》，《探索与争鸣》1996 年第 3 期

俞吾金：《谈谈现代化理论研究上的观念论倾向》，《复旦学报（社会科学版）》1996 年第 2 期

俞吾金：《马克思的解构学说》，《江海学刊》1996 年第 2 期

俞吾金：《注意精神文明建设中的两种倾向》，《理论文萃》1996 年第 2 期

俞吾金：《重新理解马克思》，《学术界》1996 年第 5 期

俞吾金：《铸造新的时代精神——米兰·昆德拉的话语世界》，《复旦学报（社会科学版）》1996 年第 3 期，又载李凤亮等编：《对话的灵光：米兰·昆德拉研究资料辑要(1986—1996)》，中国友谊出版社 1999 年版

俞吾金：《世纪之交的感慨》，《世纪》1996 年第 4 期

俞吾金：《"硬扶贫"与"软扶贫"》，《探索与争鸣》1996 年第 9 期

俞吾金：《哲学史：绝对主义与相对主义互动的历史》，《复旦学报（社会科学版）》1996 年第 5 期，《新华文摘》1997 年第 3 期全文转载

俞吾金：《从美国新实用主义看后现代主义思潮的约定论特征》，《天津社会科学》1996 年第 5 期

俞吾金：《做思想薪火的传承人——写在复旦大学哲学系建系 40 周年之际》，载复旦大学哲学系编：《思想的薪火》，东方学术出版中心 1996 年版

俞吾金：《辩论之道——首届中国名校大学生辩论邀请赛观后》，载张德明主编：《世纪之辩：首届中国名校大学生辩论赛纪实》，复旦大学出版社 1996 年版

复旦大学发展研究院编：《1995 年中国发展报告》（文化篇主笔），1996 年版

1997 年

俞吾金：《邓小平就在我们中间》，《解放日报》1997 年 1 月 15 日

俞吾金：《深入当代生活，正确理解马克思——复旦大学哲学系主任、博导俞吾金教授接受本报记者访问》，段钢采访，《社会科学报》

1997 年 1 月 16 日

俞吾金:《畅谈〈邓小平〉》,《文汇读书周报》1997 年 1 月 18 日

俞吾金:《荧屏再现伟人的个性、气质》,《文汇电影时报》1997 年 1 月 18 日

俞吾金:《未来学缘何热——访复旦大学俞吾金教授》,《浙江日报》1997 年 2 月 3 日

俞吾金:《在哲学研究中继续"两条腿走路"》,《解放日报》1997 年 2 月 12 日

俞吾金:《把"经济哲学"与"经济的哲学"区分开来》,《光明日报》1997 年 2 月 15 日

俞吾金:《励精图治,巩固和优化师资队伍》,《复旦校刊》1997 年 2 月 21 日

俞吾金:《历史已为邓小平建造了丰碑》,《无锡日报》1997 年 3 月 4 日

俞吾金:《辞典应力求内容完整》,《浙江日报》1997 年 3 月 10 日

俞吾金、孙承叔:《再就业问题的哲学思考》,《文汇报》1997 年 4 月 28 日

俞吾金:《发展教育必须要有超前意识》,《上海教育报》1997 年 5 月 2 日

俞吾金:《马克思主义哲学与释义学》,《光明日报》1997 年 7 月 26 日

俞吾金:《牢固确立可持续发展的观念》,《文汇报》1997 年 8 月 11 日

俞吾金:《要扭转一种倾向》,《文汇报》1997 年 8 月 19 日

俞吾金:《关于文化建设的思考》,《文汇报》1997 年 8 月 19 日。

俞吾金:《行为方式的深层思考——俞吾金教授访谈》,张子良采访,《公共行政与人力资源》1997 年第 1 期

俞吾金:《世纪之交中的价值观构建——俞吾金教授访谈录》,王伯

军采访,《中共浙江省委党校学报》1997 年第 1 期

俞吾金:《各行为主体都面临观念的转换》,《探索与争鸣》1997 年第 2 期

俞吾金:《坚持学术规范,繁荣学术事业》,《学术月刊》1997 年第 2 期

俞吾金:《知识论哲学的谱系及其对马克思主义哲学研究的影响》,《马克思主义与现实》1997 年第 2 期

俞吾金:《关于哲学基本问题的再认识》,《北京大学学报(哲学社会科学版)》1997 年第 2 期

俞吾金:《俞吾金博士访谈录》,冯平采访,《学术研究》1997 年第 4 期

俞吾金:《对哲学危机的反思》,《学术月刊》1997 年第 5 期

俞吾金:《文化的融合与观念的提升》,《青年一代》1997 年第 6 期

俞吾金:《关于哲学的几个问题》,《空军政治学院学报》1997 年第 4 期

俞吾金:『異なるニつの史的唯物論概念』,『唯物論研究』第 16 卷第 50 號,1997 年冬

俞吾金:《新模式辩论赛之我见》,载张德明主编:《英才雄风:第二届中国名校大学生辩论赛纪实》,复旦大学出版社 1997 年版

1998 年

俞吾金:《缺乏传统文化教育,现行教育体制应该反省》,《青年报》1998 年 8 月 3 日

俞吾金:《儒学与现代性》,《深圳特区报》1998 年 8 月 24 日

俞吾金:《走过二十年,走过春天——在改革开放中追求哲学研究的新境界》,《解放日报》1998 年 9 月 9 日

俞吾金:《20 世纪哲学的特征及其未来走向》,《光明日报》1998 年 9 月 25 日

俞吾金：《提高社会生活中的信任度》，《文汇报》1998 年 10 月 19 日

俞吾金：《哲学研究现状面面观》，《复旦校刊》1998 年 10 月 30 日

俞吾金：《我拾起了曾被碾碎的》，《中国青年报》1998 年 12 月 20 日

俞吾金：《我国现代化观念面临挑战》，《探索与争鸣》1999 年第 1 期

俞吾金：《论马克思哲学的本质》，《学术界》1998 年第 1 期

俞吾金：《突破"欧洲中心论"的思维框架》，《学术月刊》1998 年第 5 期

俞吾金：《精明而不高明的上海人——与俞吾金教授谈"海派"文化》，丁果采访，《明报学刊》1998 年第 5 期

俞吾金：《重塑普遍性的文化根基——关于重建年代一个重要课题的对话》，《文化中国》(加拿大)1998 年 9 月号

俞吾金：《〈复旦学报〉，青年理论工作者的摇篮》，《复旦学报(社会科学版)》1998 年第 6 期

俞吾金：《常识与哲学》，载国家教育委员会高等教育司编：《升华与超越——大学生文化素质教育讲座集锦》，高等教育出版社 1998 年版

俞吾金：《走向边缘——〈恍惚的世界——200 部电影中的精神疾病案例分析〉推荐序》，载舒伟洁等：《恍惚世界——200 部电影中的精神疾病案例分析》，复旦大学出版社 1998 年版

俞吾金：《在文化研究中坚持现代化的价值导向》，载《炎黄文化研究文集》，学林出版社 1998 年版

俞吾金：《回归生活，超越自我》，载文林等主编：《中国新一代思想家自白》，九洲图书出版社 1998 年版

俞吾金：《俞吾金集》，学林出版社 1998 年版

俞吾金主编：《跨越边界》，复旦大学出版社 1998 年版

1999 年

俞吾金：《重塑现代化的理念》，《深圳特区报》1999 年 1 月 11 日

俞吾金：《"好的最大敌人是最好"》，《新民晚报》1999 年 5 月 25 日

俞吾金：《我国现代化观念面临挑战》，《探索与争鸣》1999 年第 1 期

俞吾金：《关于人性问题的新探索——儒家人性理论与基督教人性理论的比较研究》，《复旦学报(社会科学版)》1999 年第 1 期

俞吾金：《经济哲学的三个概念》，《中国社会科学》1999 年第 2 期

俞吾金：《访谈录》，《经济与文化》1999 年第 2 期

俞吾金：《比较文化研究的前提性反思》，《复旦学报(社会科学版)》1999 年第 3 期

俞吾金：《电脑永远是工具》，《中华家庭电脑文献》1999 年第 7 期

俞吾金：《创造性思维三题议》，《文史哲》1999 年第 4 期，《新华文摘》1999 年第 11 期全文转载

俞吾金：《论抽象自然观的三种表现形式》，《上海交通大学学报(哲学社会科学版)》1999 年第 4 期

俞吾金：《对马克思哲学与西方哲学关系的再认识》，《天津社会科学》1999 年第 6 期，《中国社会科学文摘》2000 年第 2 期全文转载，《新华文摘》2000 年第 4 期全文转载

俞吾金：《工艺理性批判》，载《学术中国》，江西教育出版社 1999 年版

俞吾金、吴晓明主编：《20 世纪哲学经典文本》(共 5 卷)，复旦大学出版社 1999 年版

2000 年

俞吾金：《去除虚荣心》，《新民晚报》2000 年 1 月 3 日

俞吾金：《书缘》，《新民晚报》2000 年 1 月 22 日

俞吾金：《学术领域应该是最圣洁的》，《文学报》2000 年 5 月 11 日

俞吾金：《马克思仍然是我们的同时代人》，《文汇报》2000 年 8 月 2 日，《中国社会科学文摘》2000 年第 5 期转载

俞吾金：《不在场的在场》，《文汇读书周报》2000 年 5 月 20 日

俞吾金：《超越比较文化研究的无序状态》，《解放日报》2000 年 6 月

18 日

俞吾金：《理论探索的一面旗帜》，《解放日报》2000 年 7 月 7 日

俞吾金：《也谈学术规范》，《文汇报》2000 年 8 月 26 日，又载施宣圆主编：《中华学林名家文萃》，文汇出版社 2003 年版

俞吾金：《建筑空间应注入人文情怀》，《解放日报》2000 年 9 月 10 日

俞吾金：《马克思如何看待传统——从〈共产党宣言〉的一段译文谈起》，《光明日报》2000 年 10 月 24 日，《新华文摘》2001 年第 1 期全文转载

俞吾金：《教师应有知人之明》，《文汇报》2000 年 11 月 14 日

俞吾金：《对创造教育的前提性反思》，《中国教育报》2000 年 11 月 15 日，《文汇报》2001 年 6 月 21 日转载，《新华文摘》2001 年第 2 期全文转载

俞吾金：《以生命追求真理》，《文汇报》2000 年 12 月 26 日

俞吾金：《学术创新的前提》，《文汇报》2000 年 12 月 30 日，《文艺理论研究》2001 年第 1 期转载

俞吾金：《马克思与我们同时代》，《复旦校刊》2000 年 12 月 22 日

俞吾金：《美学研究新论》，《学术月刊》2000 年第 1 期

俞吾金：《重视对哲学基础理论的研究——俞吾金教授访谈》，欣文采访，《学术月刊》2000 年第 1 期

俞吾金：《现代化：一个批评性的反思》，《人文杂志》2000 年第 5 期，《辞海新知》2000 年第 6 期转载

俞吾金：《善恶与教化——兼论基督教和儒学的人的理论》，《复旦学报（社会科学版）》2000 年第 3 期，《中国社会科学文摘》2000 年第 6 期转载，又载许志伟、赵敦华主编：《冲突与互补：基督教哲学在中国》，社会科学文献出版社 2000 年版

俞吾金：《天命之年话人生》，《世纪》2000 年第 3 期

俞吾金：《自由概念两题议》，《开放时代》2000 年第 7 期

俞吾金：《对新世纪开端的文化病症的诊断》，《世纪》2000 年第 4 期

俞吾金：《论马克思的研究方法和叙述方法之间的关系》，《马克思主义与现实》2000 年第 5 期

俞吾金：《当代中国文化的内在矛盾与出路》，《探索与争鸣》杂志社 2000 年版，《浙江学刊》2000 年第 5 期，《浙江大学学报（人文社会科学版）》2007 年第 4 期

俞吾金：《文化发展的新反思》，《社会科学论坛》2000 年第 5 期

俞吾金：《向生活世界的辩证法复归》，《探索与争鸣》2000 年第 11 期，中国人民大学复印资料《哲学原理》2001 年第 1 期全文转载

俞吾金：《马克思的实践唯物主义及其当代发展趋向》，《江苏社会科学》2000 年第 6 期

Yu Wujin: "Three Notions of Philosophy of Economics", *Social Sciences in China*, No. 4, Winter 2000

俞吾金：《哈贝马斯现代性理论的启示——〈走出时代的困境——哈贝马斯对现代性的反思〉推荐序》，载汪行福：《走出时代的困境——哈贝马斯对现代性的反思》，上海社会科学院出版社 2000 年版

俞吾金：《〈自由主义批判与自由理论的重建——黑格尔政治哲学及其影响〉推荐序》，载郁建兴：《自由主义批判与自由理论的重建——黑格尔政治哲学及其影响》，学林出版社 2000 年版

俞吾金：《反思现代化理念》，载《辞海新知》第 6 辑，上海辞书出版社 2000 年版

俞吾金主编：《当代国外马克思主义评论》第 1 辑，复旦大学出版社 2000 年版

2001 年

俞吾金：《传承与创新》，《文汇报》2001 年 1 月 1 日

俞吾金：《呼唤"面对面"》，《解放日报》2001 年 1 月 1 日

俞吾金：《新世纪呼唤理论大师》，《文汇报》2001 年 1 月 19 日

俞吾金：《"行走"，还是"回避"？——也谈"行走文学"的时尚化》，《文汇报》2001 年 2 月 3 日

俞吾金：《批评的变质与重建》，《解放日报》2001 年 2 月 4 日

俞吾金：《人文关怀：马克思哲学的另一个维度》，《光明日报》2001 年 2 月 6 日，《新华文摘》2001 年第 5 期全文转载，《中国社会科学文摘》2003 年第 1 期转载

俞吾金：《数字崇拜何时休》，《解放日报》2001 年 2 月 9 日

俞吾金：《"意义溢出"与"太空状态"》，《解放日报》2001 年 3 月 25 日

俞吾金：《"以德治国"和"依法治国"相得益彰》，《文汇报》2001 年 4 月 9 日

俞吾金：《从"滑铁卢"的比喻说起》，《解放日报》2001 年 5 月 1 日

俞吾金：《马克思哲学中的人文关怀》，《河南日报》2001 年 7 月 6 日

俞吾金：《充分认识哲学社会科学的地位和作用》，《深圳特区报》2001 年 8 月 12 日，《江南论坛》2001 年第 9 期

俞吾金：《反对主观主义，尊重客观规律》，《解放日报》2001 年 9 月 16 日

俞吾金等：《"新上海人"：没那么简单》，《南方周末》2001 年 10 月 18 日

俞吾金：《新世纪的新希望》，《文汇报》2001 年 10 月 19 日

俞吾金：《从极端的文化观中解脱出来》，《社会科学报》2001 年 10 月 25 日

林尚立、周尚文、俞吾金：《深入学习深刻领会"七一"重要讲话》，《社会科学报》2001 年 10 月 25 日，《深圳特区报》2001 年 10 月 28 日转载

俞吾金、王伟贤：《创造独立的生活空间——俞吾金与王伟贤对话录》，《解放日报》2001 年 11 月 1 日

俞吾金：《扎根人类文化的深渊》，《中国青年报》2001 年 11 月 7 日

俞吾金：《缩短与子女的心理距离》，《文汇报》2001 年 12 月 12 日

俞吾金：《青少年教育中的"三个世界"》，《文汇报》2001 年 12 月 14 日，《联合时报》2001 年 9 月 14 日

俞吾金：《反思"创造教育"》，《发展导报》2001 年 12 月 25 日

俞吾金：《2001：重大事件冲击理论思维》，《深圳特区报》2001 年 12 月 30 日

俞吾金：《以平常心看平常事》，《新民周刊》2001 年第 52 期

俞吾金：《21 世纪与哲学发展的新理念》，《探索与争鸣》2001 年第 1 期

俞吾金：《论近代西方哲学与现代、当代西方哲学的关系》，《学术月刊》2001 年第 1 期

俞吾金：《海德格尔的"世界"的概念》，《复旦学报（社会科学版）》2001 年第 1 期

俞吾金：《论马克思的唯物主义学说的基本特征》，《上海行政学院学报》2001 年第 1 期

俞吾金：《存在、自然存在与社会存在——海德格尔、卢卡奇和马克思本体论思想的比较研究》，《中国社会科学》2001 年第 2 期

俞吾金：《论马克思对西方哲学传统的扬弃——兼论马克思的实践、自由概念与康德的关系》，《中国社会科学》2001 年第 3 期

俞吾金：《马克思哲学研究中的方法论问题》，《中国社会科学》2001 年第 5 期

俞吾金：《在实践中丰富马克思关于个人全面发展的理念》，《学术界》2001 年第 5 期

俞吾金：《第一哲学和哲学的第一问题》，《哲学门》2001 年第 1 期

俞吾金：《也谈 Der Wille zur Macht 的汉译》，《哲学译丛》2001 年第 3 期

俞吾金：《拒斥哲学上的形式主义倾向》，《开放时代》2001 年第 3 期

俞吾金：《论马克思对黑格尔思辨哲学的批判》，《马克思主义哲学研究》2001 年第 1 期

俞吾金：《从外在的对峙到内在的对话——对西方马克思主义与西方现代哲学关系的新思考》，《学术月刊》2001年第8期

俞吾金、孙承叔：《复旦大学哲学专业课程体系改革方案》，《教学与研究》2001年第9期

俞吾金：《当代中国思维方法批判》，《证大》2001年第9期

俞吾金：《差异性、偶然性和个体性——未来哲学的新的聚焦点》，《求是学刊》2001年第5期

俞吾金：《马克思的权力诠释学及其当代意义》，《天津社会科学》2001年第5期

俞吾金：《反思环境伦理学的一般理论前提》，《社会科学论坛》2001年第5期

俞吾金：《马克思本体论研究中的一些基本概念》，《哲学动态》2001年第10期

俞吾金：《马克思哲学是社会生产关系本体论》，《学术研究》2001年第10期

俞吾金：《为理论创新营造良好的环境》，《探索与争鸣》2001年第10期

俞吾金：《作为哲学史纲要和最终归宿的〈小逻辑〉——黑格尔哲学史观新探》，《哲学研究》2001年第11期

俞吾金：《实践诠释学：重新解读马克思哲学与一般哲学理论》，云南人民出版社2001年版

俞吾金主编：《当代国外马克思主义评论》第2辑，复旦大学出版社2001年版

2002 年

俞吾金等：《边地不是"桃花源"》，《光明日报》2002年1月24日

俞吾金：《散步与阅读》，《上海新书报》2002年2月10日

俞吾金：《告别历史主义的思维方法》，《上海新书报》2002年2月

10 日

俞吾金：《避免虚假、肤浅的伪民俗——也说民俗、民间文化热》，《文汇报》2002 年 2 月 20 日

俞吾金：《诺贝尔情绪之我见》，《社会科学报》2002 年 2 月 21 日

俞吾金：《"新上海人"缘起》，《I 时代》2002 年 3 月 1 日

俞吾金：《剖析"只有一个地球"》，《解放日报》2002 年 3 月 11 日

俞吾金等：《魔幻：现代人的集体狂欢》，《新闻晨报》2002 年 3 月 13 日

俞吾金：《所谓"违心"种种——告别"婴儿状态"的历史观》，《北京日报》2002 年 3 月 18 日

俞吾金：《不断地超越自我》，《解放日报》2002 年 3 月 24 日

俞吾金：《从"无理由退货"说开去》，《解放日报》2002 年 3 月 31 日

杨耕、俞吾金等：《今天马克思仍然"在场"》，《光明日报》2002 年 4 月 18 日

俞吾金：《新上海人的生活观念》，《解放日报》2002 年 6 月 7 日，《上海科学生活》2002 年第 7 期；又载上海证大研究所编：《上海人》，学林出版社 2002 年版

俞吾金：《用发展着的理论指导新实践》，《文汇报》2002 年 6 月 21 日

俞吾金：《"学历史"，还是"学考历史"》，《文汇报》2002 年 7 月 30 日

俞吾金：《"临界状态"与道德自律》，《文汇报》2002 年 8 月 15 日

俞吾金：《什么是自我的困境?》，《文汇报》2002 年 8 月 25 日

俞吾金：《语言陷阱》，《北京日报》2002 年 9 月 2 日

俞吾金：《声音领域里的霸权主义》，《深圳特区报》2002 年 9 月 8 日

俞吾金：《恢复事物的本来面目》，《新闻晨报》2002 年 9 月 18 日

俞吾金：《广义生产理论：普照的光》，《社会科学报》2002 年 9 月 26 日

俞吾金：《超越本体论思维方式》，《社会科学报》2002 年 9 月 26 日

俞吾金：《警惕"绿色崇拜"》，《深圳特区报》2002 年 9 月 29 日

俞吾金：《该不该批评病态的审美现象和观念》，《文汇报》2002 年 10 月 5 日

俞吾金：《偏见比无知离真理更远》，《文汇报》2002 年 11 月 30 日

俞吾金：《科技：蜕变为意识形态之后》，《社会科学报》2002 年 11 月 21 日

俞吾金等：《当代科技革命与哲学创新》，《社会科学报》2002 年 11 月 21 日

俞吾金：《警惕文化生活中的"修辞学转向"》，《文汇报》2002 年 12 月 19 日

俞吾金：《理论创新：语境与问题》，《哲学动态》2002 年第 1 期

俞吾金：《当代哲学关于人的问题的新思考》，《人文杂志》2002 年第 1 期

俞吾金：《本体论研究的复兴和趋势》，《浙江学刊》2002 年第 1 期

王迅、俞吾金等：《科学巅峰诺贝尔奖》，《上海科坛》2002 年第 1 期

俞吾金：《也谈学术规范、学术民主与学术自由》，《学术界》2002 年第 3 期

俞吾金：《西方哲学史研究中的三个神话》，《复旦学报（社会科学版）》2002 年第 2 期，《中国社会科学文摘》2003 年第 2 期全文重点推荐

俞吾金：《走出"主奴关系"的哲学神话》，《东南学术》2002 年第 2 期

俞吾金：《康德批判哲学的研究起点和形成过程》，《东南学术》2002 年第 2 期

俞吾金：《如何重写西方哲学史》，《东南学术》2002 年第 2 期

俞吾金：《埃尔斯特的〈理解马克思〉述评》，《云南大学学报（社会科学版）》2002 年第 2 期

俞吾金：《"全球化"问题的哲学反思》，《学术月刊》2002 年第 5 期

俞吾金：《发展现象学初探》，《求是学刊》2002 年第 5 期，《深圳特

区报》2002年8月18日转载

俞吾金：《解读罗默的"一般剥削理论"》，《上海交通大学学报（哲学社会科学版）》2002年第3期

俞吾金：《"人的全面发展"问题之我见》，《探索与争鸣》2002年第8期

俞吾金：《主体际性是个似是而非的概念》，《华东师范大学学报》2002年第4期

俞吾金：《普兰查斯政治哲学观念片论》，《宁波市委党校学报》2002年第5期

俞吾金：《后现代视野中的马克思》，《天津社会科学》2002年第5期

俞吾金：《超越实用理性，拓展人文空间》，《探索与争鸣》2002年第10期

俞吾金：《现代领导的"临界状态"和道德自律——访复旦大学现代哲学研究所所长俞吾金教授》，邵大祥采访，《现代领导》2002年第10期

Yu Wujin: "Internal Conflicts and Outlets of Contemporary Chinese Culture", in *Proceedings of the International Symposium on Tendency of Philosophy-Dialogue between Chinese and American Scholars*, Oct., 2002

俞吾金：《如何理解马克思的实践概念》，《哲学研究》2002年第11期

俞吾金：《一个批判的忏悔》，《河北学刊》2002年第6期

俞吾金：《Aufheben的翻译及其启示》，《世界哲学》2002年增刊

俞吾金：《哥德曼哲学探要》，载《当代国外马克思主义评论》第3辑，复旦大学出版社2002年版

俞吾金：《超越善与恶》，译文，载胡景钟主编：《西方宗教哲学文献》，上海人民出版社2002年版

俞吾金：《狱中书信》，译文，载胡景钟主编：《西方宗教哲学文献》，上海人民出版社2002年版

俞吾金：《〈与当代学术大师对话丛书〉总序》，载梁永安、虞友谦主编：《与当代学术大师对话丛书》，四川人民出版社 2002 年版

俞吾金等：《现代性现象学——与西方马克思主义者的对话》，上海社会科学院出版社 2002 年版

俞吾金、陈学明：《国外马克思主义哲学流派新编》，复旦大学出版社 2002 年版

俞吾金主编：《当代国外马克思主义评论》第 3 辑，复旦大学出版社 2002 年版

2003 年

俞吾金：《整洁、便利、宽容、优雅》，《解放日报》2003 年 1 月 7 日

俞吾金：《向管理要交通》，《文汇报》2003 年 1 月 20 日

俞吾金：《从"两个悉尼"说起》，《文汇报》2003 年 3 月 5 日

俞吾金：《媒体批评如何走出自己的怪圈——兼谈社会生活中相关的文化现象》，《文汇报》2003 年 3 月 23 日

俞吾金：《上海城市文化要走内涵发展的道路》，《复旦校刊》2003 年 4 月 15 日，《探索与争鸣》2003 年第 6 期转载

俞吾金：《〈共产党宣言〉与西方哲学的发展态势》，《文汇报》2003 年 5 月 4 日，《新华文摘》2003 年第 8 期全文转载

邓伟志、俞吾金等：《景观文化：城市的第一印象——世博会"文化大餐"如何调配》，《解放日报》2003 年 5 月 20 日

俞吾金：《如何理解"以人为本"的理念》，《深圳特区报》2003 年 6 月 1 日

俞吾金：《内涵发展：扩充城市发展的张力》，《解放日报》2003 年 6 月 4 日

俞吾金：《非典型肺炎带来的三大观念冲击》，《解放日报》2003 年 6 月 10 日，载燕爽主编：《SARS 与社会的现代化》，人民出版社 2004 年版

俞吾金：《求真与忏悔——追寻城市精神之根》，《深圳特区报》2003年6月15日，《证大》2003年第6期，又载上海证大研究所编：《文化上海》，人民出版社2003年版

俞吾金(笔名"臻德")：《走出现代性观念的密林》，《文汇读书周报》2003年6月20日

俞吾金：《让景观文化引领上海时尚潮流》，《文汇报》2003年8月25日

俞吾金：《人才的"硬引进"与"软引进"》，《解放日报》2003年9月10日，《中国人事报》2004年1月20日全文转载

俞吾金：《警惕文化虚无主义的蔓延》，《东方早报》2003年9月11日

俞吾金：《"解释世界"和"改变世界"的统一》，《文汇报》2003年10月5日，《新华文摘》2003年第12期全文转载

俞吾金：《学术平均主义有失公正》，《解放日报》2003年10月28日，《文摘报》2003年11月2日转载

俞吾金：《有容乃大——我对复旦精神的解读》，《复旦校刊》2003年12月10日

俞吾金：《一个被遮蔽了的"康德问题"——康德对"两种实践"的区分及其当代意义》，《复旦学报(社会科学版)》2003年第1期

俞吾金：《德育必须双管齐下》，《上海教育》2003年第1期

俞吾金：《现代性现象学》，《江海学刊》2003年第1期

俞吾金：《从道德评价优先到历史评价优先——马克思异化理论发展中的视角转换》，《中国社会科学》2003年第2期

俞吾金：《论两种不同的自然辩证法的概念——兼论康德哲学的一个理论贡献》，《哲学动态》2003年第2期

俞吾金：《一篇"批判者和思想者"的论文——〈理论思维与工程思维〉评介》，《学术研究》2003年第2期

俞吾金：《学术上的推进，还是学术上的应景》，《学术界》2003年第

3 期

俞吾金：《现代性现象学(续)》，《江海学刊》2003 年第 2 期

俞吾金：《上海城市精神探讨之我见》，《探索与争鸣》2003 年第 4 期

俞吾金：《马克思究竟从何时何处开始批判"抽象的人"的学说》，《教学与研究》2003 年第 5 期

俞吾金：《对马克思实践观的当代反思——从抽象认识论到生存论本体论》，《哲学动态》2003 年第 6 期

俞吾金：《论恩格斯与马克思哲学思想的差异——从〈终结〉和〈提纲〉的比较看》，《江苏社会科学》2003 年第 4 期，《中国社会科学文摘》2003 年第 6 期转载

俞吾金：《作为全面生产理论的马克思哲学》，《哲学研究》2003 年第 8 期

Yu Wujin："From Moral Evaluation to Historical Evaluation-A Transfer of Perspective in the Development of Marx's Notion of Alienation"，*Social Sciences in China*，No. 3，Autumn 2003

俞吾金：《西方马克思主义：一个新的反思》，《河北学刊》2003 年第 6 期

俞吾金：《西方马克思主义发展中的语言学转向》，《河北学刊》2003 年第 6 期

2004 年

俞吾金：《正确认识发展中的三大关系》，《文汇报》2004 年 3 月 3 日

俞吾金：《超越实用理性》，《解放日报》2004 年 3 月 10 日

俞吾金：《重"占有"，还是重"使用"?》，《解放日报》2004 年 3 月 18 日

俞吾金：《人道主义思想传统的继承者》，《解放日报》2004 年 3 月 22 日，《新华文摘》2004 年第 13 期转载

俞吾金：《以学科建设推动马克思主义研究》，《文汇报》2004 年 4 月

19 日

俞吾金：《让财富帮助穷人增强竞争意识》，《东方早报》2004 年 5 月 6 日

俞吾金：《世界中国学研究的重大转折》，《文汇报》2004 年 6 月 14 日

俞吾金：《未成年人的法治教育和道德教育》，《解放日报》2004 年 7 月 20 日

俞吾金：《学术规范的灵魂是学术创新》，《中国教育报》2004 年 11 月 14 日，《中华读书报》2004 年 11 月 24 日转载，《科学中国人》2005 年第 1 期转载

俞吾金：《文科学术期刊建设之我见》，《文汇报》2004 年 12 月 12 日

俞吾金：《从科学技术的双重功能看历史唯物主义叙述方法的改变》，《中国社会科学》2004 年第 1 期，《中国社会科学文摘》2004 年第 1 期转载，又载《思想的薪火：复旦大学哲学系建系 50 周年纪念文集》，东方出版中心 2006 年版

俞吾金：《也谈人的全面发展问题》，《毛泽东邓小平理论研究》2004 年第 1 期

俞吾金：《康德哲学的当代意义》，《文景》2004 年第 1 期

俞吾金：《西方的人权理论与儒家的人的学说》，《学术界》2004 年第 2 期

俞吾金：《阿尔都塞意识形态理论新探》，《江西社会科学》2004 年第 3 期

俞吾金：《从传统知识论到生存实践论》，《文史哲》2004 年第 2 期

俞吾金：《如何翻译恩格斯文本中的 Pragmatisch 一词》，《教学与研究》2004 年第 4 期，《哲学动态》2014 年第 6 期

俞吾金：《一个虚假而有意义的问题——对"中国哲学学科合法性问题"的解读》，《复旦学报(社会科学版)》2004 年第 3 期

俞吾金：《哲学：刨根究底的思索——〈散沙集〉自序》，《云南大学

学报(社会科学版)》2004 年第 3 期

俞吾金：《世博会与城市人文精神》，《上海世博》2004 年第 3 期

俞吾金：《未成年人思想道德教育的前提》，《探索与争鸣》2004 年第 7 期

俞吾金：《理性在现代性现象中的四个向度——从马尔库塞的〈单向度的人〉说起》，《求是学刊》2004 年第 4 期，《中国社会科学文摘》2004 年第 5 期转载

俞吾金：《寻找自我，实现自我——俞吾金教授的治学道路》，吾人采访，《社会观察》2004 年第 9 期

俞吾金：《马克思的社会主体论探要》，《复旦学报(社会科学版)》2005 年第 5 期，《中国社会科学文摘》2006 年第 1 期转载

俞吾金：《物、价值、时间与自由——马克思哲学体系核心概念探析》，《哲学研究》2004 年第 11 期，《中国社会科学文摘》2005 年第 2 期转载

俞吾金：《西方哲学发展中的三大转向》，《河北学刊》2004 年第 3 期

俞吾金：《人性善？人性恶?》，《石油政工研究》2004 年第 6 期

俞吾金：《运用分析方法研究马克思学说》，《哲学动态》2004 年第 12 期

俞吾金：《从熟知到真知》，载《当代国外马克思主义评论》第 4 辑，人民出版社 2004 年版

俞吾金：《〈现代科技与哲学思考〉推荐序》，载张怡等主编：《现代科技与哲学思考》，上海人民出版社 2004 年版

俞吾金：《从康德到马克思——千年之交的哲学沉思》，广西师范大学出版社 2004 年版；北京师范大学出版社 2017 年再版

俞吾金：《散沙集》，人民出版社 2004 年版

俞吾金主编：《当代国外马克思主义评论》第 4 辑，人民出版社 2004 年版

2005 年

俞吾金：《春节寄语》，《解放日报》2005 年 1 月 3 日

俞吾金：《哲学的困惑和魅力》，《文汇报》2005 年 1 月 2 日，载新华文摘杂志社编：《新华文摘精华本·哲学卷》，人民出版社 2009 年版

俞吾金：《邯郸学步与语文教学》，《现代教育报》2005 年 2 月 25 日

俞吾金：《逐步淡化应试教育的语境》，《现代教育报》2005 年 2 月 25 日

俞吾金：《新时期意识形态特征》，《人民日报》2005 年 6 月 1 日

俞吾金：《学术规范该怎样"谈"》，《长江日报》2005 年 8 月 25 日

俞吾金：《学术规范应怎样"谈"(续)》，《长江日报》2005 年 9 月 1 日

俞吾金：《偶然性、风险与全球伦理意识》，《文汇报》2005 年 9 月 25 日

俞吾金：《马克思主义基础理论研究的两个维度》，《文汇读书周报》2005 年 9 月 30 日

俞吾金：《马克思对现代性的诊断及其启示》，《中国社会科学》2005 年第 1 期

俞吾金：《文明之忧思》，《探索与争鸣》2005 年第 1 期

俞吾金：《学术规范与学术创新》，《科学中国人》2005 年第 1 期

俞吾金：《马克思对康德哲学革命的扬弃》，《复旦学报(社会科学版)》2005 年第 1 期

俞吾金：《差异分析与理论重构——马克思哲学研究中的方法论问题》，《中共浙江省委党校学报》2005 年第 1 期

俞吾金：《如何写好毛泽东》，《毛泽东邓小平理论研究》2005 年第 2 期

俞吾金：《"做学问"与"找差异"》，《社会观察》2005 年第 3 期

俞吾金：《从"归根结底"说起》，《社会观察》2005 年第 4 期

俞吾金：《关键词和潜台词》，《社会观察》2005 年第 5 期

俞吾金：《学术创新和学术规范中的历史意识》，《浙江学刊》2005 年

第 3 期

俞吾金：《走出传统哲学观的藩篱——重写中国哲学史的前提性反思》，《文史哲》2005 年第 3 期

俞吾金：《恩格斯如何看待马克思与黑格尔的关系》，《云南大学学报(社会科学版)》2005 年第 3 期

俞吾金：《也谈"当局者迷，旁观者清"》，《社会观察》2005 年第 6 期

Yu Wujin："Inspiration from Marx's Diagnosis of Modernity"，*Social Sciences in China*，No. 2，Summer 2005

俞吾金：《"近水楼台先得月"之分析》，《社会观察》2005 年第 7 期

俞吾金：《"自然历史过程"与主体性的界限》，《吉林大学社会科学学报》2005 年第 4 期

俞吾金：《何谓"有机知识分子"》，《社会观察》2005 年第 8 期

俞吾金：《执着追求事物的真相》，《新闻记者》2005 年第 10 期

俞吾金：《告别"自说自话的时代"——社会转型与学术研究方式的嬗变》，《探索与争鸣》2005 年第 11 期

俞吾金：《从思维与存在的同质性到思维与存在的异质性》，《哲学研究》2005 年第 12 期，《中国社会科学文摘》2006 年第 3 期转载

俞吾金：《重构思想的维度》，载《党建新闻》第 2 辑，武汉出版社 2005 年版

俞吾金：《失去了的思维维度》，载张德明主编：《世纪讲坛》，复旦大学出版社 2005 年版

俞吾金：《货币哲学研究何以可能》，载张雄等主编：《中国经济哲学评论》，社会科学文献出版社 2005 年版

俞吾金：《〈维特根斯坦哲学转型期中的"现象学"之谜〉推荐序》，载徐英瑾：《维特根斯坦哲学转型期中的"现象学"之谜》，复旦大学出版社 2005 年版

俞吾金：《我的哲思天空》，载燕爽主编：《复旦改变人生(近思录)》，复旦大学出版社 2005 年版

俞吾金：《〈理解之思——诠释学初论〉推荐序》，载彭启福：《理解之思——诠释学初论》，安徽人民出版社 2005 年版

俞吾金：《重新理解马克思：对马克思哲学的基础理论和当代意义的反思》，北京师范大学出版社 2005 年版

刘放桐、俞吾金主编：《西方哲学通史》(计划 10 卷，已出版 9 卷)，人民出版社 2005—2010 年版

2006 年

俞吾金：《百尺竿头，更进一步》，《社会科学报》2006 年 1 月 5 日

俞吾金：《马克思哲学的当代叙述方式》，《社会科学报》2006 年 2 月 23 日

俞吾金：《推进马克思主义前沿问题研究》，《社会科学报》2006 年 4 月 6 日

俞吾金：《杜绝学术腐败要穿越三重门》，《解放日报》2006 年 4 月 19 日

俞吾金：《社会转型与心理调适》，《解放日报》2006 年 7 月 30 日

俞吾金：《能考高分，也要会写借条》，《文汇报》2006 年 8 月 14 日

俞吾金：《我们不需要"伪民俗"》，《人民日报》2006 年 9 月 12 日，《中山日报》2006 年 9 月 14 日，《联谊报》2006 年 9 月 21 日

Yu Wujin: "Thing, Value, Time and Freedom-A Consideration of Some Key Concepts in Marx's Philosophical System", *Frontiers of Philosophy in China*, Vol. 1, No. 1, 2006

俞吾金：《论马克思对德国古典哲学遗产的解读》，《中国社会科学》2006 年第 2 期

Yu Wujin: "Contemporary Chinese Marxist Philosophy-Seen form An Ontological Perspective", *Fudan Journal of the Humanities and Social Sciences*, Vol. 3, 2006

Yu Wujin: "A False but Meaningful Issue-A Reading of the 'Legitimacy Issue in Chinese Philosophy'", *Contemporary Chinese Thought*，Vol. 37，No. 3，Spring 2006

俞吾金：《马克思哲学研究中的三个问题——兼答段忠桥教授》，《学术月刊》2006 年第 4 期

俞吾金：《美学应该追问有关美的讨论对人的生活存在具有什么意义》，《学术界》2006 年第 4 期

赵剑英、俞吾金：《哲学研究要有强烈的批判意识和问题意识》，《学术界》2006 年第 4 期

俞吾金：《样板戏与怀旧》，《社会观察》2006 年第 4 期

俞吾金：《喜剧美学宣言》，《中国社会科学》2006 年第 5 期

俞吾金：《当代中国文化的哲学诊断》，《甘肃社会科学》2006 年第 3 期

俞吾金：《告别常人，拒绝媚俗——对当代中国文化病症的反思之一》，《社会科学战线》2006 年第 4 期

俞吾金：《形式主义批判——对当代中国文化病症的反思之一》，《探索与争鸣》2006 年第 8 期

俞吾金：《究竟如何理解尼采的话"上帝死了"》，《哲学研究》2006 年第 9 期，《中国社会科学文摘》2007 年第 2 期转载

俞吾金：《本体论视野中的当代中国马克思主义哲学》，《复旦学报（社会科学版）》2006 年第 5 期

俞吾金：《马克思主体概念新论》，《江苏社会科学》2006 年第 5 期

俞吾金：《卢森堡政治哲学理论述要》，《天津社会科学》2006 年第 6 期

Yu Wujin："On Marx's Interpretation of the Legacy of Classical German Philosophy"，*Social Sciences in China*，No. 4，Winter 2006

俞吾金：《当代虚无主义省思》，载文池主编：《在北大听讲座》第 19 辑，新世界出版社 2006 年版

2007 年

俞吾金：《哲学教育三题议》，《文汇报》2007 年 2 月 11 日

俞吾金：《我们为什么工作》，《解放日报》2007 年 3 月 8 日

俞吾金：《理解现在，才能解释过去》，《浙江日报》2007 年 3 月 19 日，《贵阳日报》2007 年 4 月 10 日，宁波日报》2007 年 5 月 24 日

俞吾金：《重建思维的维度》，《钱江晚报》2007 年 4 月 26 日

俞吾金：《问题意识：创新的内在动力》，《浙江日报》2007 年 6 月 18 日

俞吾金：《如何理解"问题意识"》，《长江日报》2007 年 6 月 28 日

俞吾金：《经典解读中的内在张力》，《文汇读书周报》2007 年 10 月 12 日

俞吾金：《资本诠释学——马克思考察、批判现代社会的独特路径》，《哲学研究》2007 年第 1 期，又载张雄等主编：《中国经济哲学评论·2006 资本哲学专辑》，社会科学文献出版社 2007 年版

俞吾金：《人体解剖是猴体解剖的钥匙——历史主义批判》，《探索与争鸣》2007 年第 1 期，《新华文摘》2007 年第 2 期全文转载

俞吾金：《主体际性、客体际性、主客体际性——马克思实践唯物主义关系理论探要》，《河北学刊》2007 年第 2 期

俞吾金：《马克思主体性概念的两个维度》，《复旦学报（社会科学版）》2007 年第 2 期

俞吾金：《走向自觉反思阶段的人文社会科学》，《浙江社会科学》2007 年第 4 期

俞吾金：《高考：真实与梦幻的交响乐》，《社会观察》2007 年第 4 期

俞吾金：《从意识形态的科学性到科学技术的意识形态性》，《马克思主义与现实》2007 年第 3 期

俞吾金：《马克思政治哲学理论的内在张力》，《江苏行政学院学报》2007 年第 3 期

俞吾金：《康德两种因果性概念探析》，《中国社会科学》2007 年第

6 期

俞吾金：《走进文本与走出文本——观念主义批判》，《探索与争鸣》2007 年第 7 期，《中国社会科学文摘》2007 年第 6 期转载

俞吾金：《自然辩证法，还是社会历史辩证法》，《社会科学战线》2007 年第 4 期

俞吾金：《在重新理解马克思哲学的途中——卢卡奇、德拉-沃尔配、科莱蒂和阿尔都塞的理论贡献》，《上海交通大学学报（哲学社会科学版）》2007 年第 5 期

俞吾金：《西藏纪行》，《觉群》2007 年第 5 期

俞吾金：《俞吾金：我的读书之路》，《复旦人》（试刊）2007 年第 10 期

俞吾金：《〈马克思国家理论与现时代〉推荐序》，载郁建兴：《马克思国家理论与现时代》，东方学术出版中心 2007 年版

俞吾金：《"尊重"能降低社会成本》，《全球商业经典》2007 年总第 56 期

Yu Wujin: "A Declaration of the Aesthetics of Comedy", *Social Sciences in China*, No. 1, Spring 2007

俞吾金：《重新理解马克思与黑格尔哲学的关系》，载《当代国外马克思主义评论》第 5 辑，人民出版社 2007 年版

俞吾金：《竹深林密虫鸣处，时有微凉不是风》，鲁绍臣采访，载陈立民主编：《我心目中的好老师》，复旦大学出版社 2007 年版

俞吾金：《问题域的转换：对马克思和黑格尔关系的当代解读》，人民出版社 2007 年版

俞吾金：《传统重估与思想移位》，黑龙江大学出版社 2007 年版

俞吾金主编：《当代国外马克思主义评论》第 5 辑，人民出版社 2007 年版

俞吾金主编：《国外马克思主义研究报告 2007》，人民出版社 2007 年版

俞吾金主编：《现代外国哲学》第 1 辑，人民出版社 2007 年版

俞吾金主编：《杜威、实用主义与现代哲学》，人民出版社 2007 年版

2008 年

俞吾金：《我们也需要这样的西方哲学著作》，《文汇读书周报》2008 年 1 月 11 日

俞吾金：《科学发展观的内在张力》，《文汇报》2008 年 2 月 18 日

俞吾金：《年轻梦想的时代转向》，龚丹韵采访，《解放日报》2008 年 2 月 21 日

俞吾金：《积萃真品传后世》，《人民日报》2008 年 6 月 3

俞吾金：《复旦学思传统的真实写照》，《文汇读书周报》2008 年 7 月 16 日

俞吾金：《中国学者应有的使命和担当意识》，《解放日报》2008 年 7 月 16 日

俞吾金等：《思入时代的深处——〈理论新视野〉丛书作者四人谈》，《社会科学报》2008 年 9 月 25 日

俞吾金：《伟大的精神因素已被唤醒——访复旦大学哲学教授俞吾金》，双华斌采访，《中国教育报》2008 年 10 月 16 日

俞吾金等：《哲学家的思考：从形而上到形而下——尊重生命，增强风险意识》，《社会科学报》2008 年 11 月 27 日

俞吾金：《学术论著如何提升自己的质量?》，《文汇读书周报》2008 年 12 月 12 日

俞吾金：《得到学生的承认是最高的荣誉》，《中国教育报》2008 年 12 月 18 日

俞吾金：《国外马克思主义研究三十年》，《社会科学报》2008 年 12 月 18 日，《山西师大学报(社会科学版)》2009 年第 1 期转载，又载许明、段钢：《思想的力量——〈社会科学报〉十年精粹(学术卷)》，上海社会科

学院出版社 2012 年版

俞吾金：《历史事实、客观规律和当代意义》，《历史研究》2008 年第 1 期，原题为《历史事实和客观规律》

Yu Wujin："On Two Different Conceptions of Historical Materialism", *Social Science in China*, Vol. 29, No. 3, 2008

俞吾金：《马克思对物质本体论的扬弃》，《哲学研究》2008 年第 3 期，《中国社会科学文摘》2008 年第 6 期转载

俞吾金：《差异分析：马克思文本中的后现代思想酵素》，《学术月刊》2008 年第 6 期

俞吾金：《功能解释理论的背景、宗旨和局限——兼论历史唯物主义作为决定论的新形式》，《复旦学报（社会科学版）》2008 年第 4 期，《中国社会科学文摘》2008 年第 12 期全文转载

俞吾金：《海德格尔的现代性批判及其启示》，《江海学刊》2008 年第 5 期

俞吾金：《如何解读科学发展观》，《中共浙江省委党校学报》2008 年第 6 期

Yu Wujin："The Two Kantian Notions of Causality-An Analytic Enquiry", *Social Sciences in China*, Vol. 29, No. 3, August 2008

俞吾金：《学术成就简介》，《江汉论坛》2008 年第 12 期

俞吾金：《海德格尔的"本体论差异"理论及其启示（发言提纲）》，载《全国"当代西方哲学的新进展"学术研讨会论文汇编》，2008 年版

俞吾金：《问题意识的更新——马克思主义哲学研究 30 年回眸》，载中国社会科学院哲学研究所编：《中国哲学年鉴 2008》，哲学研究杂志社 2008 年版

Yu Wujin："Relationship between the Human Spirit and Scientific Spirit in Contemporary China", Wenchao and H. Poser edited, *The Ethics of Today's Science and Technology*, Berlin：LIT Verlag, 2008

俞吾金：《〈光华文存〉总序二》，载黄颂杰主编：《光华文存：〈复旦

学报〉(社会科学版)复刊 30 周年论文精选》(共 5 卷),复旦大学出版社 2008 年版

俞吾金:《科学发展观》,重庆出版社 2008 年版

俞吾金主编:《当代国外马克思主义评论》第 6 辑,人民出版社 2008 年版

俞吾金主编:《国外马克思主义研究报告 2008》,人民出版社 2008 年版

俞吾金主编:《当代国外马克思主义研究丛书》(共 9 本),重庆出版社 2008—2010 年版

俞吾金主编:《理论新视野丛书》(两辑,共 12 本),重庆出版社 2008—2009 年版

俞吾金、吴晓明主编:《马克思主义哲学前沿问题研究丛书》(共 4 卷),人民出版社 2008—2010 年版

2009 年

俞吾金:《我们为什么这样处罚?》,《新民周刊》,2009 年 1 月 27 日

俞吾金:《重视第二类基础设施的建设》,《文汇报》2009 年 2 月 25 日,《解放日报》2009 年 3 月 2 日转载

潘世伟、俞吾金等:《加强学风建设,维护学术诚信》,《文汇报》2009 年 4 月 25 日

俞吾金:《对学术要有敬畏之心》,《文汇报》2009 年 4 月 25 日

俞吾金:《反思金融危机后的文化病症》,《文汇报》2009 年 6 月 23 日

俞吾金:《动力与平衡机制·哲学对话·马克思主义政治哲学》,《中国社会科学报》2009 年 7 月 9 日

俞吾金:《尊严和理念:名校的立身之本》,《文汇报》2009 年 7 月 15 日

俞吾金:《从"粉丝"概念的误用说到外文书名的翻译》,《文汇报》

2009 年 7 月 17 日

　　俞吾金：《找回真实的自我》，《解放日报》2009 年 10 月 4 日

　　俞吾金：《守护历史遗产，弘扬人文情怀》，《文汇报》2009 年 11 月 7 日

　　俞吾金：《学术创新与学术规范》，《复旦研究生报》2009 年 12 月 4 日

　　俞吾金：《历史主义与历史意识》，《中山大学报》2009 年 12 月 23 日

　　俞吾金：《培植公平正义观念的文化土壤》，《中国社会科学》2009 年第 1 期

　　俞吾金：《人在天中，天由人成——对"天人关系"含义及其流变的新反思》，《学术月刊》2009 年第 1 期

　　俞吾金：《对马克思主义中国化的主体的反思》，《探索与争鸣》2009 年第 1 期

　　俞吾金：《马克思主义的中国化和中国马克思主义的国际化——兼论普遍性与特殊性的辩证关系》，《现代哲学》2009 年第 1 期，原载 2008 年度上海市社会科学界第六届学术年会文集，又载王明初主编：《马克思主义中国化研究》第 1 辑，2010 年版

　　俞吾金：《向主观世界回归——克尔凯郭尔哲学思想述要》，《上海财经大学学报》2009 年第 1 期

　　俞吾金：《如何看待马克思主义的当代意义——复旦大学"长江学者"俞吾金教授访谈》，金瑶梅采访，《社会科学家》2009 年第 1 期

　　俞吾金：《中国传统文化观念的政治诉求》，《探索与争鸣》2009 年第 4 期

　　俞吾金：《究竟如何理解并翻译贝克莱的命题 esse is percipi?》，《哲学动态》2009 年第 5 期

　　俞吾金：《综合、创造与启蒙——俞吾金教授访谈录》，刘景钊、金瑶梅采访，《晋阳学刊》2009 年第 3 期

　　俞吾金：《形而上学发展史上的三次翻转——海德格尔形而上学之

思的启迪》，《中国社会科学》2009 年第 6 期，《哲学基础理论研究》转载

俞吾金：《我的西方哲学研究之路》，《社会科学战线》2009 年第 12 期

Yu Wujin: "Marx's Philosophy as Hermeneutics of Praxis", *Fudan Journal of the Humanities and Social Sciences*, Vol. 2, No. 2, 2009

俞吾金：《康德是通向马克思的桥梁》，《复旦学报（社会科学版）》2009 年第 4 期，《中国社会科学文摘》2009 年 11 期转载

Yu Wujin: "Marx's Ontology of the Praxis-based-Relations of Social Production", *Frontiers of Philosophy in China*, Vol. 4, No. 3, September 2009

俞吾金、王凤才：《关于诠释学视阈中的马克思哲学的学术对话》，《晋阳学刊》2009 年第 5 期

俞吾金：《历史唯物主义是哲学而不是实证科学——兼答段忠桥教授》，《学术月刊》2009 年第 10 期

俞吾金：《历史大错位中的文化价值重建》，《探索与争鸣》2009 年第 11 期

俞吾金：《关于德国古典哲学研究的新思考》，《江淮论坛》2009 年第 6 期，《中国社会科学文摘》2010 年第 4 期转载

俞吾金：《再论异化概念在马克思哲学中的地位和作用》，《哲学研究》2009 年第 12 期

俞吾金：《海德格尔的"存在论差异"理论及其启示》，《社会科学战线》2009 年第 12 期

俞吾金：《今日中国与被修正了的启蒙》，载复旦大学当代国外马克思主义研究中心会议论文集《Proceedings of the International Conference for Enlightenment and Its Contemporary Reevaluation》，2009 年版

俞吾金：《破解詹明信的思想悖论——〈詹姆逊文化理论探析〉推荐序》，载张艳芬：《詹明信文化理论探析》，上海人民出版社 2009 年版

俞吾金：《如何理解人的全面发展》，载李宣海主编：《解放思想，创新突破》，东华大学出版社 2009 年版

俞吾金：《走向反思的大众文化研究——评陈立旭〈重估大众的文化创造力：费斯克大众文化理论研究〉》，载陈立旭：《重估大众文化的创造力：费斯克大众文化理论研究》，重庆出版社 2009 年版；《中国文化产业评论》2010 年第 1 期

俞吾金：《〈康德辩证法新释〉推荐序》，载李欣、钟锦：《康德辩证法新释》，同济大学出版社 2009 年版

俞吾金：《如何准确地理解并翻译晚年恩格斯关于意识形态问题的两段重要论述》，载《当代国外马克思主义评论》第 7 辑，人民出版社 2009 年版

俞吾金：《认识与超越：成功必由之路》，载杨介生主编：《人文精神与工商文明》，上海社会科学院出版社 2009 年版

俞吾金：《黑格尔：一个再批判》，载中国社会科学院哲学研究所编：《中国哲学年鉴 2009》，哲学研究杂志社 2009 年版，《中国社会科学文摘》2010 年第 1 期转载

俞吾金：《〈国外马克思主义研究论丛（第 1 辑）〉主编的话》，载复旦大学当代国外马克思主义研究中心、复旦大学国外马克思主义与国外思潮研究国家创新基地编：《国外马克思主义研究论丛》第 1 辑，人民出版社 2009 年版

俞吾金等：《德国古典哲学》，人民出版社 2009 年版

俞吾金主编：《当代国外马克思主义评论》第 7 辑，人民出版社 2009 年版

俞吾金主编：《国外马克思主义研究报告 2009》，人民出版社 2009 年版

俞吾金主编：《国外马克思主义研究论丛》第 1 辑，人民出版社 2009 年版

2010 年

俞吾金：《汉语运用要力避歧义》，《社会科学报》2010 年 1 月 14 日

俞吾金：《展示中国文化的不仅是器物》,《新闻晚报》2010 年 2 月 1 日

俞吾金：《哲学思维的四个触角》,《解放日报》2010 年 2 月 28 日

俞吾金：《"人一次也不能跳进同一条河流"吗?》,《中国社会科学报》2010 年 3 月 9 日

俞吾金：《"我思故我在"存疑》,《中国社会科学报》2010 年 3 月 16 日,《解放日报》2011 年 12 月 24 日转载

俞吾金：《"哥白尼革命"的真相》,《中国社会科学报》2010 年 3 月 23 日

俞吾金：《自然辩证法,还是(理性)本性辩证法》,《中国社会科学报》2010 年 3 月 30 日

俞吾金：《黑格尔的方法论≠黑格尔的辩证法》,《中国社会科学报》2010 年 4 月 8 日

俞吾金：《"轴心时代"别解》,《中国社会科学报》2010 年 4 月 13 日

俞吾金：《时代的哲学沉思与学术创造——访俞吾金教授》,陈静采访,《中国社会科学报》2010 年 4 月 15 日

俞吾金：《走出新教伦理的神话》,《中国社会科学报》2010 年 4 月 20 日

俞吾金：《宏大叙事会消失吗?》,《中国社会科学报》2010 年 4 月 27 日

俞吾金：《作为假问题的"哲学的终结"》,《中国社会科学报》2010 年 5 月 4 日

俞吾金：《后世博上海文化发展中的四重关系》,《解放日报》2010 年 5 月 16 日

俞吾金：《社会形态理论有多重视角》,《中国社会科学报》2010 年 6 月 15 日

俞吾金：《成功学,不要落入厚黑学泥沼》,《解放日报》2010 年 9 月 7 日

俞吾金:《历史主义与当代意识》,《文汇报》2010 年 9 月 25 日

俞吾金:《SCI 论文能够取代临床经验吗》,《深圳特区报》2010 年 11 月 23 日,《文汇报》2011 年 2 月 11 日转载

俞吾金:《学术如何大众化——对话复旦大学学术委员会副主任、哲学学院教授俞吾金》,吕林荫采访,《解放日报》2010 年 12 月 17 日

俞吾金:《我们应该如何思维》,《解放日报》2010 年 12 月 26 日,2011 年 1 月 2 日

俞吾金:《究竟如何理解并翻译葛兰西的重要术语 organic intellectual?》,《哲学动态》2010 年第 2 期,《中国社会科学文摘》2010 年第 7 期全文转载

俞吾金:《价值四论》,《哲学分析》2010 年第 2 期

俞吾金:《创造性地推进马克思哲学的研究——纪念〈中国社会科学〉创刊三十周年》,《中国社会科学》2010 年第 6 期

俞吾金:《走出"科学技术决定论"的误区——对中国现代化道路的一个反思》,《马克思主义研究》2010 年第 6 期

俞吾金:《启蒙的缺失与重建——对当代中国文化发展的思考》,《上海师范大学学报(哲学社会科学版)》2010 年第 4 期,又载邓正来主编:《世界社会科学高级讲坛讲演录》第 1 辑,商务印书馆 2010 年版;《教育文化论坛》2011 年 1 期

俞吾金:《从康德的"理性恨"到黑格尔的"理性的狡计"》,《哲学研究》2010 年第 8 期

俞吾金:《黑格尔精神认识论初探——重读〈精神现象学〉和〈精神哲学〉有感》,《北京大学学报(哲学社会科学版)》2010 年第 5 期

俞吾金:《对"马克思热"的冷思考》,《探索与争鸣》2010 年第 10 期

俞吾金:《塞尔:一个批评性的考察》,《学术月刊》2010 年第 12 期,又载文学平:《集体意向性与制度性事实:约翰·塞尔的社会实在建构理论研究》,序言,法律出版社 2010 年版

俞吾金:《马克思使用过中性意义上的 Ideology 概念吗?》,载《当代

国外马克思主义评论》第 8 辑，人民出版社 2010 年版

俞吾金：《中国人性理论的去魅与重建》，载中国社会科学院哲学研究所编：《中国哲学年鉴 2010》，哲学研究杂志社 2010 年版

俞吾金：《实践与自由》，武汉大学出版社 2010 年版

俞吾金：《俞吾金讲演录》，长春出版社 2010 年版

俞吾金主编：《当代国外马克思主义评论》第 8 辑，人民出版社 2010 年版

俞吾金主编：《国外马克思主义研究报告 2010》，人民出版社 2010 年版

俞吾金主编：《国外马克思主义与国外思潮译丛》（共 9 本），人民出版社 2010—2015 年版

俞吾金主编：《国外马克思主义研究论丛》第 2 辑，人民出版社 2010 年版

2011 年

俞吾金：《绕不开的话题：财富的要素与本质》，《中国社会科学报》2011 年 2 月 22 日

俞吾金：《思想家究竟到哪里去了》，《解放日报》2011 年 3 月 1 日

俞吾金：《让科学理论入脑、入耳、入心》，《新华网》（上海），2011 年 6 月 19 日

俞吾金：《适应新潮流，作出新贡献》，《中国社会科学报》2011 年 9 月 6 日

俞吾金：《追问诚信意识缺失之因》，《新闻晚班》2011 年 11 月 14 日

俞吾金：《"滑铁卢"式 的思维》，《渤海早报》2011 年 11 月 25 日，《传承》2011 年 16 期

俞吾金：《今天我们拿什么去实现文凭价值》，支玲琳采访，《解放日报》2011 年 12 月 13 日

俞吾金：《我们究竟需要怎样的人文精神》，《探索与争鸣》2011 年第

1 期

俞吾金：《马克思对黑格尔方法论的改造及其启示》，《复旦学报（社会科学版）》2011 年第 1 期

俞吾金：《论财富问题在马克思哲学中的地位和作用》，《哲学研究》2011 年第 2 期

俞吾金：《论尊严、公正观念产生的历史条件》，《马克思主义与现实》2011 年 2 期

俞吾金：《社会形态理论与中国发展道路》，《上海师范大学学报（哲学社会科学版）》2011 年第 2 期

俞吾金：《"消灭哲学"还是"扬弃哲学"?》，《世界哲学》2011 年第 3 期

Yu Wujin："Three Reversals in the Development of Metaphysics-Reflections on Heidegger's Theory of Metaphysics"，*Social Sciences in China*，Vol. 32，No. 2，Summer 2001

俞吾金：《论马克思的"劳动辩证法"》，《复旦学报（社会科学版）》2011 年 4 期

Yu Wujin："Creatively Advance Chinese Research on Marx's Philosophy-In Commemoration of the Thirtieth Anniversary of *Zhongguo Shehui Kexue*（《中国社会科学》）"，*Social Sciences in China*，Vol. 32，No. 3，August 2011

俞吾金：《如何理解康德关于"人是目的"的观念》，《哲学动态》2011 年 5 期

俞吾金：《文化传承创新：从自发走向自觉》，《中国高等教育》2011 年第 20 期

俞吾金：《论实践维度的优先性——马克思实践哲学新探》，《现代哲学》2011 年第 12 期

俞吾金：《重思马克思主义与现实的关系》，《探索与争鸣》2011 年第 12 期

Yu Wujin："The Persistence of Modernity-Value Options Amid Massive Historical Dislocation", in G. F. Mclean ed., *Cultural Tradition and Social Progress*, series Ⅲ, Asia, Vol. 28, 2011

俞吾金：《究竟如何理解并翻译阿尔都塞的重要术语 Overdetermination / Overdetermined》，载《当代国外马克思主义评论》第 9 辑，人民出版社 2011 年版

俞吾金：《作为经济哲学的马克思哲学》，载《中国社会科学年鉴 2011》，2011 年版

俞吾金：《〈共识与冲突〉推荐序》，载张华青等译：《共识与冲突》，上海人民出版社 2011 年版

俞吾金：《基督教的危机和西方文明的出路（代序）》，载《现代外国哲学》第 2 辑，人民出版社 2011 年版

俞吾金：《生活与思考》，复旦大学出版社 2011 年版

俞吾金主编：《当代国外马克思主义评论》第 9 辑，人民出版社 2011 年版

俞吾金主编：《国外马克思主义研究报告 2011》，人民出版社 2011 年版

2012 年

俞吾金：《高等教育是思想文化创新的重要源泉》，《中国社会科学报》2012 年 2 月 27 日

俞吾金：《"意识形态终结"：一个被误置的口号》，《中国社会科学报》2012 年 2 月 29 日

俞吾金：《哲学何谓?》，《文汇报》2012 年 3 月 19 日

俞吾金：《平等观念与核心价值》，《解放日报》2012 年 3 月 20 日

俞吾金：《大学要保持人文与科学精神的统一——访俞吾金教授》，孙琛辉采访，《中国科学报》2012 年 4 月 4 日

俞吾金：《臧否"社会风气"要科学》，《北京日报》2012 年 5 月 7 日，

《合肥日报》2012年5月10日全文转载，《南京日报》2012年5月20日全文转载

  俞吾金：《用自荐和专家推荐推选原创作品》，《光明日报》2012年5月23日

  俞吾金：《"代表作"制度改变了什么》，《解放日报》6月9日

  俞吾金：《文化大发展要求我们提升理论研究质量》，《社会科学报》2012年8月9日

  俞吾金：《"零"的畅想》，《文汇读书周报》2012年8月17日

  俞吾金：《重奖机制，引发怎样的后奥运思考》，支玲琳、辛艳艳采访，《解放日报》2012年8月21日

  俞吾金：《中国学术走向世界正当其时》，《中国社会科学报》2012年11月2日

  俞吾金等：《关怀人全面发展的社会才有明天》，尤莼洁采访，《解放日报》2012年11月6日

  俞吾金：《从四重关系解读核心价值》，《解放日报》2012年11月29日，《金华日报》2012年12月3日全文转载

  俞吾金：《狂飙为我从天落——写在〈被遮蔽的马克思〉出版之际》，《文汇读书周报》2012年12月28日

  俞吾金：《"社会风气"应当如何理解》，《探索与争鸣》2012年第1期

  俞吾金：《市场与财富》，《浙江金融》2012年第2期

  俞吾金：《被遮蔽的马克思》，《学术月刊》2012年第5期

  俞吾金：《康德"三种知识"理论探析》，《社会科学战线》2012年第7期

  俞吾金：《论中国哲学中知性思维的欠缺与重建》，《哲学研究》2012年第9期，又载《文化复兴：人文学科的前沿思考——上海市社会科学界第十届学术年会文集(2012年度)》，上海人民出版社2012年版

  俞吾金：《哲学研究三题议》，《哲学动态》2012年第9期

  俞吾金：《黄金律令，还是权力意志——对"己所不欲，勿施于人"

命题的新探析》，《道德与文明》2012 年第 5 期

俞吾金：《再论历史唯物主义传统叙述方式的改变——兼答文兴吾先生》，《中国社会科学》2012 年第 10 期

俞吾金：《从思想世界降到现实世界——马克思对黑格尔及青年黑格主义者的唯心主义历史观的批判》，《探索与争鸣》2012 年第 11 期

俞吾金：《现代性反思的思想酵素——从青年黑格尔的眼光看》，《世界哲学》2012 年第 6 期

俞吾金：《运用分析方法研究国外马克思主义》，《马克思主义与现实》2012 年第 6 期，《马克思列宁主义研究》2013 年第 3 期全文转载

俞吾金：《理解、批判与构成》，《哲学分析》2012 年第 6 期

俞吾金：《马克思主义与中国发展道路》，载陶德麟等：《当代中国马克思主义若干重大理论与现实问题》，人民出版社 2012 年版

俞吾金：《左翼理论家的思想归宿——以对"占领华尔街"运动的评论为例》，载《国外马克思主义研究报告 2012》，人民出版社 2012 年版

俞吾金：《被遮蔽的马克思》，人民出版社 2012 年版

俞吾金主编：《当代国外马克思主义评论》第 10 辑，人民出版社 2012 年版

俞吾金主编：《国外马克思主义研究报告 2012》，人民出版社 2012 年版

2013 年

俞吾金：《西方左翼理论家并未突破资本主义意识形态》，《社会科学报》2013 年 1 月 3 日

俞吾金：《"中国梦"既造福中国也造福世界——访复旦大学当代国外马克思主义研究中心主任俞吾金》，李玉采访，《中国社会科学报》2013 年 3 月 29 日

俞吾金：《西方文明出路何在》，《社会科学报》2013 年 4 月 11 日

俞吾金等：《转型期挑战：如何重构人际关系》，李小佳采访，《解

放日报》2013 年 6 月 3 日

俞吾金：《美丽中国期待习俗改革》，《解放日报》2013 年 6 月 7 日

俞吾金：《开马克思主义哲学与西方哲学对话的先河》，《社会科学报》2013 年 7 月 4 日

俞吾金：《新时期更需要"理想型编辑"》，《中国社会科学报》2013 年 7 月 12 日

俞吾金：《哲学反思与语言分析》，《中国社会科学报》2013 年 10 月 28 日

俞吾金：《我们该在何种意义上使用文化——对"文化自觉"的元批判》，《探索与争鸣》2013 年第 1 期

俞吾金：《究竟是谁创制了 Ontologia 这个拉丁名词》，《哲学动态》2013 年第 1 期

俞吾金：《当代中国主流文化三论》，《中国文化发展论丛》2013 年第 1 期，《湖北大学学报（哲学社会科学版）》2014 年第 1 期转载

俞吾金：《再论中国传统人性理论的去魅与重建》，《哲学分析》2013 年第 1 期

俞吾金：《决定论与自由意志关系新探》，《复旦学报（社会科学版）》2013 年第 2 期

俞吾金：《幸福三论》，《上海师范大学学报（哲学社会科学版）》2013 年第 2 期

俞吾金：《问题意识与哲学困境——梅洛-庞蒂知觉现象学探要》，《学术月刊》2013 年第 4 期

俞吾金：《如何继承中国传统哲学的遗产？——从冯友兰先生的"抽象继承法"说起》，《社会科学》2013 年第 5 期

俞吾金：《如何理解并阐释马克思的哲学观（上）》，《江海学刊》2013 年第 4 期

俞吾金：《如何理解并阐释马克思的哲学观（下）》，《江海学刊》2013 年第 5 期

俞吾金：《哲学是"关于世界观的学问"吗?》，《哲学研究》2013 年第 8 期

俞吾金：《"哥白尼式的转变"》，《书城》2013 年第 11 期

俞吾金：《社会批判的界限：马克思批判理论的启迪》，载《当代国外马克思主义评论》第 11 辑，人民出版社 2013 年版

俞吾金主编：《当代国外马克思主义评论》第 11 辑，人民出版社 2013 年版

俞吾金主编：《国外马克思主义研究报告 2013》，人民出版社 2013 年版

2014 年

俞吾金：《从哲学高度看教育实践活动重大意蕴》，《解放日报》2014 年 1 月 2 日

俞吾金：《构建实践哲学的中国话语体系》，《湖北日报》2014 年 6 月 10 日

俞吾金：《这个时代没有超越马克思》，《解放日报》2014 年 7 月 5 日

俞吾金：《哲学家之怪有圣人之质》，《上海科技报》2014 年 11 月 7 日

俞吾金：《人生，为什么需要哲学》，《新华日报》2014 年 12 月 10 日

俞吾金：《左翼理论家们的阿基里斯之踵——以对拉克劳思想的剖析为例》，《探索与争鸣》2014 年第 1 期，《马克思列宁主义研究》2014 年第 3 期全文转载

俞吾金：《探寻马克思的当代意义》，《马克思主义与现实》2014 年第 1 期

俞吾金：《回到马克思的批判理论——当代西方马克思主义意识形态理论探微》，《国外社会科学》2014 年第 1 期，中国人民大学复印资料《哲学原理》2014 年第 4 期全文转载

俞吾金：《教育是经验的传递——杜威教育哲学理论探要》，《天津

社会科学》2014年第2期

俞吾金：《从实用理性走向实践智慧》，《杭州师范大学学报（社会科学版）》2014年第3期

俞吾金：《〈纯粹理性批判〉翻译与研究中的若干问题》，《复旦学报（社会科学版）》2014年第4期

俞吾金：《历史没有旁观者》，《探索与争鸣》2014年第11期

俞吾金：《批判理论的界限——对法兰克福学派主导思想的反思》，《探索与争鸣》2014年第12期，《哲学文摘》2015年第2期全文转载

俞吾金：《走出观念主义的怪圈——〈施特劳斯的现代性批判理论研究〉推荐序》，载蒋小杰：《施特劳斯的现代性批判理论研究》，人民出版社2014年版

俞吾金：《穿越问题域——科学发展观重大理论问题探要》，重庆出版社2014年版

俞吾金、吴晓明、杨耕主编：《当代哲学经典丛书》（共8卷），北京师范大学出版社2014年版

2015年

俞吾金主编：《国外马克思主义研究报告2014》，人民出版社2015年版

2016年

俞吾金：《俞吾金哲学随笔（1）：哲学遐思录》，北京师范大学出版社2016年版

俞吾金：《俞吾金哲学随笔（2）：哲学随感录》，北京师范大学出版社2016年版

俞吾金：《俞吾金哲学随笔（3）：哲学随想录》，北京师范大学出版社2016年版

2017 年

俞吾金：《马克思哲学与黑格尔哲学、费尔巴哈哲学》，载杨耕等著：《马克思主义哲学基础理论研究》，北京师范大学出版社 2017 年版

汪行福、俞吾金、张秀琴：《意识形态星丛：西方马克思主义的意识形态理论及其最新发展态势》，人民出版社 2017 年版

2018 年

俞吾金：《新十批判书》，商务印书馆 2018 年版

编者说明

（一）本卷收录了俞吾金先生生前没有发表的作品，包括"哲学引论""罗尔斯《正义论》""康德《纯粹理性批判》"三部授课讲义。本卷另收入俞先生的10篇文章作为附录。这些作品内容尚未完成，一些地方只是留下提纲或提示性表达。

（二）各个文本的格式都按照《俞吾金全集》的统一体例进行了相应调整。各文本的相关信息以编者注的形式予以标注。编者对原文文字进行了校订。

（三）本卷最后以附录形式收入俞吾金教授著述年表。该年表以时间为线索，全面呈现俞先生生前和身后著述发表情况。

（四）本卷由汪行福、李元编校。

《俞吾金全集》编委会
2022 年 2 月

图书在版编目（CIP）数据

遗作集/俞吾金著.—北京：北京师范大学出版社，2024.9
（俞吾金全集）
ISBN 978-7-303-29583-8

Ⅰ.①遗… Ⅱ.①俞… Ⅲ.①哲学－文集 Ⅳ.①B-53

中国国家版本馆 CIP 数据核字（2023）第 227061 号

营 销 中 心 电 话 010-58805385
北 京 师 范 大 学 出 版 社
主题出版与重大项目策划部

YIZUOJI

出版发行：北京师范大学出版社 www.bnupg.com
　　　　　北京市西城区新街口外大街 12-3 号
　　　　　邮政编码：100088
印　　刷：北京盛通印刷股份有限公司
经　　销：全国新华书店
开　　本：730 mm×980 mm 1/16
印　　张：27.75
字　　数：403 千字
版　　次：2024 年 9 月第 1 版
印　　次：2024 年 9 月第 1 次印刷
定　　价：108.00 元

策划编辑：祁传华　　　　　　责任编辑：李春生
美术编辑：王齐云　　　　　　装帧设计：王齐云
责任校对：段立超　陶　涛　　责任印制：马　洁　赵　龙